제2판

부동산권리분석 및 배당 판례특강

이승주 변호사

Real
Estate

박영사

제2판 서문

본서의 초판이 출간된 시점은 2022년 6월 25일로 본서 출간일로부터 대략 3년의 시간이 흘렀다. 그 사이 일부 법령의 변화와 판례의 축적이 있었고, 필자가 몰랐던 판례의 발견도 있었다.

필자는 현재도 건국대 부동산대학원에서 '부동산권리분석론'을 강의하고 있으니, 강의를 시작한 2018년부터 계산하면 벌써 8년째 강의를 해 오고 있다. 필자가 건국대 부동산대학원에서 강의를 계속해 오지 않았다면 본서를 개정함에 있어 많은 시간적 어려움이 있었을 것인데, 다행히 강의를 해 오면서 그때그때 변화된 법령과 필자가 실무를 하면서 확인된 판례를 보강할 수 있었기에 빠른 개정이 가능하였다.

본서의 초판 발행 후에 일부 문장을 보완한 것과 본서에서 확인된 일부 오탈자를 수정한 것 이외에 본서에 반영된 주요 변경 내용을 정리하면 다음과 같다.

제1강 부분

'6. 대위변제를 통한 말소기준의 변경사례'와 관련하여 2023. 2. 21.자로 개정된 주택임대차보호법 시행령 등의 소액임차인 최우선배당 변경기준을 고려하여 내용을 수정하였다.

제2강 부분

말소기준 아래의 건물에 대한 가처분 중에서 토지소유자가 건물소유자를 상대로 건물철거소송을 제기하면서 해당건물에 대하여 처분금지 가처분을 한 경우에 토지소유자 승소 시 그 건물은 철거될 가능성이 높아 건물을 낙찰받게 되면 위

가처분을 인수할 가능성이 있다는 주제와 관련된 대법원 2022. 3. 31. 선고 2017다9121, 9138(병합) 판결을 구체적으로 설명하였다.

'마. 소유권이전등기청구권 보전가등기와 제척기간 내지 소멸시효' 부분의 일부 내용 수정과 함께 '대법원 2016다42077 판결(당사자 사이에 약정하는 예약 완결권의 행사기간에 특별한 제한은 없다는 취지)'에 대한 설명을 추가하였다.

제3강 부분

'6. 지상권'과 관련하여 "경매에서 일반적인 지상권의 경우에는 최선순위인 경우에만 매수인에게 인수되나, '수용 또는 사용재결'에 의해 취득한 구분지상권(민법 제289조의2 참고)은 후순위이더라도 매수인이 인수하게 된다(도시철도법 등에 의한 구분지상권 등기규칙 4조 참고)."라는 부분과 위 내용에 대한 설명을 추가하였다.

제4강 부분

2023. 2. 21.자 주택임대차보호법 시행령 등 개정 내용을 반영하여 '표'의 내용 등을 수정하였고, 서울중앙지방법원 2021가단5013199 판결을 삭제하고 대법원 2022다279795 판결을 삽입하면서 위 대법원 판결(임대인이 목적주택에 실거주하려 한다는 점에 대한 입증책임이 임대인에게 있다는 취지)을 해설하였다.

제7강 부분

'8. 가등기에 의한 본등기와 관습상 법정지상권의 성립 여부'라는 쟁점을 추가하였다. 위 쟁점의 내용을 간략하게 정리하면 '토지에 대한 소유권이전등기청구권 보전가등기와 본등기 사이에 토지소유자가 건물을 신축하여 건물에 대한 소유권보존등기를 마친 상황이라면, 위 가등기권자가 토지에 대한 본등기를 할 경우에, 건물에 대한 관습상 법정지상권이 인정되나(대법원 81다1298 판결), 위 가등기가 담보가등기라면 담보가등기를 할 당시에 건물이 존재하지 않았기 때문에 가등기담보권자의 담보가치에 대한 기대 내지 이익을 고려할 때에 건물에 대한 관습상 법정지상권이 인정되지 않는다(대법원 94다5458 판결).'라는 것이다.

第8강 부분

대법원 (전합) 2023. 5. 11. 선고 2018다248626 판결에 의하면 "공동상속인들 사이에 협의가 이루어지지 않는 경우에는 제사주재자의 지위를 인정할 수 없는 특별한 사정이 있지 않는 한 피상속인의 직계비속 중 남녀, 적서를 불문하고 최근친의 연장자가 제사주재자로 우선한다고 보는 것이 가장 조리에 부합한다. 다만, 새로운 법리는 이 판결 선고 이후에 제사용 재산의 승계가 이루어지는 경우에만 적용된다고 봄이 타당하다."라는 취지의 판결을 추가하고 그 내용을 설명하였다.

第13강 부분

'나. 배당순위표' 부분과 '6. 제13강 체크포인트' 부분에 개정 국세기본법(2023. 4. 1. 시행) 및 개정 지방세기본법(2023. 5. 4. 시행)을 반영하여 "당해세는 최선순위 임금채권과 소액임차인의 보증금을 제외하고는 어떠한 채권에 대하여도 우선한다. 다만, 주택임차인의 확정일자(전세권의 설정일)보다 당해세의 법정기일이 늦은 경우는 예외이다."라는 부분을 추가하였다.

본서의 제2판이 세상에 나올 수 있었던 것은 독자 여러분의 응원 덕분이다. 본서를 구입해서 공부하시는 모든 분들에게 고맙다는 말씀을 전하고 싶다. 그리고 필자의 아내이자 동업자로서 법률사무소를 함께 운영하고 있는 양연순 변호사(이혼, 상속, 후견 등 가사법 전문)와 올해 대학에 입학하여 잘 적응하고 있는 큰 딸, 그리고 축구를 사랑하고 공부도 열심히 하는 막내 아들에게 사랑한다는 말을 전하고 싶다.

2025. 7. 25.
서초동 사무실에서
변호사 이승주

초판 서문

필자가 부동산권리분석 입문서 「나는 아내보다 권리분석이 좋다」(다산북스, 2010년 8월 간행)라는 책을 펴낸 지 12년이 흘렀다. 위 책을 출간한 것을 계기로 2018년부터 건국대학교 부동산대학원에서 '부동산권리분석론'이라는 과목을 5년째 강의하고 있다. 건국대에서 강의를 하면서 아쉬웠던 점은 법률도 개정되고, 판례도 변경되고 쌓이는데 책을 개정하거나 전면적으로 손질할 기회가 없었다는 것이다. 코로나로 인하여 시간적 여유가 생기면서 필자는 작년에 필자의 기존 칼럼을 모아 「부동산분쟁의 쟁점」(박영사, 2021년 1월 간행)을 출간하였는데, 이번에는 코로나(오미크론)에 감염되어 '자가 격리'되면서 본서를 쓰게 되었다. 책을 쓰려면 아무래도 통시간이 필요한데, '자가 격리'가 본서 출간의 계기가 된 것이다.

필자가 5년간 건국대에서 '부동산권리분석론'을 강의하면서, 위 책(나는 아내보다 권리분석이 좋다)을 교재로 하여 이를 기초로 한 '요약' 강의교안을 대학원 원우들에게 제공하고 그 강의교안에 최신 판례 등을 업그레이드 하면서 보강해 왔다. 본서는 필자의 위 강의교안을 뼈대로 하여 출간한 것이다. 필자는 건국대 강의로 인해 축적된 자료가 있어 본서를 쉽게 출간할 수 있을 것으로 기대하였으나, 역시나 책을 쓴다는 것은 쉬운 일이 아니었다. 강의교안을 정리하고 필자가 위 책(나는 아내보다 권리분석이 좋다) 출간 이후에 소송실무 등을 통해 새롭게 경험하였던 관련내용을 본서에 추가로 정리하느라 적지 않은 시간이 소요되었다.

본서는 필자가 쓴 위 책(나는 아내보다 권리분석이 좋다)을 기초로 하였으나, 완전하게 새롭게 썼다고 보아도 무방하다. 위 필자의 책을 가끔 참조하였을 뿐이고, 수정이 거듭되어 왔던 강의교안을 기초로 완전하게 새롭게 본서를 집필하였으며, 본서 출간의 첫 번째 목적이 강의교재의 완성임을 고려하여 대학원 등의 교육기관에서 교재로 쓰일 수 있도록 법학의 기초라 할 수 있는 근거 즉 '법조문과 판례'를 최대한 찾아 명시하였다. 그뿐만 아니라, 대학원 등에서의 한 학기 강의주간이 보통 16주이고, 중간고사와 기말고사를 제외하면 '제13강 내지 제14강'의 강의가 이루어지는 점을 고려하여 목차의 구성에 있어서도 '제14강'이 최종목차가 될 수 있도록 배려하였다.

법률실무에 있어서는 '법조문과 판례'라는 근거가 가장 중요하다는 점에서 부동산에 대한 권리분석과 배당에 있어 실무를 다루는 변호사, 법무사분들 뿐만 아니라 경매입찰대리가 가능한 공인중개사분들에게도 본서가 도움이 될 수 있다고 생각한다. 게다가 부동산경매 등 부동산 투자를 하시는 투자자분들도 부동산권리분석 입문서 이외에 본서처럼 좀더 깊이 논의된 책을 보는 것도 도움이 되리라 믿는다.

본업이 변호사인 필자가 대학원에서 '부동산권리분석론(건국대 부동산대학원)', '부동산계약론(동국대 행정대학원 부동산학과)' 등을 언제까지 강의할지는 알 수 없지만 본서의 첫 번째 출간 의도인 강의용 교재완성에 충실할 수 있도록 관련 판례 등의 중요부분에 밑줄을 긋는 것도 시도해 보았고, 각 강의마다 '체크포인트'라는 목차를 별도로 만들어 기본적으로 알아 둘 내용을 간략하게 정리하였다. 특히 제1강 시작 부분에 매우 간략하게 정리되어 있는 '부동산권리분석 전반을 관통하는 핵심 정리'는 본서를 이해하는 데 도움이 되는 핵심체계를 정리한 것으로 꼭 기억할 필요가 있다.

특수물건으로 칭해지는 법정지상권과 유치권의 경우는 '제7강 법정지상권판례 심층분석' 편과 '제10강 유치권판례 심층분석' 편을 통해 각 수많은 판례를 나름대로 체계화하여 설명함으로써 두려움을 가질 필요 없이 그 핵심을 이해할 수 있도록 배려하였다. 즉 법정지상권과 관련해서는 '공유관계와 법정지상권', '담보지상권과 법정지상권의 충돌', '건물에 한하여 인정되는 법정지상권', '건축 중 건물에 성립하는 법정지상권', '법정지상권 성립과 토지소유자의 대처방법' 등의 문제를 별도로 정리하였고, 유치권과 관련해서는 '압류, 가압류, 체납처분압류'에 따른 유치권 인정여부의 문제, '유치권 경매 도중에 강제경매 등으로 유치권 경매가 정지'된 경우에 유치권의 소멸 여부의 문제, '유치권과 관련된 여러 소송형태' 등의 문제를 별도로 정리하여 설명하였다.

또한 '제1강 부동산권리분석의 의미와 말소기준' 편에서는 민법 제666조의 '수급인의 목적부동산에 대한 저당권설정청구권'과 관련하여 말소기준으로 기능하는 '저당권 보전의 가등기 내지 가처분'의 문제, '제5강 상가건물임대차보호법상의 임차인' 편에서는 임대인의 지위를 승계하는 경매낙찰자(매수인)가 알고 있어야 할 상가임차인의 '계약갱신요구권'의 문제, '권리금회수기회요청권'의 문제, 그리고 '경계소멸 집합건물상가를 매수'할 때의 문제점을 별도의 목차를 만들어 설명하였다. '제12강 특수한 문제' 편에서는 '무잉여의 문제', '공유지분매각의 문제', '토지 별도 등기'의 문제, '집합건물에 있어 대지권 미등기 관련 쟁점', '토지 소유자의 독점적·배타적 사용수익권행사의 제한과 부동산경매'의 문제, '도로소유자의 관청에 대한 부당이득반환청구와 조세부과'의 문제, '위법건축물과 부동산경매'의 문제, '명의신탁과 부동산경매'의 문제, '낙찰자(매수인)의 관리비 인수범위'의 문제, '토지 낙찰시 수목까지 취득하는지'의 문제. '부동산인도명령'의 문제 등 부동산권리분석 입문서에서는 보기 힘든 쟁점들을 모아 판례를 기초로 정리·설명함으로써 부동산권리분석에 대한 이해를 도우려 노력하였다. 제13강과 제14강을 통해서는 경매배당 실무를 통해 투자수익을 내시는 분들을 고려하여 배당요구, 배당순위, 구체적인 배당사례, 배당이의의 소, 경매절차에서의 채권자취소권 행사의 문제, 배당받지 못한 자의 부당이득반환청구 등 소송 실무적 내용도 최소한도로 정리하여 설명하였다. 독자 분들의 호응을 기대한다.

마지막으로 고시촌 독서실에서 우연히 만나 늘 필자와 함께해온 아내 양연순 변호사(상속 등 가사전문, 필자와 변호사 사무실 공동운영), 그리고 세상 무엇보다 소중한 필자의 딸과 아들에게 사랑한다는 말을 전하고 싶다.

2022. 6. 10.

서초동 사무실에서

변호사 이승주

주요 목차

세부 목차

제 1 강 부동산권리분석의 의미와 말소기준

제 2 강 등기사항증명서상 갑구에 기재되는 권리

제 3 강 등기사항증명서상 을구에 기재되는 권리

제 4 강 주택임대차보호법상 임차인

제 5 강 상가건물임대차보호법상 임차인

제 6 강 법정지상권

제 7 강 법정지상권판례 심층분석

제8강 분묘기지권

제9강 유 치 권

제10강 유치권판례 심층분석

제11강 부동산취득의 법률적 제한

제12강 특수한 문제

제13강 배당요구·배당순위·배당사례

제14강 배당이의의 소·채권자취소권·부당이득반환청구

제1강
부동산권리분석의 의미와 말소기준

제 1 강

부동산권리분석의 의미와 말소기준

부동산권리분석 전반을 관통하는 핵심 정리

[핵심 법조문]

민사집행법 제91조(인수주의와 잉여주의의 선택 등)

① 압류채권자의 채권에 우선하는 채권에 관한 부동산의 부담을 매수인에게 인수하게 하거나, 매각대금으로 그 부담을 변제하는 데 부족하지 아니하다는 것이 인정된 경우가 아니면 그 부동산을 매각하지 못한다.

② **매각부동산 위의 모든 저당권은 매각으로 소멸**된다.

③ 지상권·지역권·전세권 및 등기된 임차권은 **저당권·압류채권·가압류채권에 대항할 수 없는 경우에는 매각으로 소멸**된다.

④ 제3항의 경우 외의 지상권·지역권·전세권 및 등기된 임차권은 매수인이 인수한다. 다만, 그중 전세권의 경우에는 **전세권자가 제88조에 따라 배당요구를 하면 매각으로 소멸**된다.

⑤ 매수인은 유치권자에게 그 유치권으로 담보하는 채권을 변제할 책임이 있다.

[말소기준]

저당권등기, 근저당권등기, 등기접수일인 1984. 1. 1.(가등기담보 등에 관한 법률 시행일) 이후에 설정된 담보가등기, **압류채권등기**, 강제경매개시결정기입등기, **가압류채권등기**가 말소기준. 전세권자의 경우는 위 말소기준보다 선순위를 전제로 배당요구를 하거나 경매(임의경매)를 신청하면 말소기준이 됨(단, '부분 전세권'은 제외(대법원 96다53628 판결)). / 특수문제: 민법 제666조에 따른 저당권보전 가등기 또는 저당권보전 가처분도 말소기준으로 기능하는 경우 있음(대법원 2015다202360 판결).

[권리분석 기본원칙]

1. **말소기준 아래 소멸원칙. 말소기준 위 인수원칙.**
2. **항상 인수될 수 있는 것**
   ① 예고등기(현재 폐지됨), ② '수용 또는 사용재결'에 의해 취득한 구분지상권(도시철도법 등에 의한 구분지상권 등기규칙 4조. 본서의 제3강 '6. 지상권' 참고), ③ 법정지상권, ④ 관습법상 법정지상권, ⑤ 분묘기지권, ⑥ 민사유치권
3. **인수위험성이 있는 것**
   ① 말소기준 아래의 건물에 대한 가처분 중 토지소유자가 건물소유자 상대로 건물철거 소송을 제기하면서, 해당 건물에 대하여 처분금지 가처분을 한 경우에 토지소유자 승소 시 그 건물은 철거될 운명에 불과하여 인수될 가능성이 있음(단 대법원 2017다9121,9138(병합) 판결에 대한 이해 필요) ② 경매부동산의 소유권 등이 허위일 수 있음을 경고하는 취지의 예고등기(현재 폐지됨)의 역할을 수행하는 "예고등기 성격의 가처분"도 말소기준 선후에 관계없이 낙찰자(매수인)가 인수할 수 있음.

[등기사항증명서에 기재되지 않는 권리]

① 주택임대차보호법상 임차인, ② 상가건물임대차보호법상 임차인, ③ 법정지상권, ④ 관습법상 법정지상권, ⑤ 분묘기지권, ⑥ 유치권(민사 및 상사) 등

1. 부동산경매의 의의

경매란 공개된 장소에서 공정한 경쟁을 통하여 물건을 매매하는 일체의 행위 유형으로, 법원경매의 종류를 분류하자면, 경매의 대상을 기준으로 부동산 경매와 동산 경매 등으로 구분하거나, 판결문 등의 집행권원을 필요로 하는지 여부 등을 기준으로 임의경매와 강제경매 등으로 구분할 수 있다. 부동산 경매는 판결문 등의 집행권원 유무를 기준으로 임의경매(담보로 설정된 (근)저당권 등을 근거로 이루어지는 경매) 및 강제경매(판결이나 화해조서 등 집행력 있는 정본에 근거하여 이루어지는 경매)로 구분할 수 있다.

2. 부동산권리분석 및 말소기준의 의미와 근거조문

부동산경매에 있어 권리분석이란 경매 낙찰자(매수인)가 낙찰대금 이외에 차후 추가로 들어갈 비용 등을 확인하기 위하여 성립된 개념이다. 즉, 낙찰자(매수인)는 법원에 매각대금을 납입하고 부동산의 소유권을 취득(민사집행법 제135조)하게 되는데, 혹여 매각 부동산에 소유권행사를 제한하는 권리 등이 남게 되는지 여부를 미리 파악하고 그 소유권제한 사유를 제거하기 위한 비용까지 미리 예측하는 것으로, 이러한 권리분석은 매각대상 부동산의 등기사항증명서상의 권리 등 뿐만 아니라 등기사항증명서 이외의 권리 등을 분석하는 것부터 시작하게 된다.

민사집행법 제135조(소유권의 취득시기) 매수인은 매각대금을 다 낸 때에 매각의 목적인 권리를 취득한다.

이와 관련하여 대법원 2016다242716,242723 판결은, 무자격 컨설팅업자의 부동산경매 권리분석 컨설팅계약에 대한 무효로 선언하면서 “권리분석업무”를 “부

동산 권리관계 또는 부동산등기기록에 등재된 권리관계의 법적 효과에 해당하는 권리의 득실·변경이나 충돌 여부, 우열관계 등을 분석하는 것"으로, "경매대상 부동산에 대한 권리분석"을 "경매대상 부동산에 대하여 필요한 자료를 제시하고 그 권리관계나 거래 또는 이용제한 사항 등을 확인·설명해 주며 그 경제적 가치에 관하여 정보를 제공하고 조언하는 것을 내용으로 하는 것"으로 각 설명하고 있다.

부동산권리분석의 핵심적 근거조문은 민사집행법 제91조로 '말소기준'이 위 조문으로부터 도출되며, '말소기준'이란 경매부동산 위에 성립되어 있는 것 중에서 말소 또는 인수되는 것인지 여부를 결정하기 위한 기준이 되는 '등기'라고 정의할 수 있다.

> **민사집행법 제91조(인수주의와 잉여주의의 선택 등)**
> ① 압류채권자의 채권에 우선하는 채권에 관한 부동산의 부담을 매수인에게 인수하게 하거나, 매각대금으로 그 부담을 변제하는 데 부족하지 아니하다는 것이 인정된 경우가 아니면 그 부동산을 매각하지 못한다.
> ② **매각부동산 위의 모든 저당권은 매각으로 소멸**된다.
> ③ 지상권·지역권·전세권 및 등기된 임차권은 **저당권·압류채권·가압류채권에 대항할 수 없는 경우에는 매각으로 소멸**된다.
> ④ 제3항의 경우 외의 지상권·지역권·전세권 및 등기된 임차권은 매수인이 인수한다. 다만, 그중 전세권의 경우에는 **전세권자가 제88조에 따라 배당요구를 하면 매각으로 소멸**된다.
> ⑤ 매수인은 유치권자(留置權者)에게 그 유치권(留置權)으로 담보하는 채권을 변제할 책임이 있다.

민사집행법 제91조 제3항, 제4항에서 '말소기준'이 도출된다. 즉, 동법 동조 제3항에서 '저당권, 압류채권, 가압류채권'이 '말소기준'이다. 전세권의 경우는 원칙적으로 말소기준이 될 수 없지만, 동법 동조 제4항에서 확인되는 것처럼 '저당권, 압류채권, 가압류채권'보다 선순위 전세권자가 배당요구를 하거나 경매(임의경매)를 신청하면 말소기준이 된다.

정리하자면, 민사집행법 제91조 제3항에서 확인되는 말소기준 '저당권, 압류채권, 가압류채권'과 이로부터 도출되는 관련 등기가 말소기준이 된다. 즉, 말소기준이 될 수 있는 것은 ① 저당권등기, ② 근저당권등기, ③ 등기접수일인 1984. 1. 1. 이후에 설정된 담보가등기, ④ 압류채권등기, ⑤ 강제경매개시결정기입등기, ⑥ 가압류채권등기이다. ⑦ 전세권자의 경우는 위 말소기준보다 선순위를 전제로 배당요구를 하거나 경매(임의경매)를 신청하면 말소기준이 된다(손진흥, 「부동산권리분석과 배당」, 법률정보센타, 2009(149쪽)).

전세권자의 전세권이 말소기준이 된다는 것은 부동산 전체에 대한 전세권을 전제한다. 따라서 부동산 일부에 대한 전세권의 경우에는 임차인의 대항력이 부동산 일부의 전세권(이하 '부분 전세권')에 의하여 영향을 받지 않기 때문에 말소기준이 될 수 없다. 그리고 '부분 전세권'의 경우에는 선순위 전세권자라도 건물 전체를 경매신청(임의경매)할 수 없다(대법원 2001마212 결정). 다만, 전세금반환청구소송을 통하여 확정판결은 받아 경매신청(강제경매)한다면 건물 전체에 대한 경매를 신청할 수 있다.

<표>

일자	주택의 권리내용	권리자	말소기준(인수/소멸)
2021. 1. 21.	전세권(전세기간 2년) (일부 전세, 1층)	갑(배당요구)	소멸
2021. 2. 19.	임차권(2층)	을(대항요건 구비)	인수
2021. 7. 21.	근저당권	병	말소기준
2022. 4. 20.	임의경매신청	병	

위 <표>에서 보는 것처럼 선순위 '부분 전세권자'에 해당하는 '갑'이 배당요구를 하면 전세권은 경매로 인하여 소멸되고 배당순위에 따른 배당을 받는다. 그러나 선순위 전세권자 '갑'은 전체 전세가 아니고 '부분 전세권자'인바, 전세권자의 점유부분(1층)과 임차인 '을'의 점유부분(2층)이 다르다. 이러한 경우에는 선순위

전세권자 '갑'의 '부분 전세권'이 경매로 소멸하더라도 임차권자 '을'은 말소기준인 근저당권자 '병'의 근저당권보다 먼저 대항요건을 갖추어 근저당권자 '병'에게 대항할 수 있기 때문에 경매로 인하여 소멸하지 않고 낙찰자(매수인)가 인수한다(손진흥, 「부동산권리분석과 배당」, 법률정보센타, 2009(151쪽)).

즉 대법원 96다53628 판결에 의하면 "건물의 일부를 목적으로 하는 전세권은 그 목적물인 건물 부분에 한하여 그 효력을 미치므로(대법원 91마256, 257 결정), 가사 이 사건 건물 중 일부(2층 부분)를 목적으로 하는 소외 이춘진의 전세권이 피고가 그 대항력을 취득하기 이전에 설정되었다가 이 사건 경락으로 인하여 소멸하였다고 하더라도, 피고의 임차권이 위 이춘진의 전세권의 목적물로 되어 있지 아니한 주택 부분(1층의 일부)을 그 목적물로 하고 있었던 이상 위와 같은 사정만으로 이 사건 경락으로 인하여 소멸한다고 볼 수는 없다고 할 것이다."라는 취지이고, 대법원 98다50869 판결에 의하면 "건물의 일부를 목적으로 하는 전세권은 그 목적물인 건물 부분에 한하여 그 효력을 미치므로, 이 사건 건물 중 일부(4, 5, 6층 전부)를 목적으로 한 주식회사 피에이치엘의 전세권이 이 사건 경락으로 인하여 소멸한다고 하더라도, 위 전세권보다 나중에 설정된 원고의 전세권이 위 전세권의 목적물로 되어 있지 아니한 건물 부분(2층 전부 및 지하 2층 중 동쪽 66㎡)을 목적물로 하고 있었던 이상 위와 같은 사정만으로는 아직 존속기간이 남아 있는 원고의 전세권까지 경락으로 인하여 함께 소멸한다고 볼 수는 없다고 할 것이다."는 취지이다.

이와 관련하여 대법원 2001마212 결정에 의하면 "건물의 일부에 대하여 전세권이 설정되어 있는 경우 그 전세권자는 민법 제303조 제1항의 규정에 의하여 그 건물 전부에 대하여 후순위권리자 기타 채권자보다 전세금의 우선변제를 받을 권리가 있고, 민법 제318조의 규정에 의하여 전세권설정자가 전세금의 반환을 지체한 때에는 전세권의 목적물의 경매를 청구할 수 있는 것이나, 전세권의 목적물이 아닌 나머지 건물부분에 대하여는 우선변제권은 별론으로 하고 경매신청권은 없으므로, 위와 같은 경우 전세권자는 전세권의 목적이 된 부분을 초과하여 건물 전부의 경매를 청구할 수 없다고 할 것이고, 그 전세권의 목적이 된 부분이 구조상 또는 이용상 독립성이 없어 독립한 소유권의 객체로 분할할 수 없고 따라서 그 부분만의 경매신청이 불가능하다고 하여 달리 볼 것은 아니다."라는 취지이다.

3. 각 말소기준에 대한 설명

부동산에 대한 권리분석을 하여 보았더니, 말소기준이 여러 개로 확인될 경우에 가장 선순위만 '말소기준'이 된다. 즉 '말소기준'은 하나다. 앞서 확인한 바와 같이 말소기준이 될 수 있는 것은 ① 저당권등기, ② 근저당권등기, ③ 등기접수일인 1984. 1. 1. 이후에 설정된 담보가등기, ④ 압류채권등기, ⑤ 강제경매개시결정기입등기, ⑥ 가압류채권등기이다. ⑦ 전세권자의 경우는 위 말소기준보다 선순위를 전제로 배당요구를 하거나 경매(임의경매)를 신청하면 말소기준이 된다(단, '부분 전세권'은 제외(대법원 96다53628 판결)).

말소기준에 해당하는 저당권등기는 특정채권을 담보하고, 근저당권등기는 채권최고액을 한도로 하여 결산기까지의 증감 변동하는 불특정 채권을 담보한다. 등기접수일이 1984. 1. 1. 이후 설정된 담보가등기가 '말소기준'이 되는 이유는 가등기담보등에관한법률(이하 '가담법') 제12조, 제13조가 경매실행과 관련하여 담보가등기를 저당권으로 보고 위 가담법 시행시기가 1984. 1. 1.이기 때문이다. 또한 가담법 제15조는 담보가등기가 강제경매 등으로 소멸한다고 규정하고 있다.

> 가담법 제12조(경매의 청구) ① 담보가등기권리자는 그 선택에 따라 제3조에 따른 담보권을 실행하거나 담보목적 부동산의 경매를 청구할 수 있다. 이 경우 경매에 관하여는 담보가등기권리를 저당권으로 본다.
> ② 후순위권리자는 청산기간에 한정하여 그 피담보채권의 변제기 도래 전이라도 담보목적 부동산의 경매를 청구할 수 있다.
>
> 가담법 제13조(우선변제청구권) 담보가등기를 마친 부동산에 대하여 강제경매 등이 개시된 경우에 담보가등기권리자는 다른 채권자보다 자기채권을 우선변제 받을 권리가 있다. 이 경우 그 순위에 관하여는 그 담보가등기권리를 저당권으로 보고, 그 담보가등기를 마친 때에 그 저당권의 설정등기가 행하여진 것으로 본다.

> 가담법 제15조(담보가등기권리의 소멸) **담보가등기를 마친 부동산에 대하여 강제경매 등이 행하여진 경우에는 담보가등기권리는 그 부동산의 매각에 의하여 소멸**한다.

이와 관련하여 대법원 97다33584, 33591 판결에 의하면, "가등기담보 등에 관한 법률이 시행되기 전에는 채권 담보의 목적으로 소유권이전청구권의 가등기가 마쳐진 경우에도 그 가등기에는 순위 보전의 효력만이 인정될 뿐 우선변제권은 인정되지 아니하였다가, 가등기담보 등에 관한 법률이 제정됨에 따라 비로소 법 제13조에 의하여 채권 담보의 목적으로 마쳐진 가등기에는 우선변제권이 인정되게 되었으며, 부칙 제1항은 "이 법은 1984. 1. 1.부터 시행한다."라고 규정하고, 제2항은 "이 법 시행 전에 성립한 담보계약에 대하여는 이 법을 적용하지 아니한다."라고 규정하고 있으므로, 부칙 조항의 내용 및 취지에 비추어 볼 때 채권자와 채무자가 법 시행일 이전에 채권 담보의 목적으로 가등기를 마치기로 하는 내용의 담보계약을 체결하고 담보계약에 따라 가등기 역시 시행일 이전에 마친 경우 그 가등기에는 위 법이 적용되지 아니하여 우선변제권이 인정되지 아니한다."고 판시하였다.

압류채권등기는 조세체납을 이유로 한 압류채권등기를 의미하며, 법원의 경매개시결정에 의하여 인정되는 경매개시결정기입등기를 압류채권등기라고 말하기도 한다. 즉 경매신청채권자가 경매신청을 한 후 경매법원이 경매개시결정을 내리게 되는데, 경매법원의 경매개시결정에 따른 직권촉탁으로 이루어진 등기를 압류채권등기라고 말한다. 경매개시결정기입등기가 이루어지면 압류의 효력 발생하고, 말소기준이 된다(민사집행법 제144조).

> 민사집행법 제144조(매각대금 지급 뒤의 조치) ① **매각대금이 지급되면** 법원사무관등은 매각허가결정의 등본을 붙여 다음 각호의 **등기를 촉탁**하여야 한다.
>
> 3. 제94조 및 제139조 제1항의 규정에 따른 **경매개시결정등기를 말소하는 등기**

가압류채권등기는 금전채권 등에 대한 본안소송 제기 전 또는 본안소송과 함께 본안승소의 실효성 확보를 위해 인정되는 보전처분으로 말소기준이 된다. 전세권등기는 전세금을 요소로 하는 용익권의 일종으로 전세금으로 인하여 담보권성도 있는데, 앞서 확인한 각 말소기준보다 선순위일 경우에 배당요구를 하거나 담보권성을 실현하여 경매(임의경매)를 신청하면 말소기준이 된다(단, '부분 전세권'은 제외(대법원 96다53628 판결)).

4. 말소기준의 구체적인 의미

일반적으로 말소기준보다 후순위 권리 등은 소멸되고, 말소기준보다 선순위 권리 등은 인수한다고 표현하고 있다. 그럼에도 불구하고 말소기준 선후와 관련 없이 항상 낙찰자가 인수할 수 있는 권리로 언급되는 것이 있다. 즉, 성질상 말소기준 선후에 관련 없이 항상 인수될 위험이 있는 것으로 언급되는 것으로는 ① 예고등기(현재는 폐지된 제도), ② 법정지상권, ③ 관습법상 법정지상권, ④ 분묘기지권, ⑤ 민사유치권이 있다.

경매는 빚을 정산하는 절차라고 생각하면 쉽다. 따라서 채무자에게 빚으로 평가될 수 있는 '저당권, 압류채권, 가압류채권(민사집행법 제91조 제3항)' 등이 말소기준이 되면서 그 말소기준 자체도 경매로 소멸하게 되는 것이다.

말소기준보다도 후순위 권리 등을 말소기준에 대항할 수 없어 소멸하는 것이 원칙이고, 말소기준 보다도 선순위는 말소기준에 대항할 수 있어 낙찰자(매수인)가 인수하게 되는 것이 원칙인데, ① 예고등기(현재는 폐지된 제도), ② 법정지상권, ③ 관습법상 법정지상권, ④ 분묘기지권, ⑤ 민사유치권 등은 말소기준의 선순위 후순위를 구분하지 않고 그 성질상 낙찰자(매수인)가 인수할 수 있다는 것이다.

법정지상권의 대표격인 민법 제366조의 법정지상권은 저당권의 실행 즉 임의경매가 실행되는 것이 그 요건으로 경매의 실행으로 법정지상권 자체가 성립하는 특성이 있고, 관습법상 법정지상권의 경우도 강제경매의 실행 등으로 성립하는 특성이 있으며, 분묘기지권도 그 성격상 그 성립요건을 충족하면 성립하므로 말소기준보다 선순위 또는 후순위로 하여 성립하였는지 여부가 문제되지 않는다. 즉 그 각각의 성립요건을 충족되면 법정지상권, 관습법상 법정지상권, 분묘기지권이 성립한다. 말소기준 후에 성립했더라도 말소되지 않는다는 의미이다.

예고등기(폐지된 제도)는 물론이고 민사유치권도 마찬가지로 그 성질상 말소기준의 선후가 문제되지 않는다. 말소기준 후에 성립했더라도 말소되지 않고 낙찰자(매수인)의 추가적 부담으로 작용한다는 취지이다. 다만 상사유치권은 좀 다르다. 이하에서는 예고등기(폐지된 제도), 민사유치권, 상사유치권을 간략하게 살펴본다.

예고등기란 등기원인의 무효·취소를 이유로 등기말소 또는 회복의 소가 제기된 경우 법원촉탁으로 소제기 사실을 등기부에 기입하는 등기인데, 제3자가 보호규정이 없는 경우에 행하여 진다. 예를 들어 토지에 대한 갑의 소유권이 을의 서류위조로 을에게 이전된 경우, 갑이 을을 상대로 위조에 의한 소유권이전등기 말소청구를 할 것이고, 이때 법원은 을의 소유임을 전제로 매매 등이 이루어질 경우 을로부터 부동산을 매수하게 될 사람들에게 을의 소유가 아닐 수 있음을 경고하는 취지로 예고등기를 경료하게 되며, 을 소유를 전제로 경매로 해당 부동산을 매수한 병은 갑이 을에게 제기한 소송에서 갑이 승소할 경우, 병은 갑에게 대항할 수 없고 병은 그 소유권을 박탈당한다. 예고등기는 병과 같은 선의의 제3자를 보호하는 규정이 있는 비진의표시(민법 제107조 제2항), 통정허위표시(민법 제108조 제2항), 착오·사기·강박에 의한 의사표시(민법 제109조 제2항, 제110조 제3항)등에는 적용되지 않는다. 다만 현재 예고등기제도는 폐지된 상태로, 갑이 을에게 소송을 제기하기 전에 부동산에 대한 처분금지가처분을 하여 두면 예고등기와 같은 효과를 볼 수 있다.

민사유치권은 항상 인수되는 권리로 표현되기는 하나, 대법원 2005다22688 판결에 의하면, 채무자 소유의 건물 등 부동산에 강제경매개시결정의 기입등기가 경료되어 압류의 효력이 발생한 이후에 채무자가 위 부동산에 관한 공사대금 채권자에게 그 점유를 이전함으로써 그로 하여금 유치권을 취득하게 한 경우, 그와 같은 점유의 이전은 목적물의 교환가치를 감소시킬 우려가 있는 처분행위에 해당하여 민사집행법 제92조 제1항, 제83조 제4항에 따른 압류의 처분금지효에 저촉되므로 점유자로서는 위 유치권을 내세워 그 부동산에 관한 경매절차의 매수인에게 대항할 수 없다는 취지이다. 위 판례는 유치권 확대로 인하여 여러 부작용을 고려해서 유치권의 성립을 제한한 판례로 해석하면 된다.

> 민법 제320조(유치권의 내용) ① 타인의 물건 또는 유가증권을 점유한 자는 그 물건이나 유가증권에 관하여 생긴 채권이 변제기에 있는 경우에는 변제를 받을 때까지 그 물건 또는 유가증권을 유치할 권리가 있다.
> ② 전항의 규정은 그 점유가 불법행위로 인한 경우에 적용하지 아니한다.

상사유치권(상법 제58조)은 (민사유치권과 달리) 선행저당권자 또는 선행저당권에 기한 임의경매절차에서 부동산을 취득한 매수인(낙찰자)에 대한 관계에서는 그 상사유치권으로 대항할 수 없다. 상사유치권은 (민사유치권과 달리) 채무자 소유권에 기초하기 때문이다. 다만, 상사유치권 성립 후 채무자로부터 부동산을 양수하거나 제한물권을 설정 받은 자에게는 대항할 수 있다(대법원 2012다94285 판결). 결국 **민사유치권과 달리 상사유치권의 경우**에는 **낙찰자(매수인)가 항상 인수하는 권리라고 볼 수는 없다**. 상사유치권은 민사유치권에 비하여 견련성 완화된다. 즉 채무자와의 상행위로 인하여 점유하게 된 것이라면, 채권과 직접 관련 없는 다른 상행위로 인하여 점유하게 된 물건도 유치를 할 수 있는바, 상사유치권(특별법) 성립요건을 갖추지 못하였으나, 민사유치권(일반법) 요건을 갖춘 경우 민사유치권 규정이 적용될 수 있다.

> 상법 제58조(상사유치권) 상인 간의 상행위로 인한 채권이 변제기에 있는 때에는 채권자는 변제를 받을 때까지 그 채무자에 대한 상행위로 인하여 자기가 점유하고 있는 채무자소유의 물건 또는 유가증권을 유치할 수 있다. 그러나 당사자 간에 다른 약정이 있으면 그러하지 아니하다.

5. 말소기준으로 기능하는 특수한 경우

저당권보전 가등기(부동산등기법 제88조, 제3조) 또는 저당권보전 가처분도 말소기준으로 기능하는 경우 있다. 민법 제666조는 “수급인의 목적 부동산에 대한 저당권설정청구권”이라는 제목 아래에 ”부동산공사의 수급인은 전조의 보수에 관한 채권을 담보하기 위하여 그 부동산을 목적으로 한 저당권의 설정을 청구할 수 있다.”고 규정하고 있는데, 이렇게 저당권보전을 위하여 가등기 내지 가처분을 하여 두었다면 그 순위보전의 효력에 따라 가등기 내지 가처분 시점이 ‘말소기준’이 될 수 있다(단 저당권설정등기가 실현되어야 할 것). 민법 제666조에 의한 저당권보전 가처분과 관련하여 같은 취지의 대법원 판결이 존재한다.

즉, 대법원 2015다202360 판결에 의하면, “부동산에 관하여 처분금지가처분의 등기가 된 후에 가처분채권자가 본안소송에서 승소판결을 받아 확정되면 피보전권리의 범위 내에서 가처분 위반행위의 효력을 부정할 수 있다. 따라서 저당권설정등기청구권을 보전하기 위한 처분금지가처분의 등기가 이미 되어 있는 부동산에 관하여 그 후 소유권이전등기나 처분제한의 등기 등이 이루어지고, 그 뒤 가처분채권자가 본안소송의 승소확정으로 피보전권리 실현을 위한 저당권설정등기를 하는 경우에, 가처분등기 후에 이루어진 소유권이전등기나 처분제한의 등기 등 자체가 가처분채권자의 저당권 취득에 장애가 되는 것은 아니어서 등기가 말소되지는 않지만, 가처분채권자의 저당권 취득과 저촉되는 범위에서는 가처분등기 후에 등기된 권리의 취득이나 처분의 제한으로 가처분채권자에게 대항할 수 없게 된다. 저당권 등 소유권 외의 권리의 설정등기청구권을 보전하기 위한 처분금지가처분의 등기 후 피보전권리 실현을 위한 저당권 등의 설정등기를 하는 때에는 가처분등기 후에 등기된 권리의 취득이나 처분의 제한으로 가처분채권자의 저당권 등의 취득에 대항할 수 없다는 점을 표시하기 위하여 그 설정등기가 가처분에 기초한 것이라는 뜻도 함께 등기하게 되어 있고(부동산등기법 제95조 참조), 가처분의 피보전권리 실현을 위한 등기가 되면 가처분은 목적을 달성하여 효력을 잃고 가처분등기는 존치할 필요가 없는 것에 불과하게 된다. 따라서 저당권설정등기청구권을 보전하기 위한 처분금지가처분의 등기 후 피보전권리 실현을 위한 저당권설정등기가 되면, 그 후 가처분등기가 말소되더라도 여전히 가처분등기 후에 등기된 권리의 취득이나 처분의 제한으로 가처분채권자의 저당권 취득에 대항할 수 없다.”는 취지이다.

6. 대위변제를 통한 말소기준의 변경사례

a주택에 대한 권리를 분석해 보니 "① 근저당권(피담보채권 500만원), ② 임차권(인도 ○, 전입신고 ○, 확정일자 ×, **보증금 1억 7천만원(서울의 경우 현재(2023. 2. 21. 이후) 1억 6천 5만원 이하일 때 5천 5백만원까지 소액임차인 자격으로 최우선 배당: 주택임대차보호법 시행령 제10조, 제11조 참고**), ③ 근저당권(피담보채권5천만원), ④ 경매개시결정기입등기"라는 순서가 확인된다.

이때, 말소기준으로 보이는 것은 ①, ③, ④인데, 말소기준은 '하나'이고, 가장 선순위 말소기준만이 '진정한 말소기준'이 되므로 '말소기준'은 ① 근저당권이 된다. ②, ③, ④는 말소기준에 대하여 후순위에 해당하므로 모두 말소된다.

② 임차권은 대항요건을 갖추었으나, 말소기준 후순위로 대항력 없고, 확정일자도 갖추지 못하여 배당을 전혀 못 받게 된다. 그리고 소액임차인의 요건도 충족하지 못한다. 따라서 ② 임차권자가 ① 근저당권의 피담보채권 500만원을 대신 갚으면 ① 근저당권자는 없어지는 결과가 되므로, ② 임차권자는 ① 근저당권에 대한 피담보채권을 대신 갚을 실익이 있다(손진흥, 「부동산권리분석과 배당」, 법률정보센타, 2009(352쪽)).

즉, ② 임차권자가 ① 근저당권에 대한 피담보채권을 대신 갚고 권리분석을 다시하게 되면, **② 임차권 (인도 ○, 전입신고 ○, 확정일자 ×), ③ 근저당(피담보채권 5천만원), ④ 경매개시결정기입등기**가 된다. 이러한 경우에 말소기준권리는 ③ 근저당권이 되고, ② 임차권자는 대항요건을 갖추었을 뿐만 아니라, ③ 근저당권자보다 선순위라 대항력도 생긴다. 따라서 낙찰자(매수인)에게 대항할 수 있고, 계약종료 시 낙찰자(매수인)로부터 보증금을 받을 수 있게 된다.

결국 이처럼 대위변제가능성이 있는 경우 낙찰자는 순위승진 문제가 발생할 수 있음을 인식하고 경매에 참가해야 한다. 낙찰대금 이외에 추가로 대항력 있는 임차인에게 보증금을 내줄 수도 있기 때문이다.

다만, 대위변제는 실무적으로 선순위 말소기준이 말소된 등기부를 낙찰대금 완납 시(낙찰자의 소유권 취득시: 민사집행법 제135조)까지 제출해야 순위승진 인정된다고 한다. 순위승진 실익이 있는 자로는 주택임차인, 상가임차인, 소유권이전등기청구권보전 가등기권자, 가처분권자, 환매권자, 기타 용익권자 등이다. 결론적으로 '말소기준'의 채권액이 소액일 때 대위변제를 통한 말소기준이 변경될 여지가 있다.

민사집행법 제135조(소유권의 취득시기) 매수인은 매각대금을 다 낸 때에 매각의 목적인 권리를 취득한다.

이와 관련하여 대법원 98마1031 결정에 의하면 "담보권의 실행을 위한 부동산의 입찰절차에 있어서, 주택임대차보호법 제3조에 정한 대항요건을 갖춘 임차권보다 선순위의 근저당권이 있는 경우에는, 낙찰로 인하여 선순위 근저당권이 소멸하면 그보다 후순위의 임차권도 선순위 근저당권이 확보한 담보가치의 보장을 위하여 그 대항력을 상실하는 것이지만, 낙찰로 인하여 근저당권이 소멸하고 낙찰인이 소유권을 취득하게 되는 시점인 낙찰대금지급기일 이전에 선순위 근저당권이 다른 사유로 소멸한 경우에는, 대항력 있는 임차권의 존재로 인하여 담보가치의 손상을 받을 선순위 근저당권이 없게 되므로 임차권의 대항력이 소멸하지 아니한다고 할 것이다. 한편 이와 같이 선순위 근저당권의 존재로 후순위 임차권의 대항력이 소멸하는 것으로 알고 부동산을 낙찰받았으나, 그 이후 선순위 근저당권의 소멸로 인하여 임차권의 대항력이 존속하는 것으로 변경됨으로써 낙찰부동산의 부담이 현저히 증가한 경우에는, 낙찰인으로서는 민사소송법 제639조 제1항의 유추적용에 의하여 낙찰허가결정의 취소신청을 할 수 있다."는 취지이다.

또한 대법원 2002다70075 판결에 의하면 "부동산의 경매절차에 있어서 주택임대차보호법 제3조에 정한 대항요건을 갖춘 임차권보다 선순위의 근저당권이 있는 경우에는, 낙찰로 인하여 선순위 근저당권이 소멸하면 그보다 후순위의 임차권도 선순위 근저당권이 확보한 담보가치의 보장을 위하여 그 대항력을 상실하는 것이지만, 낙찰로 인하여 근저당권이 소멸하고 낙찰인이 소유권을 취득하게 되는 시점인 낙찰대금지급기일 이전에 선순위 근저당권이 다른 사유로 소멸한 경우에는, 대항력이 있는 임차권의 존재로 인하여 담보가치의 손상을 받을 선순위 근저당권이 없게 되므로 임차권의 대항력이 소멸하지 아니하고(대법원 98마1031 결정 참조), 선순위 근저당권의 존재로 후순위 임차권이 소멸하는 것으로 알고 부동산을 낙찰받았으나, 그 후 채무자가 후순위 임차권의 대항력을 존속시킬 목적으로 선순위 근저당권의 피담보채무를 모두 변제하고 그 근저당권을 소멸시키고도 이 점에 대하여 낙찰자에게 아무런 고지도 하지 않아 낙찰자가 대항력 있는 임차권이 존속하게 된다는 사정을 알지 못한 채 대금지급기일에 낙찰대금을 지급하였다면, 채무자는 민법 제578조 제3항의 규정에 의하여 낙찰자가 입게 된 손해를 배상할 책임이 있다."는 취지이다.

제578조(경매와 매도인의 담보책임) ① 경매의 경우에는 경락인은 전8조의 규정에 의하여 채무자에게 계약의 해제 또는 대금감액의 청구를 할 수 있다. ② 전항의 경우에 채무자가 자력이 없는 때에는 경락인은 대금의 배당을 받은 채권자에 대하여 그 대금전부나 일부의 반환을 청구할 수 있다. ③ 전2항의 경우에 채무자가 물건 또는 권리의 흠결을 알고 고지하지 아니하거나 채권자가 이를 알고 경매를 청구한 때에는 경락인은 그 흠결을 안 채무자나 채권자에 대하여 손해배상을 청구할 수 있다.

7. 흔하게 볼 수 있는 권리분석 사례

가. ① 근저당 → ② 가압류 → ③ 근저당권자의 임의경매 또는 강제경매(가압류권자 승소)

낙찰자(매수인)가 법원에 납입한 낙찰대금으로 배당을 하게 되는데, 최우선적으로는 집행을 위한 비용을 배당하고, 1순위자인 근저당권자에게 채권최고액 범위 내에서 실채무를 배당하며, 2순위자인 가압류권자에게도 배당(공탁: 가압류권자가 승소하여 배당에 참가한 경우는 배당하고, 가압류 그 상태일 경우는 청구채권이 확정되지 않아 공탁)한다. 배당하고 남은 금액은 채무자에게 지급한다. 위 권리만 존재한다면, 낙찰대금 이외에 낙찰자에게 추가로 들어갈 비용은 없게 된다.

나. ① 주택임차인의 존재(대항요건+확정일자) → ② 제3자의 경매신청(임의경매 또는 강제경매)

주택임차인이 인도, 주민등록(전입신고)이라는 대항요건을 충족한 상태에서 우선변제권(순위에 따른 배당권)의 요건인 확정일자까지 받았다면, 말소기준보다 선순위인 것을 전제할 때 주택임차인에게 대항력이 인정되고 우선변제권도 인정된다. 다만, 주택임차인은 배당요구 종기까지 배당요구를 해야 배당받는 채권자에 해당하여 배당을 받을 수 있게 된다.

주택임차인이 배당요구를 했다면 낙찰자(매수인)가 제공하는 낙찰대금에서 배당을 받게 되므로 입찰을 하는 낙찰자(매수인) 입장에서 신경 쓸 일은 없다. 다만, 주택임차인이 배당요구를 하지 않으면 대항력이 있기 때문에 낙찰자(매수인)는 위 임차권을 인수하게 된다.

즉, 낙찰자(매수인)가 낙찰대금을 법원에 제공하였다고 하더라도 주택임차인이 계약이 만료되어 나갈 때에 보증금을 추가로 지급해야 한다. 배당요구는 첫 매각기일 이전으로 집행법원이 정한 배당요구 종기까지 할 수 있다(민사집행법 제84조 제1항, 제88조 제2항).

8. 제1강 체크포인트

'부동산권리분석'이란 경매 낙찰자(매수인)의 입장에서 경매법원에 제공하는 경매대금 이외에 추가로 들어갈 비용을 예측하기 위한 도구개념이다. 즉 부동산의 소유권을 경매로 취득하면서 매각대금을 법원에 납입하게 되는데, 낙찰자가 인수하는 권리 등이 있다면, 그 권리 등을 제거하기 위한 추가비용 등이 필요할 것이고 이를 예측하기 위해 권리분석을 하게 된다.

부동산경매라는 것은 채권자들을 위한 빗잔치라고 할 수 있다. 경매대상 부동산을 팔아 채권자들 순서대로 경매대금을 나누고 남는 돈이 있다면 채무자에게 지급하게 되는 것인데, 이때 돈에 집중한 저당권 등의 담보권자나 돈을 받기 위해 가압류 또는 압류를 한 채권자들은 경매대금으로부터 돈을 받으면 목적을 달성하기 때문에 경매로 소멸되고 그들의 각 등기도 말소된다.

민사집행법 제91조 제3항에서 규정하는 '저당권, 압류채권, 가압류채권'이 돈에 집중한 것들에 해당하고, 이를 말소기준이라 한다. '저당권'과 유사한 담보권으로 분류되는 '근저당권', '담보가등기', '압류채권'에 해당하는 '조세체납처분에 의한 압류'와 압류의 효력이 발생하는 '강제경매개시결정기입등기'도 각 말소기준이 된다. 최선순위 전부 전세권은 배당요구를 하거나 경매를 신청하면 말소기준이 된다. 전세권은 용익물권성도 보유하지만 전세금을 요소로 하여 저당권과 비슷한 담보권성도 보유하기 때문이다. 민법 제666조를 전제한 '저당권보전 가등기 또는 저당권보전 가처분'도 말소기준으로 기능하는 경우가 있다.

결국 '말소기준'을 모두 정리해 보면, ① 저당권등기, ② 근저당권등기, ③ 가등기담보 등에 관한 법률 시행일인 1984. 1. 1. 이후에 설정된 담보가등기, ④ 압류채권등기, ⑤ 강제경매개시결정기입등기, ⑥ 가압류채권등기이다. ⑦ 말소기준보다 선순위 전부 전세권자로서 배당요구를 하였거나 임의경매를 신청한 경우(단, '부분 전세권'은 제외(대법원 96다53628 판결)) ⑧ 민법 제666조에 의한 '저당권보전 가등기 또는 저당권보전 가처분'으로서 차후 '저당권등기'가 이루어진 경우 등이다. 말소기준이 여러 개로 확인될 경우에 가장 선순위만 '말소기준'이 된다. 즉 '말소기준'은 하나다.

제 2 강
등기사항증명서상 갑구에 기재되는 권리

제 2 강

등기사항증명서상 갑구에 기재되는 권리

1. 등기사항증명서상에 기재되는 권리 요약

등기사항증명서에 기재되는 권리 등을 정리하면 아래와 같다.

	등기사항증명서
표제부	부동산 표시의 등기(사실의 등기) 부동산의 위치표시·사용목적·면적·구조·부동산의 변동사항
갑구	소유권에 관한 사항(권리의 등기) 예) 소유권보존등기, 소유권이전등기, 가압류 등기, 가처분 등기, 가등기, 압류 등기, 환매등기, 환지등기, 경매개시결정기입등기, 소유권에 관한 예고등기(폐지됨) 등
을구	소유권 이외의 권리에 관한 사항(권리의 등기) 예) 저당권 등기, 근저당권 등기, 지상권 등기, 지역권 등기, 전세권 등기, 임차권 등기, 저당권 등에 관한 예고등기(폐지됨), 전세권 목적 가압류 등기 등

이하에서는 등기사항증명서상에 기재되는 권리 등에서 '갑구'에 기재되는 '가압류 등기, 가처분등기, 가등기, 예고등기, 압류등기, 환매특약등기(환매권), 환지등기, 경매개시결정기입등기' 등을 확인해 보기로 한다.

2. 가압류등기

가. 가압류의 의의

가압류는 금전채권 또는 금전으로 환산할 수 있는 채권의 집행을 보전할 목적으로 미리 채무자의 재산을 동결시켜 채무자로부터 그 재산에 대한 처분권을 잠정적으로 빼앗는 집행보전제도이다.

민사집행법 제276조(가압류의 목적) ① 가압류는 금전채권이나 금전으로 환산할 수 있는 채권에 대하여 동산 또는 부동산에 대한 강제집행을 보전하기 위하여 할 수 있다.
② 제1항의 채권이 조건이 붙어 있는 것이거나 기한이 차지 아니한 것인 경우에도 가압류를 할 수 있다.
민사집행법 제277조(보전의 필요) 가압류는 이를 하지 아니하면 판결을 집행할 수 없거나 판결을 집행하는 것이 매우 곤란할 염려가 있을 경우에 할 수 있다.

부동산이 가압류된 경우 가압류채무자가 목적 부동산을 이용·관리하는 데에는 아무런 지장이 없다. 다만 가압류채무자는 목적 부동산에 대하여 매매, 증여 또는 저당권 등의 담보권 설정 기타 일체의 처분행위를 할 수 없다. 이때 채무자가 위 명령을 어기고 목적 부동산을 처분하더라도 그것이 절대적으로 무효로 되는 것은 아니고 가압류채권자에 대한 관계에서만 그 처분행위가 무효가 된다. 이를 가압류의 상대적 효력이라고 한다. 대법원 99다11045 판결에 의하면 "매수인은 매매목적물에 대하여 가압류집행이 되었다고 하여 매매에 따른 소유권이전등기가 불가능한 것도 아니므로, 이러한 경우 매수인으로서는 신의칙 등에 의해 대금지급 채무의 이행을 거절할 수 있음은 별론으로 하고, 매매목적물이 가압류되었다는 사유만으로 매도인의 계약 위반을 이유로 매매계약을 해제할 수는 없다."는 취지이다.

나. 가압류 권리분석 사례

(1) 사안 간략 정리(대법원 2005다8682 판결 및 대법원 2006다19986 판결 참고)

갑 소유 부동산 → 갑의 채권자 a의 가압류 → 을로 소유권이전 → 을의 채권자 b의 가압류 또는 압류

(2) b가 경매를 신청한 경우

낙찰자는 매각물건명세서 등을 확인하여 집행법원이 a에게 배당을 실시하고 해당 가압류를 말소할 것인지 a의 가압류가 낙찰자에게 인수될 것인지 여부를 확인 후 입찰 여부 결정해야 한다. 언듯 보면, a와 b모두 말소기준권리로 보이고, a의 말소가 당연한 듯 보이나, 위 사안은 소유자가 변경된 사안임을 유의해야 한다. 즉 b의 경매신청은 b의 채무자인 을을 전제한 것이다. 따라서 경매법원에서 a의 가압류를 말소하는 취지의 매각조건이 있는지 확인하고 낙찰 여부를 결정해야 한다(매각물건명세서의 '비고란'을 확인하여 a의 가압류에 대한 인수 여부 확인 필요). **위 대법원 사안은 a의 가압류를 인수하는 것을 조건으로 경매가 진행된 사안**이다.

즉 위 대법원 2005다8682 판결에 의하면 "부동산에 대한 선순위가압류등기 후 가압류목적물의 소유권이 제3자에게 이전되고 그 후 제3취득자의 채권자가 경매를 신청하여 매각된 경우, 가압류채권자는 그 매각절차에서 당해 가압류목적물의 매각대금 중 가압류결정 당시의 청구금액을 한도로 배당을 받을 수 있고, 이 경우 종전 소유자를 채무자로 한 가압류등기는 말소촉탁의 대상이 될 수 있다. 그러나 경우에 따라서는 집행법원이 종전 소유자를 채무자로 하는 가압류등기의 부

담을 매수인이 인수하는 것을 전제로 하여 위 가압류채권자를 배당절차에서 배제하고 매각절차를 진행시킬 수도 있으며, 이와 같이 매수인이 위 가압류등기의 부담을 인수하는 것을 전제로 매각절차를 진행시킨 경우에는 위 가압류의 효력이 소멸하지 아니하므로 집행법원의 말소촉탁이 될 수 없다. 따라서 종전 소유자를 채무자로 하는 가압류등기가 이루어진 부동산에 대하여 매각절차가 진행되었다는 사정만으로 위 가압류의 효력이 소멸하였다고 단정할 수 없고, 구체적인 매각절차를 살펴 집행법원이 위 가압류등기의 부담을 매수인이 인수하는 것을 전제로 하여 매각절차를 진행하였는가 여부에 따라 위 가압류 효력의 소멸 여부를 판단하여야 한다."는 취지이다.

이와 관련하여 "부동산에 다른 선순위의 부담이 없는 상태에서 가압류 등기 후 소유권이 이전되어 현소유자의 채권자가 경매신청을 하여 매각된 경우 전소유자에 대한 가압류에 대해 어떻게 취급할 것인가라는 문제에 대하여, 이론상 원칙적으로 전 소유자에 대한 가압류채권자는 현소유자의 채권자가 신청한 경매의 배당절차에 참여할 수 없으므로 전소유자에 대한 가압류는 말소되지 않고 매수인이 인수하여야 하며, 현소유자 명의의 이전등기도 말소되지 않지만, 법원의 실무는 2003년도부터 그 태도를 바꾸어 전소유자의 가압류채권자의 목적은 결국 가압류 청구금액을 지급받는 것에 있으므로 그 청구금액을 배당액 중에서 공탁한 후 위 가압류 등기를 말소시킨다고 해도 가압류채권자에게 불리할 것이 없으며, 전체 경매설자로 보아도 경매 후 최대한 목적 부동산에 대한 권리를 정리하여 이전시키는 것이 매수인의 이익에 부합할 수 있다는 이유로, 위 가압류채권자에 대한 배당액을 공탁한 다음 그 가압류등기를 말소시키는 방향으로 경매절차를 진행하고 있다면서, 다만 이와 같은 실무의 태도를 취한다고 하더라도 이론상으로는 위 가압류가 말소되지 않는 것이므로 위 가압류 후에 된 집행채무자 명의의 소유권이전등기를 말소해서는 안되며, 이러한 경우에 집행법원은 원칙에 맞추어 여전히 인수주의를 취할 수는 있다고 보며, 그 경우라면 명세서에 위 가압류를 인수하는 것으로 기재하여 경매를 진행해야 할 것이다."라는 견해도 보인다(손진홍, 「부동산권리분석과 배당」, 법률정보센타, 2009(56쪽, 57쪽)).

(3) a가 경매를 신청한 경우

말소기준이 a가 되므로 a에 대항할 수 없는 후순위자가 모두 말소되므로, 을의 채권자 b는 배당받고 말소된다. 소유자가 동일한 경우는 가압류권자 사이에는 채권자 평등원칙이 적용되므로 안분비율 배당된다. 그러나 위 사건과 같이 소유자 변경이 존재하는 경우는 a가 먼저 배당받고, 남은 돈은 b가 배당받게 된다. a의 가압류청구금액 한도로 처분금지효(상대적 무효관련)의 효력이 발생하기 때문이다. 즉 대법원 2006다19986 판결에 의하면 "부동산에 대한 가압류집행 후 가압류목적물의 소유권이 제3자에게 이전된 경우 가압류의 처분금지적 효력이 미치는 것은 가압류결정 당시의 청구금액의 한도 안에서 가압류목적물의 교환가치이고, 위와 같은 처분금지적 효력은 가압류채권자와 제3취득자 사이에서만 있는 것이므로 제3취득자의 채권자가 신청한 경매절차에서 매각 및 경락인이 취득하게 되는 대상은 가압류목적물 전체라고 할 것이지만, 가압류의 처분금지적 효력이 미치는 매각대금 부분은 가압류채권자가 우선적인 권리를 행사할 수 있고, 제3취득자의 채권자들은 이를 수인하여야 할 것."인바, "원심이 위와 같은 취지에서 이 사건 부동산 지분의 제3취득자인 문임순 및 그로부터 근저당권을 취득한 피고로서는 전 소유자에 대한 가압류채권자인 원고가 가압류결정 당시의 청구금액 한도 안에서 우선 배당을 받고도 잔액이 있는 경우에 한하여 배당을 받을 수 있다고 한 것은 정당."하다는 취지이다.

(4) 참고할 내용 1

갑 소유 부동산 → 갑의 채권자 a의 근저당권 → 을로 소유권이전 → 을의 채권자 b(가압류 또는 압류권자)

위 판례사안과 달리 a가 가압류권자가 아닌 근저당권이라는 차이점 있다. 이 경우 b가 경매신청하면, a가 당연히 말소기준이 된다. 민사집행법 제91조 제2항은 "매각부동산 위의 모든 저당권은 매각으로 소멸한다."고 규정하여, 저당권은 경매로 무조건 소멸하기 때문이다.

(5) 참고할 내용 2

현소유자를 채무자로 하는 경매라고 하더라도 전소유자가 현소유자에게 소유권을 이전하기 전에 설정된 저당권 등의 담보권이 유효하게 존재하는 경우에는 그 저당권이 낙찰로 인해 소멸함과 동시에 전소유자 당시 설정된 가압류 또한 소멸한다. 이 경우 전소유자에게 설정된 저당권설정등기 후에 동일한 소유자에게 설정된 가압류등기라면 저당권자에게 대항할 수 없으므로 낙찰대금으로부터 저당권자에게 우선변제하고 남은 금액이 있으면 가압류채권자에게 배당하고 저당권설정등기 전의 가압류등기라면 저당권자에게 대항할 수 있으므로 낙찰대금으로부터 저당권자와 안분비례하여 배당한다(손진홍, 「부동산권리분석과 배당」, 법률정보센타, 2009(57쪽, 58쪽)).

다. 선순위 가압류에 대한 배당방법(안분비율배당 원칙, 예외적 우선배당)

부동산에 "① 가압류 → ② 근저당권"의 순으로 등기가 되어 있다면, 안분비율 배당이 원칙이다(대법원 94마417 결정 등). 다만 가압류의 피보전권리에 우선변제권이 존재하는 주택임차인(인도, 전입신고, 확정일자 확부) 또는 임금채권자 등이 가압류를 하고 배당표 확정시까지 우선변제권이 있는 채권자임을 소명하면 위 ① 가압류가 우선 배당된다.

대법원 2002다52312 판결에 의하면 "근로기준법에 의하여 우선변제청구권을 갖는 임금채권자라고 하더라도 임의경매절차에서 배당요구의 종기까지 배당요구를 하여야만 우선배당을 받을 수 있는 것이 원칙이나, **경매절차개시 전의 부동산 가압류권자**는 배당요구를 하지 않았더라도 당연히 배당요구를 한 것과 동일하게 취급하여 설사 그가 별도로 채권계산서를 제출하지 아니하였다 하여도 배당에서 제외하여서는 아니되므로, 민사집행절차의 안정성을 보장하여야 하는 절차법적 요청과 근로자의 임금채권을 보호하여야 하는 실체법적 요청을 형량하여 보면 근로기준법상 우선변제권이 있는 임금채권자가 **경매절차개시 전에 경매목적 부동산을**

가압류한 경우에는 배당요구의 종기까지 우선권 있는 임금채권임을 소명하지 않았다고 하더라도 배당표가 확정되기 전까지 그 가압류의 청구채권이 우선변제권 있는 임금채권임을 소명하면 우선배당을 받을 수 있다."는 취지이다.

정리하자면, 가압류채권의 배당순위는 가압류에 의하여 보전된 피보전권리의 민법·상법 그 밖의 법률에 의한 우선순위에 따른다. 피보전권리가 우선권이 있으면 가압류채권으로도 우선변제를 받는다. 다만 이는 가압류의 피보전권리가 우선변제권이 있는 채권임을 소명한 경우에 한하고, 그렇지 않은 경우에는 일반채권자로서 배당받는다. **배당표 확정시까지** 우선변제권 있는 채권임을 소명하면 된다.

따라서 우선변제권이 있는 채권이라는 사실의 소명은 배당이의가 있는 경우에는 배당이의소송 확정시에 배당표도 확정되므로 배당이의소송의 사실심 변론종결시까지 하면 되고, 배당이의가 없는 경우에는 배당기일의 실시가 끝날 때까지 하면 된다(손진흥, 「부동산권리분석과 배당」, 법률정보센타, 2009(247쪽, 248쪽)). 다만, 위 대법원 2002다52312 판결의 취지를 고려할 때에 경매절차개시 전에 경매목적 부동산을 가압류한 경우를 전제한다고 해석된다.

3. 가처분등기

가. 일반적인 경우

가처분은 당해 목적물에 관한 현상이 변경되면 당사자가 권리를 실행하지 못하거나 이를 실행하는 것이 매우 곤란할 염려가 있을 경우 또는 그 목적물에 관한 다툼이 있는 권리관계에 대하여 임시의 지위를 정하기 위하여 행해지는 보전처분을 의미한다.

> 민사집행법 제300조(가처분의 목적) ① 다툼의 대상에 관한 가처분은 현상이 바뀌면 당사자가 권리를 실행하지 못하거나 이를 실행하는 것이 매우 곤란할 염려가 있을 경우에 한다.

> ② 가처분은 다툼이 있는 권리관계에 대하여 임시의 지위를 정하기 위하여도 할 수 있다. 이 경우 가처분은 특히 계속하는 권리관계에 끼칠 현저한 손해를 피하거나 급박한 위험을 막기 위하여, 또는 그 밖의 필요한 이유가 있을 경우에 하여야 한다.
>
> 민사집행법 제301조(가압류절차의 준용) 가처분절차에는 가압류절차에 관한 규정을 준용한다. 다만, 아래의 여러 조문과 같이 차이가 나는 경우에는 그러하지 아니하다.

가처분 중에서 부동산경매와 관련된 것은 점유이전금지가처분과 처분금지가처분이다. 점유이전금지가처분은 가처분채권자가 목적물의 인도 또는 명도청구권을 보전하기 위하여 본집행시까지 가처분채무자로 하여금 목적물의 점유를 타인에게 이전하거나 점유명의를 변경하지 못하도록 금지하는 보전처분이다. 예를 들어 경매목적물이 매각되었는데도 목적 부동산에 거주하는 채무자 또는 소유자가 명도를 거절하게 되면 인도명령 또는 명도소송을 제기하면서 그 전(또는 동시에)에 취하는 보전처분이다. 처분금지가처분은 목적 부동산에 대한 가처분채무자의 소유권이전, 저당권·전세권설정, 임차권 설정 기타 일체의 처분행위를 금지하는 즉 목적 부동산을 가처분 집행 당시 상태로 유지시키고 권리변동을 금지하는 것을 내용으로 하는 보전처분이다. 예를 들어 부동산을 매수하고 대금까지 전부 지급하였는데 매도인이 등기이전을 해주지 않으면 매수인은 매도인이 그 부동산을 타인에게 다시 처분하는 것을 방지하기 위해 매도인을 상대로 부동산처분금지가처분을 할 수 있다.

처분금지가처분이 되어 있는 부동산에 대한 강제집행은 적법·유효하고 후에 가처분과 관련된 본안소송에서 가처분권자가 승소판결을 받은 때에 비로소 그 경매의 결과를 부인할 수 있다. 대법원(전합) 92마903 판결에 의하면 "국세징수법 제35조에서 '체납처분은 재판상의 가압류 또는 가처분으로 인하여 그 집행에 영향을 받지 아니한다.'고 규정하고 있으나, 이는 선행의 가압류 또는 가처분이 있다고 하더라도 체납처분의 진행에 영향을 미치지 않는다는 취지의 절차진행에 관한 규정일 뿐이고 체납처분의 효력이 가압류, 가처분의 효력에 우선한다는 취지의 규정은 아니므로 부동산에 관하여 처분금지가처분의 등기가 된 후에 가처분권자가 본안소송에서 승소판결을 받아 확정이 되면 피보전권리의 범위 내에서 가처분 위반행위의 효력을 부정할 수 있고 이와 같은 가처분의 우선적 효력은 그 위반행위가 체납처분에 기한 것이라 하여 달리 볼 수 없다."는 취지이다.

가처분채무자가 가처분명령을 어기고 그 점유를 타인에게 이전하거나 목적물을 처분하여도 절대적으로 그 처분행위가 무효로 되는 것은 아니고 가처분채권자에 대한 관계에서만 효력을 주장할 수 없는 것이다. 대법원 87다카257, 258 판결에 의하면 "점유이전금지가처분은 그 목적물의 점유이전을 금지하는 것으로서, 그럼에도 불구하고 점유가 이전되었을 때에는 가처분채무자는 가처분채권자에 대한 관계에 있어서 여전히 그 점유자의 지위에 있는 것일 뿐 목적물의 처분을 금지 또는 제한하는 것은 아니다."는 취지이다.

말소기준보다 선순위 가처분은 낙찰자(매수인)가 인수하고, 후순위는 경매로 소멸하는 것이 원칙이다. 예를 들어, 서류를 위조하여 소유권이전등기가 경료된 사정을 들어 갑이 을에게 부동산에 대한 소유권이전등기말소 청구소송을 제기하면서 을의 명의로 소유권이전등기가 경료된 부동산에 대하여 처분금지가처분을 받아 두었는데, 을의 채권자가 부동산이 을의 명의로 된 것에 근거해서 경매를 신청하고, 그 부동산의 소유권이 경매로 병에게 이전되었을 경우에 갑이 을에 대한 본안소송이 승소로 확정될 경우 낙찰자 병은 소유권을 상실할 위험에 처하게 된다. 이런 문제 때문에 실무는 일단 을의 채권자가 경매를 신청한 경우에 경매개시결정기입등기를 마친 후 경매절차를 사실상 중지한 후 가처분결과에 따라 처리하고 있다고 하나 경매가 진행되는 경우도 있다고 하니 주의를 요한다. 따라서 선순위 가처분이 있음에도 경매법원에서 매각절차를 진행하고 있다면 '매각물건명세서'를 확인해 보는 것이 좋다.

대법원 97다26104, 26111 판결에 의하면 "강제경매의 개시 당시 이미 소멸하였음에도 형식상 등기만이 남아 있을 뿐이었던 근저당권보다 후순위라는 이유로 집행법원의 촉탁에 의하여 이루어진 가처분기입등기의 말소등기는 원인무효이고, 가처분채권자는 그 말소등기에도 불구하고 여전히 가처분채권자로서의 권리를 가진다."는 취지이다. 이때 말소기준은 실효된 형식상의 선순위 근저당권이 아니다.

즉 가처분 이후에서 말소기준을 찾아야 한다.

대법원 2010마818 결정(가처분취소)에 의하면, "피보전권리가 없음에도 그 권리보전이라는 구실 아래 처분금지가처분 결정을 받아 이를 집행한 경우에는 그 가처분 후에 그 가처분에 반하여 한 행위라도 그 행위의 효력은 그 가처분에 의하여 무시될 수 없는 것이고, 피보전권리가 없다는 것은 가처분결정에 대한 이의 사유로 할 수 있으나 또한 피보전권리 없음이 분명히 되었다는 것은 사정변경으로 보아 민사집행법 제301조, 제288조에 의한 사정변경으로 인한 가처분 취소신청을 할 수 있다고 해석되며, 가처분 목적물의 양수인도 사정변경으로 인한 가처분 취소신청을 할 수 있다."는 취지이다. 따라서 **부동산을 경매로 취득한 매수인도 구체적 사정에 따라 선순위 가처분의 취소를 구할 여지**가 있다.

대법원 84다카935 판결에 의하면, "가처분채권자가 본안소송에서 승소하고 채무명의를 획득하여 즉시 본집행을 할 수 있는 요건을 갖추었음에도 불구하고 그 집행을 하지 아니하고 있는 경우에는 피보전권리에 대한 보전의 필요성은 소멸되었다고 할 것이고, 이와 같이 가처분결정 후에 보전의 필요성이 소멸된 때에는 그 가처분을 그대로 존속시켜 놓을 수 없는 사유인 사정변경이 있다고 보아야 할 것이다."는 취지이다.

나. 후순위 가처분이 소멸되지 않는 예외적 경우

(1) 토지소유자의 건물소유자에 대한 철거소송

토지소유자가 그 토지 지상건물 소유자에게 건물철거·토지인도 청구권을 보전하기 위해 건물에 대하여 처분금지가처분을 한 경우에 토지소유자가 본안소송에서 승소를 할 경우에는 건물은 철거대상이 될 수밖에 없다. 따라서 건물만이 경매로 나왔는데, 토지소유자가 건물소유자를 상대로 철거소송을 제기한 상황이고, 건물에 대한 권리분석결과 토지소유자의 처분금지가처분이 말소기준보다 후순위라고 하더라도 말소된다고 보기 어려우므로 건물에 대한 경매 참여에 신중할 필요가 있다. 토지소유자의 건물소유자에 대한 건물철거 소송이 승소로 끝난다면 건물은 철거될 운명이기 때문이다.

이와 관련하여 최근에 선고된 대법원 2022. 3. 31.선고 2017다9121.9138(병합) 판결을 주의할 필요가 있다. 즉 위 판결에 의하면 "토지 소유자가 그 소유 토지 위에 채무자 소유 건물 철거청구권을 보전하기 위하여 건물에 대한 처분금지가처분으로 마쳐진 가처분등기는, 건물에 관한 압류 또는 근저당권설정등기 이후에 마쳐졌더라도 말소되지 않은 채 남아 있지만, 이는 위 가처분이 건물 자체에 대한 어떠한 권리를 보전하기 위한 것이 아니기 때문이다. 위와 같이 압류나 근저당권설정등기 이후에 마쳐진 위 가처분등기가 경매절차 매각대금 지급 후에도 말소되지 않은 채 남아 있다고 해서 채무자가 여전히 그 건물을 처분할 수 있는 지위에 있다고 볼 수는 없다."라는 취지로 판시하여 건물에 대한 가처분 당시 선순위 근저당권이 존재한다면, 그 가처분의 당사자 항정효가 인정되지 않는다는 취지이기 때문이다.

위 대법원 2017다9121, 9138(병합) 판결에 대하여 2022. 9. 30.자 '서울고등법원 판례공보스터디' 제1838쪽, 제1839쪽에 의하면 '건물'에 대한 압류, 근저당권설정등기 이후 이루어진 토지소유자의 건물철거청구권 보진을 위한 처분금지가처분등기가 매각대금 납부로 인하여 당연 말소되지는 않지만 가처분채권자가 이를 들어 가처분채무자에 대한 당사자 항정효를 주장할 수는 없어 처분금지가처분에도 불구하고 낙찰자와 같은 제3자는 건물소유권을 취득하여, 결과적으로 처분금지가처분등기가 남아 있는 실익이 거의 없어졌지만, 그럼에도 불구하고 토지소유자는 현재의 건물 소유자(낙찰자)를 상대로 방해배제청구권에 기하여 건물철거와 토지인도를 구할 수 있고, 당사자 항정을 위해서 현 소유자(낙찰자)를 상대로 다시 건물에 대한 처분금지가처분결정을 받아 집행할 수 있다고 설명하고 있다.

정리하자면 토지소유자가 건물철거를 위해 건물에 대한 처분금지가처분을 하였고, 처분금지가처분 보다 선순위 근저당권이 존재할 때에 낙찰자가 가처분 목적물의 양수인으로서 사정변경으로 인한 보전처분의 취소를 구할 수 있을 것이지만(대법원 2004다50235 판결 등), 건물이 토지를 사용할 권원이 없는 경우라면 토지소유자는 낙찰자를 상대로 방해배제청구권에 기하여 건물철거와 토지인도를 구할 수 있고, 현 소유자인 낙찰자를 상대로 다시 건물에 대한 처분금지가처분결정을 받아 집행할 수 있다는 것인바, 토지소유자가 건물을 철거하는 소송과 함께 건물에 대한 가처분을 한 상황이고, 그 건물이 토지를 사용할 권원이 없는 경우라면 해당 건물을 낙찰 받을 필요가 없다는 점에서 가처분을 인수할 수 있다고 이해하면 족하다.

낙찰자가 법정지상권과 같은 토지사용권원이 없다면 건물에 대한 낙찰자가 건물에 대한 선순위 근저당권의 존재로 인하여 토지소유자의 건물에 대한 가처분의 효과를 받지 않더라도 토지소유자가 낙찰자를 상대로 다시 가처분과 함께 건물 철거 및 토지인도 청구소송을 하면 패소할 수밖에 없기 때문이다.

다만, 법정지상권의 성립가능성이 있다면 입찰을 고려할 여지도 있겠으나, 지료부담이 따르게 된다. 민사집행법 제105조 제1항 제3호는 위와 같은 가처분은 매각물건명세서에 기재를 하도록 규정하고 있다.

> 민사집행법 제105조(매각물건명세서 등) ① 법원은 다음 각호의 사항을 적은 매각물건명세서를 작성하여야 한다.
> 1. 부동산의 표시
> 2. 부동산의 점유자와 점유의 권원, 점유할 수 있는 기간, 차임 또는 보증금에 관한 관계인의 진술
> 3. 등기된 부동산에 대한 권리 또는 가처분으로서 매각으로 효력을 잃지 아니하는 것
> 4. 매각에 따라 설정된 것으로 보게 되는 지상권의 개요
>
> ② 법원은 매각물건명세서·현황조사보고서 및 평가서의 사본을 법원에 비치하여 누구든지 볼 수 있도록 하여야 한다.

(2) 예고등기 성격의 가처분

경매부동산의 소유권 등이 허위일 수 있음을 경고하는 취지의 예고등기(현재 폐지됨)의 역할을 수행하는 "예고등기 성격의 가처분"도 말소기준 선후에 관계없이 낙찰자(매수인)가 인수할 수 있다. 예를 들어, "① 소유자 '갑' → ② 소유자 '을' → ③ 근저당권자 '병'(말소기준) → ④ (처분금지) 가처분권자 '갑'(원인: 서류

위조로 '갑'에서 '을'로 소유권변동) → ⑤ '병'의 임의경매" 사안을 가정하자.

위 사안의 경우 말소기준에 해당하는 '병'의 근저당권보다 가처분이 후순위이므로 가처분이 말소될 것으로 언 듯 보이지만, 소유자가 변경된 후에 가처분이 있었던 점에 주의해야 한다. '갑'이 '을'에게 제기한 소송에서 '갑'이 승소할 경우, 근저당권자 '병'의 경매신청으로 위 부동산을 '정'이 낙찰을 받더라도, 낙찰자 '정'은 소유권을 상실할 위험에 처하게 된다. 위와 같은 가처분은 종전 예고등기처럼, 경고적 의미로, 일반적으로 '갑'을 대리하여 소송을 진행하는 변호사들은 이러한 경우에 '병'이 경매를 신청하기 전에 '을'에게는 소유권이전등기의 말소청구소송을, '병'에게는 근저당권말소청구소송(또는 소유권이전등기의 말소등기에 대하여 승낙의 의사표시)을 각 병합하여 제기하며, '을'의 소유권 및 '병'의 근저당권에 대하여 각 처분금지가처분을 하게 된다. 이렇게 되면 사실상 경매절차진행이 어려울 것이다. 따라서 예고등기성격의 가처분등기가 경료된 경우에는 해당부동산을 경매로 낙찰을 받더라도, 소유권이 박탈될 가능성이 있음을 알고 있어야 한다.

(3) 가처분과 민사집행법 제91조의 제3항의 관계

부동산권리분석과 관련하여 일단 '말소기준'을 찾고, 그 '말소기준'보다 후순위는 낙찰자(매수인)가 인수하지 않고, '말소기준'보다 선순위는 낙찰자(매수인)가 인수한다는 것이 원칙이라는 취지의 설명을 많이 하고 있지만, 이러한 설명에도 불구하고 민사집행법 제91조 제3항, 제4항은 아래에서 보는 바와 같이 '지상권, 지역권, 전세권, 등기된 임차권'만이 이 원칙에 부합됨을 확인할 수 있다.

> 민사집행법 제91조 ③ **지상권·지역권·전세권 및 등기된 임차권은 저당권·압류채권·가압류채권에 대항할 수 없는 경우**에는 **매각으로 소멸**된다.
> ④ **제3항의 경우 외의 지상권·지역권·전세권 및 등기된 임차권**은 **매수인이 인수**한다. 다만, 그중 전세권의 경우에는 전세권자가 제88조에 따라 배당요구를 하면 매각으로 소멸된다.

따라서 지상권, 지역권, 전세권, 등기된 임차권(모두 부동산의 사용에 방점을 둔 '용익권')에 속하지 않는 가처분 등은 일단 그 성격에 따라 말소기준의 선순위 또는 후순위 등과 관련 없이 낙찰자가 인수할 수 있음을 인식하는 것이 필요하다. 즉 지상권, 지역권, 전세권, 등기된 임차권이 아닐 경우에는 구체적 사안에 따라 그리고 그 성격에 따라 말소기준보다 후순위의 권리 등이라도 낙찰자(매수인)가 인수할 여지가 있다는 것을 염두하고 권리분석공부를 해야 한다는 것이다.

다. 토지거래허가구역 내의 토지에 대한 가처분

대법원 2010마818 결정에 의하면, "국토의 계획 및 이용에 관한 법률상의 토지거래계약에 관한 허가구역 내의 토지에 관하여 관할관청의 허가를 받을 것을 전제로 한 매매계약은 법률상 미완성의 법률행위로서 허가받기 전의 상태에서는 아무런 효력이 없어, 그 매수인이 매도인을 상대로 하여 권리의 이전 또는 설정에 관한 어떠한 이행청구도 할 수 없고(대법원 90다12243 전원합의체 판결, 대법원 95다54501 판결), 이행청구를 허용하지 않는 취지에 비추어 볼 때 그 매매계약에 기한 소유권이전등기청구권 또는 토지거래계약에 관한 허가를 받을 것을 조건으로 한 소유권이전등기청구권을 피보전권리로 한 부동산처분금지가처분신청 또한 허용되지 않는다고 봄이 상당하다(대법원 1997. 3. 25. 선고 96다54164 판결 참조)."면서, 그 판결 이유에서 "신청인의 가처분 취소대상 부동산에 관한 소유권이전등기 경료는 위 가처분에 의해 무시될 수 없고, 나아가 신청인은 민사집행법 제301조, 제288조에 의한 사정변경으로 인한 가처분 취소신청을 통해 이 사건 가처분의 취소를 구할 수 있다고 봄이 상당"하다는 취지이다.

대법원 98다44376 판결에 의하면 "토지거래허가신청절차청구권을 피보전권리로 하는 처분금지가처분의 집행을 이미 마친 채권자로서는 그 후 당해 부동산의 소유권이 낙찰로 인하여 타인에게 이전된 경우라도 그 가처분의 효력으로 새로운 토지소유자에게 대항할 수 있어 여전히 그 거래계약의 효력이 발생될 여지가 있으므로 그 때문에 당해 거래계약이 확정적으로 무효로 된다고 볼 수 없다."는 취지이다.

따라서 토지거래허가 구역의 토지가 경매물건으로 나왔는데, 선순위 가처분의 피보전권리가 "매매계약에 기한 소유권이전등기청구권 또는 토지거래계약에 관한 허가를 받을 것을 조건으로 한 소유권이전등기청구권"이라면 그 가처분은 효력이 없어 낙찰자(매수인)가 인수하지 않고, 선순위 가처분의 피보전권리가 "토지거래허가신청절차청구권"이라면 그 가처분은 낙찰자(매수인)가 인수한다고 해석된다. 참고로 과거에는 국토의 계획 및 이용에 관한 법률에 토지거래허가에 관한 규정이 존재했지만, 현재는 부동산 거래신고 등에 관한 법률 제11조 등에 규정되어 있다.

> 부동산 거래신고 등에 관한 법률 제11조(허가구역 내 토지거래에 대한 허가)
> ① 허가구역에 있는 토지에 관한 소유권·지상권(소유권·지상권의 취득을 목적으로 하는 권리를 포함한다)을 이전하거나 설정(대가를 받고 이전하거나 설정하는 경우만 해당한다)하는 계약(예약을 포함한다. 이하 "토지거래계약"이라 한다)을 체결하려는 당사자는 공동으로 대통령령으로 정하는 바에 따라 시장·군수 또는 구청장의 허가를 받아야 한다. 허가받은 사항을 변경하려는 경우에도 또한 같다.

라. 말소기준으로 기능하는 저당권보전 가처분

> 민법 제666조(수급인의 목적 부동산에 대한 저당권설정청구권) 부동산공사의 수급인은 전조의 보수에 관한 채권을 담보하기 위하여 그 부동산을 목적으로 한 저당권의 설정을 청구할 수 있다.

가처분이 말소기준으로 기능하는 경우도 있다. 즉 저당권보전 가등기(부동산등기법 제88조, 제3조) 또는 저당권보전 가처분도 말소기준으로 기능하는 경우 있다.

민법 제666조 제666조는 "수급인의 목적 부동산에 대한 저당권설정청구권"이라는 제목 아래에 "부동산공사의 수급인은 전조의 보수에 관한 채권을 담보하기 위하여 그 부동산을 목적으로 한 저당권의 설정을 청구할 수 있다."고 규정하고 있는데, 이렇게 저당권보전을 위하여 가등기 내지 가처분을 하여두었다면 그 순위보전의 효력에 따라 가등기 내지 가처분 시점이 말소기준이 될 수 있다(단 저당권

설정등기가 실현되어야 할 것).

민법 제666조에 의한 저당권보전 가처분과 관련하여 같은 취지의 대법원 판결이 존재한다. 즉 대법원 2015다202360 판결에 의하면 "저당권설정등기청구권을 보전하기 위한 처분금지가처분의 등기가 이미 되어 있는 부동산에 관하여 그 후 소유권이전등기나 처분제한의 등기 등이 이루어지고, 그 뒤 가처분채권자가 본안 소송의 승소확정으로 그 피보전권리 실현을 위한 저당권설정등기를 하는 경우에, 가처분등기 후에 이루어진 위와 같은 소유권이전등기나 처분제한의 등기 등 자체가 가처분채권자의 저당권 취득에 장애가 되는 것은 아니어서 그 등기가 말소되지는 않지만, 가처분채권자의 저당권 취득과 저촉되는 범위에서는 가처분등기 후에 등기된 권리의 취득이나 처분의 제한으로 가처분채권자에게 대항할 수 없게 된다. 저당권 등 소유권 외의 권리의 설정등기청구권을 보전하기 위한 처분금지가처분의 등기 후 그 피보전권리 실현을 위한 저당권 등의 설정등기를 하는 때에는 가처분등기 후에 등기된 권리의 취득이나 처분의 제한으로 가처분채권자의 저당권 등의 취득에 대항할 수 없다는 점을 표시하기 위하여 그 설정등기가 가처분에 기초한 것이라는 뜻도 함께 등기하게 되어 있고(부동산등기법 제95조 참조), 이와 같이 가처분의 피보전권리 실현을 위한 등기가 되면 가처분은 목적을 달성하여 효력을 잃고 그 가처분등기는 존치할 필요가 없는 것에 불과하게 된다. 따라서 저당권설정등기청구권을 보전하기 위한 처분금지가처분의 등기 후 그 피보전권리 실현을 위한 저당권설정등기가 되면, 그 후 가처분등기가 말소되더라도 여전히 가처분등기 후에 등기된 권리의 취득이나 처분의 제한으로 가처분채권자의 저당권 취득에 대항할 수 없다."는 취지이다.

4. 가등기

가. 가등기의 의의

가등기는 종국등기를 할 수 있는 실체적 또는 절차적 요건이 구비되지 않은 경우에 장래 그 요건이 완비된 후에 할 본등기의 순위를 보전하기 위하여 미리 행하는 예비적 등기를 의미한다. 경매와 관련된 가등기로는 소유권이전청구권 보전가등기와 담보가등기가 있다.

> 부동산등기법 제88조(가등기의 대상) 가등기는 제3조 각 호의 어느 하나에 해당하는 권리의 설정, 이전, 변경 또는 소멸의 청구권을 보전하려는 때에 한다. 그 청구권이 시기부 또는 정지조건부일 경우나 그 밖에 장래에 확정될 것인 경우에도 같다.
>
> 부동산등기법 제3조(등기할 수 있는 권리 등) 등기는 부동산의 표시와 다음 각 호의 어느 하나에 해당하는 권리의 보존, 이전, 설정, 변경, 처분의 제한 또는 소멸에 대하여 한다.
>
> 1. 소유권 2. 지상권 3. 지역권 4. 전세권 5. 저당권 6. 권리질권 7. 채권담보권 8. 임차권
>
> 부동산등기법 제91조(가등기에 의한 본등기의 순위) 가등기에 의한 본등기를 한 경우 본등기의 순위는 가등기의 순위에 따른다.
>
> 가등기담보 등에 관한 법률 제1조(목적) 이 법은 차용물의 반환에 관하여 차주가 차용물을 갈음하여 다른 재산권을 이전할 것을 예약할 때 그 재산의 예약 당시 가액이 차용액과 이에 붙인 이자를 합산한 액수를 초과하는 경우에 이에 따른 담보계약과 그 담보의 목적으로 마친 가등기 또는 소유권이전등기의 효력을 정함을 목적으로 한다.

소유권이전청구권 보전가등기는 소유권이전에 관한 본등기를 할 수 있는 요건이 갖추어지지 않았거나 의도적으로 본등기의 요건을 미루어 장래에 있을 본등기의 준비로서 하는 등기를 의미하고, 담보가등기는 채무자가 채권자로부터 금전을 차용하면서 만일 변제기가 도래하여도 갚지 않을 경우에 채무자 소유의 부동산에 관한 소유권을 채권자에게 이전한다는 대물변제 예약을 한 후에 채무담보의 목적으로 행해지는 가등기 등을 의미한다.

가등기는 가등기 그 자체만에 의하여 가등기의 목적인 청구권의 설정·이전등기의 효력이 종국적으로 발생하는 것이 아니고 나중에 그에 기한 본등기를 하는 경우에만 청구권의 설정·이전의 효력이 본등기에 의하여 종국적으로 발생하며,

다만 본등기의 순위만을 미리 확보해 둔 가등기의 순위에 의하게 되는데, 이를 가등기의 순위보전적 효력이라고 한다.

채권담보를 목적으로 채권자에게 부동산소유권이전의 가등기를 한 후 그 채무를 변제하면 그 가등기를 말소하고 그렇지 않은 경우에는 ① 채권액과 부동산 가액의 차액을 정산하는 청산절차를 거쳐 가등기에 기한 본등기를 하거나 ② 경매를 청구하여 이로부터 우선변제를 받을 수 있다.

> 가등기담보 등에 관한 법률 제12조(경매의 청구) ① 담보가등기권리자는 그 선택에 따라 제3조에 따른 담보권을 실행하거나 담보목적 부동산의 경매를 청구할 수 있다. 이 경우 경매에 관하여는 담보가등기권리를 저당권으로 본다.
> ② 후순위권리자는 청산기간에 한정하여 그 피담보채권의 변제기 도래 전이라도 담보목적 부동산의 경매를 청구할 수 있다.
>
> 가등기담보 등에 관한 법률 제3조(담보권 실행의 통지와 청산기간) ① 채권자가 담보계약에 따른 담보권을 실행하여 그 담보목적 부동산의 소유권을 취득하기 위하여는 그 채권의 변제기 후에 제4조의 청산금의 평가액을 채무자등에게 통지하고, 그 통지가 채무자등에게 도달한 날부터 2개월(이하 "청산기간"이라 한다)이 지나야 한다. 이 경우 청산금이 없다고 인정되는 경우에는 그 뜻을 통지하여야 한다.

말소기준보다 선순위의 가등기는 낙찰자(매수인)가 인수할 수 있으며, 말소기준보다 후순위의 가등기라면 그것이 담보가등기이든 소유권이전등기청구권 보전가등기이든 모두 경매로 인하여 소멸한다.

대법원 91다41996 판결에 의하면 "근저당권이 설정되어 있는 부동산에 소유권이전등기청구권보전의 가등기가 이루어지고 그 후에 강제경매가 실시되어 그 경락허가결정이 확정된 경우에는 구 민사소송법(1990.1.13. 법률 제4201호로 개정되기 전의 것) 제608조 제2항에 의하여 선순위의 근저당권은 경락으로 인하여 소멸되고 그보다 후순위인 가등기상의 권리도 소멸되는 것이므로, 이 가등기 또한 같은 법 제661조 제1항 제2호 소정의 '경락인이 인수하지 아니한 부동산상의 부담의 기입'으로서 말소촉탁의 대상이 되는 것이다."는 취지이다.

또한 대법원 2007다25599 판결에 의하면 "소유권이전등기청구권을 보전하기 위하여 가등기를 경료한 자가 그 가등기에 기하여 본등기를 경료한 경우에 가등기의 순위보전의 효력에 의하여 중간처분이 실효되는 효과를 가져 오므로, 가등기가 경료된 후 비로소 상가건물 임대차보호법 소정의 대항력을 취득한 상가건물의 임차인으로서는 그 가등기에 기하여 본등기를 경료한 자에 대하여 임대차의 효력으로써 대항할 수 없다."는 취지이다.

그리고 대법원 86다카757 판결에 의하면 "주택임대차보호법의 적용을 받는 임대목적 부동산에 관하여 제3자가 가등기를 하고 그 가등기에 기하여 본등기가 마쳐진 경우에 있어서는 임대인과 임차인 사이에 그 가등기 후 그 보증금을 인상하기로 약정하였다 하더라도 그 인상분에 대하여는 그 등기권리자에게 대항하지 못한다 할 것이고 이와 같은 이치는 그 임대차에 관한 등기가 되었거나 안 되었거나 간에 다 같이 적용된다."는 취지이다.

대법원 2021. 3. 11. 선고 2020다253836 판결(가등기말소)에 의하면 "대금분할을 명한 공유물분할 확정판결의 당사자인 공유자가 공유물분할을 위한 경매를 신청하여 진행된 경매절차에서 공유물 전부에 관하여 매수인에 대한 매각허가결정이 확정되고 매각대금이 완납된 경우, 매수인은 공유물 전부에 대한 소유권을 취득하게 되고, 이에 따라 각 공유지분을 가지고 있던 공유자들은 지분소유권을 상실하게 된다. 그리고 대금분할을 명한 공유물분할판결의 변론이 종결된 뒤(변론 없이 한 판결의 경우에는 판결을 선고한 뒤) 해당 공유자의 공유지분에 관하여 소유권이전청구권의 순위보전을 위한 가등기가 마쳐진 경우, 대금분할을 명한 공유물분할 확정판결의 효력은 민사소송법 제218조 제1항이 정한 변론종결 후의 승계인에 해당하는 가등기권자에게 미치므로, 특별한 사정이 없는 한 위 가등기상의 권리는 매수인이 매각대금을 완납함으로써 소멸한다."는 취지이다.

대법원 2021. 10. 28. 선고 2016다248325 판결(배당이의)에 의하면 "가등기담보 등에 관한 법률(이하 '가등기담보법') 제3조, 제4조를 위반하여 적법한 청산절차를 거치지 아니한 채 담보가등기에 기한 본등기가 이루어진 경우 그 본등기는 무효이다(대법원 92다20132 판결 등). 이때 가등기담보법 제2조 제2호에서 정한 채무자 등(이하 '채무자 등')은 청산금 채권을 변제받을 때까지는 여전히 가등기담보계약의 존속을 주장하여 그때까지의 이자와 손해금을 포함한 피담보채무액 전부를 변제하고 무효인 위 본등기의 말소를 청구할 수 있다(제11조 본문). 그러나 선의의 제3자가 소유권을 취득한 경우에는 그러하지 아니하다(제11조 단서 후문). 여기서 '선의의 제3자'라 함은 채권자가 적법한 청산절차를 거치지 않고 담보목적 부동산에 관하여 본등기를 마쳤다는 사실을 모르고 그 본등기에 터 잡아 소유권이전등기를 마친 자를 뜻한다. 제3자가 악의라는 사실에 관한 주장·증명책임은 무효를 주장하는 사람에게 있다. 이와 같이 가등기담보법 제3조, 제4조의 청산절차를 위반하여 이루어진 담보가등기에 기한 본등기가 무효라고 하더라도 선의의 제3자가 그 본등기에 터 잡아 소유권이전등기를 마치는 등으로 담보목적 부동산의 소유권을 취득하면, 채무자 등은 더 이상 가등기담보법 제11조 본문에 따라 채권자를 상대로 그 본등기의 말소를 청구할 수 없게 된다. 이 경우 그 반사적 효과로서 무효인 채권자 명의의 본등기는 그 등기를 마친 시점으로 소급하여 확정적으로 유효하게 되고, 이에 따라 담보목적 부동산에 관한 채권자의 가등기담보권은 소멸하며, 청산절차를 거치지 않아 무효였던 채권자의 위 본등기에 터 잡아 이루어진 등기 역시 소급하여 유효하게 된다고 보아야 한다. 다만 이 경우에도 채무자 등과 채권자 사이의 청산금 지급을 둘러싼 채권·채무 관계까지 모두 소멸하는 것은 아니고, 채무자 등은 채권자에게 청산금의 지급을 청구할 수 있다. 이러한 법리는 경매의 법적 성질이 사법상 매매인 점에 비추어 보면 무효인 본등기가 마쳐진 담보목적 부동산에 관하여 진행된 경매절차에서 경락인이 본등기가 무효인 사실을 알지 못한 채 담보목적 부동산을 매수한 경우에도 마찬가지로 적용된다."는 취지이다.

가등기담보 등에 관한 법률 제11조(채무자등의 말소청구권) 채무자등은 청산금채권을 변제받을 때까지 그 채무액(반환할 때까지의 이자와 손해금을 포함한다)을 채권자에게 지급하고 그 채권담보의 목적으로 마친 소유권이전등기의 말소를 청구할 수 있다. 다만, 그 채무의 변제기가 지난 때부터 10년이 지나거나 선의의 제삼자가 소유권을 취득한 경우에는 그러하지 아니하다.

나. 가등기와 관련된 권리분석 및 배당 사례

(1) 사례

주택에 대하여 ① 근저당자 '갑' → ② 가등기권자 '을' → ③ 주택임차인 '병' → ④ '을'의 본등기 → ⑤ '갑'의 임의경매 실행 사례를 전제한다.

(2) 사례 해설

소유권이전등기청구권 가등기의 경우에 가등기권자 '을'이 본등기를 실행하면 중간처분에 해당하는 임대차계약이 실효 즉 '병'의 임차권이 실효되므로 근저당권자 '갑'이 근저당권을 실행하더라도 임차인 '병'은 배당을 전혀 받을 수 없으며, 근저당권자 '갑'에게 배당하고 남은 돈은 소유자 '을'에게 지급한다. '병'이 확정일자 있는 임차인이건 소액임차인이건 마찬가지이다.

담보가등기인 경우에는 가등기담보 등에 관한 법률(이하 '가담법') 제5조 제5항에 따라 대항력을 갖춘 임차인에게 '청산금의 범위 안에서 동시이행의 항변'을 할 수 있다.

가등기담보 등에 관한 법률 제5조(후순위권리자의 권리행사) ⑤ 담보가등기 후에 대항력 있는 임차권을 취득한 자에게는 청산금의 범위에서 동시이행의 항변권에 관한 「민법」 제536조를 준용한다.

위 사안에서 가등기에 의한 본등기가 가담법의 규정 및 절차에 따라서 유효하게 마쳐진 것이라면 '병'이 확정일자 있는 임차인이건 소액임차인이건 그 임차권은 이미 소멸하였으므로, 그 상태에서 '갑'의 근저당권이 실행된다고 하여 임차인 '병'이 배당받을 것은 없다. 다만 대항력을 갖춘 임차인 '병'은 가담법의 규정 및 절차에 따라 '을'의 담보가등기에 기한 본등기가 이루어지는 과정에서 청산금의 범위 안에서 동시이행의 항변권을 행사할 수 있다. 만약 위 본등기가 청산절차를 제대로 거치지 않아 무효라면, 담보가등기 후의 확정일자 임차인은 가등기권자 다음으로 배당을 받고, 소액임차인은 가등기권자보다 먼저 배당을 받는다(윤경·손흥

수, 부동산경매(2), 한국사법행정학회, 2017(2052쪽)).

다. 등기접수일이 1984. 1. 1. 이후 설정된 담보가등기는 말소기준

등기접수일이 1984. 1. 1. 이후 설정된 담보가등기가 '말소기준'이 된다. 그 이유는 가등기담보등에관한법률(이하 '가담법') 제12조, 제13조가 경매실행과 관련하여 담보가등기를 저당권으로 보고 위 가담법 시행시기가 1984. 1. 1.이기 때문이다. 가담법 제15조는 경매로 담보가등기 소멸을 규정하고 있어 담보가등기가 말소기준이 된다는 근거조문으로 이해된다.

> 가담법 제12조(경매의 청구) ① 담보가등기권리자는 그 선택에 따라 제3조에 따른 담보권을 실행하거나 담보목적 부동산의 경매를 청구할 수 있다. 이 경우 경매에 관하여는 담보가등기권리를 저당권으로 본다.
> ② 후순위권리자는 청산기간에 한정하여 그 피담보채권의 변제기 도래 전이라도 담보목적 부동산의 경매를 청구할 수 있다.
>
> 가담법 제13조(우선변제청구권) 담보가등기를 마친 부동산에 대하여 강제경매 등이 개시된 경우에 담보가등기권리자는 다른 채권자보다 자기채권을 우선변제 받을 권리가 있다. 이 경우 그 순위에 관하여는 그 담보가등기권리를 저당권으로 보고, 그 담보가등기를 마친 때에 그 저당권의 설정등기가 행하여진 것으로 본다.
>
> 가담법 제15조(**담보가등기권리의 소멸**) **담보가등기를 마친 부동산에 대하여 강제경매 등이 행하여진 경우에는 담보가등기권리는 그 부동산의 매각에 의하여 소멸**한다.

가등기의 성격이 명확하지 않은 경우에 법원은 가등기의 성격을 신고하라는 취지를 가등기권자에게 최고하고, 그 결과에 따라 처리한다. 이때 가등기권자가 채권계산서 등을 제출하면 담보가등기로 보아 말소기준이 되며, 아무것도 제출하지 않으면, 소유권이전등기청구권 보전가등기로 처리하는 것이 실무이다. 등기사항전부증명서를 통해 가등기의 등기원인을 확인해 보면 대부분 매매예약으로 적시되어 있지만, 매매예약이라는 위 형식적 문구에도 불구하고 법원은 실질에 의해 담보가등기 여부를 판단한다. 즉 대법원 98마1333 결정에 의하면, "당해 가등기가 담보 가등기인지 여부는 당해 가등기가 실제상 채권담보를 목적으로 한 것인지 여부에 의하여 결정되는 것이지 당해 가등기의 등기부상 원인이 매매예약으로 기재되어 있는지 아니면 대물변제예약으로 기재되어 있는가 하는 형식적 기재에 의하여 결정되는 것이 아니다."는 취지이다.

가담법 제15조(담보가등기권리의 소멸)는 "담보가등기를 마친 부동산에 대하여 강제경매 등이 행하여진 경우에는 담보가등기권리는 그 부동산의 매각에 의하여 소멸한다."고 규정하고 있다. 따라서 선순위 가등기담보권자가 법원으로부터 채권신고를 하라는 취지의 최고를 받았는데도 불구하고 채권신고를 하지 않은 경우에 해당 경매절차에서 우선변제를 받지 못할 뿐만 아니라, 경매종결로 가등기담보권도 소멸한다. 따라서 선순위가등기라는 이유로 말소되지 않더라도 나중에 담보가등기라는 사실이 밝혀지면 낙찰자(매수인)는 소유권에 기한 방해배제청구권의 일환으로 가등기 말소청구를 할 수 있다고 해석된다.

대법원 2007다25278 판결에 의하면 "가등기담보 등에 관한 법률 제16조는 소유권의 이전에 관한 가등기가 되어 있는 부동산에 대한 경매 등의 개시결정이 있는 경우 법원은 가등기권리자에 대하여 그 가등기가 담보가등기인 때에는 그 내용 및 채권의 존부·원인 및 수액을, 담보가등기가 아닌 경우에는 그 내용을 법원에 신고할 것을 상당한 기간을 정하여 최고하여야 하고(제1항), 압류등기 전에 경료 된 담보가등기권리가 매각에 의하여 소멸되는 때에는 제1항의 채권신고를 한 경우에 한하여 그 채권자는 매각대금의 배당 또는 변제금의 교부를 받을 수 있다고 규정하고 있으므로(제2항), 위 제2항에 해당하는 담보가등기권리자가 집행법원이 정한 기간 안에 채권신고를 하지 아니하면 매각대금의 배당을 받을 권리를 상실한다."는 취지이다(배당요구 종기 이후에 배당요구를 함으로써 한 가등기담보권자(원고)의 배당이의의 소에 있어 원고적격을 부정한 사례).

선순위 담보가등기권자가 경매개시결정 기입등기 이전에 본등기를 하기 위한 절차(청산절차)를 모두 마친 경우에는 그 가등기는 경매로 인하여 소멸되지 않는다. 청산절차를 마친 경우에는 그 가등기권자는 소유권이전등기청구권을 갖게 되고 그와 함께 그 담보가등기는 소유권이전청구권 보전가등기의 기능을 갖게 되기 때문이다. 다만, 가등기담보등에 관한 법률의 규정에 따른 청산절차 진행 전에 신청된 경매에 의하여 제3자에게 소유권이전이 된 이상 담보가등기권자는 더 이상 가등기에 기한 본등기를 청구할 수 없다.

> 가등기담보 등에 관한 법률 제14조(강제경매 등의 경우의 담보가등기) 담보가등기를 마친 부동산에 대하여 강제경매 등의 개시 결정이 있는 경우에 그 경매의 신청이 청산금을 지급하기 전에 행하여진 경우(청산금이 없는 경우에는 청산기간이 지나기 전)에는 담보가등기권리자는 그 가등기에 따른 본등기를 청구할 수 없다.

대법원 91다36932 판결에 의하면 "가등기담보 등에 관한 법률의 규정에 따른 청산절차 진행 전에 신청된 강제경매에 의하여 제3자에게 소유권이전이 된 이상 담보가등기권자는 더 이상 위 가등기에 기한 본등기를 청구할 수 없다."는 취지이다.

라. 말소기준으로 기능하는 저당권보전 가등기

가등기가 말소기준으로 기능하는 경우도 있다.

> 부동산등기법 제88조(**가등기의 대상**) **가등기는 제3조 각 호의 어느 하나에 해당하는 권리의 설정, 이전, 변경 또는 소멸의 청구권을 보전**하려는 때에 한다. 그 청구권이 시기부 또는 정지조건부일 경우나 그 밖에 장래에 확정될 것인 경우에도 같다.
>
> 부동산등기법 **제3조**(등기할 수 있는 권리 등) 등기는 부동산의 표시와 다음 각 호의 어느 하나에 해당하는 권리의 보존, 이전, 설정, 변경, 처분의 제한 또는 소멸에 대하여 한다.
>
> 1. 소유권 2. 지상권 3. 지역권 4. 전세권 **5. 저당권** 6. 권리질권 7. 채권담보권 8. 임차권

즉 저당권보전 가등기(부동산등기법 제88조, 제3조) 또는 저당권보전 가처분도 말소기준으로 기능하는 경우 있다. 민법 제666조는 "수급인의 목적 부동산에 대한 저당권설정청구권"이라는 제목 아래에 "부동산공사의 수급인은 전조의 보수에 관한 채권을 담보하기 위하여 그 부동산을 목적으로 한 저당권의 설정을 청구할 수 있다."고 규정하고 있는데, 이렇게 저당권보전을 위하여 가등기 내지 가처분을 하여두었다면 그 순위보전의 효력에 따라 가등기 내지 가처분 시점이 말소기준이 될 수 있다(단 저당권등기가 실현되어야 할 것). 민법 제666조에 의한 저당권보전 가처분과 관련하여 같은 취지의 대법원 판결이 존재함은 앞서 살펴 보았다(대법원 2015다202360 판결).

마. 소유권이전등기청구권 보전가등기와 제척기간 내지 소멸시효

소유권이전등기청구권 보전가등기의 등기원인은 매매예약 또는 매매계약이 일반적이다. 그런데, '매매예약'에 있어 매매예약완결권은 형성권으로서 중단이나 정지가 인정되지 않는 10년의 제척기간이 적용된다(대법원 2000다26425 판결). 따라서 경매대상부동산의 가등기 접수일이 10년을 훌쩍 넘어선 상황이고, 그 성격이 소유권이전등기청구권 보전가등기이고 등기원인이 매매예약이라면, 낙찰을 고려할 필요가 있을 것이다.

즉 대법원 94다22682, 22699(반소) 판결에 의하면 "제척기간은 권리자로 하여금 당해 권리를 신속하게 행사하도록 함으로써 법률관계를 조속히 확정시키려는 데 그 제도의 취지가 있는 것으로서, 소멸시효가 일정한 기간의 경과와 권리의 불행사라는 사정에 의하여 권리 소멸의 효과를 가져오는 것과는 달리 그 기간의 경과 자체만으로 곧 권리 소멸의 효과를 가져오게 하는 것이므로 그 기간 진행의 기산점은 특별한 사정이 없는 한 원칙적으로 권리가 발생한 때이고, 당사자 사이에 매매예약 완결권을 행사할 수 있는 시기를 특별히 약정한 경우에도 그 제척기간은 당초 권리의 발생일로부터 10년간의 기간이 경과되면 만료되는 것이지 그 기간을 넘어서 그 약정에 따라 권리를 행사할 수 있는 때로부터 10년이 되는 날까지로 연장된다고 볼 수 없다."는 취지이다.

대법원 2016다42077 판결에 의하면 "매매예약의 완결권은 일종의 형성권으로서 당사자 사이에 그 행사기간을 약정한 때에는 그 기간 내에, 그러한 약정이 없는 때에는 그 예약이 성립한 때로부터 10년 내에 이를 행사하여야 하고, 그 기간을 지난 때에는 예약 완결권은 제척기간의 경과로 인하여 소멸한다. 한편 당사자 사이에 약정하는 예약 완결권의 행사기간에 특별한 제한은 없다."라는 취지이다(2002. 4. 26.자로 매매예약을 하고 예약완결권행사기간을 2032. 4. 25.까지 약정한 사안에 대해 위 예약완결권행사기간 약정이 유효하다고 한 사례. 원심이 피고의 예약 완결권은 2002. 4. 26.부터 10년이 경과한 2012. 4. 25. 제척기간 10년의 도과로 소멸하였다는 판단을 파기·환송함).

소유권이전등기청구권 보전가등기의 등기원인이 '매매계약'일 때에는 매매계약을 근거로 한 소유권이전등기청구권은 형성권이 아닌 청구권으로서 제척기간이 적용되는 것이 아니라, 소멸시효의 대상으로 보는 것이 일반적이다. 따라서 시효가 중단되었는지 등의 구체적 사례를 확인한 후 낙찰 여부를 고려할 필요가 있다. 대법원 90다카27570 판결(가등기말소등기 등)에 의하면, "가등기에 기한 소유권이전등기청구권이 시효의 완성으로 소멸되었다면 그 가등기 이후에 그 부동산을 취득한 제3자는 그 소유권에 기한 방해배제청구로서 그 가등기권자에 대하여 본등기청구권의 소멸시효를 주장하여 그 등기의 말소를 구할 수 있다."는 취지이다. 다만 대법원 94다28468 판결에 의하면, "토지에 대한 취득시효완성으로 인한 소유권이전등기청구권은 그 토지에 대한 점유가 계속되는 한 시효로 소멸하지 아니하고, 여기서 말하는 점유에는 직접점유뿐만 아니라 간접점유도 포함한다고 해석하여야 한다."는 취지이므로, '매매계약'을 등기원인으로 하였고, 매수인이 경매부동산을 점유하고 있다면 시효가 진행되지 않는다고 해석된다.

참고로, 소유권이전등기청구권 보전가등기의 등기원인이 '매매예약'인 경우에 있어서 제척기간 이내에 '매매예약완결권'을 행사하게 되면, '매매계약'이 성립하므로 그 후 다시 소멸시효가 문제될 수 있음도 알아두자. '매매예약완결권'을 제척기간 내에 행사하고 등기를 이전하지 않은 경우라면, '매매계약'이 성립하여 10년의 시효기간이 남아 있을 수 있으니 조심할 필요가 있다는 취지이다. 다만, 대법원 93다4908, 4915, 4922 판결에 의하면 "매매의 예약은 당사자의 일방이 매매를 완결할 의사를 표시한 때에 매매의 효력이 생기는 것이므로 적어도 일방예약이 성립하려면 그 예약에 터잡아 맺어질 본계약의 요소가 되는 매매목적물, 이전방법, 매매가액 및 지급방법 등의 내용이 확정되어 있거나 확정할 수 있어야 한다."는 취지이다.

> 민법 제564조(매매의 일방예약) ① 매매의 일방예약은 상대방이 매매를 완결할 의사를 표시하는 때에 매매의 효력이 생긴다.
> ② 전항의 의사표시의 기간을 정하지 아니한 때에는 예약자는 상당한 기간을 정하여 매매완결여부의 확답을 상대방에게 최고할 수 있다.
> ③ 예약자가 전항의 기간 내에 확답을 받지 못한 때에는 예약은 그 효력을 잃는다.

바. 선순위 가등기가 존재하는 경우 반드시 경매절차를 중지해야 하는지 여부

대법원 2003마1438 결정에 의하면, "부동산의 강세경매절차에서 경매목적 부동산이 낙찰된 때에도 소유권이전등기청구권의 순위보전을 위한 가등기는 그보다 선순위의 담보권이나 가압류가 없는 이상 담보목적의 가등기와는 달리 말소되지 아니한 채 낙찰인에게 인수되는 것인바, 권리신고가 되지 않아 담보가등기인지 순위보전의 가등기인지 알 수 없는 경우에도 그 가등기가 등기부상 최선순위이면 집행법원으로서는 일단 이를 순위보전을 위한 가등기로 보아 낙찰인에게 그 부담이 인수될 수 있다는 취지를 입찰물건명세서에 기재한 후 그에 기하여 경매절차를 진행하면 족한 것이지, 반드시 그 가등기가 담보가등기인지 순위보전의 가등기인지 밝혀질 때까지 경매절차를 중지하여야 하는 것은 아니다."는 취지이다.

사. 선순위 가등기에 따른 본등기로 낙찰자(매수인)의 소유권 상실과 배당채권자의 담보책임

대법원 86다카560 판결에 의하면, "채무명의에 기한 강제경매신청에 의하여 경매목적 부동산에 대한 경락허가결정이 확정된 경우에는 비록 경매개시결정이 있기 전에 경료된 제3자명의의 가등기에 기하여 그 제3자 명의로 소유권이전본등기가 경료됨으로써 경락인이 경락부동산의 소유권을 취득하지 못하게 되었다 하더라도 그 사유만으로서 경락허가결정이 무효로 돌아가는 것은 아니므로 채권자가 경락대금 중에서 채권의 변제조로 교부받은 배당금을 법률상 원인 없이 취득한 부당이득이라고는 말할 수 없을 뿐만 아니라 기록에 의하면 원고는 이 사건 청구원인으로서, 원고는 원심판시와 같은 사유로 이건 경락부동산의 소유권을 취득할 수 없게 되었으므로, 민법 제578조 소정의 경매와 매도인의 담보책임에 관한 규정에 따라 채무자에 대하여 이건 경락부동산에 대한 매매계약을 해제하고 채무자의 무자력을 이유로 배당채권자인 피고에게 그 배당금의 반환을 구하고 있음이 명백함에도 불구하고 원심은 원고의 주장사실에 대하여는 심리판단을 하지 아니하고 앞서 본 바와 같이 피고에게 원고가 주장하지도 아니한 부당이득반환 의무가 있다고 판단하였으니 원심판결에는 경매의 효력 내지 부당이득의 법리를 오해하고 변론주의 원칙을 위배하여 판결결과에 영향을 미친 위법이 있다."는 취지이므로 선순위 가등기가 존재하는 부동산을 경매로 취득하였는데, 가등기권자가 본등기를 하여 부동산의 소유권을 박탈당한 매수인은 배당채권자를 상대로 부당이득반환청구를 할 수는 없고, 민법 제578조의 요건이 충족된다면 위 규정에 따른 담보책임을 물을 여지가 있을 것으로 해석된다.

즉 대법원 96그64 결정에 의하면 "소유권에 관한 가등기의 목적이 된 부동산을 낙찰받아 낙찰대금까지 납부하여 소유권을 취득한 낙찰인이 그 뒤 가등기에 기한 본등기가 경료됨으로써 일단 취득한 소유권을 상실하게 된 때에는 매각으로 인하여 소유권의 이전이 불가능하였던 것이 아니므로, 민사소송법 제613조에 따라 집행법원으로부터 그 경매절차의 취소결정을 받아 납부한 낙찰대금을 반환받을 수는 없다고 할 것이나, 이는 매매의 목적 부동산에 설정된 저당권 또는 전세권의 행사로 인하여 매수인이 취득한 소유권을 상실한 경우와 유사하므로, 민법 제578조, 제576조를 유추적용하여 담보책임을 추급할 수는 있다고 할 것인바, 이러한 담보책임은 낙찰인이 경매절차 밖에서 별소에 의하여 채무자 또는 채권자를 상대로 추급하는 것이 원칙이라고 할 것이나, 아직 배당이 실시되기 전이라면, 이러한 때에도 낙찰인으로 하여금 배당이 실시되는 것을 기다렸다가 경매절차 밖에서 별소에 의하여 담보책임을 추급하게 하는 것은 가혹하므로, 이 경우 낙찰인은 민사소송법 제613조를 유추적용하여 집행법원에 대하여 경매에 의한 매매계약을 해제하고 납부한 낙찰대금의 반환을 청구하는 방법으로 담보책임을 추급할 수 있다."는 취지이다.

참고로 대법원 2003다59259 판결(부당이득금)에 의하면, "경락인이 강제경매절차를 통하여 부동산을 경락받아 대금을 완납하고 그 앞으로 소유권이전등기까지 마쳤으나, 그 후 강제경매절차의 기초가 된 채무자 명의의 소유권이전등기가 원인무효의 등기이어서 경매 부동산에 대한 소유권을 취득하지 못하게 된 경우, 이와 같은 강제경매는 무효라고 할 것이므로 경락인은 경매 채권자에게 경매대금 중 그가 배당받은 금액에 대하여 일반 부당이득의 법리에 따라 반환을 청구할 수 있고, 민법 제578조 제1항, 제2항에 따른 경매의 채무자나 채권자의 담보책임은 인정될 여지가 없다."는 취지이고, 위 판결의 판결이유를 확인하면, "원심은 이 사건 건물에 관하여 소유권보존등기말소예고등기가 경료되어 있었다거나 원고가 에버그린 주식회사의 이사로서 이 사건 건물의 건축과정에 간여하였다는 등의 사정만으로는 원고의 부당이득반환청구가 신의성실의 원칙 내지 형평의 원칙에 반한다고 할 수 없다고 판단"한 부분이 정당하다는 취지이다.

아. 토지거래허가구역에 있어 낙찰자(매수인)가 인수하지 않는 선순위 가등기

말소기준 보다 선순위이지만 인수되지 않는 가등기도 존재한다. 토지거래허가구역에 있어 허가를 받지 못한 부동산 매수인이 허가를 받기 전에 매매예약에 기한 소유권이전등기청구권 보전을 위한 가등기를 경료하였는데, 해당 부동산이 경매에 부쳐진 경우가 이에 해당한다. 대법원 2012다89900 판결에 의하면, "만약 그 거래허가가 나지 아니한 상태에서 당해 토지에 관한 경매절차가 개시되어 제3자에게 소유권이 이전되었다면, 위 토지거래계약에 기한 소유권이전의무는 특별한 사정이 없는 한 이행불능 상태에 이르렀다고 보아야 하고, 이로써 유동적 무효 상태에 있던 위 토지거래계약은 확정적으로 무효가 된다고 할 것이다(대법원 2011다11009 판결 등). 따라서 토지거래허가 없이 체결된 매매예약에 기하여 소유권이전청구권 보전을 위한 가등기가 경료되어 있는 상태에서 당해 토지가 제3자에게 낙찰되어 소유권이 이전된 경우에는 그 후 그 가등기에 기한 본등기까지 경료되었더라도 이는 효력이 없는 무효의 등기라 할 것이다."는 취지이다.

즉, 가등기권자가 본등기를 하더라도 경매로 부동산의 소유자가 변경되면 가등기권자가 주장할 수 있는 소유권이전등기의무가 이행 불능이 되어 유동적 무효 상태에 있었던 매매예약 등은 확정적으로 무효가 되는바, 결과적으로 가등기 및 그에 따른 본등기가 모두 무효가 되고, 부동산을 경매로 낙찰 받은 매수인은 선순위 가등기가 존재하고 있음에도 불구하고 부동산의 소유권을 취득하게 된다. 따라서 선순위 가등기가 존재하더라도 경매대상 토지가 토지거래허가구역 내의 토지인지를 확인하는 것도 좋은 방법이 된다.

5. 예고등기(폐지된 제도)

예고등기란 등기원인 무효·취소를 이유로 등기말소 또는 회복의 소가 제기된 경우 법원촉탁으로 소제기 사실을 등기부에 기입하는 등기인데, 제3자가 보호규정이 없는 경우에 행하여진다(폐지된 제도). 예고등기는 경고적 효력만이 있을 뿐이고 그 자체로서 어떤 권리의 발생·변경·소멸·처분금지·순위보전 등의 특별한 효력은 없다. 낙찰로 인한 소유권이전등기 시 말소촉탁의 대상이 되지 않으며 항상 남아 있다. 부동산에 예고등기가 경료되어 있더라도 제3자는 그 부동산에 관하여 유효한 물권의 득실변경에 관한 법률행위를 할 수 있다. 예고등기가 있은 후에 그 사실을 알고 권리를 취득하여도 권리취득에는 영향이 없다. 다만, 예고등기권자가 본안소송에서 승소하면 예고등기 이후에 매매, 저당권설정 등의 등기는 예고등기 권자에게 대항할 수 없어 소유권을 상실할 수 있다. 이때 낙찰자는 경매신청 채권자에게 그가 배당받은 금액에 대하여 부당이득반환청구를 할 수 있다.

대법원 2003다59259 판결에 의하면 "경락인이 강제경매절차를 통하여 부동산을 경락받아 대금을 완납하고 그 앞으로 소유권이전등기까지 마쳤으나, 그 후 강제경매절차의 기초가 된 채무자 명의의 소유권이전등기가 원인무효의 등기이어서 경매 부동산에 대한 소유권을 취득하지 못하게 된 경우, 이와 같은 강제경매는 무효라고 할 것이므로 경락인은 경매 채권자에게 경매대금 중 그가 배당받은 금액에 대하여 일반 부당이득의 법리에 따라 반환을 청구할 수 있고, 민법 제578조 제1항, 제2항에 따른 경매의 채무자나 채권자의 담보책임은 인정될 여지가 없다."는 취지이다.

대법원 99마4849 결정에 의하면 "예고등기는 등기원인의 무효 또는 취소로 인한 등기의 말소 또는 회복의 소가 제기된 경우에 그 등기에 의하여 소의 제기가 있었음을 제3자에게 경고하여 계쟁부동산에 관하여 법률행위를 하고자 하는 선의의 제3자로 하여금 소송의 결과 발생할 수도 있는 불측의 손해를 방지하려는 목적에서 하는 것으로서 부동산에 관한 권리관계를 공시하는 등기가 아니므로, 예고등기를 경매물건명세서에 기재하여야 하는 민사소송법 제617조의2 제3호의 '등기된 부동산에 관한 권리로서 경락에 의하여 그 효력이 소멸되지 아니하는 것'에 해당한다고 볼 수 없다."는 취지이다. 따라서 예고등기는 말소기준 선후에 관계 없이 낙찰자(매수인)가 인수한다.

예를 들어 토지에 대한 갑의 소유권이 을의 서류위조로 을에게 이전된 경우, 갑이 을을 상대로 위조에 의한 소유권이전등기 말소청구를 할 것이고, 이때 법원은 을의 소유임을 전제로 매매 등이 이루어질 경우 을로부터 부동산을 매수하게 될 사람들에게 을의 소유가 아닐 수 있음을 경고하는 취지로 예고등기를 경료하게 되며, 을 소유를 전제로 경매로 해당 부동산을 매수한 병은 갑이 을에게 제기한 소송에서 갑이 승소할 경우, 병은 갑에게 대항할 수 없고 병은 그 소유권을 박탈당한다. 예고등기는 병과 같은 선의의 제3자를 보호하는 규정이 있는 비진의표시(민법 제107조 제2항), 통정허위표시(민법 제108조 제2항), 착오·사기·강박에 의한 의사표시(민법 제109조 제2항, 제110조 제3항) 등에는 적용되지 않는다. 갑이 을에게 소송을 제기하기 전에 부동산에 대한 처분금지가처분을 하여 두면 예고등기와 같은 효과를 볼 수 있다.

앞서 언급한 바와 같이 예고등기는 부동산에 관한 권리관계를 공시하는 등기가 아니므로 물건명세서에 기재하지 않는다(대법원 99마4849 결정). 근저당권 말소의 예고등기가 경료된 후에 목적 부동산이 매각되어 근저당권이 소멸하게 된 경우에, 그 예고등기는 등기관이 직권으로 말소할 수 있다(등기선례 6-490).

예고등기제도가 악용되고 있다는 비판에 따라 부동산등기법의 전면개정으로 예고등기가 폐지(시행일: 2011. 10. 13. 법률 제10580호, 2011. 4. 12. 전부개정) 되었으나, 종전에 이루어진 예고등기의 말소에 관하여는 종전의 규정에 따라 처리하도록 규정하고 있다(부동산등기법 부칙 제3조).

당시 법제처가 제시한 예고등기폐지 이유를 그대로 옮기면 “예고등기는 본래 등기의 공신력이 인정되지 아니하는 법제에서 거래의 안전을 보호하기 위하여 인정되는 제도이나, 예고등기로 인하여 등기명의인이 거래상 받는 불이익이 크고 집행방해의 목적으로 소를 제기하여 예고등기가 행하여지는 사례가 있는 등 그 폐해가 크므로 이를 폐지함(현행 제4조, 제39조, 제170조 및 제170조의2 삭제)”이라는 취지이다.

제107조(진의 아닌 의사표시) ① 의사표시는 표의자가 진의아님을 알고 한 것이라도 그 효력이 있다. 그러나 상대방이 표의자의 진의아님을 알았거나 이를 알 수 있었을 경우에는 무효로 한다.
② 전항의 의사표시의 무효는 선의의 제삼자에게 대항하지 못한다.
제108조(통정한 허위의 의사표시) ① 상대방과 통정한 허위의 의사표시는 무효로 한다.
② 전항의 의사표시의 무효는 선의의 제삼자에게 대항하지 못한다.
제109조(착오로 인한 의사표시) ① 의사표시는 법률행위의 내용의 중요부분에 착오가 있는 때에는 취소할 수 있다. 그러나 그 착오가 표의자의 중대한 과실로 인한 때에는 취소하지 못한다.
② 전항의 의사표시의 취소는 선의의 제삼자에게 대항하지 못한다.

> 제110조(사기, 강박에 의한 의사표시) ① 사기나 강박에 의한 의사표시는 취소할 수 있다.
> ② 상대방있는 의사표시에 관하여 제삼자가 사기나 강박을 행한 경우에는 상대방이 그 사실을 알았거나 알 수 있었을 경우에 한하여 그 의사표시를 취소할 수 있다.
> ③ 전2항의 의사표시의 취소는 선의의 제삼자에게 대항하지 못한다.

대법원 98다2631 판결에 의하면 "부동산등기법 제4조는 '예고등기는 등기원인의 무효 또는 취소로 인한 등기의 말소 또는 회복의 소가 제기된 경우(패소한 원고가 재심의 소를 제기한 경우를 포함한다)에 한다.'고 규정하고, 같은 법 제39조는 '예고등기는 제4조에 규정된 소를 수리한 법원이 직권으로써 지체없이 촉탁서에 소장의 등본 또는 초본을 첨부하여 이를 등기소에 촉탁하여야 한다.'고 규정하고 있다. 예고등기는 등기원인의 무효 또는 취소로 인한 등기의 말소 또는 회복의 소가 제기된 경우에 그 등기에 의하여 소의 제기가 있었음을 제3자에게 경고하여 계쟁 부동산에 관하여 법률행위를 하고자 하는 선의의 제3자로 하여금 소송의 결과 발생할 수도 있는 불측의 손해를 방지하려는 목적에서 하는 것이다(대법원 94다21740 판결, 대법원 66다182 판결 등). 또한 일단 어떤 부동산에 대하여 예고등기가 마쳐지게 되면 그 부동산에 관한 거래행위를 하려고 하는 사람은 등기부상 소유명의자에게 그 연유를 알아보는 등으로 필요한 조사를 한 후에 스스로 소송의 결과에 따른 위험을 부담하고 그 부동산에 관한 거래를 하기로 결정하지 아니하는 이상 그 부동산에 관한 거래를 하지 아니할 것인 반면에 소가 제기되었음에도 불구하고 예고등기가 마쳐져 있지 아니한 경우에는 그 부동산에 대하여 거래를 하려고 하는 사람이 그와 같은 소가 제기되었음을 알지 못한 채 등기부의 기재를 신뢰하여 등기명의자가 진정한 권리자라고 믿고 거래행위를 하게 될 개연성이 대단히 크다고 할 것이다. 그러므로 당해 제소 내용상 관련 학설이나 판례가 전무하거나, 서로 엇갈리기 때문에 예고등기 촉탁이 필요한 사안인지에 대하여 부정적인 판단을 한 것에 과실이 있다고 볼 수 없는 경우, 혹은 예고등기가 되어 있었다 하더라도 제3자가 마찬가지의 거래행위를 하였을 것이라고 볼 수 있는 경우 등 특별한 사정이 없는 한, 등기원인의 무효 또는 취소로 인한 등기의 말소 또는 회복의 소가 제기되었음에도 불구하고 담당 공무원이 예고등기의 촉탁을 하지 아니한 탓으로 제3자가 등기명의인으로부터 권리를 취득할 수 있다고 믿고 그 부동산에 관한 거래를 하였다가 그 소송의 결과에 따라 불측의 손해를 입게 되었다면 이는 담당 공무원이 그 직무를 집행함에 당하여 과실로 법령에 위반하여 타인에게 손해를 가한 때에 해당하여 국가는 국가배상법 제2조 제1항에 따라 손해배상책임을 진다 할 것이다."는 취지이다.

6. 압류등기

'일반적으로 압류'라 함은 일정한 채권에 대하여 승소한 판결정본 또는 집행력 있는 공정증서정본에 의하여 채무자의 부동산에 대하여 압류등기를 하여 경매를 통한 채권만족을 얻는 '본집행'을 의미하는데, 부동산에 대한 압류는 부동산에 대한 경매를 의미한다. 실무에서는 압류등기가 아니라 '강제경매개시결정기입등기 또는 강제관리개시결정기입등기' 등의 등기를 하여 '본집행'을 하게 된다.

부동산 위에 공시만을 위해 '압류등기'만 하고 그 강제집행신청을 보류하는 경우도 있는데, 대표적인 것이 조세체납에 의한 과세관청의 압류이다. 이러한 종류의 '압류등기'는 공기관에 의해서만 가능하다. 즉 조세가 체납된 경우에는 소송을 통하여 압류할 필요는 없고 조세당국이 부동산을 바로 압류할 수 있다. 이를 체납처분에 의한 압류라고 한다. 이곳에서 언급하는 '압류등기'는 체납처분에 의한 압류를 의미한다. 앞서 확인한 바와 같이 '일반적인 압류'는 압류로 경매가 진행되지만, 체납처분에 의한 압류는 압류등기만 한 후에 강제집행을 보류할 수 있다.

즉 대법원(전합) 2009다60336 판결에 의하면 "국세징수법에 의한 체납처분절차에서는 그와 달리 체납처분에 의한 압류(이하 '체납처분압류')와 동시에 매각절차인 공매절차가 개시되는 것이 아닐 뿐만 아니라, 체납처분압류가 반드시 공매절차로 이어지는 것도 아니다. 또한 체납처분절차와 민사집행절차는 서로 별개의 절차로서 공매절차와 경매절차가 별도로 진행되는 것이므로, 부동산에 관하여 체납처분압류가 되어 있다고 하여 경매절차에서 이를 그 부동산에 관하여 경매개시결정에 따른 압류가 행하여진 경우와 마찬가지로 볼 수는 없다."는 취지이다.

'일반적 의미의 압류'뿐만 아니라, 체납처분에 의한 압류도 말소기준이 된다(민사집행법 제91조 제3항). 저당권 등과 조세채권 사이의 우선순위는 저당권 등의 등기일자와 조세채권의 법정기일을 비교하여 정한다. 선순위 조세체납처분에 따른 압류등기는 현소유자를 채무자로 한 경매사건에 있어 말소기준이 되어 경락으로 소멸하고 후순위 체납처분에 의한 압류등기에 관계된 국세 및 지방세는 배당절차에서 배당을 받게 되어 모두 소멸한다. 경매개시결정 기입등기 전에 경매부동산에 관하여 국세체납처분절차로서 압류등기가 되어 있는 경우에는 교부청구(배당요구)한 효력이 있는 것으로 본다. 경매개시결정 기입등기 후에 체납처분에 의한 압류등기가 마쳐지게 된 경우에는 조세채권자인 국가가 경매법원에 매각기일까지 배당요구의 의사로 교부청구를 해야만 배당받는다.

대법원 2000다21154 판결에 의하면 "부동산에 관한 경매개시결정 기입등기 이전에 체납처분에 의한 압류등기 또는 국세징수법 제24조 제2항에 의한 보전압류의 등기가 마쳐져 있는 경우에는 경매법원으로서도 조세채권의 존재와 그의 내용을 알 수 있으나, 경매개시결정 기입등기 이후에야 체납처분에 의한 압류등기가 마쳐진 경우에는 조세채권자인 국가가 경매법원에 대하여 배당요구를 하여 오지 않는 이상 경매법원으로서는 위와 같은 조세채권이 존재하는지의 여부조차 알지 못하므로, 경매개시결정 기입등기 이전에 체납처분에 의한 압류등기가 마쳐져 있는 경우와는 달리 그 개시결정 기입등기 후에 체납처분에 의한 압류등기가 마쳐지게 된 경우에는 조세채권자인 국가로서는 경매법원에 경락기일까지 배당요구로서 교부청구를 하여야만 배당을 받을 수 있다."라는 취지이다.

① 국세체납처분에 의한 공매와 ② 강제경매절차 또는 담보권 실행을 위한 경매절차는 각각 독자적으로 진행할 수 있고 양 절차 중 먼저 진행된 절차에서 소유권을 취득한 자가 진정한 소유자로 확정되고, 또 그 매각 후의 배당에 있어서 국세는 우선적으로 변제되어야 하므로 경매절차에서 국세체납처분에 의한 압류등기에 관계된 국세를 우선변제하고 그 압류등기를 말소해야 한다. 지방세의 경우도 마찬가지이다. 체납처분에 의한 압류등기 후 소유권이 이전되어 새로운 소유자의

채권자가 경매신청을 하여 매각이 된 경우에, 체납처분에 의한 압류권자에게도 배당을 하고 그 압류등기도 말소할 수 있다(윤경·손흥수, 부동산경매(2), 한국사법행정학회, 2017(1504쪽)).

대법원 2013다60982 판결에 의하면 "현행법상 체납처분절차와 민사집행절차는 별개의 절차이고 두 절차 상호 간의 관계를 조정하는 법률의 규정이 없으므로, 한쪽의 절차가 다른 쪽의 절차에 간섭할 수 없는 반면, 쌍방 절차에서 각 채권자는 서로 다른 절차에 정한 방법으로 그 다른 절차에 참여하게 된다(대법원 88다카42 판결 등). 따라서 체납처분에 의하여 압류된 채권에 대하여도 민사집행법에 따라 압류 및 추심명령을 할 수 있고, 민사집행절차에서 압류 및 추심명령을 받은 채권자는 제3채무자를 상대로 추심의 소를 제기할 수 있다. 제3채무자는 압류 및 추심명령에 선행하는 체납처분에 의한 압류가 있어 서로 경합된다는 사정만을 내세워 민사집행절차에서 압류 및 추심명령을 받은 채권자의 추심청구를 거절할 수 없고, 또한 민사집행절차에 의한 압류가 근로기준법에 의해 우선변제권을 가지는 임금 등 채권에 기한 것이라는 등의 사정을 내세워 체납처분에 의한 압류채권자의 추심청구를 거절할 수도 없다(대법원 99다3686 판결 참조). 다만 제3채무자는 체납처분에 의한 압류채권자와 민사집행절차에서 압류 및 추심명령을 받은 채권자 중 어느 한쪽의 청구에 응하여 그에게 채무를 변제하고 그 변제 부분에 대한 채무의 소멸을 주장할 수 있으며, 또한 민사집행법 제248조 제1항에 따른 집행공탁을 하여 면책될 수도 있다(대법원 96다5179 판결, 대법원 2007다29591 판결 참조). 그리고 체납처분에 의한 압류채권자가 제3채무자로부터 압류채권을 추심하면 국세징수법에 따른 배분절차를 진행하는 것과 마찬가지로, 민사집행절차에서 압류 및 추심명령을 받은 채권자가 제3채무자로부터 압류채권을 추심한 경우에는 민사집행법 제236조 제2항에 따라 추심한 금액을 바로 공탁하고 그 사유를 신고하여야 한다."는 취지이다.

7. 환매특약등기(환매권)

가. 기본이론

환매란 매도인이 매매계약과 동시에 특약으로 환매할 권리를 유보한 경우에 그 환매권을 일정한 기간 내에 행사함으로써 매매의 목적물인 부동산을 다시 사오는 것을 의미한다(민법 제590조 제1항). 환매의 특약은 매매계약과 동시에 해야 하며, 환매특약등기를 하여야 제3자에게 대항할 수 있다(민법 제592조). 이때 매도인이 제3자(낙찰자)에게 직접 환매권을 행사할 수 있다. 선순위 환매권이 유보된 부동산을 경매로 매입한 경우에 환매권자가 낙찰자(매수인)에게 환매권을 행사하면 낙찰자(매수인)는 부동산을 소유권을 잃게 된다.

> 민법 제590조(환매의 의의) ① 매도인이 매매계약과 동시에 환매할 권리를 보류한 때에는 그 영수한 대금 및 매수인이 부담한 매매비용을 반환하고 그 목적물을 환매할 수 있다.
>
> 민법 제592조(환매등기) 매매의 목적물이 부동산인 경우에 매매등기와 동시에 환매권의 보류를 등기한 때에는 제삼자에 대하여 그 효력이 있다.
>
> 민법 제594조(환매의 실행) ① 매도인은 기간 내에 대금과 매매비용을 매수인에게 제공하지 아니하면 환매할 권리를 잃는다.
>
> ② 매수인이나 전득자가 목적물에 대하여 비용을 지출한 때에는 매도인은 제203조의 규정에 의하여 이를 상환하여야 한다. 그러나 유익비에 대하여는 법원은 매도인의 청구에 의하여 상당한 상환기간을 허여할 수 있다.

다만 환매대금을 현소유자인 낙찰자(매수인)가 받게 되므로, 등기사항증명서상 환매대금보다 낙찰대금이 적을 경우 낙찰을 받아도 이익이 될 수 있다. 환매기간(부동산 5년) 내 환매권행사를 했더라도 환매기간 내에 소유권이전등기까지 완료하지 못하면, 환매권이 소멸된다. 광주고등법원 97나2909 판결(상고기각)에 의하면, “환매의 특약은 그 매매계약과 동시에 하여야 하는 것이고, 부동산의 환매기간은 5년을 넘지 못하고 한 번 환매기간을 정한 때에는 다시 이를 연장할 수 없다고 할 것인데, 매도인의 매매목적 토지에 관한 환매기간은 1990. 1. 22. 체결된 매매계약과 동시에 약정된 환매특약에 따라 위 매매계약체결일로부터 5년간이라고 할 것이고 그 이후 매도인이 1991. 7. 20. 매수인에게 그 토지에 관하여 1991. 7. 19.자 환매특약부 매매를 원인으로 한 소유권이전등기를 경료하여 주면서 그 환매기간을 위 소유권이전등기일로부터 5년간으로 한 새로운 약정을 하였다고 하더라도 이는 당초의 환매기간을 연장하는 것에 불과하므로 허용될 수 없는 것이며, 그에 따라 환매특약의 부기등기가 경료되었다고 하여 그 결론이 달라질 수는 없다고 할 것이므로 매도인의 그 토지에 관한 환매기간은 위 1990. 1. 22.로부터 5년이 경과한 1995. 1. 22. 만료되었다고 할 것이다."는 취지이다. 부동산의 환매기간 5년이 지난 경우에 환매권을 소멸하므로 등기사항증명서상 말소되지 아니하였더라도 그 효력이 없다. 환매기간의 시작일은 등기를 한 날이 아니라 환매특약이 성립한 날로부터 기산한다.

> 민법 제591조(환매기간) ① 환매기간은 부동산은 5년, 동산은 3년을 넘지 못한다. 약정기간이 이를 넘는 때에는 부동산은 5년, 동산은 3년으로 단축한다. 환매기간을 정한 때에는 다시 이를 연장하지 못한다.
> ③ 환매기간을 정하지 아니한 때에는 그 기간은 부동산은 5년, 동산은 3년으로 한다.

대법원 90다카16914 판결에 의하면, "부동산등기법 제64조의 2에 의하면 환매특약의 등기는 매수인의 권리취득의 등기에 부기하고, 이 등기는 환매에 의한 권리취득의 등기를 한 때에는 이를 말소하도록 되어 있으며 환매에 의한 권리취득의 등기는 이전등기의 방법으로 하여야 할 것인바, 설사 환매특약부 매매계약의 매도인이 환매기간 내에 매수인에게 환매의 의사표시를 한 바 있다고 하여도 그 환매에 의한 권리취득의 등기를 함이 없이는 부동산에 가압류집행을 한 자에 대하여 이를 주장할 수 없다."는 취지이다. 따라서 환매권자(매도인)이 환매기간 내에 매수인에게 환매의 의사표시를 하였더라도 그 환매에 의한 소유권이전등기를 하지 않고 있다가 환매기간이 도과되었다면 환매권을 소멸한다.

인천지방법원 97가합22368 판결에 의하면 "매매등기와 동시에 환매권의 보류를 등기한 때에는 제3자에 대하여 그 효력이 있으나, 환매의 의사표시는 환매기간 내에 하여야 함은 물론 그 환매에 의한 권리취득의 등기를 하지 않으면 제3자에게 이를 주장할 수 없는바, 조속한 법률관계의 안정 등을 위하여 환매기간을 제한하고 그 연장도 허용하지 않는 법규정의 취지, 환매의 의사표시를 하였는지 여부를 공시할 아무런 방법이 없는 점 등에 비추어 보면, 제3자 보호 등을 위하여 환매에 의한 권리취득의 등기 역시 환매기간 내에 하지 않으면 이를 제3자(환매권 행사의 상대방이 되는 전득자는 제외)에게 주장할 수 없다."는 취지이다.

대법원 94다35527 판결에 의하면 "부동산에 관하여 매매등기와 아울러 환매특약의 등기가 경료된 이후 그 부동산 매수인으로부터 그 부동산을 전득한 제3자가 환매권자의 환매권행사에 대항할 수 없으나, 환매특약의 등기가 부동산의 매수인의 처분권을 금지하는 효력을 가지는 것은 아니므로 그 매수인은 환매특약의 등기 이후 부동산을 전득한 제3자에 대하여 여전히 소유권이전등기절차의 이행의무를 부담하고, 나아가 환매권자가 환매권을 행사하지 아니한 이상 매수인이 전득자인 제3자에 대하여 부담하는 소유권이전등기절차의 이행의무는 이행불능 상태에 이르렀다고 할 수 없으므로, 부동산의 매수인은 전득자인 제3자에 대하여 환매특약의 등기사실만으로 제3자의 소유권이전등기청구를 거절할 수 없다."는 취지이다.

나. 압류절차에 있어 경매부동산 조사 시 환매특약등기가 존재할 때 경매법원의 조치

최선순위 환매특약등기는 낙찰자(매수인)가 인수하므로, 환매권자가 환매권을 행사하면 부동산소유권이 환매권자에게 복귀한다. 대법원 2000다27411 판결에 의하면 "부동산의 매매계약에 있어 당사자 사이의 환매특약에 따라 소유권이전등기와 함께 민법 제592조에 따른 환매등기가 마쳐진 경우 매도인이 환매기간 내에 적법하게 환매권을 행사하면 환매등기 후에 마쳐진 제3자의 근저당권 등 제한물권은 소멸하는 것이므로, 환매권 행사 후 근저당권자가 파산선고를 받았다고 하더라도 매도인이 파산자에 대하여 갖는 근저당권설정등기 등의 말소등기청구권은 파산법 제14조에 규정된 파산채권에 해당하지 아니하며, 매도인은 파산법 제79조 소정의 환취권 규정에 따라 파산절차에 의하지 아니하고 직접 파산관재인에게 말소등기절차의 이행을 청구할 수 있다."는 취지이다.

최선순위 환매권이 존재하면 낙찰자(매수인)가 이를 인수한다는 측면에서 경매절차를 진행하여 매각하는 것은 상당하지 않다. 다만, 최선순위로 환매등기가 있더라도, 환매기간 중에 환매권을 행사하지 않아 환매기간이 도과한 경우에 환매권은 제척기간의 도과로 절대적으로 소멸하기 때문에 경매절차를 진행하는 것은 가능하므로, 등기기록상 환매기간이 만료된 때에는 환매권 행사없이 환매기간이 도과하였을 가능성이 크지만, 환매기간 안에 환매권이 행사되었는지 여부는 등기기록만 가지고 판단하기 어렵다.

따라서 최선순위로 환매등기가 된 부동산에 대하여 경매가 신청된 경우에 경매법원은 ① 경매개시결정과 현황조사명령을 함과 동시에, 환매권자에게 사실조회서를 보내 환매기간 중에 환매권을 행사한 사실이 있는지 여부, 환매권에 관하여 소송이 계속 중인지 여부를 조회하여 그 결과 환매권자로부터 환매기간 안에 환매권을 행사한 적이 없다거나, 행사할 의사가 없다고 화답한 경우에는 경매절차를 그대로 진행하고, 그 이외의 경우에는 경매개시결정과 그 결정정본의 송달, 압류등기의 촉탁 및 현황조사까지를 한 단계에서 사실상 절차를 정지하고 ② 환매권자가 저당권 설정등기까지 하였다가 그에 의하여 경매신청을 할 경우에는 환매권을 행사하지 않고 저당권 실행에 의하여 채권회수를 할 의사를 표시한 것이므로, 환매권자인 신청채권자에게 환매기간 중에 환매권을 행사한 사실이 없고, 장래 행사할 계획이 없다거나 계속 중인 환매권에 관한 소송이 없으며, 매수인이 매각대금을 납부한 후에 환매등기의 말소에 필요한 서류를 제출하겠다는 취지가 기재된 신청서를 경매신청과 동시에 제출하게 하여 경매절차를 진행하는 방법을 고려하는 것이 좋다(윤경 · 손흥수, 부동산경매(1), 한국사법행정학회, 2017(321쪽, 322쪽)).

8. 환지등기

환지는 '토지구획정리'로 볼 수 있다. 즉, 환지란 일정 구역 안의 토지를 대상으로 그 토지의 구획과 형질을 질서 있게 정리·변경한 후 종전 토지에 관한 권리관계를 그 내용의 변동 없이 새로운 토지에 교환·분할·합병의 방법으로 이전시키는 것으로 '토지구획정리'라 할 수 있다.

환지등기는 환지처분에 기하여 행하는 등기로 환지처분이란 시행자가 환지계획에 따라 종전의 토지에 갈음하여 새로운 토지를 교부하거나 종전의 토지와 새로운 토지에 관한 권리 사이에 과부족분을 금전으로 청산할 것을 결정하는 행정처분이다.

환지처분은 대체로 건물의 철거와 토지의 정리를 전제한다. 따라서 동일인 소유에 속했던 토지와 건물이 환지처분으로 그 소유자가 달라진 경우에 그 성질상 건물소유를 위한 법정지상권은 인정되지 않는다. 즉, 대법원 2001다4101 판결에 의하면, "환지로 인하여 새로운 분할지적선이 그어진 결과 환지 전에는 동일인에게 속하였던 토지와 그 지상건물의 소유자가 달라졌다 하더라도 환지의 성질상 건물의 부지에 관하여 소유권을 상실한 건물 소유자가 환지된 토지(건물부지)에 대하여 건물을 위한 관습상의 법정지상권을 취득한다거나 그 환지된 토지의 소유자가 그 건물을 위한 관습상의 법정지상권의 부담을 안게 된다고는 할 수 없다."는 취지이다.

9. 경매개시결정기입등기

경매신청채권자의 경매신청(강제경매 등)에 대하여 경매법원이 경매개시결정을 하면 직권으로 그 사유를 등기사항증명서에 기입하도록 등기관에게 촉탁하게 되는 바, 이때 등기관은 경매개시결정기입등기를 한다. 이때 채무자에게 경매개시결정문이 송달된 때와 경매개시결정기입등기가 경료 된 때 중에서 앞선 일자에 압류의 효력이 발생한다. 압류의 효력이 발생한다는 측면에서 경매개시결정기입등기를 '압류등기'라고도 한다.

> 민사집행법 제83조(경매개시결정 등) ① 경매절차를 개시하는 결정에는 동시에 그 부동산의 압류를 명하여야 한다.
> ② 압류는 부동산에 대한 채무자의 관리·이용에 영향을 미치지 아니한다.
> ③ 경매절차를 개시하는 결정을 한 뒤에는 법원은 직권으로 또는 이해관계인의 신청에 따라 부동산에 대한 침해행위를 방지하기 위하여 필요한 조치를 할 수 있다.
> ④ 압류는 채무자에게 그 결정이 송달된 때 또는 제94조의 규정에 따른 등기가 된 때에 효력이 생긴다.
> ⑤ 강제경매신청을 기각하거나 각하하는 재판에 대하여는 즉시항고를 할 수 있다.
>
> 민사집행법 제94조(경매개시결정의 등기) ① 법원이 경매개시결정을 하면 법원사무관등은 즉시 그 사유를 등기부에 기입하도록 등기관(登記官)에게 촉탁하여야 한다.
> ② 등기관은 제1항의 촉탁에 따라 경매개시결정사유를 기입하여야 한다.

대법원 2006다22050 판결에 의하면 "채무자 소유의 부동산에 경매개시결정의 기입등기가 경료되어 압류의 효력이 발생한 이후에 채권자가 채무자로부터 위 부동산의 점유를 이전받고 이에 관한 공사 등을 시행함으로써 채무자에 대한 공사대금채권 및 이를 피담보채권으로 한 유치권을 취득한 경우, 이러한 점유의 이전은 목적물의 교환가치를 감소시킬 우려가 있는 처분행위에 해당하여 민사집행법 제92조 제1항, 제83조 제4항에 따른 압류의 처분금지효에 저촉되므로, 위와 같은 경위로 부동산을 점유한 채권자로서는 위 유치권을 내세워 그 부동산에 관한 경매절차의 매수인에게 대항할 수 없고, 이 경우 위 부동산에 경매개시결정의 기입등기가 경료되어 있음을 채권자가 알았는지 여부 또는 이를 알지 못한 것에 관하여 과실이 있는지 여부 등은 채권자가 그 유치권을 매수인에게 대항할 수 없다는 결론에 아무런 영향을 미치지 못한다."는 취지이고, 대법원 2011다55214 판결에 의하면 "유치권은 목적물에 관하여 생긴 채권이 변제기에 있는 경우에 비로소 성립하고(민법 제320조), 한편 채무자 소유의 부동산에 경매개시결정의 기입등기가 마쳐져 압류의 효력이 발생한 후에 유치권을 취득한 경우에는 그로써 부동산에 관한 경매절차의 매수인에게 대항할 수 없는데, 채무자 소유의 건물에 관하여 증·개축 등 공사를 도급받은 수급인이 경매개시결정의 기입등기가 마쳐지기 전에 채무자에게서 건물의 점유를 이전받았다 하더라도 경매개시결정의 기입등기가 마쳐져 압류의 효력이 발생한 후에 공사를 완공하여 공사대금채권을 취득함으로써 그때 비로소 유치권이 성립한 경우에는, 수급인은 유치권을 내세워 경매절차의 매수인에게 대항할 수 없다."는 취지이다.

경매개시결정기입등기는 말소기준에 해당한다(민사집행법 제91조 제3항, 민사집행법 제144조 제1항 제3호). 즉 경매개시결정기입등기는 경매대상 부동산 위에 선순위의 다른 말소기준이 없다면 말소기준이 된다.

> 민사집행법 제91조(인수주의와 잉여주의의 선택 등) ③ 지상권·지역권·전세권 및 등기된 임차권은 저당권·**압류채권**·가압류채권에 대항할 수 없는 경우에는 매각으로 소멸된다.
> 민사집행법 제144조(매각대금 지급 뒤의 조치) ① 매각대금이 지급되면 법원사무관등은 매각허가결정의 등본을 붙여 다음 각호의 등기를 촉탁하여야 한다.
> 3. 제94조 및 제139조제1항의 규정에 따른 **경매개시결정등기를 말소하는 등기**

10. 제2강 체크포인트

등기사항증명서(등기부) '갑구'는 '소유권에 관한 사항'이 등기되는데 '갑구'에 기재되는 것으로는 소유권과 관련된 '가압류 등기', '가처분 등기', '가등기', '예고등기(폐지됨)', '압류(채권)등기', '환매특약등기', '환지등기', '경매개시결정기입등기' 등이 있다.

가압류는 금전채권 집행보전을 목적으로 하는 것으로 그 자체가 말소기준이 되기도 하면서 경매로 소멸하는 것이 원칙이다. 다만 가압류가 경료된 부동산의 소유자가 변경되고 변경된 소유자의 채권자가 경매를 신청한 경우라면 가압류가 소멸되지 않고 인수될 수도 있다. 따라서 이처럼 소유권변동이 있는 경우에는 경매법원에서 선순위 가압류를 소멸시키고 경매를 진행하는지 여부를 확인할 필요가 있다. 가압류 후에 저당권이 설정된 부동산이 경매되면, 가압류권자와 저당권자의 배당은 안분비율 배당이 원칙이지만, 경매절차개시 전에 가압류를 하였고 그 가압류의 피보전권리가 우선변제권에 의한 것이라면 그 가압류가 우선배당을 받게 된다. 예를 들어 최우선변제권자인 임금채권자가 경매절차개시 전에 가압류를 하였고, 배당표 확정 전에 그 가압류의 청구채권이 우선변제권 있는 임금채권임을 소명하면 후순위 근저당권과 안분비율배당이 아니라 임금채권자로서 최우선배당을 받게 된다.

가처분은 주로 목적물 현상변경의 막기 위해 이루어지는 보전처분으로 경매와 관련하여서는 주로 점유이전금지가처분과 처분금지가처분이 문제된다. 가처분을 받아두면 가처분채무자가 가처분명령을 어기고 그 점유를 타인에게 이전하거나 목적물을 처분하더라도 가처분채권자에 대한 관계에서는 그 효력을 주장할 수 없다. 말소기준보다 후순위의 가처분은 말소되는 것이 원칙이지만 말소기준보다 후순위 가처분이라도 말소되지 않은 가처분이 존재한다. 즉 건물이 경매매물로 나와 권리분석을 하였더니 말소기준 아래에 토지소유자의 처분금지가처분이 존재하였다면, 그 내막을 확인할 필요가 있다. 토지소유자가 건물 소유자에 대하여 건물철거 및 토지인도를 구하는 소송을 제기한 상황이라면, 토지소유자가 승소시 건물은 철거될 운명에 있기 때문이다. 이러한 경우는 말소기준보다 후순위 가처분이라도 인수되는 것이다. 예고등기성격의 가처분도 말소기준 선후와 관련 없이 인수된다.

가등기는 경매와 관련해서는 주로 소유권이전등기라는 본등기의 순위보전을 위하거나 담보목적으로 행해진다. 소유권이전등기청구권 보전가등기의 등기원인은 '매매예약' 또는 '매매계약'이 일반적인데, '매매예약'에 있어 매매예약완결권은 10년의 제척기간이 적용되고 '매매계약'에 있어서는 10년의 소멸시효가 문제된다.

제척기간은 중단이라는 제도가 없지만, 소멸시효는 시효중단이라는 제도가 있다는 차이점이 있다. 등기원인이 '매매계약'인 경우에 위 '매매계약'의 매수인이 경매부동산을 점유하고 있는 것이 확인된다면 '매매계약' 이후에 10년 이상이 흘렀다고 해도 시효가 진행하지 않으므로 낙찰에 신중해야 한다. 소유권이전등기청구권 보전 가등기의 등기원인이 '매매예약'이고 10년이 훌쩍 지나간 경우에 중단제도가 인정되지 않으므로 낙찰을 받아도 문제될 것이 없는지 의문이 들 수 있는데, '매매예약권자'가 제척기간 이내에 '매매예약완결권'을 행사하게 되면 '매매계약'이 성립되므로 그 후 다시 10년의 소멸시효가 문제될 수 있다. 말소기준보다 선순위의 가등기는 인수되는 것이 원칙인데, 토지거래허가구역에 있어 허가를 받지 못한 부동산매수인이 허가를 받기 전에 매매예약에 의한 소유권이전등기청구권 보전을 위한 가등기를 경료하였는데 그 해당 부동산이 경매에 부쳐지고 이러한 부동산을 제3자가 낙찰받았다면 낙찰자는 가등기부담이 없는 부동산을 취득하게 된다. 토지거래허가가 나지 않은 상태에서 경매로 부동산의 소유권이 변동되면 토지예약 등에 따른 소유권이전등기의무가 이행불능에 이르기 때문이다.

예고등기(폐지된 제도)는 일종의 경고등기라고 할 수 있다. 예고등기는 항상 인수된다는 표현을 하는데, 말소기준 선후에 관련 없이 예고등기의 전제가 된 소송에서 종전 명의자가 승소할 경우 현 명의자를 전제한 낙찰자의 소유권취득은 무효가 될 여지가 있다.

압류(채권)등기는 '조세체납에 의한 과세관청의 압류'가 대표적이고, 말소기준이 된다.

환매란 매도인이 매매계약과 동시에 특약으로 환매할 권리를 유보한 경우에 그 환매권을 일정기간 내에 행사함으로써 매매목적 부동산을 다시 사오는 것을 의미하며 환매특약등기를 해야 제3자에게 대항할 수 있다. 말소기준보다 선순위의 환매특약등기는 낙찰자가 인수한다. 따라서 환매권자가 환매기간 내에 낙찰자에게 환매권을 행사하면 낙찰자는 낙찰부동산의 소유권을 잃게 되지만 환매권자로부터 환매대금을 받게 된다.

환지는 '토지구획정리'로 볼 수 있다. 환지처분은 대체로 건물의 철거와 토지의 정리를 전제하므로 환지로 동일인에게 속하였던 토지와 그 지상건물의 소유자가 달라지더라도 환지의 성질상 관습상의 법정지상권이 인정되지 않는다.

채권자의 경매신청에 대하여 경매법원이 경매개시결정을 하면 직권으로 그 사유를 등기사항증명서에 기입하도록 등기관에게 촉탁하게 되고 등기관은 '경매개시결정기입등기'를 한다. 이때 채무자에게 경매개시결정문이 송달된 때와 경매개시결정기입등기가 경료된 때 중에서 앞선 일자에 압류의 효력이 발생한다. '경매개시결정기입등기'는 말소기준에 해당한다.

제 3 강
등기사항증명서상 을구에 기재되는 권리

제 3 강

등기사항증명서상 을구에 기재되는 권리

1. 등기사항증명서상에 기재되는 권리 요약

등기사항증명서에 기재되는 권리 등을 정리하면 아래와 같다.

	등기사항증명서
표제부	부동산 표시의 등기(사실의 등기) 부동산의 위치표시·사용목적·면적·구조·부동산의 변동사항
갑구	소유권에 관한 사항(권리의 등기) 예) 소유권보존등기, 소유권이전등기, 가압류 등기, 가처분 등기, 가등기, 압류등기, 환매등기, 환지등기, 경매개시결정기입등기, 소유권에 관한 예고등기(현재 폐지) 등
을구	소유권 이외의 권리에 관한 사항(권리의 등기) 예) 저당권 등기, 근저당권 등기, 지상권 등기, 지역권 등기, 전세권 등기, 임차권 등기, 저당권 등에 관한 예고등기(현재 폐지), 전세권 목적 가압류 등기 등.

이하에서는 등기사항증명서상에 기재되는 권리 등에서 '을구'에 기재되는 '저당권, 근저당권, 공동저당권, 공장저당권, 지상권, 지역권, 전세권, 민법상 등기된 임대차, 임차권등기명령에 의한 임차권등기' 등을 확인해 보기로 한다.

2. 저당권

저당권이란 채권자가 채무자 또는 물상보증인이 채무의 담보로 제공한 부동산을 제공자의 사용·수익에 맡겨 놓고서 채무의 변제가 없는 경우 그 부동산의 가액으로부터 우선변제를 받는 담보물권을 의미한다(민법 제356조).

> 민법 제356조(저당권의 내용) 저당권자는 채무자 또는 제삼자가 점유를 이전하지 아니하고 채무의 담보로 제공한 부동산에 대하여 다른 채권자보다 자기채권의 우선변제를 받을 권리가 있다.

즉, 특정액의 채권을 담보하기 위하여 채권자가 채무자 등의 부동산에 저당권 등기를 요구하면, 채무자 또는 물상보증인이 부동산에 저당권 등기를 설정해 주고, 채무자가 채무를 갚기로 한 날에 채무를 갚지 않으면, 채권자는 저당권이 설정된 부동산을 경매에 부쳐(임의경매), 그 매각내금으로 채권을 확보하게 된다.

저당권의 피담보채권(저당권으로 담보되는 채권 즉 저당권자가 채무자에 대하여 가지고 있는 채권)은 특정채권이다. 저당권의 효력은 부합물에도 미치고, 종물에도 미친다(민법 제358조 본문).

> 민법 제358조(저당권의 효력의 범위) 저당권의 효력은 저당부동산에 부합된 물건과 종물에 미친다. 그러나 법률에 특별한 규정 또는 설정행위에 다른 약정이 있으면 그러하지 아니하다.

즉 부합물 내지 종물로 판단되면, 그 부합물과 종물도 경매대상 부동산과 함께 낙찰자의 소유가 된다. 부합물이란, 저당부동산에 부착되어 저당부동산과 분리하면 과다한 비용을 요하거나 분리·복구 등이 사실상 불가능한 물건을 의미하고, 종물이란 저당부동산에 부속된 물건을 의미한다.

저당권설정 당시에 이미 부합된 것이거나 또는 그 후에 부합된 것이거나 가리지 않고 저당권의 효력이 미친다. 토지에 저당권을 설정하였을 때에는 그 토지에 있는 정원수와 정원석에도 저당권의 효력이 미친다(민법 제256조 본문).

> 민법 제256조(부동산에의 부합) 부동산의 소유자는 그 부동산에 부합한 물건의 소유권을 취득한다. 그러나 타인의 권원에 의하여 부속된 것은 그러하지 아니하다.

다만, 토지의 사용대차권에 기하여 그 토지상에 식재된 수목(즉, '사용대차'라는 권원에 의하여 부속)은 이를 식재한 자에게 그 소유권이 있고 그 토지에 부합되지 않는다 할 것이므로 비록 그 수목이 식재된 후에 경매에 의하여 그 토지를 경락받았다고 하더라도 경락인은 그 경매에 의하여 그 수목까지 경락취득하는 것은 아니다(대법원 89다카21095 판결).

기존 건물에 저당권을 설정한 후 건물을 증축했는데, 그 후 기존 건물에 대한 저당권을 실행할 때 증축된 건물부분이 경매 목적물로 평가되지 않았더라도 증축부분이 독립성이 없는 한 저당권의 효력이 미치고 낙찰자는 증축부분의 소유권을 취득한다(대법원 92다26772 판결)

위 대법원 92다26772 판결에 의하면, "원심이 취사한 증거관계를 살펴보면 피고 명의로 소유권보존등기가 되어 있던 바닥면적이 64.65m²인 이 사건 벽돌조 슬래브지붕 2층 주택(기존건물) 위에 건평 27.4m²가 3층으로서 증축되어 방 1개, 거실 1개 및 욕실로 사용되고 있으나 위 증축부분은 외관상 위 기존 건물과 일체가 되어 1동의 건물의 3층으로 되어 있을 뿐 아니라 그 부분에는 화장실과 부엌의 하수관이 없고 밖으로 나가기 위하여는 기존 건물 2층으로 내려오는 옥내계단을 통하는 외의 다른 출입방법이 없는 사실이 인정되고 위 사실에 비추어 보면 위 3

층 부분은 그 물리적 구조뿐만 아니라 그 용도와 기능의 면에서도 기존 건물과 독립한 경제적 효용을 가지고 거래상 별개의 소유권의 객체가 될 수 있는 것이라고는 할 수 없다할 것"이라는 취지이다.

임차인, 전세권자 등이 소유자의 동의를 얻어 증개축한 부분은 타인의 권원에 의해 부속된 것에 해당하여 증개축부분이 임차인 등의 소유가 되나, 이 경우 독립성이 요구되는바, 그 증개축부분이 경제적으로 보아 독립성을 가지지 않을 때에는 건물소유자의 소유가 되어 당연히 저당권의 효력이 미치므로, 낙찰자가 위 독립성이 없는 증개축부분의 소유권도 취득한다.

다만, 대법원 76다464 판결에 의하면, "증축된 2층 부분을 1층에 부합된 것으로 볼 것이냐 또는 독립물로 볼 것이냐의 판단은 1층과 2층이 분리하기 어렵게 붙은 사실만으로 판단할 수 없고 증축부분이 기존 가옥부분과 관계에 있어 구조상으로 경계가 명확하여 피차 차단되어 있어 그 자체가 전용부분이 있다고 보이며 이것이 이용상으로 보아 소유권의 객체가 될 만하여 이 부분이 구분 소유의 객체가 될 수 있다면 이를 굳이 기존 부분에 종속 또는 부종되었다고 볼 이유가 없을 뿐 아니라 1층만에 한하여 얻는 권리가 이유 없이 2층까지 미친다고 해석함은 불합리 하므로 1층부분에 부합된 것만이 이유로 1층에 대한 가등기의 효력이 그 후에 증축한 2층에 미친다고 할 수 없다."는 취지이다.

종된 권리에도 저당권의 효력이 미친다. 즉, 건물에 대한 저당권의 효력은 그 대지이용권인 지상권·전세권·임차권에도 미친다(대법원 95다52864 판결). 또한 구분건물의 전유부분 만에 관하여 설정된 저당권의 효력은 대지사용권의 분리처분이 가능하도록 규약으로 정하는 등의 특별한 사정이 없는 한 그 전유부분의 소유자가 사후에라도 대지사용권을 취득함으로써 전유부분과 대지권이 동일 소유자의 소유에 속하게 되었다면, 그 대지사용권에까지 미치고 여기의 대지사용권에는 지상권 등 용익권 이외에 대지소유권도 포함된다(대법원 94다12722 판결). 참고로 집합건물의소유 및 관리에 관한 법률 제20조는 집합건물의 전유부분과 대지사용권의 분리처분금지 원칙을 선언하고 있다.

> 집합건물의 소유 및 관리에 관한 법률 제20조(전유부분과 대지사용권의 일체성) ① 구분소유자의 대지사용권은 그가 가지는 전유부분의 처분에 따른다.
> ② 구분소유자는 그가 가지는 전유부분과 분리하여 대지사용권을 처분할 수 없다. 다만, 규약으로써 달리 정한 경우에는 그러하지 아니하다.
> ③ 제2항 본문의 분리처분금지는 그 취지를 등기하지 아니하면 선의(善意)로 물권을 취득한 제3자에게 대항하지 못한다.
> ④ 제2항 단서의 경우에는 제3조 제3항을 준용한다.

강제경매의 원인이 되었던 확정판결이 존재하는 이상 그 판결의 유무효와 관련 없이 강제경매절차를 통하여 낙찰자가 유효하게 낙찰을 받았다면, 낙찰자는 경매목적물의 소유권을 적법하게 취득하는바 이를 강제경매의 경우에 공신력이 있다고 표현한다. 그러나 (근)저당권의 실행으로 이루어지는 임의경매는 공신력이 없다. 즉, (근)저당권의 부존재·무효, 피담보채권의 불발생·소멸 등과 같은 실체상의 하자가 있으면 경매개시결정을 할 수 없고, 위와 같은 사유는 낙찰불허가 사유가 되는바, 이를 간과하여 낙찰허가결정이 확정되고 낙찰대금까지 납부되고 소유권이전등기까지 경료되었다고 하더라도, 낙찰자는 경매부동산의 소유권을 취득할 수 없다(대법원 98다1855 판결).

다만, 예외적으로 실체상 존재하는 저당권에 기하여 경매개시결정이 있었다면, 그 후 변제 등의 저당권 소멸 사유에 대하여 경매개시결정에 대한 이의, 낙찰허가결정에 대한 항고에 의해 경매절차가 취소되지 않고 경매가 진행된 경우 낙찰허가결정이 확정되고 낙찰대금이 완납되었다면 낙찰자가 적법하게 소유권을 취득한다(대법원 2000다44348 판결).

집합건물의 일부 구분건물 즉 아파트 1채에 입찰할 때 '토지저당권 인수부 특별매각조건'이 붙어 있는 경우가 있는데, 구분건물과 그 대지권에 관한 경매에서 경매 매물로 나온 1채의 아파트 대지권에 대하여 대지권 등기 설정을 하기 전에 이미 아파트 전체 부지에 저당권이 설정된 경우가 있고 통상 등기부에는 '토지 별도등기 있음'이라고 표시되며, 법원은 경매진행시 아파트 또는 다세대 주택 같은 집합건물에서 대지 전체에 설정된 저당권을 지분만큼 인수해야 한다는 '특별매각조건'을 붙이는 경우가 있다(단, 토지별도등기의 집합건물 경매시 토지 근저당권 인수취지의 특별매각조건 없으면, 토지저당권 소멸이 원칙이라는 판례로는 대법원 2005다15048 판결). 이 경우 낙찰자는 대지에 대한 저당권을 인수하게 되는바, 등기부에는 대지전체에 설정된 저당권 중 각 구분건물의 지분 만큼에 해당하는 저당권이 설정되고, 향후 토지저당권자가 저당권을 실행하면 이론상으로는 구분건물이 철거될 여지도 있게 되므로, 주의해야 한다. 단 지료만을 청구하는 것이 일반적이다.

제시 외 건물이란 "경매신청 시 포함되어 있지 않은 건물 또는 법원이 감정의뢰 시 포함되어 있지 않은 건물"로 설명되기도 하며, "단순히 감정평가 의뢰인이 감정평가해 줄 것을 요청한 감정평가의뢰서(경매의 경우 감정평가명령서)에 기재되어 있지 않거나, 건물 등기사항증명서 또는 건축물대장에 등재되지 아니한 건물"로 설명하기도 한다. 또한 "경매대상인 토지 위에 서 있는 경매대상이 아닌 건물로서 처음부터 채권자가 경매신청을 하지 않았거나(경매신청과는 별도로 경매에 포함되는 건물) 또는 그 후의 경매절차에서도 경매대상으로 포함되지 않은 건물을 통칭하는 것(손진홍, 「부동산권리분석과 배당」, 법률정보센타, 2009(37쪽))"으로 설명되기도 한다.

제시 외 건물에는 ① 경매신청채권자가 신청대상으로 포함시키지 않았어도 당연히 경매대상에 포함되는 부합물이나 종물인 경우도 있고 ② 일괄경매청구권의 행사에 의하여 경매대상에 포함되는 건물도 있으며 ③ 제3자 명의로 등기된 건물임이 분명하여 경매대상에 포함되지 않는 경우도 있다.

부합물 또는 종물인 제시 외 건물에 대하여는 저당권의 효력이 미치므로 주된 건물에 대한 경매개시결정에 의한 압류의 효력은 제시 외 건물에도 미치게 된다. 경매법원은 이와 같은 제시 외 건물에 대하여 그 평가액을 최저매각가격에 포함시킨다. 만일 이를 제외한 채로 경매가 진행된 때에는 최저매각가격의 결정에 대한 중대한 하자가 있는 경우에 해당하여 민사집행법 제121조 제5호의 이의사유 내지 매각불허가 사유가 된다(대법원 91마680 결정 취지).

부합된 제시 외 건물이 경매의 감정평가에서 빠져서 최저입찰가격결정에서 제외되었다고 할지라도 경락허가결정이 확정된 후에는 다툴 수 없고 제시 외 건물은 낙찰자의 소유가 된다(대법원 2000다63110 판결). 제시 외 건물이 부합물 또는 종물이 아닌 독립성이 있는 건물일 경우 낙찰자는 제시외 건물의 소유권을 취득할 수 없고, 일정 요건을 갖추면 법정지상권이 성립할 수도 있다. 그러나 부합물이나 종물이 아닌 제시 외 건물을 부합물이나 종물로 보아 경매대상에 포함시킨 후 경매절차를 진행하여 매각허가결정이 내려진 경우에, 이때의 제시 외 건물에 대한 매각허가결정은 무효이고 매수인은 제시 외 건물의 소유권을 취득할 수 없다(대법원 83다177 판결, 대법원 87다카600 판결, 대법원 91다20722 판결).

즉 대법원 91다20722 판결에 의하면, 경매의 대상이 아닌 부동산이 경매절차에서 경매 신청된 다른 부동산과 함께 감정 평가되어 경매기일에 공고되고 경매된 결과 경락인에게 경락되고 그 후 경락인에 대한 경락허가결정이 확정되었다고 하더라고 채권자에 의하여 경매 신청되지도 아니하였고 경매법원으로부터 경매개시결정을 받은 바도 없는 독립된 부동산에 대한 경락은 당연 무효이므로 경락인은 그 부동산에 대한 소유권을 취득할 수 없다고 한다.

저당권은 말소기준으로 낙찰로 항상 소멸한다. 민사집행법 제91조 제2항은 “매각부동산 위의 모든 저당권은 매각으로 소멸된다.”규정하고 있다.

민법 제365조는 “토지를 목적으로 저당권을 설정한 후 그 설정자가 그 토지에 건물을 축조한 때에는 저당권자는 토지와 함께 그 건물에 대하여도 경매를 청구할 수 있다(이른바 ‘일괄경매청구’). 그러나 그 건물의 경매대가에 대하여는 우선변제를 받을 권리가 없다.”고 규정하고 있다.

이처럼 토지에 저당권을 설정한 후에 그 설정자가 그 토지에 건물을 축조하면, 민법 제366조에 따른 법정지상권이 인정되지 않아, 해당 건물은 철거될 운명에 처하므로, 토지저당권자가 저당권을 실행할 때에 건물도 함께 경매에 부치도록 함으로써 토지에 대한 저당권자 및 건물소유자 모두에게 이익에 부합되도록 하기 위한 것으로 이해된다.

그렇다면, 위 민법 제365조에 따라 토지소유자가 토지와 건물에 대하여 일괄경매를 신청하였는데, 건물에 대하여 인도, 전입신고, 확정일자를 받은 임차인이 존재하는 경우에 토지저당권자는 건물에 대한 우선변제권 없고, 일반채권자 요건 충족 시 일반채권자 배당가능성만 존재한다. 즉 임차인이 대항요건 등 구비한 경우에 선순위 담보권자 등이 없다면, 임차인이 건물매각 대금에서 우선적으로 배당을 받게 된다. 다만, 토지매각대금의 경우는 토지저당권 보다 후순위로 배당될 것이다. 주택임대차보호법(이하 '주임법') 제3조의 2 제2항은 '임대주택환가대금(대지 포함)에서 순위배당을 인정'하고 있기 때문이다.

즉, 주임법 제3조의 2 제2항은 "제3조 제1항·제2항 또는 제3항의 대항요건과 임대차계약증서(제3조 제2항 및 제3항의 경우에는 법인과 임대인 사이의 임대차계약증서를 말한다)상의 확정일자를 갖춘 임차인은 「민사집행법」에 따른 경매 또는 「국세징수법」에 따른 공매를 할 때에 임차주택(대지를 포함한다)의 환가대금에서 후순위권리자나 그 밖의 채권자보다 우선하여 보증금을 변제받을 권리가 있다."고 규정하고 있다.

> 민법 제365조(저당지상의 건물에 대한 경매청구권) 토지를 목적으로 저당권을 설정한 후 그 설정자가 그 토지에 건물을 축조한 때에는 저당권자는 토지와 함께 그 건물에 대하여도 경매를 청구할 수 있다. 그러나 그 건물의 경매대가에 대하여는 우선변제를 받을 권리가 없다.
>
> 민법 제366조(법정지상권) 저당물의 경매로 인하여 토지와 그 지상건물이 다른 소유자에 속한 경우에는 토지소유자는 건물소유자에 대하여 지상권을 설정한 것으로 본다. 그러나 지료는 당사자의 청구에 의하여 법원이 이를 정한다.

민법 제365조가 토지저당권자에게 건물까지 경매를 신청할 수 있게 일괄경매청구권을 인정하는 이유는 민법 제366조에서 정하는 건물을 위한 법정지상권이 인정되지 않기 때문이다. 토지에 대한 저당권이 실행되어 토지 소유자가 변경되었는데, 법정지상권이 없는 건물이 존재할 경우에 토지 소유자는 건물 소유자를 상대로 건물철거 및 토지인도를 청구하게 될 것인데, 이처럼 건물이 철거될 경우에 사회·경제적으로 큰 손실이 발생되기 때문에 토지 저당권자의 일괄경매청구권이 인정한 것이다.

그렇다면, 토지에 저당권이 설정된 후에 그 설정자가 건물을 축조한 경우, 저당권자의 일괄경매청구가 의무인지 문제된다(필자의 저서, '부동산분쟁의 쟁점 제

2판' 578쪽 참고).

토지 저당권자가 의무적으로 일괄경매청구권을 행사해야 하는 것은 아니라는 것이 대법원의 태도다(대법원 77다77 판결/주석민법 3판 물권(4) 197쪽). 다만, 저당권자가 단지 건물소유자를 괴롭힌다는 것만을 목적으로 일부러 토지에 대해서만 경매신청을 하여 경락인이 되어 건물을 철거를 구하는 등 특별한 사정이 있다면, 건물철거 등을 구하는 것이 신의칙에 반할 수도 있을 것이다. 일괄경매청구가 가능한 경우에, 토지만의 경매로 피담보채권의 변제가 가능하더라도, 일괄경매가 인정되는 것이 과잉경매로 볼 수는 없다는 것도 대법원의 입장이다.

토지 저당권자가 일괄경매청구권을 행사하였다고 해도, 민법 제365조 단서에 따라 건물의 경매대가에서 우선변제권은 인정되지 않지만, 대법원은 "토지의 저당권자가 건물의 매각대금에서 배당을 받으려면 민사집행법 제268조, 제88조의 규정에 의한 적법한 배당요구를 하였거나 그 밖에 달리 배당을 받을 수 있는 채권으로서 필요한 요건을 갖추고 있어야 한다."는 취지이다(대법원 2011다54587 판결).

대법원 2003다3850 판결은 "저당지상의 건물에 대한 일괄경매청구권은 저당권설정자가 건물을 축조한 경우뿐만 아니라 저당권설정자로부터 저당토지에 대한 용익권을 설정받은 자가 그 토지에 건물을 축조한 경우라도 그 후 저당권설정자가 그 건물의 소유권을 취득한 경우에는 저당권자는 토지와 함께 그 건물에 대하여 경매를 청구할 수 있다."고 한다.

저당권과 관련된 간략한 권리분석 및 배당사례를 확인해 보자.

[안분흡수배당 사례]

1. 문제(배당재단 500만원)

① 가압류(채권 200만원) → ② 저당권(채권 400만원)→ ③ 가압류(채권 400만원) 또는 저당권(채권 400만원)

2. 답(배당 ①은 100만원, ②는 400만원 ③은 0원)

말소기준 ①②③이 모두 해당되지만, 말소기준은 맨 선순위에 해당하는 ① 가압류가 된다. 배당과정을 살펴보자. 1단계는 채권액에 비례한 안분 배당

> 즉, "① 100만원 ② 200만원 ③ 200만원"으로 되나, 2단계는 부족분의 흡수 즉, "① 100만원 ② 400만원 ③ 0원"이 된다. ① 을 기준으로 안분비율배당을 한 후에 ② 를 기준으로 넘어가 ② 의 관점(② 는 물권으로 후순위인 ③에 대하여는 우선변제권이 있으므로 부족분 흡수)에서 부족분을 흡수하는 방식으로 해결한다. ② 가 흡수할 수 있는 금액은 채권액 400만원과 안분액 200만원의 차액인 200만원에 한정된다.

3. 근저당권

근저당권이란 계속적인 거래관계로부터 발생·소멸하는 불특정 다수의 장래 채권을 결산기에 계산한 후 잔존하는 채무를 일정한 한도액(채권최고액)의 범위 내에서 담보하는 저당권을 의미한다(민법 제357조).

> 민법 제357조(근저당) ① 저당권은 그 담보할 채무의 최고액만을 정하고 채무의 확정을 장래에 보류하여 이를 설정할 수 있다. 이 경우에는 그 확정될 때까지의 채무의 소멸 또는 이전은 저당권에 영향을 미치지 아니한다.
> ② 전항의 경우에는 채무의 이자는 최고액 중에 산입한 것으로 본다.

저당권은 '채권액(피담보채권)'이 등기되지만, 근저당권은 '채권의 최고액'이 등기된다(부동산등기법 제75항). 여기서 최고액이란 근저당권에 의하여 담보되는 한도액, 즉 담보목적물로부터 우선변제를 받을 수 있는 최고한도액을 말한다. 다시 말해 근저당권설정자는 이 최고액 한도 내에서 책임을 지겠다는 의사를 표시한 것이다.

근저당권은 말소기준권리이다(민사집행법 제91조 제3항). 근저당권은 저당권과 달리 결산기에 최고액 범위에서 확정된 채권을 담보하는 것으로 결산기 이전에 일시적으로 피담보 채무가 존재하지 않더라도 결산기까지는 채무가 소멸하지 않는다. 저당권은 피담보채권이 소멸하면 저당권도 소멸한다는 부종성이 인정되는데, 근저당권은 저당권의 부종성이 완화되는 셈이다.

근저당권설정자와 채무자가 동일인인데, 결산기에 최고액을 넘는 채무가 확정된 경우 채무자는 최고액만을 변제하고 근저당권등기의 말소를 청구할 수는 없으나(대법원 2000다59081 판결), 근저당권설정자가 물상보증인이라면 최고액만 변제하고 근저당권의 말소를 청구할 수 있다(대법원 74다998 판결).

즉 대법원 2000다59081 판결에 의하면 "원래 저당권은 원본, 이자, 위약금, 채무불이행으로 인한 손해배상 및 저당권의 실행비용을 담보하는 것이며, 채권최고액의 정함이 있는 근저당권에 있어서 이러한 채권의 총액이 그 채권최고액을 초과하는 경우, 적어도 근저당권자와 채무자 겸 근저당권설정자와의 관계에 있어서는 위 채권 전액의 변제가 있을 때까지 근저당권의 효력은 채권최고액과는 관계없이 잔존채무에 여전히 미친다."는 취지이고, 대법원 74다998 판결에 의하면 "근저당권의 물상보증인은 민법 357조에서 말하는 채권의 최고액만을 변제하면 근저당권설정등기의 말소청구를 할 수 있고 채권최고액을 초과하는 부분의 채권액까지 변제할 의무가 있는 것이 아니다."라는 취지이다.

근저당권의 '결산기'를 약정하지 않는 경우에, 근저당권자가 피담보채권의 불이행을 이유로 경매를 신청하면 경매신청 시에 피담보채권이 확정되나, 제3자가 경매를 신청하여 근저당권이 소멸될 경우에는 경락인이 경락대금을 완납할 때에 피담보채권이 확정된다(대법원 99다26085 판결).

참고로 경락인이 경락대금을 완납하면 그때에 경락인이 경매부동산의 소유권을 취득한다(민사집행법 제135조).

민사집행법 제135조(소유권의 취득시기) 매수인은 매각대금을 다 낸 때에 매각의 목적인 권리를 취득한다.

근저당권의 피담보채권이 확정되면 그때부터 근저당권은 저당권이 된다. 선순위 근저당권이 강제경매개시 당시 이미 소멸되었음에도 불구하고 형식상 등기만 남아 있을 뿐일 때의 후순위 가처분은 낙찰로 소멸되지 않고 낙찰자가 인수한다(대법원 97다26104, 26111 판결). 즉 이러한 경우에 말소기준은 실효된 형식상의 선순위 근저당권이 아니라 후순위 권리 중에서 말소기준이 정해지는 것이고 결

국 말소기준보다 먼저 등기가 된 가처분등기는 소멸하지 않고 매수인이 인수하는 것이다.

대법원 91다41996 판결에 의하면 "근저당권에 기하여 경매를 실행하는 경우, 그 경매의 원인이 되는 근저당권의 피담보채권이 아직 변제기가 도래하지 않았다면 그 근저당권 실행을 위한 경매를 할 수 없으나, 근저당권이 설정되어 있는 부동산에 강제경매를 신청하는 경우에는 그 근저당권의 피담보채권의 변제기가 아직 도래하지 아니하였다 하더라도 적법하게 경매를 할 수 있고, 피담보채권의 변제기 도래 여부에 관계없이 근저당권은 항상 소멸되는 것이며, 이러한 경우 근저당권자가 배당받을 금액은 공탁하게 되므로 근저당권자로서는 어떠한 손해도 입지 않는다고 할 것이다."라는 취지이다.

4. 공동저당권

공동저당이란 동일한 채권을 담보하기 위하여 수개의 부동산에 저당권 또는 근저당권을 설정한 경우를 의미한다(민법 제368조). 즉 동일채권 담보를 위해 수개의 토지 또는 건물, 토지와 그 지상건물, 여러 개의 공장재단 등 위에 설정된 저당권 또는 근저당권을 의미한다. 공동저당의 목적물은 모두 동일인의 소유에 속할 필요가 없으므로 소유자가 다르더라도 예컨대 채무자 및 물상보증인의 각 소유부동산에 대하여 각각 저당권 등이 설정되어도 무방하고 또 목적물에 있어서 공동저당권의 순위가 반드시 동일할 필요도 없다. 예컨대 a부동산의 공동저당권은 제1순위이고 b부동산의 공동저당권은 제2순위라도 무방하다는 것이다.

공동저당관계는 등기가 되어야 하며, 각 부동산마다 한 개씩의 저당권이 성립하므로(일물일권주의), 각 부동산마다 저당권의 성립요건을 갖추어야 한다. 공동저당권은 각 부동산의 공동저당권에 있어서 각 말소기준이 된다.

> 민법 제368조(공동저당과 대가의 배당, 차순위자의 대위) ① 동일한 채권의 담보로 수개의 부동산에 저당권을 설정한 경우에 그 부동산의 경매대가를

> 동시에 배당하는 때에는 각 부동산의 경매대가에 비례하여 그 채권의 분담을 정한다.
> ② 전항의 저당부동산 중 일부의 경매대가를 먼저 배당하는 경우에는 그 대가에서 그 채권전부의 변제를 받을 수 있다. 이 경우에 그 경매한 부동산의 차순위저당권자는 선순위저당권자가 전항의 규정에 의하여 다른 부동산의 경매대가에서 변제를 받을 수 있는 금액의 한도에서 선순위자를 대위하여 저당권을 행사할 수 있다.

공동저당권자는 복수의 저당권을 동시 실행할 수도 있고, 일부만 골라서 실행할 수도 있는데, 일부만 실행하더라도 그 경매대가에서 피담보채권 전액을 변제받을 수 있다.

공동저당권을 동시에 실행할 경우에 각 부동산의 경매대가에 비례하여 변제받을 채권의 분담을 정하나, 공동저당권자가 일부만 골라서 저당권을 실행할 경우에는 동시 실행하였더라면 다른 후순위자가 피해를 보지 않았을 부분에 한하여 후순위자 대위가 인정된다. 다만 저당권설정자가 채무자와 물상보증인으로 구성된 공동저당의 경우는 채무자 소유의 부동산에 설정된 저당권이 먼저 실행된 경우에는 후순위자의 대위가 금지된다(물상보증인 우선).

이와 관련된 사례를 확인해 보자.

[사 례]

1. 문제

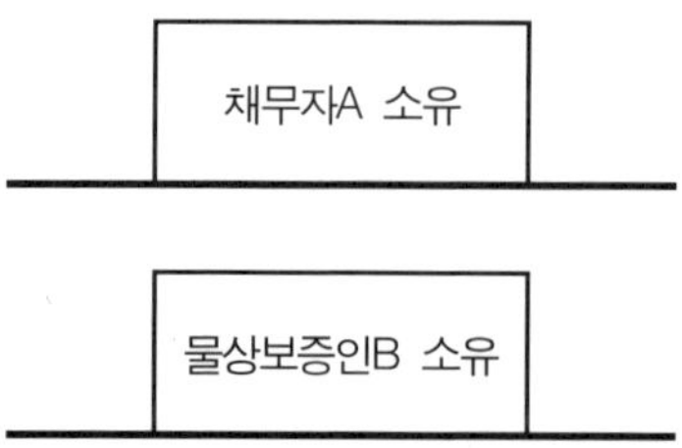

1순위: 공동저당권자 '갑'
2순위: 저당권자 '을'

1순위: 공동저당권자 '갑'
2순위: 저당권자 '병'

2. 답

가. 물상보증인 B소유 부동산이 먼저 경매된 경우(대법원 93다25417 판결)

- 1순위인 '갑'이 물상보증인 B소유 부동산 경매대금으로부터 자신의 채권을 전액 변제 받았다.
- 물상보증인인 B는 채무자인 A에게 구상권을 취득함과 동시에 채무자 A소유의 부동산에 1번 저당권을 취득한다.
- 물상보증인 B소유의 부동산의 후순위 저당권자인 '병'은 물상보증인 B가 채무자 A 소유의 부동산에 취득한 1번 저당권에 대하여 물상대위할 수 있다.

나. 채무자 A소유 부동산이 먼저 경매된 경우(대법원 95마500 결정)

- 1순위인 '갑'이 채무자 A소유의 부동산 경매대금으로부터 자신의 채무를 전액 변제 받았다.
- 채무자 A소유 부동산의 2순위 저당권자인 '을'은 1순위 이면서 공동저당권자인 '갑'을 대위하여 물상보증인 B소유의 부동산에 저당권을 행사할 수 없다.

다만, 공동저당권이 설정된 수개의 부동산 중에서 일부는 채무자 소유, 일부는 물상보증인 소유인 경우에 동시배당 규정인 민법 제368조 제1항은 적용되지 않는다.

즉 대법원 2008다41475 판결에 의하면, "공동저당권이 설정되어 있는 수개의 부동산 중 일부는 채무자 소유이고 일부는 물상보증인의 소유인 경우 위 각 부동산의 경매대가를 동시에 배당하는 때에는, 물상보증인이 민법 제481조, 제482조의 규정에 의한 변제자대위에 의하여 채무자 소유 부동산에 대하여 담보권을 행사할 수 있는 지위에 있는 점 등을 고려할 때, '동일한 채권의 담보로 수개의 부동산에 저당권을 설정한 경우에 그 부동산의 경매대가를 동시에 배당하는 때에는 각 부동산의 경매대가에 비례하여 그 채권의 분담을 정한다'고 규정하고 있는 민법 제368조 제1항은 적용되지 아니한다고 봄이 상당하다. 따라서 이러한 경우 경매법원으로서는 채무자 소유 부동산의 경매대가에서 공동저당권자에게 우선적으로 배당을 하고, 부족분이 있는 경우에 한하여 물상보증인 소유 부동산의 경매대가에서 추가로 배당을 하여야 한다."는 취지이며, 대법원 2014다231965 판결은 위와 같은 이치는 "물상보증인이 채무자를 위한 연대보증인의 지위를 겸하고 있는 경우에도 마찬가지"라는 취지이다.

토지별도 등기에 있어 배당과 관련된 대법원 2011다74932 판결에 의하면 "저당권이 설정된 1필의 토지가 전체 집합건물에 대한 대지권의 목적인 토지가 되었을 경우에는 종전의 저당목적물에 대한 담보적 효력은 그대로 유지된다고 보아야 하므로 저당권은 개개의 전유부분에 대한 각 대지권 위에 분화되어 존속하고, **각 대지권은 저당권의 공동담보가 된다**고 봄이 타당하다. 따라서 집합건물이 성립하기 전 집합건물의 대지에 관하여 저당권이 설정되었다가 집합건물이 성립한 후 어느 하나의 전유부분 건물에 대하여 경매가 이루어져 경매 대가를 먼저 배당하는 경우에는 저당권자는 매각대금 중 대지권에 해당하는 경매 대가에 대하여 우선변제받을 권리가 있고 그 경우 **공동저당 중 이른바 이시배당에 관하여 규정하고 있는 민법 제368조 제2항의 법리에 따라 저당권의 피담보채권액 전부를 변제받을 수 있다**고 보아야 한다."라는 취지이다.

5. 공장저당권

공장에 속하는 개개의 부동산에 저당권을 설정하는 것을 공장저당이라 한다(공장 및 광업재단 저당법 제3조, 제4조). 이에 반하여 공장재단저당은 1개 또는 수개의 공장으로 공장재단(공장에 속하는 일단의 기업재산)을 설정하여 이를 저당권의 목적으로 하는 것이다(공장 및 광업재단 저당법 제10조).

> 공장 및 광업재단 저당법 제3조(공장 토지의 저당권) 공장 소유자가 공장에 속하는 토지에 설정한 저당권의 효력은 그 토지에 부합된 물건과 그 토지에 설치된 기계, 기구, 그 밖의 공장의 공용물(供用物)에 미친다. 다만, 설정행위에 특별한 약정이 있는 경우와 「민법」 제406조에 따라 채권자가 채무자의 행위를 취소할 수 있는 경우에는 그러하지 아니하다.

> 공장 및 광업재단 저당법 제4조(공장 건물의 저당권) 공장 소유자가 공장에 속하는 건물에 설정한 저당권에 관하여는 제3조를 준용한다. 이 경우 "토지"는 "건물"로 본다.
>
> 공장 및 광업재단 저당법 제10조(공장재단의 설정) ① 공장 소유자는 하나 또는 둘 이상의 공장으로 공장재단을 설정하여 저당권의 목적으로 할 수 있다. 공장재단에 속한 공장이 둘 이상일 때 각 공장의 소유자가 다른 경우에도 같다.
>
> ② 공장재단의 구성물은 동시에 다른 공장재단에 속하게 하지 못한다.
>
> 공장 및 광업재단 저당법 제12조(공장재단의 단일성 등) ① 공장재단은 1개의 부동산으로 본다.
>
> ② 공장재단은 소유권과 저당권 외의 권리의 목적이 되지 못한다. 다만, 저당권자가 동의한 경우에는 임대차의 목적물로 할 수 있다.

공장건물에 일반저당권이 설정된 경우 목록 작성이 없더라도 그 저당권의 효력은 종물 및 부합물에 미친다(대법원 94다6345 판결). 공장건물이고, '공장 및 광업재단 저당법'에 따른 공장재단저당이 성립된 경우, 저당권설정 등기를 할 때에 공장에 설치된 기계 등에 관한 목록제출(저당권효력 미침)되어야 하며, 이러한 경우에 일괄매각이 원칙이다.

다만, '공장 및 광업재단 저당법' 제23조는 "공장의 개별적 경매, 입찰"라는 제목 아래에 "공장재단이 여러 개의 공장으로 구성되어 있는 경우 법원은 저당권자의 신청을 받아 공장재단을 구성하는 각 공장을 개별적으로 경매나 입찰의 목적물로 할 것을 명할 수 있다."고 규정하고 있다.

'공장 및 광업재단 저당법' 제8조는 "압류 등이 미치는 범위"라는 제목 아래에 "① 저당권의 목적인 토지나 건물에 대한 압류, 가압류 또는 가처분은 제3조 및 제4조에 따라 저당권의 목적이 되는 물건에 효력이 미친다. ② 제3조 및 제4조에 따라 저당권의 목적이 되는 물건은 토지나 건물과 함께하지 아니하면 압류, 가압류 또는 가처분의 목적으로 하지 못한다."고 규정하고 있다.

공장저당이 설정된 부동산을 일반 저당권자가 경매를 신청할 때 목적 부동산은 기계 등의 공장 공용물과 함께 매각되어야 하므로, 일반 저당권자는 경매신청과 함께 공용물목록 제출해야 한다(대법원 71마546 결정).

즉 대법원 71마546 결정에 의하면 "기록에 의하면, 내쇼날 푸라스틱 주식회사는 본건 경매목적 부동산인 토지, 건물만을 목적으로 하는 보통저당권을 가지고 있고, 그보다 선순위로 위 토지, 건물 위에 김승재가 공장저당법 제7조에 의한 공장저당권을 가지고 있음이 명백한바, 이와 같은 경우 위 보통저당권자가 경매법에 의하여 토지 또는 건물에 대하여 저당권실행을 위한 경매신청을 하면, 경매법원으로서는 위 공장저당법 제7조 소정의 목록에 기재된 기계, 기구 등이 공장저당법(제4조, 제5조)에 의한 저당권의 목적이기 때문에 위 토지 또는 건물과 더불어 그 기계, 기구 등도 경매하여야 할 것이며, 토지나 건물만을 경매할 수는 없다 할 것인바, 원심은 이와는 견해를 달리하여, 토지 또는 건물만을 경매할 수 있다고 판시하였으니 원결정에는 공장저당법의 법리를 오해한 위법이 있다고 하지 않을 수 없고, 이는 재판에 영향을 미쳤다 할 것이므로 논지는 이유 있다."는 취지이다.

대법원 92마576 결정에 의하면 "공장저당법에 의한 저당권의 실행으로 경매가 이루어지는 경우에 공장저당물건인 토지 또는 건물과 그에 설치된 기계, 기구 기타 공장의 공용물과는 유기적인 일체성이 있으므로 반드시 일괄하여 경매하여야 하는 것이고, 한편 공장저당법 제4조, 제5조의 규정에 의하여 저당권의 목적이 되는 것으로 목록에 기재되어 있다고 하더라도 그것이 저당권설정자가 아닌 제3자의 소유인 경우에는 위 저당권의 효력이 미칠 수 없는 것이라고 할 것이다. 원심이 같은 취지에서, 공장저당법 제7조에서 규정한 목록의 일부 물건에 대하여 제3자이의의 소가 제기되고 그 물건에 대한 경매절차의 정지를 명하는 가처분결정이 있었다면 경매법원으로서는 그 일부 물건에 대한 경매절차만을 분리하고 나머지 물건에 대하여 경매절차를 진행할 것이 아니라 목적물 전체에 대하여 경매절차를 정지함이 상당하다고 보아 재항고인에 대한 경락을 허가하지 아니하였음은 정당한 것으로 수긍이 가고 거기에 소론과 같이 공장저당에 있어서의 일괄경매에 관한 법리를 오해한 위법이 있다고 할 수 없다."는 취지이다.

공장저당권도 말소기준이 된다(민사집행법 제91조 제3항).

6. 지상권

지상권이란 타인의 토지에 건물 기타의 공작물이나 수목을 소유하기 위하여 그 토지를 사용할 수 있는 물권(민법 제279조)을 말한다.

민법 제279조(지상권의 내용) 지상권자는 타인의 토지에 건물 기타 공작물이나 수목을 소유하기 위하여 그 토지를 사용하는 권리가 있다.

지상권은 지상권설정계약으로 취득하나 등기를 하여야 효력이 발생한다. 지상권을 무기한으로 정하는 영구지상권도 인정된다.

즉 대법원 99다66410 판결에 의하면 "민법상 지상권의 존속기간은 최단기만이 규정되어 있을 뿐 최장기에 관하여는 아무런 제한이 없으며, 존속기간이 영구인 지상권을 인정할 실제의 필요성도 있고, 이러한 지상권을 인정한다고 하더라도 지상권의 제한이 없는 토지의 소유권을 회복할 방법이 있을 뿐만 아니라, 특히 구분지상권의 경우에는 존속기간이 영구라고 할지라도 대지의 소유권을 전면적으로 제한하지 아니한다는 점 등에 비추어 보면, 지상권의 존속기간을 영구로 약정하는 것도 허용된다."는 취지이다.

지상권의 존속기간이 만료되고 공작물 등이 현존한 경우 지상권자는 토지소유자에게 갱신청구를 할 수 있으나, 지상권설정자가 이를 거절할 경우 지상권자는 매수 청구를 할 수 있다(민법 제283조).

민법 제283조(지상권자의 갱신청구권, 매수청구권) ① 지상권이 소멸한 경우에 건물 기타 공작물이나 수목이 현존한 때에는 지상권자는 계약의 갱신을 청구할 수 있다. ② 지상권설정자가 계약의 갱신을 원하지 아니하는 때에는 지상권자는 상당한 가액으로 전항의 공작물이나 수목의 매수를 청구할 수 있다.

단, 지상권자가 계약을 위반하여 지상권 설정자가 계약을 해지하거나 또는 지료 연체를 이유로 지상권 소멸청구를 하여 지상권이 소멸된 경우에는 지상권자는 갱신청구를 할 수 없는바, 매수청구도 할 수 없다. 지상권 존속기간과 계약갱신에 관한 규정에 위반되는 계약은 지상권자에 불리한 것으로 효력이 없다(민법 제289조).

민법 제289조(강행규정) 제280조 내지 제287조의 규정에 위반되는 계약으로 지상권자에게 불리한 것은 그 효력이 없다.

지료는 지상권의 성립요소는 아니다. 따라서 지상권 설정 당시 지료에 대한 약정이 없었다면 토지 소유자는 지상권자에게 지료의 지급을 청구할 수 없다(대법원 99다24874 판결).

즉 대법원 99다24874 판결에 의하면 "지상권에 있어서 지료의 지급은 그의 요소가 아니어서 지료에 관한 유상 약정이 없는 이상 지료의 지급을 구할 수 없는 것이며(대법원 94다37912 판결, 대법원 93다52297 판결 등), 유상인 지료에 관하여 지료액 또는 그 지급시기 등의 약정은 이를 등기하여야만 그 뒤에 토지소유권 또는 지상권을 양수한 사람 등 제3자에게 대항할 수 있는 것이다(대법원 95다52864 판결). 그리고 지료에 관하여 등기되지 않은 경우에는 무상의 지상권으로서 지료증액청구권도 발생할 수 없다."라는 취지이다.

이는 취득시효형 분묘기지권의 경우에 청구시로부터 지료가 발생하는 것과 차이가 있다(대법원(전합) 2017다228007 판결).

저당권실행에 의한 법정지상권도 민법 제366조 후문에서 '지료는 당사자의 청구에 의하여 법원이 정한다(민법 제366조 제2항).'고 규정하여 지료가 인정됨을 전제하고 있으며, 관습상 법정지상권의 경우에도 대법원 2002다61934 판결에 의하면 "법정지상권 또는 관습에 의한 지상권이 발생하였을 경우에 토지의 소유자가 지료를 청구함에 있어서 지료를 확정하는 재판이 있기 전에는 지료의 지급을 소구할 수 없는 것은 아니고, 법원에서 상당한 지료를 결정할 것을 전제로 하여 바로 그 급부를 구하는 청구를 할 수 있다 할 것이며, 법원도 이 경우에 판결의 이유에서 지료를 얼마로 정한다는 판단을 하면 족하다."라는 취지이므로 지료를 청구할 수 있다.

지상권은 토지의 멸실이나 존속기간의 만료, 혼동, 시효, 지상권에 우선하는 저당권 실행에 의한 경매, 토지수용, 약정소멸사유 등의 사유로 소멸한다. 다만, 지상물이 소멸한다고 해서 지상권이 소멸하지는 않는다. 정기의 지료를 부담할 지상권자가 2년 이상 단속적으로 지료를 지급하지 않으면, 지상권설정자는 지상권 소멸을 청구할 수 있고, 이때 등기가 없더라도 지상권이 소멸한다.

지상권이 소멸하면, 지상권자는 토지를 원상회복해야 한다. 지상권이 소멸한 경우에 지상권 설정자(민법 제285조)는 지상물 매수를 청구할 수 있다.

> 민법 제285조(수거의무, 매수청구권) ① 지상권이 소멸한 때에는 지상권자는 건물 기타 공작물이나 수목을 수거하여 토지를 원상에 회복하여야 한다.
> ② 전항의 경우에 지상권설정자가 상당한 가액을 제공하여 그 공작물이나 수목의 매수를 청구한 때에는 지상권자는 정당한 이유 없이 이를 거절하지 못한다.

지상권자 및 지상권 설정자의 매수청구권과 지상권자의 수거의무는 강행규정으로 이를 위반한 지상권자에게 불리한 약정은 무효이다(민법 제289조).

지상권은 말소기준권리가 아닌데, 말소기준권리를 기준으로 지상권이 선순위이면 낙찰자가 인수하나, 후순위이면 낙찰로 소멸한다(민사집행법 제91조 제3항, 제4항).

'매각물건명세서'에는 매각에 따라 설정된 것으로 보게 되는 지상권의 개요를 적어야 한다. 토지가 집행목적물이 되어 지상권을 부담하게 되는 경우는 물론이고, 건물이 집행목적물이 되어 지상권을 취득하게 되는 경우에도 모두 기재대상이 된다.

> 민사집행법 제105조(매각물건명세서 등) ① 법원은 다음 각호의 사항을 적은 매각물건명세서를 작성하여야 한다.

> 1. 부동산의 표시
> 2. 부동산의 점유자와 점유의 권원, 점유할 수 있는 기간, 차임 또는 보증금에 관한 관계인의 진술
> 3. 등기된 부동산에 대한 권리 또는 가처분으로서 매각으로 효력을 잃지 아니하는 것
> 4. 매각에 따라 설정된 것으로 보게 되는 지상권의 개요
>
> ② 법원은 매각물건명세서·현황조사보고서 및 평가서의 사본을 법원에 비치하여 누구든지 볼 수 있도록 하여야 한다.

'매각물건명세서'에 기재할 것은 지상권의 '개요'이므로, "이 사건 물건을 위하여 그 대지에 법정지상권이 성립한다." 또는 "지상건물을 위하여 이 사건 토지의 대지 부분에 법정지상권이 성립한다."는 식으로 간결하게 기재한다.

토지의 일부에 대해서만 법정지상권이 성립하는 경우에는 그 뜻을 기재하면 되고 구체적으로 그 범위를 특정해서 표시할 필요는 없다. 지상권이 설정된 것으로 보게 될 가능성은 있으나 확실히 밝혀지지 않은 경우에는 "별지 도면 표시 미등기건물을 위하여 이 사건 토지의 대지부분에 지상권이 설정된 것으로 보게 될 여지가 있음" 또는 "법정지상권 성립할 여지가 있음" 등으로 그 취지를 그대로 기재한다.

은행 등은 나대지에 대출을 해 줄 때 나대지의 담보 효용성의 하락을 방지하기 위하여 나대지에 저당권을 설정하고, 동시에 그 나대지상에 지상권을 설정하는 경우가 많다. 이러한 경우 나대지에 대하여 경매가 진행되면, 경낙으로 나대지의 저당권이 소멸함과 동시에 지상권도 소멸한다(대법원 90다카27570 판결).

대법원 91다23462 판결에 의하면, 대지에 대하여 저당권을 설정할 당시 저당권자를 위하여 동시에 지상권을 설정하여 주었다고 하더라도 저당권 설정 당시 이미 그 대지상에 건물을 소유하고 있고 그 건물에 관하여 이를 철거하기로 하는 등 특별한 사유가 없으며, 저당권의 실행으로 그 지상권도 소멸한 경우에는 건물을 위한 법정지상권이 발생하지 않는다고 할 수 없다는 취지인데, 위 판결의 판결이유를 확인하면, "동일인의 소유였던 토지와 그 지상 건물이 저당권의 실행으로 인하여 각기 그 소유자를 달리하게 된 경우에 건물 소유자는 민법 제366조에 의하

여 그 건물부지 위에 건물의 사용수익을 위한 지상권을 취득하게 되는 것인바, 피고가 대지에 대하여 이 사건 저당권을 설정할 당시 저당권자를 위하여 동시에 지상권을 설정하여 주었다고 하더라도 저당권설정 당시 이미 그 대지상에 이 사건 건물을 소유하고 있고 그 건물에 관하여 이를 철거하기로 하는 등 특별한 사유가 없으며, 저당권의 실행으로 그 지상권도 소멸한 이 사건에 있어서 이 건물을 위한 법정지상권이 발생하지 않는다고 할 수 없을 것."이라는 취지이다. 이러한 취지의 판시는 대법원 2012다97871,97888 판결에서도 확인된다.

위 대법원 91다23462 판결은 민법 제366조의 저당권실행에 의한 법정지상권에 대한 판결임에도 불구하고 관습상 법정지상권의 요건에 해당하고 민법 제366조의 요건에 해당되지 않는 '철거특약의 부존재'를 언급하고 있다.

다만, 위 판례가 철거특약 등을 언급한 이유는 저당권설정 당시 철거약정이 있었다면, 저당권설정 당시 나대지에 지상권을 설정한 것처럼 해석될 여지가 있고, 이런 경우를 전제한다면, 민법 제366조의 법정지상권이 인정되기 어렵기 때문인 것으로 이해하면 족할 것으로 보인다(필자의 개인의견). 이러한 문제들은 법정지상권 편에서 더 자세하게 다룰 예정이다.

은행이 나대지에 저당권 및 지상권을 설정한 후 건물이 축조되었다면 저당권설정당시 건물은 없었으므로 건물에 저당권실행으로 인한 법정지상권이 성립되지는 않는다(대법원 91다23462 판결).

경매에서 일반적인 지상권의 경우에는 최선순위인 경우에만 매수인에게 인수되나, '수용 또는 사용재결'에 의해 취득한 구분지상권(민법 제289조의 2 참고)은 후순위이더라도 매수인이 인수하게 된다(도시철도법 등에 의한 구분지상권 등기규칙 4조 참고).

이와 관련된 "등기선례 제6－354호"에 의하면 "도시철도법의 규정에 의한 협의 또는 수용(또는 사용)재결에 의하여 취득한 구분지상권설정등기는 1995. 6. 5. 이후 최초로 사용에 관하여 협의 또는 재결에 의하여 취득한 구분지상권의 경우에 한하여 신청할 수 있고(1995. 1. 5. 개정된 도시철도법 부칙 제1항, 제2항), 협의에 의하여 취득한 구분지상권의 경우에 관할토지수용위원회의 협의성립확인을 받으면 재결에 의하여 취득한 것과 같은 것으로 보기 때문에(토지수용법 제25조의2

제4항), 이에 따라 경료된 구분지상권설정 또는 이전등기는 그 등기보다 먼저 설정된 강제경매기입등기 또는 근저당권설정등기 등에 기한 경매 또는 공매로 인한 소유권이전등기 촉탁 시 말소의 대상이 되지 않는다. 다만, 도시철도법상의 협의에 의하여 구분지상권을 취득한 경우에도 관할토지수용위원회의 협의성립확인을 받지 않은 경우이거나 공공용지의취득및손실보상에관한특례법상의 협의에 의하여 구분지상권을 취득한 경우에는 단순한 승계취득에 불과하기 때문에 그 등기보다 선순위인 근저당권설정등기 등에 기한 경매 등으로 인하여 소유권이전등기를 촉탁하는 경우에는 말소의 대상이 될 것이다."라는 취지이다.

7. 지역권

지역권이란 어느 토지의 편익을 위하여 타인의 토지를 이용하는 용익물권이다(민법 제291조).

민법 제291조(지역권의 내용) 지역권자는 일정한 목적을 위하여 타인의 토지를 자기토지의 편익에 이용하는 권리가 있다.

편익을 받는 토지를 요역지, 편익을 제공하는 토지를 승역지라고 한다. 요역지는 1필의 토지이어야 하므로 토지의 일부를 위한 지역권을 설정될 수 없으나, 승역지는 1필의 토지일 필요가 없다. 일반적으로 약정과 등기로 취득(제3자 대항하려면 등기필요)하나, 계속되고 표현된 지역권은 시효취득이 가능하다.

즉 대법원 94다42525 판결에 의하면 "민법 제294조는 지역권은 계속되고 표현된 것에 한하여 민법 제245조의 규정을 준용한다고 규정하고 있으므로, 요역지의 소유자가 승역지에 통로를 개설하여 그 통로를 사용하는 상태가 민법 제245조에 규정된 기간 계속된 경우에 한하여 통행지역권의 시효취득을 인정할 수 있는 것이다."라는 취지이다.

대법원 76다1694 판결(담장철거 등)에 의하면 "위요지 통행권이나 통행지역권은 모두 인접한 토지의 상호이용의 조절에 기한 권리로서 토지의 소유자 또는 지상권자 전세권자 등 토지사용권을 가진 자에게 인정되는 권리라 할 것이므로 위와 같은 권리자가 아닌 토지의 불법점유자는 토지소유권의 상린관계로서 위요지 통행권의 주장이나 통행지역권의 시효취득 주장을 할 수 없다."면서 "원고는 위 토지의 소유자도 아니고 그 토지에 대한 지정권 또는 전세권자도 아니고 결국 위 토지의 불법점유자라 할 것이어서 원고가 그 토지상에 원고소유건물을 가졌다 하더라도 본건 토지를 사용할 정당한 권원 없는 원고로서는 토지소유권의 상린관계로서 위요지 통행권의 주장이나 통행지역권의 시효취득 주장을 할 수 없다."는 취지이다.

지역권은 말소기준에 해당하지 않는바, 말소기준보다 선순위이면 낙찰자(매수인)가 인수하고 후순위이면 낙찰로 소멸한다(민사집행법 제91조 제3항, 제4항).

지역권은 요역지의 소유권에 부종하며(민법 제292조 제1항), 요역지와 분리하여 처분할 수 없으므로(동조 제2항), 독립하여 부동산집행의 대상이 되지 않는다.

> 민법 제292조(부종성) ① 지역권은 요역지 소유권에 부종하여 이전하며 또는 요역지에 대한 소유권이외의 권리의 목적이 된다. 그러나 다른 약정이 있는 때에는 그 약정에 의한다.
> ② 지역권은 요역지와 분리하여 양도하거나 다른 권리의 목적으로 하지 못한다.

지역권의 부담을 인수하는 승역지의 낙찰자(매수인) 입장에서는 지역권이 어떤 경우에 소멸하는지 의문이 들 수 있다. 지역권은 요역지 또는 승역지의 멸실·지역권의 포기·혼동·존속기간의 만료·약정소멸사유의 발생·승역지의 수용 등에 의하여 소멸한다.

승역지가 제3자에 의하여 시효취득되는 경우에도 지역권 소멸이 원칙이다. 다만 예외적으로 ① 제3자가 지역권의 존재를 인용하면서 점유를 한 때에는 지역권의 제한이 있는 소유권을 시효취득한 것으로 지역권이 소멸되지 않고, ② 승역지 점유자의 취득시효가 진행되고 있는 동안에 지역권자가 그의 권리를 행사하면 시효취득의 기초인 점유는 지역권의 제한을 받는 것이 되어 승역지가 시효취득되어도 지역권이 소멸하지 않는다. 지역권은 20년의 소멸시효에 걸린다(민법 제162조 제2항).

지역권 시효소멸에 있어 기산점은 '불계속의 지역권'은 '최후의 행위시'를, '계속지역권'은 '그 행사를 방해하는 사실이 생긴 때'를 기준으로 한다.

요역권자가 예를 들어 4m의 통로를 개설할 수 있는데 2m의 통로만을 만들고 있는 경우처럼 지역권의 내용의 일부만을 행사하는 경우에는 그 불행사의 부분만이 시효로 소멸하고, 야간통행도 할 수 있는 지역권을 가진 자가 주간에만 통행하면 야간 통행지역권은 시효로 소멸한다.

요역지를 수인이 공유하는 경우에는 소멸시효는 공유자 모두에 대하여 완성한 때에만 그 효력이 생긴다(민법 제296조 참고).

민법 제296조(소멸시효의 중단, 정지와 불가분성) 요역지가 수인의 공유인 경우에 그 1인에 의한 지역권소멸시효의 중단 또는 정지는 다른 공유자를 위하여 효력이 있다.

지역권에 있어 지료가 그 성립요건은 아니지만, 통행지역권을 시효로 취득한 경우에는 원칙적으로 요역지 소유자가 승역지에 대한 도로 설치 및 사용에 의하여 승역지 소유자가 입은 손해를 보상해야 한다.

즉 대법원 2012다17479 판결에 의하면 "통행지역권의 경우에 지역의 대가로서의 지료는 그 요건이 아니다. 그렇지만 통행지역권의 취득시효가 인정되면, 도로가 개설된 상태에서 승역지가 이용되고 또한 다른 사정이 없는 한 그 존속기간에 제한이 없어 승역지 소유자의 승역지에 대한 사용 및 소유권 행사에 상당한 지장을 주게 되므로 그에 따른 불이익에 대하여 승역지 소유자를 적절히 보호할 필요가 있다. 한편 통행지역권의 취득시효는 승역지 위에 도로를 설치하여 늘 사용하는 객관적 상태를 전제로 하는데, 도로 개설에 의한 종전의 승역지 사용이 무상으로 이루어졌다는 특별한 사정이 없다면 취득시효 전에는 그 사용에 관한 지료

지급의무를 지거나 부당이득반환의무를 지므로, 이러한 상태에서의 도로 개설·사용을 전제로 하여 시효취득이 이루어진다고 할 수 있다. 그리고 민법 제219조는 어느 토지와 공로 사이에 그 토지의 용도에 필요한 통로가 없는 경우에 그 토지 소유자가 주위의 토지를 통행 또는 통로로 하지 아니하면 공로에 출입할 수 없거나 과다한 비용을 요하는 때에는 그 주위의 토지를 통행할 수 있고 필요한 경우에는 통로를 개설할 수 있도록 하여 주위토지통행권을 인정하는 한편, 그 토지 소유자로 하여금 통행지 소유자의 손해를 보상하도록 정하고 있다. 통행지역권은 용익물권으로서 통행지역권의 시효취득은 상린관계에 관한 주위토지통행권과는 그 권리의 성질 및 성립 근거가 다르지만 인접한 토지소유자 사이에서 통로 개설에 의한 통행 이용에 관한 이해관계를 조정하는 역할을 한다는 점에서는 서로 유사하다. 이와 같이 도로 설치에 의한 사용을 근거로 영구적인 통행지역권이 인정되는 통행지역권의 취득시효에 관한 여러 사정들과 아울러 주위토지통행권과의 유사성 등을 종합하여 보면, 종전의 승역지 사용이 무상으로 이루어졌다는 등의 다른 특별한 사정이 없다면 통행지역권을 취득시효한 경우에도 주위토지통행권의 경우와 마찬가지로 요역지 소유자는 승역지에 대한 도로 설치 및 사용에 의하여 승역지 소유자가 입은 손해를 보상하여야 한다고 해석함이 타당하다."는 취지이다.

> 민법 제294조(지역권취득기간) 지역권은 계속되고 표현된 것에 한하여 제245조의 규정을 준용한다.
>
> 민법 제245조(점유로 인한 부동산소유권의 취득기간) ① 20년간 소유의 의사로 평온, 공연하게 부동산을 점유하는 자는 등기함으로써 그 소유권을 취득한다. ② 부동산의 소유자로 등기한 자가 10년간 소유의 의사로 평온, 공연하게 선의이며 과실없이 그 부동산을 점유한 때에는 소유권을 취득한다.
>
> 민법 제219조(주위토지통행권) ① 어느 토지와 공로 사이에 그 토지의 용도에 필요한 통로가 없는 경우에 그 토지소유자는 주위의 토지를 통행 또는 통로로 하지 아니하면 공로에 출입할 수 없거나 과다한 비용을 요하는 때에는 그 주위의 토지를 통행할 수 있고 필요한 경우에는 통로를 개설할 수 있다. 그러나 이로 인한 손해가 가장 적은 장소와 방법을

선택하여야 한다.
② 전항의 통행권자는 통행지소유자의 손해를 보상하여야 한다.

대법원 2021다245443(본소),245450(반소) 판결(주위 토지 통행권 확인 등, 토지인도 등)에 의하면 "공로에 통할 수 있는 자기의 공유 토지를 두고 공로에의 통로라 하여 남의 토지를 통행한다는 것은 민법 제219조, 제220조에 비추어 허용될 수 없다(대법원 81다515, 516 판결). 설령 위 공유토지가 구분소유적 공유관계에 있고 공로에 접하는 공유 부분을 다른 공유자가 배타적으로 사용, 수익하고 있다고 하더라도 마찬가지이다."는 취지이다.

민법 제220조(분할, 일부양도와 주위통행권) ① 분할로 인하여 공로에 통하지 못하는 토지가 있는 때에는 그 토지소유자는 공로에 출입하기 위하여 다른 분할자의 토지를 통행할 수 있다. 이 경우에는 보상의 의무가 없다.
② 전항의 규정은 토지소유자가 그 토지의 일부를 양도한 경우에 준용한다.

8. 전세권

가. 기본이론

전세권이란 전세금을 지급하고 타인의 부동산을 점유하여 그 부동산을 용도에 좇아 사용, 수익하는 권리를 의미하며, 그 소멸시에는 목적물 전부의 환가금으로부터 전세금의 우선변제를 받을 수 있다(민법 제303조 제1항).

민법 제303조(전세권의 내용) ① 전세권자는 전세금을 지급하고 타인의 부동산을 점유하여 그 부동산의 용도에 좇아 사용·수익하며, 그 부동산 전부에 대하여 후순위권리자 기타 채권자보다 전세금의 우선변제를 받을 권리가 있다. ② 농경지는 전세권의 목적으로 하지 못한다.

전세권은 설정합의와 등기로 설정된다. 전세권자는 목적물을 사용, 수익할 권리를 가지며, 임대차과 달리 "목적물의 현상을 유지하고 그 통상의 관리에 필요한 수선"의무를 부담한다(민법 제309조).

> 민법 제309조(전세권자의 유지, 수선의무) 전세권자는 목적물의 현상을 유지하고 그 통상의 관리에 속한 수선을 하여야 한다.

말소기준보다 선순위의 전세권은 배당요구를 하거나, 경매를 신청할 경우 말소기준이 된다(민사집행법 제91조 제4항). 말소기준 등과 전세권의 순위를 구별하는 기준은 '전세권의 존속기간 시작일'이 아니라 '전세권 등기일'이다.

즉 대법원 2017마1093 판결에 의하면 "전세권이 용익물권적인 성격과 담보물권적인 성격을 모두 갖추고 있는 점에 비추어 전세권 존속기간이 시작되기 전에 마친 전세권설정등기도 특별한 사정이 없는 한 유효한 것으로 추정된다. 한편 부동산등기법 제4조 제1항은 '같은 부동산에 관하여 등기한 권리의 순위는 법률에 다른 규정이 없으면 등기한 순서에 따른다.'라고 정하고 있으므로, 전세권은 등기부상 기록된 전세권설정등기의 존속기간과 상관없이 등기된 순서에 따라 순위가 정해진다."라는 취지이다.

동일한 소유자에 속하는 건물과 그 대지 중에서 건물에만 전세권을 설정한 후 어떤 사정으로 토지와 건물의 소유자가 달라진 경우에 건물소유자인 전세권설정자는 새로운 대지소유자에 대하여 법정지상권을 취득한다(민법 제305조 제1항 본문).

> 민법 제305조(건물의 전세권과 법정지상권) ① 대지와 건물이 동일한 소유자에 속한 경우에 건물에 전세권을 설정한 때에는 그 대지소유권의 특별승계인은 전세권설정자에 대하여 지상권을 설정한 것으로 본다. 그러나 지료는 당사자의 청구에 의하여 법원이 이를 정한다.
> ② 전항의 경우에 대지소유자는 타인에게 그 대지를 임대하거나 이를 목적으로 한 지상권 또는 전세권을 설정하지 못한다.

건물전세권은 건물소유자가 위 규정에 의하여 가지게 되는 법정지상권에 대하여 그 효력이 미치게 된다(민법 제304조 제1항).

> 민법 제304조(건물의 전세권, 지상권, 임차권에 대한 효력) ① 타인의 토지에 있는 건물에 전세권을 설정한 때에는 전세권의 효력은 그 건물의 소유를 목적으로 한 지상권 또는 임차권에 미친다.
> ② 전항의 경우에 전세권설정자는 전세권자의 동의없이 지상권 또는 임차권을 소멸하게 하는 행위를 하지 못한다.

전세권자는 전세권을 양도 내지 담보제공할 수 있다. 존속기간이 있는 전세권은 그 기간의 만료로 인하여 말소등기를 하지 않아도 소멸한다(대법원 98다31301 판결). 이는 용익권성의 소멸로 해석된다.

전세금반환채권이 전세권과 분리하여 양도될 수 있는지에 대하여 대법원은 원칙적으로 분리양도는 인정되지 않지만, 예외적으로 장래에 그 전세권이 소멸하는 경우에 전세금반환채권이 발생하는 것을 조건으로 그 장래의 조건부채권을 양도하는 것은 가능하다고 한다.

즉 대법원 2001다69122 판결에 의하면, "전세권은 전세금을 지급하고 타인의 부동산을 그 용도에 따라 사용·수익하는 권리로서 전세금의 지급이 없으면 전세권은 성립하지 아니하는 등으로 전세금은 전세권과 분리될 수 없는 요소일 뿐 아니라, 전세권에 있어서는 그 설정행위에서 금지하지 아니하는 한 전세권자는 전세권 자체를 처분하여 전세금으로 지출한 자본을 회수할 수 있도록 되어 있으므로 전세권이 존속하는 동안은 전세권을 존속시키기로 하면서 전세금반환채권만을 전세권과 분리하여 확정적으로 양도하는 것은 허용되지 않는 것이며, 다만 전세권 존속 중에는 장래에 그 전세권이 소멸하는 경우에 전세금 반환채권이 발생하는 것을 조건으로 그 장래의 조건부 채권을 양도할 수 있을 뿐"이라는 취지이다.

대법원은 담보물권의 수반성이란 '피담보채권의 처분이 있으면 언제나 담보물권도 함께 처분된다는 것이 아니라, 특별한 사정이 없는 한 피담보채권의 처분에는 담보물권의 처분도 포함된다고 보는 것이 합리적이라는 것일 뿐'이라고 전제한 뒤, 당사자들이 특약을 통해 전세금 반환채권을 양도하되 전세권의 처분은 이에 따르지 않도록 하는 등의 특별한 사정이 있는 경우에는 채권양수인은 담보물권(전세권)이 없는 무담보 채권을 양수한 것으로 보고, 채권의 처분에 따르지 않는 담보물권(전세권)은 소멸한다고 한다(대법원 97다33997 판결).

전세권자는 전세금반환채권의 만족을 위하여 목적물의 경매(담보권 실행을 위한 경매, 즉 임의경매)를 청구할 수 있으며(민법 제318조), 부동산 전부에 대하여 후순위권리자 기타 채권자보다 전세금의 우선변제를 받을 권리가 있다(민법 제303조 제1항 후단).

다만, 전세권자가 경매를 신청하기 위해서는 목적물 및 전세권말소등기에 필요한 서류를 제공(민법 제317조)하여 전세권설정자가 이행지체에 빠져야 한다(대법원 77마90 결정).

> 민법 제318조(전세권자의 경매청구권) 전세권설정자가 전세금의 반환을 지체한 때에는 전세권자는 민사집행법의 정한 바에 의하여 전세권의 목적물의 경매를 청구할 수 있다.
>
> 민법 제317조(전세권의 소멸과 동시이행) 전세권이 소멸한 때에는 전세권설정자는 전세권자로부터 그 목적물의 인도 및 전세권설정등기의 말소등기에 필요한 서류의 교부를 받는 동시에 전세금을 반환하여야 한다.

따라서 경매를 신청하는 전세권자는 이행의 제공을 한 사실을 소명해야 하며, 그 방법으로는 전세권자가 "전세목적물을 인도하고 전세권설정등기말소에 필요한 서류를 교부할테니, 그때까지 전세금을 지급하여 주기 바란다."는 정도의 내용을 상대방에게 내용증명우편으로 보낸 서류를 법원에 제출해야 한다. 위와 같은 내용증명우편 정도로 반대급부의 이행이 있다고 보아 일응 경매개시결정을 하게 되지만, 그 후 채무자로부터 "반대급부에 관한 채권자의 현실적인 이행제공이 없었다."는 이유로 경매개시결정에 대한 이의신청이 있는 경우에는 채권자로서는 현실적인 이행제공을 하였다는 점에 관한 소명자료(내용증명발송 당시에 전세권설정등기의 말소등기절차에 필요한 서류를 갖추었는지 여부 등)를 제출해야 한다(윤경,

손흥수, 부동산경매(1), 사법행정학회, 2017, 147쪽).

건물의 일부에 대하여 전세권이 설정되어 있는 경우 그 전세권자는 전세권의 목적물이 아닌 나머지 건물부분에 대하여는 우선변제권은 별론으로 하고 경매신청권은 없으며(대법원 91마256 결정), 일부에 대한 경매를 신청하려면, 먼저 그 부분을 분할 등기하여야 한다(대법원 73마283 결정). 독립성이 없어 분할 등기가 될 수 없는 경우에는 결국 경매를 신청할 수 없다(대법원 2001마212 결정).

즉 대법원 2001마212 결정에 의하면 "건물의 일부에 대하여 전세권이 설정되어 있는 경우 그 전세권자는 민법 제303조 제1항의 규정에 의하여 그 건물 전부에 대하여 후순위권리자 기타 채권자보다 전세금의 우선변제를 받을 권리가 있고, 민법 제318조의 규정에 의하여 전세권설정자가 전세금의 반환을 지체한 때에는 전세권의 목적물의 경매를 청구할 수 있는 것이나, 전세권의 목적물이 아닌 나머지 건물부분에 대하여는 우선변제권은 별론으로 하고 경매신청권은 없으므로, 위와 같은 경우 전세권자는 전세권의 목적이 된 부분을 초과하여 건물 전부의 경매를 청구할 수 없다고 할 것이고, 그 전세권의 목적이 된 부분이 구조상 또는 이용상 독립성이 없어 독립한 소유권의 객체로 분할할 수 없고 따라서 그 부분만의 경매신청이 불가능하다고 하여 달리 볼 것은 아니다."는 취지이다.

전세권과 채권적 전세와 구별되는 개념이다. 전세권은 물권이지만, 채권적 전세는 채권에 불과하다. 전세권은 경매신청권과 우선변제권이 있지만, 채권적 전세에는 경매신청권이 없고, 원칙적으로 우선변제권도 없다. 상가건물을 임차할 때는 전세권등기가 임차인 입장에서 확실한 방법일 수 있으나(환산보증금 기준 초과의 경우/단 임대인은 다를 수 있음. 즉 뒤에서 검토하는 전세권의 통정허위표시 판례 참조), 주택을 임차할 때는 굳이 전세권을 설정할 필요 없이 대항력과 우선변제권을 취득하는 것으로 족하다.

단독 주택이 경매에 부쳐질 경우에 대항력 있는 확정일자부 임차인은 건물대금과 토지대금 모두에서 배당을 받으나(주임법 제3조의2 제2항), 건물의 전세권자는 건물대금으로부터만 배당을 받는 것이 원칙이다.

> 주택임대차보호법 제3조의2 (보증금의 회수) ② 제3조 제1항 또는 제2항의 대항요건과 임대차계약증서(제3조 제2항의 경우에는 법인과 임대인 사이의 임대차계약증서를 말한다)상의 확정일자를 갖춘 임차인은 「민사집행법」에 따른 경매 또는 「국세징수법」에 따른 공매를 할 때에 임차주택(대지를 포함한다)의 환가대금에서 후순위권리자나 그 밖의 채권자보다 우선하여 보증금을 변제받을 권리가 있다.

다만, 아파트 등의 구분건물은 전세권자도 건물대금 및 토지대금 모두에서 배당을 받는다(종물이론의 종된 권리에의 유추적용 및 집합건물법 제20조의 구분소유자의 전유부분과 대지사용권의 분리처분 금지원칙).

> 집합건물의 소유 및 관리에 관한 법률 제20조(전유부분과 대지사용권의 일체성) ① 구분소유자의 대지사용권은 그가 가지는 전유부분의 처분에 따른다. ② 구분소유자는 그가 가지는 전유부분과 분리하여 대지사용권을 처분할 수 없다. 다만, 규약으로써 달리 정한 경우에는 그러하지 아니하다. ③ 제2항 본문의 분리처분금지는 그 취지를 등기하지 아니하면 선의로 물권을 취득한 제3자에게 대항하지 못한다. ④ 제2항 단서의 경우에는 제3조 제3항을 준용한다.

대항력이 있는 임차인은 배당받지 못한 보증금이 남아 있는 경우에 낙찰자로부터 받을 수 있으나, 전세권자는 선순위 전세권자의 지위에서 배당을 요구한 경우에 민사집행법 91조 4항에 따른 전세권소멸 규정에 따라 배당금이 부족하더라도 낙찰자가 인수하지 않는다.

기간이 만료되었는데도 불구하고 건물 소유자가 전세금 또는 전세보증금을 반환하지 않아 지체책임을 지게 된 경우는 전세권자는 임의경매를 신청할 수 있고, 임차권자는 확정판결을 받아 강제경매를 신청할 수 있는데, 전세권자는 전세권등기가 되어 있어 순위에 따른 배당권 등 기존 지위를 그대로 유지하므로 이사를 가도 무방하나, 임차권자는 임차권 등기명령을 득한 후에 이사를 가야 한다.

대항요건 등을 갖추었던 임차권자가 다른 곳으로 이사를 가거나 그 다른 곳으로 전입신고를 하게 되면 이미 존재했던 대항요건(존속요건) 등을 결하게 되므로 임차권 등기명령신청을 통한 임차권 등기를 통해 기존 대항요건 등을 유지시켜야 하기 때문이다.

대항력 및 우선변제권 취득 후 전세권까지 등기하면, 전세권자로서의 권리와 대항력 및 확정일자를 취득한 주택임차인의 두 권리를 모두 행사할 수 있다(대법원 2010다900 결정 등).

나. 전세권판례 심층분석

(1) 전세권자의 지위와 대항력을 갖춘 임차인의 지위 겸유 판례

대법원 2010다900 결정에 의하면, "주택에 관하여 최선순위로 전세권설정등기를 마치고 등기부상 새로운 이해관계인이 없는 상태에서 전세권설정계약과 계약당사자, 계약목적물 및 보증금(전세금액) 등에 있어서 동일성이 인정되는 임대차계약을 체결하여 주택임대차보호법상 대항요건을 갖추었다면, 전세권자로서의 지위와 주택임대차보호법상 대항력을 갖춘 임차인으로서의 지위를 함께 가지게 된다. 이러한 경우 전세권과 더불어 주택임대차보호법상의 대항력을 갖추는 것은 자신의 지위를 강화하기 위한 것이지 원래 가졌던 권리를 포기하고 다른 권리로 대체하려는 것은 아니라는 점, 자신의 지위를 강화하기 위하여 설정한 전세권으로 인하여 오히려 주택임대차보호법상의 대항력이 소멸된다는 것은 부당하다는 점, 동일인이 같은 주택에 대하여 전세권과 대항력을 함께 가지므로 대항력으로 인하여 전세권 설정 당시 확보한 담보가치가 훼손되는 문제는 발생하지 않는다는 점 등을 고려하면, 최선순위 전세권자로서 배당요구를 하여 전세권이 매각으로 소멸되었다 하더라도 변제받지 못한 나머지 보증금에 기하여 대항력을 행사할 수 있고, 그 범위 내에서 임차주택의 매수인은 임대인의 지위를 승계한 것으로 보아야 한다."는 취지이다.

대법원 2009다40790 판결(손해배상(기))은 "민사집행법 제91조 제3항은 '전세권은 저당권·압류채권·가압류채권에 대항할 수 없는 경우에는 매각으로 소멸된다'라고 규정하고, 같은 조 제4항은 '제3항의 경우 외의 전세권은 매수인이 인수한다. 다만, 전세권자가 배당요구를 하면 매각으로 소멸된다.'라고 규정하고 있고, 이는 저당권 등에 대항할 수 없는 전세권과 달리 최선순위의 전세권은 오로지 전세권자의 배당요구에 의하여만 소멸되고, 전세권자가 배당요구를 하지 않는 한 매수인에게 인수되며, 반대로 배당요구를 하면 존속기간에 상관없이 소멸한다는 취지라고 할 것인 점, 주택임차인이 그 지위를 강화하고자 별도로 전세권설정등기를 마치더라도 주택임대차보호법상 임차인으로서 우선변제를 받을 수 있는 권리와 전세권자로서 우선변제를 받을 수 있는 권리는 근거규정 및 성립요건을 달리하는 별개의 권리라고 할 것인 점 등에 비추어 보면, 주택임대차보호법상 임차인으로서의 지위와 전세권자로서의 지위를 함께 가지고 있는 자가 그 중 임차인으로서의 지위에 기하여 경매법원에 배당요구를 하였다면 배당요구를 하지 아니한 전세권에 관하여는 배당요구가 있는 것으로 볼 수 없다."고 판시한바,

위 사안은 "주택임대차보호법상 임차인으로서의 지위와 최선순위 전세권자로서의 지위를 함께 가지고 있는 자가 임차인으로서의 지위에 기하여 배당요구를 하였으나 집행법원이 매각물건명세서를 작성하면서 '등기된 부동산에 관한 권리 또는 가처분으로 매각허가에 의하여 그 효력이 소멸하지 아니하는 것'란에 아무런 기재를 하지 않고 경매를 진행한 사안에서, 위 최선순위 전세권은 경매절차에서의 매각으로 소멸되지 않고 매수인에게 인수되는 것이므로 매각물건명세서를 작성함에 있어서 위 전세권이 인수된다는 취지의 기재를 하였어야 할 것임에도 위와 같은 매각물건명세서의 잘못된 기재로 인하여 위 전세권이 매수인에게 인수되지 않은 것으로 오인한 상태에서 매수신고가격을 결정하고 매각대상 부동산을 매수하였다가 위 전세권을 인수하여 그 전세금을 반환하여야 하는 손해를 입은 매수인에 대하여 경매담당 공무원 등의 직무집행상의 과실로 인한 국가배상책임을 인정한 사례"이다.

대법원 2001다51725 판결은 "주택에 관하여 임대차계약을 체결한 임차인이 자신의 지위를 강화하기 위한 방편으로 따로 전세권설정계약서를 작성하고 전세권설정등기를 한 경우에, 따로 작성된 전세권설정계약서가 원래의 임대차계약서와 계약일자가 다르다고 하여도 계약당사자, 계약목적물 및 보증금액(전세금액) 등에

비추어 동일성을 인정할 수 있다면 그 전세권설정계약서 또한 원래의 임대차계약에 관한 증서로 볼 수 있고, 등기필증에 찍힌 등기관의 접수인은 첨부된 등기원인 계약서에 대하여 민법 부칙 제3조 제4항 후단에 의한 확정일자에 해당한다고 할 것이므로, 위와 같은 전세권설정계약서가 첨부된 등기필증에 등기관의 접수인이 찍혀 있다면 그 원래의 임대차에 관한 계약증서에 확정일자가 있는 것으로 보아야 할 것이고, 이 경우 원래의 임대차는 대지 및 건물 전부에 관한 것이나 사정에 의하여 전세권설정계약서는 건물에 관하여만 작성되고 전세권등기도 건물에 관하여만 마쳐졌다고 하더라도 전세금액이 임대차보증금액과 동일한 금액으로 기재된 이상 대지 및 건물 전부에 관한 임대차의 계약증서에 확정일자가 있는 것으로 봄이 상당하다."는 취지인데,

위 판결은 "주택임대차보호법상의 대항력과 우선변제권의 두 가지 권리를 겸유하고 있는 임차인이 임차주택에 대하여 진행되고 있는 경매절차에서 먼저 우선변제권을 주장하여 보증금 전액에 대하여 배당요구를 하였으나 그 후 경매법원의 계약서 제출요구를 받고 다시 제출한 배당요구신청서에 확정일자가 없다고 명백히 밝혔고, 이에 경매법원이 임차권자가 우선변제권의 행사를 포기한 것으로 보고 종전의 낙찰을 불허가한 다음 물건명세서에 위와 같은 사실을 기재하여 신경매를 진행한 결과 낙찰허가결정이 확정되었다면, 우선변제권을 포기한 것으로 처리된 위 임차인은 낙찰대금에서 그 보증금을 우선변제 받을 수 없고(임차보증금의 우선변제청구권이 인정되는 주택임차인이라도 낙찰기일 전에 적법한 배당요구를 하지 아니한 이상 그가 적법한 배당요구를 한 경우에 배당받을 수 있었던 금액 상당의 금원이 후순위채권자에게 배당되었다고 하여 이를 법률상 원인이 없는 것이라고 할 수도 없다.), 위와 같이 진행된 경매절차에서 낙찰받은 낙찰자는 임대인의 지위를 승계하여 임차인의 보증금을 인수한다고 본 사례"이다.

(2) 전세권자의 지위와 대항력을 갖춘 임차인의 지위 겸유, 그리고 전세권의 통정허위표시 판례

전세권의 담보물권성과 용익물권성, 그리고 임대차계약에 있어 보증금을 담보하기 위해 설정된 전세권등기에 있어 통정허위표시의 문제, 전세권 저당권의 실

행방법 등의 문제가 포괄적으로 언급된 대법원 판결이 존재한다.

> 민법 제108조(통정한 허위의 의사표시) ① 상대방과 통정한 허위의 의사표시는 무효로 한다. ② 전항의 의사표시의 무효는 선의의 제삼자에게 대항하지 못한다.

즉 대법원 2021. 12. 30. 선고 2018다268538 판결(전세권근저당권설정등기말소)에 의하면 "전세권이 용익물권적 성격과 담보물권적 성격을 모두 갖추고 있고, 목적물의 인도는 전세권의 성립요건이 아닌 점 등에 비추어 볼 때, 당사자가 주로 채권담보의 목적으로 전세권을 설정하였고, 그 설정과 동시에 목적물을 인도하지 아니한 경우라 하더라도, 장차 전세권자가 목적물을 사용·수익하는 것을 완전히 배제하는 것이 아니라면 그 전세권의 효력을 부인할 수는 없다. 전세금의 지급은 전세권 성립의 요소가 되는 것이지만 그렇다고 하여 전세금의 지급이 반드시 현실적으로 수수되어야만 하는 것은 아니고 기존의 채권으로 전세금 지급을 대신할 수도 있다(대법원 94다18508 판결 등). 임대차계약에 따른 임대차보증금반환채권을 담보할 목적으로 임대인과 임차인 사이의 합의에 따라 임차인 명의로 전세권설정등기를 마친 경우, 그 전세금의 지급은 이미 지급한 임대차보증금으로 대신한 것이고, 장차 전세권자가 목적물을 사용· 수익하는 것을 완전히 배제하는 것도 아니므로, 그 전세권설정등기는 유효하다. 이때 임대인과 임차인이 그와 같은 전세권설정등기를 마치기 위하여 전세권설정계약을 체결하여도, 임대차보증금은 임대차계약이 종료된 후 임차인이 목적물을 인도할 때까지 발생하는 차임 및 기타 임차인의 채무를 담보하는 것이므로(대법원 2005다8323,8330 판결 등), 임대인과 임차인이 위와 같이 임대차보증금반환채권을 담보할 목적으로 전세권을 설정하기 위하여 전세권설정계약을 체결하였다면, 임대차보증금에서 연체차임 등을 공제하고 남은 돈을 전세금으로 하는 것이 임대인과 임차인의 합치된 의사라고 볼 수 있다. 그러나 그 전세권설정계약은 외관상으로는 그 내용에 차임지급 약정이 존재하지 않고 이에 따라 전세금이 연체차임으로 공제되지 않는 등 임대인과 임차인의 진의와 일치하지 않는 부분이 존재한다. 따라서 그러한 전세권설정계약은 위와 같이 임대차계약과 양립할 수 없는 범위에서 통정허위표시에 해당하여 무효라고 봄이 타당하다. 다만 그러한 전세권설정계약에 의하여 형성된 법률관계에 기초하여 새로이 법률상 이해관계를 가지게 된 제3자에 대하여는 그 제3자가 그와 같은 사정을 알고 있었던 경우에만 그 무효를 주장할 수 있다(대법원 2006다29372, 29389 판결, 대법원 2012다49292 판결 등). 전세권을 목적으로 한 저당권이 설정된 경우, 전세권의 존속기간이 만료되면 전세권의 용익물권적 권능이 소멸하기 때문에 더 이상 전세권 자체에 대하여 저당권을 실행할 수 없게 되고, 저당권자는 저당권의 목적물인 전세권에 갈음하여 존속하는 것으로 볼 수 있는 전세금반환채권에 대하여 압류 및 추심명령 또는 전부명령을 받거나 제3자가 전세금반환채권에 대하여 실시한 강제집행절차에서 배당요구를 하는 등의 방법으로 물상대위권을 행사하여 전세금의 지급을 구하여야 한다(대법원 2013다91672 판결 참조). 전세권저당권자가 물상대위권을 행사하여 전세금반환채권에 대하여 압류 및 추심명령 또는 전부명령을 받고 이에 기하여 추심금 또는 전부금을 청구하는 경우 제3채무자인 전세권설정자는 일반적 채권집행의 법리에 따라 압류 및 추심명령 또는 전부명령이 송달된 때를 기준으로 하여 그 이전에 채무자와 사이에 발생한 모든 항변사유로 압류채권자에게 대항할 수 있다(대법원 2003다46260, 53879 판결 참조). 다만 임대차계약에 따른 임대차보증금반환채권을 담보할 목적으로 유효한 전세권설정등기가 마쳐진 경우에는 전세권저당권자가 저당권 설정 당시 그 전세권설정등기가 임대차보증금반환채권을 담보할 목적으로 마쳐진 것임을 알고 있었다면, 제3채무자인 전세권설정자는 전세권저당권자에게 그 전세권설정계약이 임대차계약과 양립할 수 없는 범위에서 무효임을 주장할 수 있으므로, 그 임대차계약에 따른 연체차임 등의 공제 주장으로 대항할 수 있다."는 취지이다.

위 대법원 2018다268538 판결사안을 정리하면, 임대인 원고, 소외인 임차인, 임차인의 채권자 피고가 존재한다. 임대인 원고는 임차인 소외인에게 보증금 1억원, 월세 5백만원에 상가를 임대해 주었다. 소외인이 원고에게 전세권설정을 요구하여 결국 보증금 담보목적의 전세권등기가 경료되었다. 피고는 소외인의 전세권에 채권최고액 1억원의 전세권저당권을 경료하였다. 피고는 소외인이 보증금 1억원을 담보하기 위에 전세권을 설정받은 사실을 알고 있었다. 피고는 전세권이 통정허위표시라는 사실을 알고 있었던 것이다.

원심은 피고가 통정허위표시사실을 알고 있었음을 근거로 원고의 피고에 대한 청구를 인용하였다. 즉 피고는 이 사건 전세권설정등기의 말소에 대하여 승낙의 의사표시를 할 의무가 있다고 판단하였다.

그러나 대법원은 피고가 전세권저당권에 근거하여 물상대위에 의한 채권압류 및 추심명령을 원고에게 송달시킨 사실을 기초로 하여 위 법리를 근거로 원심을 파기 환송하면서 그 판결이유에서 "이 사건 전세권설정등기는 이 사건 임대차보증금 중 소외인의 연체차임 등을 공제한 나머지를 담보하는 범위에서 여전히 유효하므로, 피고는 원고로부터 그 나머지 임대차보증금 상당액을 지급받을 때까지 이 사건 전세권설정등기의 말소를 저지할 이익이 있다. 그렇다면 원심으로서는 이 사건 임대차보증금에서 공제되는 소외인의 연체차임 등의 존재 여부와 그 범위를 심리하여 이 사건 전세권설정등기가 그 나머지 임대차보증금을 담보하는 범위에서 유효한지 여부 등을 판단하였어야 함에도 그 판시와 같은 이유만으로 이 사건 전세권설정계약 전부가 통정허위표시로서 무효이고, 나아가 피고에게 이 사건 전세권설정등기의 말소에 대하여 승낙의 의사표시를 할 의무가 있다고 판단하였다. 위와 같은 원심의 판단에는 임대차보증금반환채권을 담보할 목적으로 마친 전세권설정등기의 효력과 통정허위표시 등에 관한 법리를 오해하고 필요한 심리를 다하지 아니함으로써 판결에 영향을 미친 잘못이 있다."고 판시한 것이다(관련 사례는 필자의 저서 「부동산분쟁의 쟁점 제2판」(박영사, 2023년 출간)' 제434쪽의 '5. 전세권등기와 통정허위표시의 선의의 제3자'부분 참고).

참고로 대법원 2005다47663 판결에 의하면 "우리 민법상 저당권은 담보물권을 목적으로 할 수 없으므로, 전세권에 대하여 저당권이 설정된 경우 그 전세권이 기간만료로 종료되면 전세권을 목적으로 하는 저당권은 당연히 소멸된다(대법원 98다31301 판결 참조)."라는 취지이다.

9. 민법상 등기된 임대차

가. 기본이론

임대차란 당사자 일방(임대인)이 상대방(임차인)에게 목적물을 사용·수익하게 할 것을 약정하고, 상대방이 이에 대하여 차임을 지급할 것을 약정함으로써 성립하는 계약으로 등기(민법 제618조, 제621조)된 선순위 임차인은 낙찰자를 포함한 제3자에게 대항할 수 있다(임차권의 물권화).

> 민법 제618조(임대차의 의의) 임대차는 당사자 일방이 상대방에게 목적물을 사용, 수익하게 할 것을 약정하고 상대방이 이에 대하여 차임을 지급할 것을 약정함으로써 그 효력이 생긴다.
>
> 민법 제621조(임대차의 등기) ① 부동산임차인은 당사자 간에 반대약정이 없으면 임대인에 대하여 그 임대차등기절차에 협력할 것을 청구할 수 있다.
> ② 부동산임대차를 등기한 때에는 그때부터 제삼자에 대하여 효력이 생긴다.

농지임대차는 농지법이라는 특별법, 주택임대차는 주택임대차보호법이라는 특별법, 상가의 경우에는 상가건물임대차보호법이라는 특별법이 각 적용되는바, 민법상 임차권은 농지가 아닌 일반토지의 임대차 및 주택 및 일정 상가가 아닌 일반 건물의 임대차가 그 대상이 된다. 다만 위 각 특별법에 없는 규정은 민법상 임대차 규정이 적용된다.

민법상 등기된 임대차(민법 제621조)의 경우 말소기준이 아니다(민사집행법 제91조 제3항, 제4항). 따라서 말소기준보다 선순위로 임차권이 등기된 경우에는 낙찰자는 등기된 임차권을 인수하나, 후순위인 경우는 낙찰로 소멸한다.

후순위여서 낙찰로 소멸할 경우 등기된 임차인이 배당을 받을 수 있는지 문제되는데, 민법 제621조 규정상 임차인이 임차권등기를 하여도 제3자에 대한 대항력이 생길 뿐 우선변제권은 없다. 민법상 보증금반환채권은 일반채권에 불과하므로. 배당 요구하여도 부적법하다. 따라서 가압류를 하거나 집행력 있는 정본 등을 받아 일반채권자로 배당 요구하여 배당받을 수 있을 뿐이다.

다만, 목적물이 주택이나 상가건물이라면 주택임대차보호법 제3조의 4 제1항 및 상가건물임대차보호법 제7조 제1항에 의하여 우선변제권이 인정될 여지가 있다(이우재, 「배당의 제 문제」(제2판), 진원사, 2012년, 제675쪽).

> 주택임대차보호법 제3조의 4(「민법」에 따른 주택임대차등기의 효력 등) ① 「민법」 제621조에 따른 주택임대차등기의 효력에 관하여는 제3조의 3 제5항 및 제6항을 준용한다.
>
> 주택임대차보호법 제3조의 3(임차권등기명령) ⑤ 임차인은 임차권등기명령의 집행에 따른 임차권등기를 마치면 제3조 제1항·제2항 또는 제3항에 따른 대항력과 제3조의2 제2항에 따른 우선변제권을 취득한다. 다만, 임차인이 임차권등기 이전에 이미 대항력이나 우선변제권을 취득한 경우에는 그 대항력이나 우선변제권은 그대로 유지되며, 임차권등기 이후에는 제3조 제1항·제2항 또는 제3항의 대항요건을 상실하더라도 이미 취득한 대항력이나 우선변제권을 상실하지 아니한다.
>
> 상가건물임대차보호법 제7조(「민법」에 따른 임대차등기의 효력 등) ① 「민법」 제621조에 따른 건물임대차등기의 효력에 관하여는 제6조 제5항 및 제6항을 준용한다.
>
> 상가건물임대차보호법 제6조(임차권등기명령) ⑤ 임차권등기명령의 집행에 따른 임차권등기를 마치면 임차인은 제3조 제1항에 따른 대항력과 제5조 제2항에 따른 우선변제권을 취득한다. 다만, 임차인이 임차권등기 이전에 이미 대항력 또는 우선변제권을 취득한 경우에는 그 대항력 또는 우선변제권이 그대로 유지되며, 임차권등기 이후에는 제3조 제1항의 대항요건을 상실하더라도 이미 취득한 대항력 또는 우선변제권을 상실하지 아니한다.

다만 상가의 경우에 민법상 등기 임대차(민법 제621조)가 이루어졌을 경우, 상가건물임대차보호법 제7조 제1항에 따라 현재를 기준으로 서울의 경우 환산보증금 9억원 이하의 경우에만 우선변제권이 인정될 뿐이다(상임법 제2조 제3항에서 동법 제7조가 빠져 있음).

> 상가건물임대차보호법 제2조(적용범위) ① 이 법은 상가건물(제3조 제1항에 따른 사업자등록의 대상이 되는 건물을 말한다)의 임대차(임대차 목적물의 주된 부분을 영업용으로 사용하는 경우를 포함한다)에 대하여 적용한다. 다만, 제14조의2에 따른 상가건물임대차위원회의 심의를 거쳐 대통령령으로 정하는 보증금액을 초과하는 임대차에 대하여는 그러하지 아니하다.
> ③ 제1항 단서에도 불구하고 제3조, 제10조 제1항, 제2항, 제3항 본문, 제10조의2부터 제10조의9까지의 규정, 제11조의2 및 제19조는 제1항 단서에 따른 보증금액을 초과하는 임대차에 대하여도 적용한다.

나. 등기된 임대차와 관련된 판례 등 심층분석

대구지법 2003라189 결정에 의하면 "임차권은 임차인이 임대인에 대하여 임대차목적물을 사용·수익하게 할 것을 청구할 수 있는 채권에 불과하고, 비록 그에 관한 등기가 마쳐졌다고 하더라도 그 임차권등기는 임차인이 채권인 임차권으로써 임대차목적물의 제3취득자 등에 대하여 대항할 수 있는 요건에 불과할 뿐 저당권이나 전세권의 경우와는 달리 임차권의 공시방법으로서 그 득실·변경의 성립요건 또는 그 대항요건이 되는 것은 아니므로 임차권에 관하여 임차권등기가 마쳐진 경우에도 임차인은 임대인의 동의를 얻어 지명채권의 양도방법에 따라 유효하게 이를 양도할 수 있고, 또 임차권에 관하여 가압류나 가처분 또는 임차권부채권가압류의 기입등기가 마쳐졌다고 하더라도 제3채무자인 임대인에게 가압류결정정본이나 가처분결정정본 또는 임차권부채권가압류결정정본이 송달되지 않는 한 처분금지의 효력이 발생하지 않는다고 할 것인바, 임차권에 관한 가압류등기는 위 임차권의 양도 등 권리행사를 금지·제한하기 위한 요건이 되지 아니하여 법률효과 면에서는 아무런 의미가 없는 등기로서 부동산등기법 제55조 제2호에서 정한 '사건이 등기할 것이 아닌 때'에 해당한다."는 취지이다.

대법원 92다24950 판결에 의하면 "건물의 소유를 목적으로 하여 토지를 임차한 사람이 그 토지 위에 소유하는 건물에 저당권을 설정한 때에는 민법 제358조 본문에 따라서 저당권의 효력이 그 건물뿐만 아니라 그 건물의 소유를 목적으로 한 토지의 임차권에도 미친다고 보아야 할 것이므로(대법원 92다527 판결), 건물에 대한 저당권이 실행되어 경락인이 건물의 소유권을 취득한 때에는 특별한 다른 사정이 없는 한 그에 수반하여 그 건물의 소유를 목적으로 한 토지의 임차권도 그 건물의 소유권과 함께 경락인에게 이전된다고 봄이 상당하다. 그러나 이 경우에도 민법 제629조가 적용되기 때문에 토지의 임대인에 대한 관계에서는 그의 동의가 없는 한 경락인이 그 임차권의 취득을 대항할 수 없다고 할 것 인바, **소론이 내세우는 민법 제622조 제1항은 건물의 소유를 목적으로 한 토지임대차는 이를 등기하지 아니한 경우에도 임차인이 그 지상건물을 등기한 때에는 토지에 관하여 권리를 취득한 제3자에 대하여 그 임대차의 효력을 주장할 수 있음을 규정한 취지임에 불과할 뿐, 건물의 소유권과 함께 그 건물의 소유를 목적으로 한 토지의 임차권을 취득한 사람이 토지의 임대인에 대한 관계에서 그의 동의가 없이도 그 임차권의 취득을 대항할 수 있는 것까지도 규정한 것이라고는 볼 수 없다**는 것이 당원의 판례(대법원 74다212 판결, 대법원 74다2032 판결 등)가 취하고 있는 견해이다. 다만 위와 같은 경우에도 임차인의 변경이 당사자의 개인적인 신뢰를 기초로 하는 계속적 법률관계인 임대차를 더 이상 지속시키기 어려울 정도로 당사자 간의 신뢰관계를 파괴하는 임대인에 대한 배신행위가 아니라고 인정되는 특별한 사정이 있는 때에는, 임대인은 자신의 동의 없이 임차권이 이전되었다는 것만을 이유로 민법 제629조 제2항에 따라서 임대차계약을 해지할 수 없고, 그와 같은 특별한 사정이 있는 때에 한하여 경락인은 임대인의 동의가 없더라도 그 임차권의 이전을 임대인에게 대항할 수 있다고 봄이 상당한바, 위와 같은 특별한 사정이 있는 점은 경락인이 주장·입증하여야 한다고 보아야 할 것임에도 불구하고, 이 사건의 경우 기록을 아무리 살펴보아도 피고가 원심에 이르기까지 이 사건 대지의 임차인의 변경에 관하여 위와 같은 특별한 사정이 있는 점에 관하여는 주장조차도 전혀 하지 않고 있음이 분명하다. 그렇다면 피고가 이 사건 대지에 관한 임차권의 취득을 원고에게 대항할 수 없다고 본 원심의 판단은 결론이 정당하고, 이 사건 대지의 임대인인 원고는 민법 제629조 제2항에 따라서 위 박지홍과 사이의 임대차계약을 해지하지 않더라도 임대인인 자신의 동의 없이 임차권을 취득한 피고에게 직접 이 사건 대지의 반환을 청구할 수 있다고 보아야 할 것이므로, 이와 반대되는 견해를 전제로 원심판결을 비난하는 논지는 결국 받아들일 것이 못된다."라는 취지이다.

> 민법 제629조(임차권의 양도, 전대의 제한) ① 임차인은 임대인의 동의 없이 그 권리를 양도하거나 임차물을 전대하지 못한다. ② 임차인이 전항의 규정에 위반한 때에는 임대인은 계약을 해지할 수 있다.
>
> 민법 제622조(건물등기있는 차지권의 대항력) ① 건물의 소유를 목적으로 한 토지임대차는 이를 등기하지 아니한 경우에도 임차인이 그 지상건물을 등기한 때에는 제삼자에 대하여 임대차의 효력이 생긴다. ② 건물이 임대차기간만료 전에 멸실 또는 후폐한 때에는 전항의 효력을 잃는다.

대법원 96다14517 판결에 의하면 "위 각 건물에 관한 위 피고들 명의의 소유권이전등기 또는 소유권보존등기는 원고가 이 사건 토지를 취득하기 전에 경료된 것이므로, 위 각 등기가 이 사건에서 철거를 구하고 있는 건물에 관한 등기이고, 위 피고들이 이 사건 토지의 전 소유자인 소외 회사와 건물의 소유를 목적으로 하는 임대차계약을 체결하여 원고가 이 사건 토지를 취득할 당시 그 임대차계약이 유효하게 존재하고 있었다면, 민법 제622조 제1항에 의하여 원고는 위 임대차계약의 임대인의 지위를 승계하고, 따라서 그 임대차계약이 종료한 때에 위 피고들은 위 각 건물에 관하여 민법 제643조, 제283조에 의하여 매수청구권을 행사할 수 있는 것이고, 또한 원고가 이 사건 토지를 취득할 당시에는 위 피고들과 소외 회사 사이에 임대차계약이 존재하지 않고 있었다고 하더라도, 그 이전에 위 피고들이 소외 회사와 건물의 소유를 목적으로 하는 임대차계약을 체결하였다가 그 계약이 종료되어 위 피고들이 소외 회사에 대하여 위 각 건물에 관한 매수청구권을 행사할 수 있었을 때에는, 위 피고들은 이 사건 토지의 취득자인 원고에 대하여도 매수청구권을 행사할 수 있는 것이다(대법원 75다348 판결 참조)."는 취지이다.

결국 위 대법원 92다24950 판결과 대법원 96다14517 판결의 취지를 종합하면, 건물소유 목적의 토지임차인이 토지임대차에 대한 등기 없이 건물에 대한 등기를 하여 민법 제622조에 따른 토지임대차에 대한 대항력을 취득한 경우에 ① 토지소유자가 변경되면 그 토지소유자에게 대항할 수 있을 것이지만, ② 건물에 대한 저당권이 실행되는 등으로 인하여 건물의 소유자가 변경되면서 변경된 건물소유자가 토지임차권까지 취득하더라도 이는 민법 제629조의 임대인 동의 없는 권리(임차권)양도에 해당하여 토지임대인의 해지권이 인정된다는 것으로 해석된다.

10. 임차권등기명령에 의한 임차권 등기

주택 및 일정규모의 상가임차인(서울의 경우 현재기준 환산보증금 9억원까지)이 해당 임대차가 종료되었음에도 임차보증금을 반환받지 못한 경우에 법원에 임차권등기명령을 신청하여 취득하는 권리를 임차권등기명령 임차권이라 한다.

임차권등기명령에 의한 임차권등기의 경우 말소기준이 아니다(민사집행법 제91조 제3항, 제4항).

> 주택임대차보호법 제3조의3(임차권등기명령) ① 임대차가 끝난 후 보증금이 반환되지 아니한 경우 임차인은 임차주택의 소재지를 관할하는 지방법원·지방법원지원 또는 시·군 법원에 임차권등기명령을 신청할 수 있다.
> ⑤ 임차인은 임차권등기명령의 집행에 따른 임차권등기를 마치면 제3조 제1항·제2항 또는 제3항에 따른 대항력과 제3조의2 제2항에 따른 우선변제권을 취득한다. 다만, 임차인이 임차권등기 이전에 이미 대항력이나 우선변제권을 취득한 경우에는 그 대항력이나 우선변제권은 그대로 유지되며, 임차권등기 이후에는 제3조 제1항·제2항 또는 제3항의 대항요건을 상실하더라도 이미 취득한 대항력이나 우선변제권을 상실하지 아니한다

> 상가건물임대차보호법 제6조(임차권등기명령) ① 임대차가 종료된 후 보증금이 반환되지 아니한 경우 임차인은 임차건물의 소재지를 관할하는 지방법원, 지방법원지원 또는 시·군법원에 임차권등기명령을 신청할 수 있다.
> ⑤ 임차권등기명령의 집행에 따른 임차권등기를 마치면 임차인은 제3조 제1항에 따른 대항력과 제5조 제2항에 따른 우선변제권을 취득한다. 다만, 임차인이 임차권등기 이전에 이미 대항력 또는 우선변제권을 취득한 경우에는 그 대항력 또는 우선변제권이 그대로 유지되며, 임차권등기 이후에는 제3조제1항의 대항요건을 상실하더라도 이미 취득한 대항력 또는 우선변제권

을 상실하지 아니한다.
상가건물임대차보호법 제2조(적용범위) ① 이 법은 상가건물(제3조 제1항에 따른 사업자등록의 대상이 되는 건물을 말한다)의 임대차(임대차 목적물의 주된 부분을 영업용으로 사용하는 경우를 포함한다)에 대하여 적용한다. 다만, 제14조의2에 따른 상가건물임대차위원회의 심의를 거쳐 대통령령으로 정하는 보증금액을 초과하는 임대차에 대하여는 그러하지 아니하다.
③ 제1항 단서에도 불구하고 제3조, 제10조 제1항, 제2항, 제3항 본문, 제10조의2부터 제10조의9까지의 규정, 제11조의2 및 제19조는 제1항 단서에 따른 보증금액을 초과하는 임대차에 대하여도 적용한다.
상가건물임대차보호법 시행령 제2조(적용범위) ①「상가건물 임대차보호법」(이하 "법"이라 한다) 제2조 제1항 단서에서 "대통령령으로 정하는 보증금액"이란 다음 각 호의 구분에 의한 금액을 말한다.
1. 서울특별시 : 9억원

주택 임차인 및 일정 규모의 상가임차인의 대항력에는 필수적으로 '인도'라는 요건이 들어가는데 **임대차가 종료된 후** 임차인이 보증금을 받지 못한 상황에서 주택 또는 상가의 '점유'를 상실하면 대항력이 소멸하므로 보증금회수를 위해 도입된 제도가 임차권등기명령 제도라 할 수 있다.

임차인이 임차권등기 이전에 이미 대항력 또는 우선변제권을 취득한 경우에는 대항력 또는 우선변제권의 효력이 유지(따라서, 말소기준보다 임차권등기명령에 의한 등기사항증명서상의 '등기'가 후순위라도 대항력이 선순위면 인수됨에 유의)되고, 아직 취득하지 못한 경우에는 등기경료로 대항력 및 우선변제권을 취득한다.

결국 임차권 등기명령 임차권자와 당해세 이외의 국세·지방세, 전세권·저당권·담보가등기 등의 담보물권 등과의 우열기준은 임차권이 '등기'된 때가 아니라 등기된 임차권의 내용 중에 있는 대항력 및 확정일자 취득일 등과의 선후에 의하여 결정된다.

임차권등기명령에 의하여 임차권등기가 경료된 후 그 건물에 임차인이 들어왔을 때 소액임차인이라도 최우선변제권은 전면적으로 배제된다(상가건물임대차보호법 제6조 등이 '임차권등기명령'이라는 제목 아래에 임차권등기명령 등기 후의 소액최우선변제권자(동법14조) 규정의 적용을 배제하고 있기 때문, 단 확정일자 순위에 따른 배당은 이론상 가능할 것).

> 상가건물임대차보호법 제6조(임차권등기명령) ⑥ 임차권등기명령의 집행에 따른 임차권등기를 마친 건물(임대차의 목적이 건물의 일부분인 경우에는 그 부분으로 한정한다)을 그 이후에 임차한 임차인은 제14조에 따른 우선변제를 받을 권리가 없다.
>
> 상가건물임대차보호법 제14조(보증금 중 일정액의 보호) ① 임차인은 보증금 중 일정액을 다른 담보물권자보다 우선하여 변제받을 권리가 있다. 이 경우 임차인은 건물에 대한 경매신청의 등기 전에 제3조 제1항의 요건을 갖추어야 한다. ② 제1항의 경우에 제5조 제4항부터 제6항까지의 규정을 준용한다. ③ 제1항에 따라 우선변제를 받을 임차인 및 보증금 중 일정액의 범위와 기준은 임대건물가액(임대인 소유의 대지가액을 포함한다)의 2분의 1 범위에서 해당 지역의 경제 여건, 보증금 및 차임 등을 고려하여 제14조의2에 따른 상가건물임대차위원회의 심의를 거쳐 대통령령으로 정한다.

대법원 2005다33039 판결에 의하면, "임차권등기명령에 의하여 임차권등기를 한 임차인은 우선변제권을 가지며, 위 임차권등기는 임차인으로 하여금 기왕의 대항력이나 우선변제권을 유지하도록 해 주는 담보적 기능을 주목적으로 하고 있으므로, 위 임차권등기가 첫 경매개시결정등기 전에 등기된 경우, 배당받을 채권자의 범위에 관하여 규정하고 있는 민사집행법 제148조 제4호의 '저당권·전세권, 그 밖의 우선변제청구권으로서 첫 경매개시결정 등기 전에 등기되었고 매각으로 소멸하는 것을 가진 채권자'에 준하여, 그 임차인은 별도로 배당요구를 하지 않아도 당연히 배당받을 채권자에 속하는 것으로 보아야 한다."는 취지이고,

대법원 2017다226629 판결에 의하면, "주택임대차보호법 제3조의3에서 정한 임차권등기명령에 따른 임차권등기는 특정 목적물에 대한 구체적 집행행위나 보전처분의 실행을 내용으로 하는 압류 또는 가압류, 가처분과 달리 어디까지나 주

택임차인이 주택임대차보호법에 따른 대항력이나 우선변제권을 취득하거나 이미 취득한 대항력이나 우선변제권을 유지하도록 해 주는 담보적 기능을 주목적으로 한다. 비록 주택임대차보호법이 임차권등기명령의 신청에 대한 재판절차와 임차권등기명령의 집행 등에 관하여 민사집행법상 가압류에 관한 절차규정을 일부 준용하고 있지만, 이는 일방 당사자의 신청에 따라 법원이 심리·결정한 다음 등기를 촉탁하는 일련의 절차가 서로 비슷한 데서 비롯된 것일 뿐 이를 이유로 임차권등기명령에 따른 임차권등기가 본래의 담보적 기능을 넘어서 채무자의 일반재산에 대한 강제집행을 보전하기 위한 처분의 성질을 가진다고 볼 수는 없다. 그렇다면 임차권등기명령에 따른 임차권등기에는 민법 제168조 제2호에서 정하는 소멸시효 중단사유인 압류 또는 가압류, 가처분에 준하는 효력이 있다고 볼 수 없다."는 취지이다.

대법원 2005다4529 판결에 의하면 "주택임대차보호법 제3조의3 규정에 의한 임차권등기는 이미 임대차계약이 종료하였음에도 임대인이 그 보증금을 반환하지 않는 상태에서 경료되게 되므로, 이미 사실상 이행지체에 빠진 임대인의 임대차보증금의 반환의무와 그에 대응하는 임차인의 권리를 보전하기 위하여 새로이 경료하는 임차권등기에 대한 임차인의 말소의무를 동시이행관계에 있는 것으로 해석할 것은 아니고, 특히 위 임차권등기는 임차인으로 하여금 기왕의 대항력이나 우선변제권을 유지하도록 해 주는 담보적 기능만을 주목적으로 하는 점 등에 비추어 볼 때, 임대인의 임대차보증금의 반환의무가 임차인의 임차권등기 말소의무보다 먼저 이행되어야 할 의무이다."는 취지이다.

11. 제3강 체크포인트

등기사항증명서(등기부) '을구'에는 '소유권 이외의 권리에 관한 사항'이 기재되는데 주로 용익권과 담보권 등이 이에 해당한다. 권리분석과 관련해서는 주로 '저당권, 근저당권, 공동저당권, 지상권, 지역권, 전세권, 민법상 등기된 임대차, 임차권등기명령에 의한 임차권등기'가 문제된다.

'저당권'은 특정채권을 담보하기 위한 것으로 순위에 따른 우선변제권(순위에 따른 배당권)이 있으며, 말소기준에 해당한다. 저당권의 효력은 부합물, 종물에도 미친다. 따라서 어떠한 물건이 경매대상 부동산의 부합물 또는 종물로 판단이 되면 그 부합물 또는 종물도 경매대상 부동산과 함께 낙찰자의 소유가 된다. 부합물 또는 종물에 해당하는 제시 외 건물도 낙찰자가 소유권을 취득한다. 토지에 저당권이 설정된 후에 그 설정자가 토지에 건물을 축조하면 법정지상권이 인정되지 않아 건물은 철거될 운명에 있다. 이러한 사정을 고려하여 토지저당권자는 건물까지 경매에 부칠 수 있는데, 토지에 대한 우선배당권은 당연히 인정되지만 건물에 대한 우선배당권은 없다.

'근저당권'은 증감 변동하는 불특정채권을 담보하기 위한 것으로 순위에 따른 우선변제권(순위에 따른 배당권)이 있으며, 말소기준에 해당한다. 근저당권의 결산기가 약정되지 않은 경우에 근저당권가 경매를 신청하면 경매신청시에 피담보채권이 확정되고, 제3자가 경매를 신청하면 경락인이 경락대금을 완납할 때에 피담보채권이 확정된다. 피담보채권이 확정되면 그때부터 근저당권은 저당권이 된다.

'공동저당'이란 동일채권 담보를 위해 수개의 부동산에 저당권 또는 근저당권을 설정하는 경우를 의미하며, 각 부동산마다 하나의 저당권이 성립하며, 각 부동산의 저당권이 각 말소기준이 된다. 공동저당권이 설정된 수개의 부동산 중에서 일부는 채무자 소유, 일부는 물상보증인 소유인 경우에 경매법원은 채무자 소유 부동산의 경매대가에서 공동저당권자에게 우선배당하고 부족분이 있는 경우에 한하여 물상보증인 소유 부동산의 경매대가에서 추가로 배당한다. 집합건물이 존재하는 토지에 이미 저당권 별도등기가 존재하는 경우 그 토지 저당권의 담보적 효력은 그대로 유지되므로 그 토지저당권은 개개의 전유부분 건물에 대한 각 대지권 위에 분화되어 존속하고 각 대지권은 저당권의 공동담보가 된다. 따라서 집합건물 중 어느 하나의 전유부분 건물이 경매되어 경매대가를 먼저 배당하게 되는 경우에 토지저당권자는 매각대금 중에서 대지권에 해당하는 경매대가에서 저당권의 피담보채권액 전부를 우선변제를 받을 수 있다.

공장에 속하는 개개 부동산에 저당권을 설정하는 것을 '공장저당'이라고 하며, 1개 또는 수개의 공장으로 공장재단을 설정하여 저당권목적으로 하는 것을

'공장재단저당'이라고 한다. 이러한 경우 대체로 일괄매각이 원칙이다. 이 또한 '저당권'이므로 말소기준에 해당한다.

'지상권'은 건물 등 소유를 위해 토지를 사용할 수 있는 물권이다. 말소기준보다 선순위 지상권을 인수하고, 후순위 지상권은 소멸된다. 매각물건명세서에서 '지상권의 개요'를 확인할 수 있다. 은행에서 나대지를 담보로 대출을 해주면서 근저당권을 설정하고 동시에 그 나대지상에 담보목적의 지상권을 설정하는 경우가 있는데, 이를 '담보지상권'이라 한다. 이러한 담보지상권은 저당권이 소멸하면 근저당권과 함께 소멸한다. '담보가등기'는 말소기준이 되지만 '담보지상권'은 말소기준이 아니다.

'지역권'이란 어느 토지의 편익을 위하여 타인의 토지를 이용하는 용익물건인데, 말소기준보다 선순위의 지역권은 토지경매의 낙찰자가 인수하고 후순위는 토지소유자가 인수하지 않고 소멸한다. 주로 통행지역권이 문제된다.

'전세권'이란 전세금을 지급하고 타인의 부동산을 점유하여 사용하는 권리로 소멸시 전세금에 대한 우선변제권이 인정된다. 최선순위 전세권은 인수되는 것이 원칙이지만 배당을 요구하거나 임의경매를 신청하면 말소기준이 될 수 있으며(전부 전세권 전제) 매각으로 소멸한다. 전세권자가 경매를 신청하기 위해서는 목적물 및 전세권말소등기에 필요한 서류를 제공하여 전세권설정자가 이행지체에 빠져야 한다. 건물일부에 대한 전세권이 설정된 경우에 나머지 건물부분에 대한 우선변제권은 인정되지만 나머지 건물부분까지 경매를 신청할 권리는 없다. 주택에 대하여 최선순위 전세권설정등기를 마치고 등기부상 이해관계인이 없는 상태에서 전세권과 동일성이 인정되는 임대차계약을 체결하고 대항요건을 갖추었다면 전세권자로서의 지위와 주택임대차보호법상의 대항력을 갖춘 임차인의 지위를 겸유한다. 따라서 최선순위 전세권자로서 배당요구를 하여 전세권이 소멸하더라도 변제받지 못한 나머지 보증금을 통해 대항력을 행사할 수 있다.

임대차계약에 따른 임대차보증금반환채권 담보목적으로 임대인과 임차인의 합의를 통해 전세권설정등기를 마친 경우 그 전세권설정등기는 유효하다. 즉 이는 임대차보증금에서 연체차임 등을 공제하고 남은 돈을 전세금으로 하기로 합의한 것으로 해석된다. 다만 월세를 전제한 '임대차'와 월세가 존재하지 않고 전세금만

존재하는 '전세권'의 차이로 인하여 일부 통정허위표시가 문제되는데 전세권설정계약을 전제로 새로이 법률관계를 가지게 된 제3자가 이러한 사정을 알고 있었다면 별다른 문제가 되지 않아 보증금에서 월세 등이 공제되는 부분에 한정하여 그 통정허위표시가 무효가 된다.

즉 전세권 설정자(임대인)는 진정한 계약이 월세가 존재하는 임대차임을 주장하면서 일부 통정허위표시에 대한 악의의 제3자에게 월세 등의 공제를 주장할 수 있다. 다만 제3자가 임대차보증금 담보목적으로 전세권설정등기를 경료한 사실을 알지 못했다면 그 제3자는 통정허위표시의 선의 제3자가 되어 전세권설정자(임대인)가 임대차계약에 따른 연체차임 등의 공제주장으로 그 제3자에게 대항할 수 없다. 즉 진정한 계약에 해당하는 임대차계약에 따른 월세 등의 공제주장을 일부의 허위전세권설정등기를 믿은 선의 제3자에게 할 수 없게 된다.

부동산의 임차인은 당사자 사이에 반대약정이 없다면 임대인에게 임대차등기절차 협력 청구를 통해 부동산임대차를 등기할 수 있고, 이를 '민법상 등기된 임대차'라고 한다. '민법상 등기된 임대차'는 말소기준이 아니며 말소기준보다 선순위라면 낙찰자가 인수하고 후순위라면 낙찰자가 인수하지 않고 소멸한다. '민법상 등기된 임대차'는 제3자에 효력이 생길 뿐이고 우선변제권은 없다. 다만, '민법상 등기된 임대차'의 목적이 주택이라면 주택임대차보호법에 따라 우선변제권이 인정되며, 상가라면 상가건물임대차보호법에 따라 서울을 기준으로 환산보증금 9억원 이하의 경우에만 우선변제권이 인정된다.

건물소유 목적의 토지임차인이 토지임대차에 대한 등기 없이 건물에 등기를 하면 토지임대차에 대한 대항력을 취득하므로 토지소유자 변경시 그 토지소유자에게 대항할 수 있지만, 건물에 대한 저당권이 실행되는 문제 등으로 인하여 건물의 소유자가 변경되면 이는 결과적으로 임대인의 동의 없는 임차권양도에 해당하여 토지임대인의 계약해지권이 인정되고 토지 소유자가 위 계약해지권을 행사하지 않더라도 동의 없이 임차권을 취득한 낙찰자(매수인)에게 직접 그 토지의 반환을 청구할 수 있다.

주택 및 일정 규모의 상가임차인(서울을 예로 들 경우에 현재기준 환산보증금 9억원까지)이 임대차계약이 종료되었는데도 불구하고 보증금을 반환받지 못한 경우에 법원에 임차권등기명령을 신청하여 임차권등기를 경료받을 수 있다. 이를 '임차권등기명령에 의한 임차권등기'라고 하는데, 말소기준은 아니며, 대항력 또는 우선변제권을 유지하는 효력이 있다. 다만 대항력 및 우선변제권이 없던 상태였다면 등기경료를 통하여 대항력 및 우선변제권을 취득한다. '임차권등기명령에 의한 임차권등기'와 말소기준과의 우열판단은 '임차권 등기'된 때가 아니라 등기된 임차권의 내용 중에 있는 '대항력 및 확정일자 취득일 등'과의 선후에 따라 결정된다.

제 4 강
주택임대차보호법상 임차인

제4강

주택임대차보호법상 임차인

1. 기본이론

주택임대차보호법이 적용되려면 주거용 건물을 임대차한 경우이어야 하며, 주거용 건물인가에 대한 판단시점은 원칙적으로 임대차계약 체결시를 기준으로 한다. 원칙적으로 주택의 점유를 상실하거나 주민등록을 전출하게 되면 그때부터 대항력을 상실하는바, 이를 보완하기 위한 장치가 앞서 이미 살펴본 임차권등기명령제도이다. 주택의 매도인이 소유주택에 주민등록을 하고 거주하다가 매도와 동시에 매수인으로부터 당해 주택을 임차하는 경우는 매수인 명의의 소유권이전등기 경료 다음날 0시에 대항력을 취득한다(대법원 99다59306 판결).

주택임대차보호법 제3조(대항력 등) ① 임대차는 그 등기가 없는 경우에도 임차인이 주택의 인도와 주민등록을 마친 때에는 그 다음 날부터 제삼자에 대하여 효력이 생긴다. 이 경우 전입신고를 한 때에 주민등록이 된 것으로 본다.

결국, 매수인이 소유권을 이전하면서 당일에 은행으로부터 돈을 빌리고 근저당권을 설정하여 주었다면, 종전에 자기의 소유 주택이었으나, 현재는 임차인이 된 매도인은 인도와 전입신고라는 대항요건은 갖추었으나 하루차이 선순위인 근저당권자(은행)에 대항할 수 없는바 낙찰로 소멸한다.

다만, 경매절차에서 낙찰자가 주민등록은 되어 있으나 대항력이 없는 종전 임차인과 새 임대차계약을 체결한 경우는 낙찰인이 낙찰대금을 납부하여 소유권을 취득하는 날 즉시 대항력을 취득한다(대법원 2002다38361,38378 판결). 즉 대법원 2002다38361,38378 판결에 의하면 "김말순이 이 사건 부동산에 대한 낙찰대금을 납부하기 이전부터 이 사건 주택에 관하여 주민등록상 소유자 아닌 원고가 거주하는 것으로 나타나 있어서 제3자들이 보기에 원고의 주민등록이 소유권 아닌 임차권을 매개로 하는 점유라는 것을 인식할 수 있었으므로 위 주민등록은 김말순의 소유권취득 이전부터 김말순과 원고 사이의 임대차 관계를 공시하는 기능을 수행하고 있었다고 할 것이고, 따라서 원고는 이 사건 부동산에 관하여 김말순이 낙찰대금을 납부하여 소유권을 취득하는 즉시 위 임차권의 대항력을 취득하였다고 할 것인바(대법원 2000다58026,58033 판결), 위 2차 경매절차의 기초가 된 한신금고 명의의 이 사건 근저당권설정등기는 원고의 위 대항력 취득 이후에 경료되었으므로 원고는 위 임차권으로서 위 경매절차에서의 낙찰인 및 그 승계인에게 대항할 수 있다."라는 취지이다.

다가구의 경우 지번만으로 주민등록의 요건이 충족되나, 아파트 등의 다세대의 경우는 호수까지 건축물관리대장과 일치해야 주민등록의 요건을 충족한다. 다가구는 단독주택으로 취급되고 각 호실별로 매각할 수 없어 지번만으로 주민등록의 요건이 충족되나, 다세대와 같은 집합건물은 각 호실별로 매각이 이루어지므로 지번만으로 부족하고 각 호수까지 정확하게 기재해야 주민등록의 요건을 충족하게 된다. 이와 관련하여 전입당시에는 다가구 주택이어서 지번만으로 주민등록을 하고 거주하던 중 임차주택이 다세대 주택으로 용도가 변경된 경우에 임차인이 전입당시 취득한 대항력이 유지되는지 문제되는데, 대항력이 그대로 유지된다(대법원 2006다70516 판결).

또한, 대법원 2001다80204 판결(배당이의)에 의하면 "원래 단독주택으로 건축허가를 받아 건축되고, 건축물관리대장에도 구분소유가 불가능한 건물로 등재된 이른바 다가구용 단독주택에 관하여 나중에 집합건물의 소유 및 관리에 관한 법률에 의하여 구분건물로의 구분등기가 경료되었음에도 불구하고, 소관청이 종전에 단독주택으로 등록한 일반건축물관리대장을 그대로 둔 채 집합건축물관리대장을 작성하지 않은 경우에는, 주민등록법시행령 제9조 제3항에 따라 임차인이 위 건물의 일부나 전부를 임차하여 전입신고를 하는 경우 지번만 기재하는 것으로 충분하고, 나아가 그 전유부분의 표시까지 기재할 의무나 필요가 있다고 할 수 없으며, 임차인이 실제로 위 건물의 어느 부분을 임차하여 거주하고 있는지 여부의 조사는 단독주택의 경우와 마찬가지로 위 건물에 담보권 등을 설정하려는 이해관계인의 책임하에 이루어져야 할 것이므로, 임차인이 위 건물의 지번으로 전입신고를 한 이상 일반사회 통념상 그 주민등록으로도 위 건물에 위 임차인이 주소 또는 거소를 가진 자로 등록되어 있는지를 인식할 수 있는 경우에 해당된다 할 것이고, 따라서 임대차의 공시방법으로 유효하다 할 것이나(대법원 99다8322 판결), 이 사건과 같이 하나의 대지 위에 단독주택과 다세대 주택이 함께 건립되어 있고, 등기부상으로 단독주택과 다세대 주택의 각 구분소유 부분에 대하여 지번은 동일하나 그 동·호수가 달리 표시되어 있으며, 나아가 위 단독주택에 대하여 위 등기부와 같은 지번과 동·호수로 표시된 집합건축물관리대장까지 작성된 경우라면, 위 단독주택의 임차인은 그 지번 외에 등기부와 집합건축물관리대장상의 동·호수까지 전입신고를 마쳐야만 그 임대차의 유효한 공시방법을 갖추었다."는 취지이므로 건축물관리대장이 일반건축물관리대장인지 아니면 집합건축물관리대장인지 여부가 주민등록 요건에 있어 중요한 부분을 차지한다.

주택의 인도와 전입신고를 마친 익일 0시에 대항력을 취득하는바, 익일 주간에 등기된 저당권에 기한 경락인에게 임차인은 대항력을 취득한다. 주택의 인도와 전입신고는 대항력의 취득요건인 동시에 존속요건인바, 중간에 전입신고에 따른 주민등록을 옮겼다가 재전입하면 기왕의 대항력은 소멸하고 재전입신고시 그 다음날 0시에 새로운 대항력(말소기준권리보다 선순위를 전제)을 취득한다. 다만, 가족이 점유한 상태에서 주민등록을 두는 한 임차인 본인이 일시적으로 주민등록을 옮겨도 대항력이 유지된다.

대항력 발생 이후 신소유자 내지 낙찰자는 임대인의 지위를 법률상 당연히 승계한다. 주택임차인이 주택의 인도, 전입신고 및 확정일자를 갖추면, 후순위권리자보다 우선하여 배당을 받을 수 있는 권리가 생긴다. 인도, 전입신고, 확정일자를 모두 같은 날 하였다면, 그 다음날 대항력(말소기준권리보다 선순위 전제) 및 우선변제권을 취득하나, 인도, 전입신고를 하고 며칠 후에 확정일자를 받았다면, 인도와 전입신고를 한 다음날 0시에 대항력을 취득하며, 우선변제권은 확정일자를 받은 당일에 취득한다.

> 주택임대차보호법 제3조의2(보증금의 회수) 제3조 제1항·제2항 또는 제3항의 대항요건과 임대차계약증서(제3조 제2항 및 제3항의 경우에는 법인과 임대인 사이의 임대차계약증서를 말한다)상의 확정일자를 갖춘 임차인은 「민사집행법」에 따른 경매 또는 「국세징수법」에 따른 공매(公賣)를 할 때에 임차주택(대지를 포함한다)의 환가대금에서 후순위권리자나 그 밖의 채권자보다 우선하여 보증금을 변제받을 권리가 있다.
> ③ 임차인은 임차주택을 양수인에게 인도하지 아니하면 제2항에 따른 보증금을 받을 수 없다.

우선변제권이 그 효력을 발생하려면, 주택임차인이 배당요구의 종기까지 배당요구를 하여야 하는바, 이는 등기부상에 주택임차인이 나타나지 않아 집행법원이 주택임차인의 존재여부를 명확히 알지 못하기 때문이다. 인도, 전입신고 및 확정일자는 배당요구시 뿐만 아니라 배당요구의 종기까지 존속하여야 우선변제권의 효력이 유지된다.

> 민사집행법 제88조(배당요구) ① 집행력 있는 정본을 가진 채권자, 경매개시결정이 등기된 뒤에 가압류를 한 채권자, 민법·상법, 그 밖의 법률에 의하여 우선변제청구권이 있는 채권자는 배당요구를 할 수 있다.
> ② 배당요구에 따라 매수인이 인수하여야 할 부담이 바뀌는 경우 배당요구를 한 채권자는 배당요구의 종기가 지난 뒤에 이를 철회하지 못한다.

주택임차인은 주택을 낙찰자에게 인도하지 아니하면, 보증금을 수령할 수 없는바(주택임대차보호법 제3조의2 제3항), 낙찰자로부터 명도확인서를 받아 제출하여야 배당금이 지급되며, 명도확인서가 제출되지 않으면 공탁하는 것이 실무이다. 다만, 대항력 있는 임차권자가 배당요구를 하였으나 보증금 중 일부만 배당하는 경우에는 명도확인서를 제출받음이 없이 그대로 배당금을 지급하는 것이 실무이다.

임차인이 최선순위일 경우에는 대항력과 우선변제권을 겸유하는바, 우선변제권을 행사하여 배당요구할 수 있고, 전액배당이 되지 않으면 임차권이 소멸하지 아니하므로 낙찰자에게 나머지 보증금으로 대항할 수 있다. 우선변제권을 주장할 수 있는 낙찰대금은 주택 뿐만 아니라 대지의 환가대금 전부이다(주임법 제3조의2 제2항). 대법원(전합) 2004다26133 판결에 의하면 "대항요건 및 확정일자를 갖춘 임차인과 소액임차인은 임차주택과 그 대지가 함께 경매될 경우뿐만 아니라 임차주택과 별도로 그 대지만이 경매될 경우에도 그 대지의 환가대금에 대하여 우선변제권을 행사할 수 있고, 이와 같은 우선변제권은 이른바 법정담보물권의 성격을 갖는 것으로서 임대차 성립시의 임차 목적물인 임차주택 및 대지의 가액을 기초로 임차인을 보호하고자 인정되는 것이므로, 임대차 성립 당시 임대인의 소유였던 대지가 타인에게 양도되어 임차주택과 대지의 소유자가 서로 달라지게 된 경우에도 마찬가지이다."는 취지이다.

> 주택임대차보호법 제3조의2(보증금의 회수) ② 제3조 제1항·제2항 또는 제3항의 대항요건과 임대차계약증서(제3조 제2항 및 제3항의 경우에는 법인과 임대인 사이의 임대차계약증서를 말한다)상의 확정일자(確定日字)를 갖춘 임차인은 「민사집행법」에 따른 경매 또는 「국세징수법」에 따른 공매를 할 때에 임차주택(대지를 포함한다)의 환가대금에서 후순위권리자나 그 밖의 채권자보다 우선하여 보증금을 변제받을 권리가 있다.

대법원 93다39676 판결에 의하면 "임차인의 보호를 위한 주택임대차보호법

제3조 제1항, 제2항, 제3조의2 제1항, 제2항, 제4조 제2항, 제8조 제1항, 제2항 규정들의 취지에 비추어, 위 규정의 요건을 갖춘 임차인은 임차주택의 양수인에게 대항하여 보증금의 반환을 받을 때까지 임대차관계의 존속을 주장할 수 있는 권리와 보증금에 관하여 임차주택의 가액으로부터 우선변제를 받을 수 있는 권리를 겸유하고 있다고 해석되고, 이 두 가지 권리 중 하나를 선택하여 행사할 수 있다."는 취지이다.

대법원 2021. 10. 28. 선고, 2021다238650 판결에 의하면 "주택의 공동임차인 중 1인이라도 주택임대차보호법 제3조 제1항에서 정한 대항력 요건을 갖추게 되면 그 대항력은 임대차 전체에 미치므로, 임차 건물이 양도되는 경우 특별한 사정이 없는 한 공동임차인에 대한 보증금반환채무 전부가 임대인 지위를 승계한 양수인에게 이전되고 양도인의 채무는 소멸한다. 이러한 법리는 계약당사자 사이에 공동임차인의 임대차보증금 지분을 별도로 정한 경우에도 마찬가지이다. 공동임차인으로서 임대차계약을 체결한 것은 기본적으로 임대차계약에 따른 권리·의무를 함께하겠다는 것이고, 임대차보증금에 관한 지분을 정하여 그 지분에 따라 임대차보증금을 지급하거나 반환받기로 약정하였다고 하더라도 임대차계약 자체를 지분에 따라 분리하겠다는 것이라고 볼 수는 없다. 공동임차인 중 1인이 취득한 대항력이 임대차 전체에 미친다고 보더라도 주택임대차보호법에 따른 공시의 목적, 거래관행 등에 비추어 임대차계약을 전제로 법률행위를 하고자 하는 제3자의 권리가 침해된다고 볼 수도 없다."라는 취지이다.

소액임차인 최우선변제권은 확정일자를 갖출 필요 없이 최선순위로 변제받는다는 점 및 경매개시결정의 기입등기 전까지 대항력을 갖추어야 한다는 점을 제외하고는 확정일자 임차인의 경우와 동일하다.

> 주택임대차보호법 제8조(보증금 중 일정액의 보호) ① 임차인은 보증금 중 일정액을 다른 담보물권자보다 우선하여 변제받을 권리가 있다. 이 경우 임차인은 주택에 대한 경매신청의 등기 전에 제3조 제1항의 요건을 갖추어야 한다.

현재 기준으로 서울의 경우는 1억6천500만원 이하 보증금의 경우 5천500만원까지 소액임차인의 최우선변제권이 인정되나, 주택가액(대지가액 포함) 1/2 범위 내에서 우선변제권을 행사할 수 있을 뿐이다(주임법시행령 제10조 제2항).

> 주택임대차보호법 시행령 제10조(보증금 중 일정액의 범위 등) ① 법 제8조에 따라 우선변제를 받을 보증금 중 일정액의 범위는 다음 각 호의 구분에 의한 금액 이하로 한다.
> 1. 서울특별시: 5천500만원
>
> 주택임대차보호법 시행령 제10조(보증금 중 일정액의 범위 등) ② 임차인의 보증금 중 일정액이 주택가액의 2분의 1을 초과하는 경우에는 주택가액의 2분의 1에 해당하는 금액까지만 우선변제권이 있다.
>
> 주택임대차보호법 시행령 제11조(우선변제를 받을 임차인의 범위) 법 제8조에 따라 우선변제를 받을 임차인은 보증금이 다음 각 호의 구분에 의한 금액 이하인 임차인으로 한다.
> 1. 서울특별시: 1억6천500만원

대법원(전합) 2004다26133 판결에 의하면 "대항요건 및 확정일자를 갖춘 임차인과 소액임차인에게 우선변제권을 인정한 주택임대차보호법 제3조의2 및 제8조가 미등기 주택을 달리 취급하는 특별한 규정을 두고 있지 아니하므로, 대항요건 및 확정일자를 갖춘 임차인과 소액임차인의 임차주택 대지에 대한 우선변제권에 관한 법리는 임차주택이 미등기인 경우에도 그대로 적용된다. 이와 달리 임차주택의 등기 여부에 따라 그 우선변제권의 인정 여부를 달리 해석하는 것은 합리적 이유나 근거 없이 그 적용대상을 축소하거나 제한하는 것이 되어 부당하고, 민법과 달리 임차권의 등기 없이도 대항력과 우선변제권을 인정하는 같은 법의 취지에 비추어 타당하지 아니하다. 다만, 소액임차인의 우선변제권에 관한 같은 법 제8조 제1항이 그 후문에서 '이 경우 임차인은 주택에 대한 경매신청의 등기 전에' 대항요건을 갖추어야 한다고 규정하고 있으나, 이는 소액보증금을 배당받을 목적으로 배당절차에 임박하여 가장 임차인을 급조하는 등의 폐단을 방지하기 위하여 소액임차인의 대항요건의 구비시기를 제한하는 취지이지, 반드시 임차주택과 대지를 함께 경매하여 임차주택 자체에 경매신청의 등기가 되어야 한다거나 임차주택에 경매신청의 등기가 가능한 경우로 제한하는 취지는 아니라 할 것이다. 대지에 대한 경매신청의 등기 전에 위 대항요건을 갖추도록 하면 입법 취지를 충분히 달성할 수 있으므로, 위 규정이 미등기 주택의 경우에 소액임차인의 대지에 관한 우선변제권을 배제하는 규정에 해당한다고 볼 수 없다."라는 취지이다.

선순위 근저당권에 터잡아 경매가 이루어지고 소액임차인이 후순위이지만 경매개시결정전에 인도와 전입신고를 마친 경우에는 일정금액의 배당이 가능하나, 배당요구종기까지 배당요구을 하지 않아 배당을 받지 못한 경우에는 낙찰자가 인수하지 않으며, 소액임차인이 배당받은 채권자에게 부당이득반환 청구도 할 수 없다(대법원 2001다70702 판결).

대법원 2007다45562 판결에 의하면 "주택임대차보호법 제3조의2 제2항은 대항요건(주택인도와 주민등록전입신고)과 임대차계약증서상의 확정일자를 갖춘 주택임차인에게 부동산 담보권에 유사한 권리를 인정한다는 취지로서, 이에 따라 대항요건과 확정일자를 갖춘 임차인들 상호간에는 대항요건과 확정일자를 최종적으로 갖춘 순서대로 우선변제받을 순위를 정하게 되므로, 만일 대항요건과 확정일자를 갖춘 임차인들이 주택임대차보호법 제8조 제1항에 의하여 보증금 중 일정액의 보호를 받는 소액임차인의 지위를 겸하는 경우, 먼저 소액임차인으로서 보호받는 일정액을 우선 배당하고 난 후의 나머지 임차보증금채권액에 대하여는 대항요건과 확정일자를 갖춘 임차인으로서의 순위에 따라 배당을 하여야 하는 것이다."라는 취지이다.

법원기록상에 나타나는 세대주인 임차인은 후순위라도 그 세대원의 전입일이 말소기준인 근저당권 설정일보다 빠르면 낙찰자가 임차인의 권리를 인수하는바 주의하여야 한다. 세대합가의 경우에 가족이 먼저 전입 후 세대주가 전입하는 경우 다시 주민등록표가 작성되면서 세대주가 전입한 날을 전입일자로 기재하여 이러한 문제가 발생한다. 따라서 임차권의 확정일자가 근저당권보다 선순위지만 대항력이 없는 것으로 나타나는 등 세대합가의 의심이 들면 임차인 가족 전체가 기재된 주민등록초본을 확인할 필요가 있다.

참고로 입찰참가자는 '주소별 세대열람'을 통해 세대합가 여부를 알 수 있다.

대법원경매정보 홈페이지 등에서 입찰물건내역을 출력한 후에 가까운 구청이나 읍·면·동 주민센터 등을 방문하면 열람이 가능할 것이다(주민등록법 제29조 제2항 제2호).

> 주민등록법 제29조(열람 또는 등·초본의 교부) ① 주민등록표를 열람하거나 그 등본 또는 초본의 교부를 받으려는 자는 행정안전부령으로 정하는 수수료를 내고 시장·군수 또는 구청장(자치구가 아닌 구의 구청장을 포함한다)이나 읍·면·동장 또는 출장소장(이하 "열람 또는 등·초본교부기관의 장"이라 한다)에게 신청할 수 있다.
> ② 제1항에 따른 주민등록표의 열람이나 등·초본의 교부신청은 본인이나 세대원이 할 수 있다. 다만, 본인이나 세대원의 위임이 있거나 다음 각 호의 어느 하나에 해당하면 그러하지 아니하다.
> 2. 관계 법령에 따른 소송·비송사건·경매목적 수행상 필요한 경우

주택의 인도와 전입신고일이 어제인 경우에 오늘 0시에 대항력을 취득하므로, 대항력 취득일과 동일한 오늘 저당권이 설정된다면, 임차인이 우선한다는 것인바, 저당권은 아무리 빨라도 오전 9시 이후에 등기설정이 가능하기 때문이다.

우선변제권이 발생하는 시점은 확정일자를 부여받은 날이지만, 우선변제권은 대항력을 전제하므로 대항력과 확정일자를 같은 날 갖추면 다음날 0시에 대항력과 우선변제권이 발생한다. 주택임차인으로서 대항요건을 갖춘 다음날 오전 0시 이후에 확정일자를 받았는데, 확정일자를 받은 날에 저당권이 설정된 경우에는 확정일자와 저당권의 순위를 명백히 할 수 없으므로 안분 배당된다(대법원 97다22393 판결 참고). 이때 동일날짜의 저당권자가 여러 명일 경우에는 각 채권에 비례하여 안분배당을 한 후 저당권만 따로 떼어 내어 접수번호 순(즉 동일날짜에 저당권이 여러 개이면 접수번호 순으로 순위가 결정)에 의하여 선순위 저당권자가 후순위저당권자의 배당액을 흡수한다. 주택임대차보호법은 전세권과 달리 임차인이 주택의 명도 없이도 강제경매를 할 수 있도록 특별규정을 두고 있다(주임법 제3조의 2 제1항).

> 주택임대차보호법 제3조의2(보증금의 회수) ① 임차인(제3조 제2항 및 제3항의 법인을 포함한다. 이하 같다)이 임차주택에 대하여 보증금반환청구소송의 확정판결이나 그 밖에 이에 준하는 집행권원에 따라서 경매를 신청하는 경우에는 집행개시요건에 관한 「민사집행법」 제41조에도 불구하고 반대의무의 이행이나 이행의 제공을 집행개시의 요건으로 하지 아니한다.

경매개시결정기입등기 전에 대항요건을 갖춘 소액임차인의 경우는 일정액 한도에서 최우선으로 변제를 받는데, 그 기준은 최선순위 담보권이 설정된 날짜에 시행 중이던 주임법 시행령을 기준으로 한다(주임법 시행령 부칙 제2항). 즉, 현재는 소액임차인에 해당되더라도 구법을 기준으로하면 소액임차인이 아닌 경우 구법이 적용될 당시에 설정된 (근)저당권자에게 소액임차인의 우선변제권을 주장할 수 없는 것이다.

> 주택임대차보호법 시행령 부칙 <대통령령 제31673호, 2021. 5. 11.> 제1조(시행일) 이 영은 공포한 날부터 시행한다. 제2조(소액보증금 보호에 관한 적용례 등) 제10조 제1항 및 제11조의 개정규정은 이 영 시행 당시 존속 중인 임대차계약에 대해서도 적용하되, **이 영 시행 전에 임차주택에 대하여 담보물권을 취득한 자에 대해서는 종전의 규정에 따른다**.

참고로 대법원 89다카13155 판결에 의하면 "법정담보물권이 갖는 우선특권의 효력은 법률에 특별히 정한바 없는 이상, 그 우선특권을 설정한 법률이 제정되기 전에 이미 성립한 질권이나 저당권에 대하여서까지 소급하여 미친다고 볼 수 없으므로 1987. 11. 28. 신설된 근로기준법 제30조의2 제2항에 규정된 근로자의 최종 3월분 임금의 우선특권의 효력도 위 규정의 신설 이전에 설정된 근저당권의 피담보채무에 대하여는 미치지 아니한다."라는 취지이다.

선순위 담보물권 설정일	소액보증금 최우선 변제액
1984. 1. 1. 이전	최우선변제권 인정 안 됨.
1984. 1. 1.부터 1987. 11. 30.까지	특별시 및 직할시 300만원까지 기타 지역 200만원까지
1987. 12. 1.부터 1990. 2. 18.까지	특별시 및 직할시 500만원까지 기타 지역 400만원까지
1990. 2. 19.부터 1995. 10. 18.까지	특별시 및 직할시 2,000만원(700만원까지) 기타 지역 1,500만원(500만원까지)
1995. 10. 19.부터 2001. 9. 14.까지	특별시 및 직할시 3,000만원(1,200만원까지) 기타 지역 2000만원(800만원까지)
2001. 9. 15.부터 2008. 8. 20.까지	과밀억제권역 4,000만원(1,600만원까지) 광역시(군지역 및 인천 제외) 3,500만원(1,400만원까지) 기타 지역 3,000만원(1200만원까지)
2008. 8. 21.부터 2010. 7. 25.까지	과밀억제권역 6,000만원(2,000만원까지) 광역시(군지역 및 인천 제외) 5,000만원(1,700만원까지) 기타 지역 4,000만원(1,400만원까지)
2010. 7. 26.부터 2013. 12. 31.까지	서울 7,500만원(2,500만원까지) 과밀억제권역(서울 제외) 6,500만원(2,200만원까지) 광역시(과밀억제권역, 군 제외), 안산, 용인, 김포, 광주 5,500만원(1,900만원까지) 그 밖의 지역 4,000만원(1,400만원까지)
2014. 1. 1.부터 2016. 3. 30.까지	서울 9,500만원(3,200만원까지) 과밀억제권역(서울 제외) 8,000만원(2,700만원까지) 광역시(과밀억제권역, 군 제외), 안산, 용인, 김포, 광주 6,000만원(2,000만원까지) 그 밖의 지역 4,500만원(1,500만원까지)
2016. 3. 31.부터 2018. 9. 17.까지	서울 1억원(3,400만원까지) 과밀억제권역(서울제외) 8,000만원(2,700만원까지) 광역시(과밀억제권역, 군제외), 세종시, 안산, 용인, 김포, 광주 6,000만원(2,000만원까지) 그 밖의 지역 5,000만원(1,700만원까지)

2018. 9. 18.부터 2021. 5. 10.까지	서울 1억 1천만원(3,700만원까지) 과밀억제권역(서울 제외), 세종시, 용인시, 화성시 1억원(3,400만원까지) 광역시(과밀억제권역, 군 제외), 안산, 김포, 광주, 파주 6,000만원(2,000만원까지) 그 밖의 지역 5,000만원(1,700만원까지)
2021. 5. 11.부터 2023. 2. 20.까지	서울 1억 5천만원(5,000만원까지) 과밀억제권역(서울 제외), 세종, 용인, 화성, 김포 1억 3천만원(4,300만원까지) 광역시(과밀억제권역,군 제외), 안산, 광주, 파주, 이천, 평택 7,000만원(2,300만원까지) 그 밖의 지역 6,000만원(2,000만원까지)
2023. 2. 21.부터 현재까지	서울 1억 6천500만원(5,500만원까지) 과밀억제권역(서울 제외), 세종, 용인, 화성, 김포 1억 4천500만원(4,800만원까지) 광역시(과밀억제권역,군 제외), 안산, 광주, 파주, 이천, 평택 8,500만원(2,800만원까지) 그 밖의 지역 7,500만원(2,500만원까지)

* 과밀억제권역: 서울특별시, 인천광역시(강화군, 옹진군, 서구 대곡동·불로동·마전동·금곡동·오류동·왕길동·당하동·원당동, 인천경제자유구역<경제자유구역에서 해제된 지역 포함> 및 남동 국가산업단지는 제외한다), 의정부시, 구리시, 남양주시(호평동, 평내동, 금곡동, 일패동, 이패동, 삼패동, 가운동, 수석동, 지금동 및 도농동만 해당한다), 하남시, 고양시, 수원시, 성남시, 안양시, 부천시, 광명시, 과천시, 의왕시, 군포시, 시흥시(반월특수지역<반월특수지역에서 해제된 지역 포함>은 제외한다)

예를 들어 2016. 4. 1. 저당권이 설정된 서울소재 주택을 2021. 8. 1.보증금 150,000,000만원에 임차하여 경매개시결정기입등기 전에 인도와 전입신고를 마친 경우에 임차인은 2021. 8. 1.법을 기준으로 하면 소액임차인으로 보이지만, 저당권이 설정(설정일: 2016. 4. 1.)된 구법을 기준으로 소액임차인 여부를 판단하는데, 구법에 있어서 소액임차인은 보증금 1억원 이하를 요구하므로 위 주택임차인은 소액임차인이 아니고 최우선변제권도 획득할 수 없다. 최우선변제를 받을 소액임차인이 다수여서 그들이 받아야 할 우선변제금의 합산액이 주택가액의 1/2을 초과하는 경우에는 1/2에 해당하는 금액을 한도로 하여 임차보증금의 비율에 따라 안분 비율 배당된다.

주택임대차보호법 시행령 제10조(보증금 중 일정액의 범위 등) ② 임차인의 보증금 중 일정액이 주택가액의 2분의 1을 초과하는 경우에는 주택가액의 2분의 1에 해당하는 금액까지만 우선변제권이 있다. ③ 하나의 주택에 임차인이 2명 이상이고, 그 각 보증금 중 일정액을 모두 합한 금액이 주택가액의 2분의 1을 초과하는 경우에는 그 각 보증금 중 일정액을 모두 합한 금액에 대한 각 임차인의 보증금 중 일정액의 비율로 그 주택가액의 2분의 1에 해당하는 금액을 분할한 금액을 각 임차인의 보증금 중 일정액으로 본다. ④ 하나의 주택에 임차인이 2명 이상이고 이들이 그 주택에서 가정공동생활을 하는 경우에는 이들을 1명의 임차인으로 보아 이들의 각 보증금을 합산한다.

대항력 있는 임차인이 주택 담보 대출을 많이 받을 욕심을 가진 소유자 겸 임대인의 부탁으로 본의 아니게 '무상거주각서'를 작성해 주는 경우가 있는데, 이 경우 원칙적으로 임차인은 낙찰자에게 대항할 수 없어, 낙찰자로부터 보증금을 받을 수는 없다.

즉 대법원 87다카1708 판결에 의하면 "피고가 이 사건 건물에 관하여 사실은 위와 같이 전세금을 주고 채권적 전세를 얻었으면서도 원고은행 직원에게 임대차계약을 체결하거나 그 보증금을 지급할 바가 없다고 하여 그와 같은 내용의 각서까지 작성해 주었다면 이는 원고은행으로 하여금 위 부동산에 대한 담보가치를 높게 평가하도록 하여 위 박삼례에게 대출하도록 한 것이고 또 만일 원고가 이 사건 건물에 대한 경매절차가 끝날 때까지도 위 소외인과 피고사이의 채권적 전세관계를 알지 못하였다고 한다면 피고가 원고의 이 사건 명도청구에 즈음하여 이를 번복하면서 위 전세금반환을 내세워 그 명도를 거부하는 것은 특단의 사정이 없는 한 금반언 내지 신의칙에 위반된다."라는 취지이다.

주택의 경우는 오래전부터 상가처럼 계약갱신요구권을 인정해야 한다는 취지의 논의가 있었는데, 최근 전격적으로 주임법(주택임대차보호법)이 개정되면서 주택임차인의 계약갱신요구권이 인정되었다. 즉, 주택의 임차인에게 1회에 한하여 계약갱신요구권을 인정하는 취지의 주임법 제6조의3이 신설된 것인데, 위 규정은 동법 부칙 제2조에 따라 시행일인 2020. 7. 31.부터 시행 당시 존속 중 임대차에도 적용된다.

임차인이 계약종료 6개월 전부터 2개월 전까지 갱신요구를 할 경우(도달기준) 1회에 한하여 갱신이 인정된다. 갱신에 의하여 2년의 임대기간이 추가로 보장된다. 다만, 상가건물에 대한 임대차와 달리 주임법 제6조의2가 준용되어 임차인은 언제든 계약을 해지할 수 있고, 임차인의 해지는 3개월이 지난 후에 효력이 발생한다. 상가임대차와 유사한 임대인의 갱신거절사유들이 존재하는데, 대표적인 것을 정리하면, 2기 이상의 차임을 연체한 사실, 재건축 등의 사유가 있다.

분쟁에 있어 가장 쟁점이 될 가능성이 높은 임대인의 정당한 갱신거절 사유로는 "임대인(임대인의 직계존비속 포함)이 목적 주택에 실제 거주하려는 경우(주임법 제6조의3 제1항 제8호)"이다. "임대인(임대인의 직계존비속 포함)이 목적 주택에 실제 거주하려는 경우(주임법 제6조의3 제1항 제8호)"와 관련된 예상쟁점을 살펴보자.

주택임차인의 계약갱신요구에도 불구하고, 임대인(직계존비속 포함)이 실거주하려는 경우 갱신거절이 가능한데, 임차인이 임대인의 실거주에 대하여 의문을 제기하면서, 주택에 대한 인도를 거부할 경우 임대인은 명도소송을 제기할 수밖에 없다.

주임법 제6조는 "임대인이 임대차기간이 끝나기 6개월 전부터 2개월 전까지의 기간에 임차인에게 갱신거절의 통지를 하지 아니하거나 계약조건을 변경하지 아니하면 갱신하지 아니한다는 뜻의 통지를 하지 아니한 경우"에 묵시의 갱신에 의한 임대차기간 2년을 보장하므로 실거주 계획을 통한 갱신거절의 통보는 임대차계약이 끝나기 6개월 전부터 2개월 전까지 해야 할 것으로 해석된다(관련 판례로는 필자가 수행한 인천지법 2012가단88654 판결 참고. 상임법 사례였음).

그렇다면 임대인이 목적주택에 실거주하려 한다는 점에 대한 입증책임은 누구에게 있을까? 2023년 12월 7일에 선고된 대법원 2022다279795 판결에 의하면 임대인에게 그 입증책임이 있다는 취지이다(원고의 실제 거주 의사에 개연성이 있고 그러한 의사와 명백하게 모순되는 행위를 찾을 수 없다는 이유로 원고의 갱신거절이 적법하다고 판단한 원심을 파기·환송).

즉 위 대법원 2022다279795 판결에 의하면 "임대인(임대인의 직계존속·직계비속을 포함한다. 이하 같다)이 목적 주택에 실제 거주하려는 경우에 해당한다는 점에 대한 증명책임은 임대인에게 있다. '실제 거주하려는 의사'의 존재는 임대인이 단순히 그러한 의사를 표명하였다는 사정이 있다고 하여 곧바로 인정될 수는 없지만, 임대인의 내심에 있는 장래에 대한 계획이라는 위 거절사유의 특성을 고려할 때 임대인의 의사가 가공된 것이 아니라 진정하다는 것을 통상적으로 수긍할 수 있을 정도의 사정이 인정된다면 그러한 의사의 존재를 추인할 수 있을 것이다. 이는 임대인의 주거 상황, 임대인이나 그의 가족의 직장이나 학교 등 사회적 환경, 임대인이 실제 거주하려는 의사를 가지게 된 경위, 임대차계약 갱신요구 거절 전후 임대인의 사정, 임대인의 실제 거주 의사와 배치·모순되는 언동의 유무, 이러한 언동으로 계약갱신에 대하여 형성된 임차인의 정당한 신뢰가 훼손될 여지가 있는지 여부, 임대인이 기존 주거지에서 목적 주택으로 이사하기 위한 준비의 유무 및 내용 등 여러 사정을 종합하여 판단할 수 있다."라는 취지이다.

대항력을 취득한 임차인이 주택의 소유자인 임대인에게 계약갱신요구권을 행사한 후에 임대인이 그 주택을 매도하고 소유권이전등기를 마쳐준 경우에 신소유자인 임대주택의 양수인이 자신이 실거주할 것이라면서 갱신거절을 할 수 있을까? 이때에도 신소유자가 갱신요구를 거절할 수 있다고 해석된다. 다만, 양수인의 갱신거절의 통보는 임대차계약이 끝나기 6개월 전부터 2개월 전까지 해야 할 것으로 해석된다(대법원 2021다266631 판결 취지).

임대인이 임대인 실거주계획 고지를 통해 임차인의 갱신요구를 거절하여 임차인이 목적 주택을 인도했음에도 불구하고, 갱신요구로 인해 보장되는 2년 내에 정당한 사유 없이 제3자에게 목적 주택을 임대한 경우 임차인의 임대인에 대한 손해배상청구권 인정된다(주임법 제6조의3 제5항).

임차인에게 인정되는 손해배상 청구액에 대하여 주임법 제6조의3 제6항이 이를 규정하고 있다. 위 규정에 따르면 거절 당시 임대인과 임차인 사이에 손해예정에 관한 합의가 있으면 그에 따르고, 그러한 합의가 없으면 다음 ①·②·③ 금액 중 큰 것이 손해배상액이라는 취지이다(필자의 저서 「부동산분쟁의 쟁점 제2판」' 49쪽 참고).

다음

① 거절 당시 월차임 3개월분 해당금액, 차임 외에 보증금이 있는 경우, 그 보증금 중 제7조의2 규정 중에서 낮은 비율에 따라 월차임으로 전환한 금액을 포함 즉, (월차임＋월차임 전환금액)×3개월 ② 임대인이 3자에게 임대하여 얻은 환산월차임과 갱신거절 당시 환산월차임 간 차액의 2년분 해당 금액 ③ 임대인의 실거주 사유로 인한 갱신거절로 인하여 임차인이 입은 손해액

주택임대차와 관련된 권리분석 등의 기초사례를 풀어보자.

[사 례]

1. **<u>2021. 11. 2. 주택임차인이 인도, 전입신고, 확정일자 완료</u>**
   가. 대항력 취득시기(말소기준권리보다 선순위 전제) : 2021. 11. 3. 0시
   나. 우선변제권 취득시기 : 2021. 11. 3. 0시
2. **<u>2021. 11. 2. 주택임차인이 인도, 전입신고 완료, 2021. 11. 3. 확정일자 완료</u>**
   가. 대항력 취득시기(말소기준권리보다 선순위 전제) : 2021. 11. 3. 0시
   나. 우선변제권 취득시기 : 2021. 11. 3.(9시 이후임은 명백. 객관적인 시간 확인 불가)
3. **<u>저당권과의 우열 1.</u>**
   가. 2021. 11. 2. 주택임차인이 인도, 전입신고, 확정일자 완료
      (1) 대항력 취득시기(말소기준권리보다 선순위 전제) : 2021. 11. 3. 0시
      (2) 우선변제권 취득시기 : 2021. 11. 3. 0시

나. 2021. 11. 3. 저당권설정

(1) 대항력 및 우선변제권 취득 시기: 2021. 11. 3. 9시 이후 명백

다. 소결

주택임차인은 대항력을 취득하고 배당을 신청하면 저당권자보다 우선한다.

4. **저당권과의 우열 2.**

가. 2021. 11. 2. 주택임차인이 인도, 전입신고 완료

2021. 11. 3. 확정일자 완료

(1) 대항력 취득시기(말소기준권리보다 선순위 전제) : 2021. 11. 3. 0시

(2) 우선변제권 취득시기 : 2021. 11. 3.(9시 이후임은 명백. 객관적인 시간 확인 불가)

나. 2021. 11. 3. 저당권설정

(1) 대항력 및 우선변제권 취득 시기: 2021. 11. 3.(9시 이후임은 명백. 객관적인 시간 확인 불가)

다. 소결

주택임차인은 대항력을 취득하나, 배당을 신청하면 저당권자와 안분배당된다.

2. 제4강 체크포인트

주거용 건물을 임대차한 경우에 주택임대차보호법(이하 '주임법')이 적용된다. 주거용건물의 판단시점은 임대차계약체결시를 기준으로 하며, 임차인이 주택의 인도와 주민등록(전입신고)을 마친 다음 날 0시에 대항력이 생긴다. 다만, 경매에 있어 임차인이 대항력을 확보하려면 말소기준 이전에 인도와 주민등록(전입신고)을 마쳐야 한다. 임차인이 임대차계약을 체결하고 잔금을 모두 지급한 후에 잔금을 치룬 당일 날에 인도 및 주민등록(전입신고)을 마치더라도 같은 날에 임대인이 은행으로부터 대출을 받고 근저당권을 설정해 주면 대항력이 다음날 0시에 인정되고 근저당권은 당일 효력이 발생하는 문제로 인하여 근저당권자인 은행에 임차인이 대항하지 못하는 문제가 발생한다.

다가구는 단독주택과 차이가 없이 다가구 전체가 매각대상이 되므로 지번이 명확하면 호실을 기재하지 않거나 호실의 기재가 잘못되었더라도 대항요건으로서의 주민등록(전입신고)이 효력을 발휘하지만, 다세대 또는 아파트와 같은 집합건물은 각 호실별로 매각되므로 호수까지 정확하게 기재하여 주민등록(전입신고)을 하여야 대항요건으로서의 의미가 있다.

주택임차인이 인도, 주민등록(전입신고) 및 확정일자를 받아 우선변제권을 취득하였다면, 배당요구 종기까지 배당요구를 해야 배당을 받으며, 배당요구 시 뿐만 아니라 배당요구의 종기까지 존속해야 우선변제권의 효력이 유지된다. 임차인이 최선순위일 경우에 대항력과 우선변제권(순위에 따른 배당권)을 겸유한다. 이때 임차인은 우선변제권을 행사하여 배당요구를 할 수 있고 전액배당이 되지 않으면 낙찰자에게 나머지 보증금으로 대항할 수 있다.

소액임차인의 경우는 확정일자를 갖추지 않더라도 경매개시결정의 기입등기 전까지 인도 및 주민등록(전입신고)이라는 요건을 갖추면 일정액 한도에서 최우선변제권(최우선 배당권)이 인정된다.

경매기록을 확인한 결과 임차권의 확정일자가 근저당권자보다 선순위인데 대항력이 없는 것으로 나타나면 세대합가가 의심되므로 임차인 가족전체가 기재된 주민등록초본을 확인할 필요가 있다. 현재의 법을 기준으로 하면 소액임차인이지만 구법을 기준으로 하면 소액임차인이 아닌 경우에 구법 당시에 설정된 (근)저당권자에게 소액임차권을 주장할 수 없다. 선순위 임차인이 무상거주각서를 작성해 준 경우에 낙찰자에게 대항할 수 없는 것이 원칙이다.

경매로 주택을 매수하여 실거주를 하려 하였는데, 선순위 대항력 있는 임차인이 존재한 경우에 차후 임차인이 계약갱신요구권을 행사하더라도 실거주 목적으로 낙찰받은 사실을 들어 임차인의 계약갱신요구를 거절할 수 있다. 임차인의 계약갱신요구는 1회에 한정되어 인정된다.

제 5 강

상가건물임대차보호법상 임차인

제 5 강

상가건물임대차보호법상 임차인

1. 기본 이론

상가건물임대차보호법은 사업자등록의 대상이 되는 상가건물에 대한 임대차에 적용된다. 즉 대법원 2009다40967 판결은 “상가건물 임대차보호법의 목적과 같은 법 제2조 제1항 본문, 제3조 제1항에 비추어 보면, 상가건물 임대차보호법이 적용되는 상가건물 임대차는 사업자등록 대상이 되는 건물로서 임대차 목적물인 건물을 영리를 목적으로 하는 영업용으로 사용하는 임대차를 가리킨다. 그리고 상가건물 임대차보호법이 적용되는 상가건물에 해당하는지는 공부상 표시가 아닌 건물의 현황·용도 등에 비추어 영업용으로 사용하느냐에 따라 실질적으로 판단하여야 하고, 단순히 상품의 보관·제조·가공 등 사실행위만이 이루어지는 공장·창고 등은 영업용으로 사용하는 경우라고 할 수 없으나 그곳에서 그러한 사실행위와 더불어 영리를 목적으로 하는 활동이 함께 이루어진다면 상가건물 임대차보호법 적용대상인 상가건물에 해당한다.”는 취지이다.

위 대법원 판결은 ‘임차인이 상가건물의 일부를 임차하여 도금작업을 하면서 임차부분에 인접한 컨테이너 박스에서 도금작업의 주문을 받고 완성된 도금제품을 고객에 인도하여 수수료를 받는 등 영업활동을 해 온 사안에서, 임차부분과 이에 인접한 컨테이너 박스는 일체로서 도금작업과 더불어 영업활동을 하는 하나의 사업장이므로 위 임차부분은 상가건물 임대차보호법이 적용되는 상가건물에 해당한다고 보아야 하는데도, 그와 같은 사정은 고려하지 않고 임차의 주된 부분이 영업용이 아닌 사실행위가 이루어지는 공장으로서 상가건물 임대차보호법의 적용대상이 아니라고 본 원심판단에는 법리오해의 위법이 있다고 한 사례'이다.

> 상가건물임대차보호법 제2조(적용범위) ① 이 법은 상가건물(제3조 제1항에 따른 사업자등록의 대상이 되는 건물을 말한다)의 임대차(임대차 목적물의 주된 부분을 영업용으로 사용하는 경우를 포함한다)에 대하여 적용한다. 다만, 제14조의2에 따른 상가건물임대차위원회의 심의를 거쳐 대통령령으로 정하는 보증금액을 초과하는 임대차에 대하여는 그러하지 아니하다.
> 상가건물임대차보호법 제3조(대항력 등) ① 임대차는 그 등기가 없는 경우에도 임차인이 건물의 인도와 「부가가치세법」 제8조, 「소득세법」 제168조 또는 「법인세법」 제111조에 따른 사업자등록을 신청하면 그 다음 날부터 제3자에 대하여 효력이 생긴다.

임대차 보증금이 일정금액 이하인 경우에만 적용되는 경우와 모든 상가에 적용되는 경우가 있는데, 일정금액 이하의 계산(환산보증금의 계산)은 보증금액 산정시 월차임이 있는 경우에는 보증금액은 "보증금+(월차임×100)"을 기준으로 한다(상가건물임대차보호법 제2조 제2항, 동법 시행령 제2조 제3항).

> 상가건물임대차보호법 제2조(적용범위) ② 제1항 단서에 따른 보증금액을 정할 때에는 해당 지역의 경제 여건 및 임대차 목적물의 규모 등을 고려하여 지역별로 구분하여 규정하되, 보증금 외에 차임이 있는 경우에는 그 차임액에 「은행법」에 따른 은행의 대출금리 등을 고려하여 대통령령으로 정하는 비율을 곱하여 환산한 금액을 포함하여야 한다.
> 상가건물임대차보호법 시행령 제2조(적용범위) ③ 법 제2조 제2항에서 "대통령령으로 정하는 비율"이라 함은 1분의 100을 말한다.

이를 도표로 정리하면 다음과 같다.

지역 ＼ 내용	상가임대차보호법 적용대상보증금액기준 (환산보증금O)	우선변제 소액임차인의 범위(환산보증금O)	우선변제 받을 소액보증금의 범위(환산보증금×, 보증금O)
서울특별시	900,000,000원 이하	65,000,000원 이하	22,000,000원 이하
과밀억제권역(서울 제외), 부산	690,000,000원 이하	55,000,000원 이하 부산X	19,000,000원 이하 부산X
광역시(과밀억제권역, 군 제외), 세종, 파주, 화성, 안산, 용인, 김포, 광주	540,000,000원 이하	38,000,000원 이하 세종X파주X화성X	13,000,000원 이하 세종X파주X화성X
그 밖의 지역	370,000,000원 이하	30,000,000원 이하	10,000,000원 이하

* 과밀억제권역: 서울특별시, 인천광역시(강화군, 옹진군, 서구 대곡동·불로동·마전동·금곡동·오류동·왕길동·당하동·원당동, 인천경제자유구역<경제자유구역에서 해제된 지역 포함> 및 남동 국가산업단지는 제외한다), 의정부시, 구리시, 남양주시(호평동, 평내동, 금곡동, 일패동, 이패동, 삼패동, 가운동, 수석동, 지금동 및 도농동만 해당한다), 하남시, 고양시, 수원시, 성남시, 안양시, 부천시, 광명시, 과천시, 의왕시, 군포시, 시흥시(반월특수지역<반월특수지역에서 해제된 지역 포함>은 제외한다)

상가건물임대차보호법 시행령 제2조(적용범위) ①「상가건물 임대차보호법」(이하 "법"이라 한다) 제2조제1항 단서에서 "대통령령으로 정하는 보증금액"이란 다음 각 호의 구분에 의한 금액을 말한다. 1. 서울특별시 : 9억원

상가건물임대차보호법 시행령 제6조(우선변제를 받을 임차인의 범위) 법 제14조의 규정에 의하여 우선변제를 받을 임차인은 보증금과 차임이 있는 경우 법 제2조제2항의 규정에 의하여 환산한 금액의 합계가 다음 각호의 구분에 의한 금액 이하인 임차인으로 한다.

1. 서울특별시 : 6천500만원

상가건물임대차보호법 시행령 제7조(우선변제를 받을 보증금의 범위 등) ① 법 제14조의 규정에 의하여 우선변제를 받을 보증금 중 일정액의 범위는 다음 각호의 구분에 의한 금액 이하로 한다.

1. 서울특별시 : 2천200만원

상가건물임대차보호법의 적용대상이 되는 건물은 사업용 내지 영업용 건물이며, 종중이나 동창회 사무실 등의 건물임대차에는 상가건물임대차보호법이 적용되지 않는다. 즉 사업자등록대상건물이 상가건물임대차보호법의 적용대상이다.

상가임차인이 대항력을 갖추기 위해서는 상가건물의 인도(점유)와 사업자등록의 신청이라는 두 요건을 모두 충족해야 한다. 사업자는 개인뿐만 아니라 법인 및 비법인사단, 비법인재단 기타 단체도 포함되므로, 자연인 이외의 단체도 상가건물임대차보호법의 적용을 받을 수 있다. 대항력은 상가건물임대차보호법 제3조 제1항이 규정하고 있는 바에 따라 '신청일 다음날'부터 효력을 발생한다.

> 상가건물임대차보호법 제3조 (대항력 등) ① 임대차는 그 등기가 없는 경우에도 임차인이 건물의 인도와 「부가가치세법」 제5조, 「소득세법」 제168조 또는 「법인세법」 제111조에 따른 사업자등록을 신청하면 그 다음 날부터 제3자에 대하여 효력이 생긴다.

대법원 2016다218874 판결에 의하면 "상가건물 임대차보호법 제3조는 '대항력 등'이라는 표제로 제1항에서 대항력의 요건을 정하고, 제2항에서 '임차건물의 양수인(그 밖에 임대할 권리를 승계한 자를 포함한다)은 임대인의 지위를 승계한 것으로 본다.'라고 정하고 있다. 이 조항은 임차인이 취득하는 대항력의 내용을 정한 것으로, 상가건물의 임차인이 제3자에 대한 대항력을 취득한 다음 임차건물의 양도 등으로 소유자가 변동된 경우에는 양수인 등 새로운 소유자(이하 '양수인'이라 한다)가 임대인의 지위를 당연히 승계한다는 의미이다. 소유권 변동의 원인이 매매 등 법률행위든 상속·경매 등 법률의 규정이든 상관없이 이 규정이 적용된다. 따라서 임대를 한 상가건물을 여러 사람이 공유하고 있다가 이를 분할하기 위한 경매절차에서 건물의 소유자가 바뀐 경우에도 양수인이 임대인의 지위를 승계한다. 위 조항에 따라 임차건물의 양수인이 임대인의 지위를 승계하면, 양수인은 임차인에게 임대보증금반환의무를 부담하고 임차인은 양수인에게 차임지급의무를 부담한다. 그러나 임차건물의 소유권이 이전되기 전에 이미 발생한 연체차임이나 관리비 등은 별도의 채권양도절차가 없는 한 원칙적으로 양수인에게 이전되지 않고 임대인만이 임차인에게 청구할 수 있다. 차임이나 관리비 등은 임차건물을 사용한 대가로서 임차인에게 임차건물을 사용하도록 할 당시의 소유자 등 처분권한 있는 자에게 귀속된다고 볼 수 있기 때문이다."라는 취지이다.

즉 임대차계약에서 임대차보증금은 임대차계약 종료 후 목적물을 임대인에게 명도할 때까지 발생하는, 임대차에 따른 임차인의 모든 채무를 담보한다. 따라서 이러한 채무는 임대차관계 종료 후 목적물이 반환될 때에 특별한 사정이 없는 한 별도의 의사표시 없이 보증금에서 당연히 공제된다. 임차건물의 양수인이 건물 소유권을 취득한 후 임대차관계가 종료되어 임차인에게 임대차보증금을 반환해야 하는 경우에 임대인의 지위를 승계하기 전까지 발생한 연체차임이나 관리비 등이 있으면 이는 특별한 사정이 없는 한 임대차보증금에서 당연히 공제된다. 일반적으로 임차건물의 양도 시에 연체차임이나 관리비 등이 남아있더라도 나중에 임대차관계가 종료되는 경우 임대차보증금에서 이를 공제하겠다는 것이 당사자들의 의사나 거래관념에 부합하기 때문이다.

대법원 2013다211919 (배당이의) 판결에 의하면 "어떠한 목적물에 관하여 임차인이 상가건물임대차보호법상의 대항력 또는 우선변제권 등을 취득한 후에 그 목적물의 소유권이 제3자에게 양도되면 임차인은 그 새로운 소유자에 대하여 자신의 임차권으로 대항할 수 있고, 새로운 소유자는 종전 소유자의 임대인으로서의 지위를 승계한다(상가건물임대차보호법 제3조 제1항, 제2항, 제5조 제2항 등). 그러나 임차권의 대항 등을 받는 새로운 소유자라고 할지라도 임차인과의 계약에 기하여 그들 사이의 법률관계를 그들의 의사에 좇아 자유롭게 형성할 수 있는 것이다. 따라서 새로운 소유자와 임차인이 동일한 목적물에 관하여 종전 임대차계약의 효력을 소멸시키려는 의사로 그와는 별개의 임대차계약을 새로이 체결하여 그들 사이의 법률관계가 이 새로운 계약에 의하여 규율되는 것으로 정할 수 있다. 그리고 그 경우에는 종전의 임대차계약은 그와 같은 합의의 결과로 그 효력을 상실하게 되므로, 다른 특별한 사정이 없는 한 이제 종전의 임대차계약을 기초로 발생하였던 대항력 또는 우선변제권 등도 종전 임대차계약과 함께 소멸하여 이를 새로운 소유자 등에게 주장할 수 없다"는 취지이다. 이 사안은 임대인의 지위를 승계한 신소유자와 기존 임차인 사이에 새로운 계약이 체결되면서 신소유자의 대출금채권자인 우리은행이 종전 근저당권자인 새마을금고와 같은 제1순위 근저당권자가 될 수 있도록 하기 위해 종전 임대차계약을 배제하고 새로운 임대차계약을 체결하고 나서, 우리은행의 근저당권 설정 후에 새로운 임대차계약의 확정일자를 받은 것인데, 특약으로 임차인에게 종전에 없었던 권리금 6천만원을 인정한 것이었다. 결국 신소유자의 근저당권자 우리은행이 임차인보다 선순위가 되는 결과가 발생한 것이다.

전세권과 달리 상가건물을 명도하지 않은 상태에서도 보증금에 대한 확정판결을 받은 경우에 강제경매신청이 가능하다(주택도 주택임대차보호법의 특별규정에 따라 동일).

> 상가건물임대차보호법 제5조(보증금의 회수) ① 임차인이 임차건물에 대하여 보증금반환청구소송의 확정판결, 그 밖에 이에 준하는 집행권원에 의하여 경매를 신청하는 경우에는 「민사집행법」 제41조에도 불구하고 반대의무의 이행이나 이행의 제공을 집행개시의 요건으로 하지 아니한다.

상가임차인이 우선변제권을 행사하기 위해서는 인도, 사업자등록, 확정일자라는 요건을 배당요구의 종기까지 존속시켜야 하며, 배당요구의 종기까지 배당요구를 하여야 배당을 받을 수 있다. 보증금을 배당받게 되는 임차인은 낙찰자에게 임차건물을 인도하지 않으면 배당된 보증금을 수령하지 못한다.

> 상가건물임대차보호법 제5조(보증금의 회수) ② 제3조 제1항의 대항요건을 갖추고 관할 세무서장으로부터 임대차계약서상의 확정일자를 받은 임차인은 「민사집행법」에 따른 경매 또는 「국세징수법」에 따른 공매 시 임차건물(임대인 소유의 대지를 포함한다)의 환가대금에서 후순위권리자나 그 밖의 채권자보다 우선하여 보증금을 변제받을 권리가 있다.
> ③ 임차인은 임차건물을 양수인에게 인도하지 아니하면 제2항에 따른 보증금을 받을 수 없다.

상가건물을 임차하고 사업자등록을 마친 사업자가 폐업한 경우에 그 사업자

등록은 상가임대차보호법이 상가 임대차의 공시방법으로 요구하는 적법한 사업자 등록이라고 볼 수 없으므로 그 사업자가 폐업신고를 하였다가 다시 같은 상호 및 등록번호로 사업자 등록을 하였다고 하더라도 상가임대차보호법상의 대항력 및 우선변제권이 존속한다고 볼 수 없다(대법원 2006다56299 판결).

임대보증금이 소액인 경우 임차인이 임차건물(대지포함)에 대한 경매개시결정기입등기 전에 대항요건을 갖추었다면 경매나 공매 시에 경락금의 1/2 이내에서 보증금 중 일정액을 다른 권리자보다 우선하여 변제받으며, 최우선변제를 받을 소액임차인이 다수여서 그들이 받아야 할 우선변제금 합산액이 건물가액(대지가액 포함)의 1/2을 초과하는 경우에는 1/2에 해당하는 금액을 한도로 임차보증금의 비율에 따라 안분 배당받는다(상임법 시행령 제7조 제3항).

상가건물임대차보호법 시행령 제7조(우선변제를 받을 보증금의 범위 등) ② 임차인의 보증금 중 일정액이 상가건물의 가액의 2분의 1을 초과하는 경우에는 상가건물의 가액의 2분의 1에 해당하는 금액에 한하여 우선변제권이 있다.
③ 하나의 상가건물에 임차인이 2인 이상이고, 그 각 보증금 중 일정액의 합산액이 상가건물의 가액의 2분의 1을 초과하는 경우에는 그 각 보증금 중 일정액의 합산액에 대한 각 임차인의 보증금 중 일정액의 비율로 그 상가건물의 가액의 2분의 1에 해당하는 금액을 분할한 금액을 각 임차인의 보증금 중 일정액으로 본다.

경매절차의 이해관계인(법 제90조에 열거됨)은 사업자등록사항 등을 열람할 필요가 있는 상가건물임대차보호법상의 상가건물의 임대차에 이해관계 있는 자에 해당하므로, 이해관계자는 임차인의 성명, 주소, 주민등록번호 앞자리, 건물의 소재지, 임차목적물 및 면적, 임차보증금 및 차임, 임차기간, 사업자등록 신청일 등을 열람할 수 있다(상임법 제4조 제5항, 동법시행령 제3조의3).

민사집행법 제90조(경매절차의 이해관계인) 경매절차의 이해관계인은 다음 각호의 사람으로 한다.

1. 압류채권자와 집행력 있는 정본에 의하여 배당을 요구한 채권자
2. 채무자 및 소유자
3. 등기부에 기입된 부동산 위의 권리자
4. 부동산 위의 권리자로서 그 권리를 증명한 사람

사업자등록이 말소, 변경(사업종류 등의 변경은 대항력의 존속에 방해가 되지 않으므로 소재지 또는 사업자의 변경이 문제될 것)되지 아니하고 유지되어야 하며, 경매절차에서는 배당요구의 종기까지 유지되어야 한다(존속요건). 확정일자 임차인의 우선변제권(상임법 제5조 / 서울 환산보증금 9억원까지 한정), 소액임차인의 최우선변제권(상임법 제14조 / 다만 소액임차인 및 소액보증금의 범위와 기준은 건물가액(대지가액포함)의 1/2 범위 안에서 대통령령으로 정하는데, 서울의 경우 현재를 기준으로 하면, 환산보증금 9억원까지 한정), 임차권등기명령제도(상임법 제6조 / 서울의 경우에 환산보증금 9억원까지 한정), 차임증감청구권(상임법 제11조 / 서울 환산보증금 9억원까지 한정) 등은 주택임대차보호법과 같은 구조로 규정되어 있다.

다만, 이해관계인이 관할세무서에서 임대차에 대한 등록사항 등을 열람할 수 있는 점(상임법 제4조), 임차인이 확정일자를 관할 세무서장으로부터 받는 점(상임법 제5조 제2항), 임대차기간이 최저 1년인 점(상임법 제9조 제1항), 임차인에게 10년을 한도로 계약갱신요구권을 인정한 점(상임법 제10조 제2항), 권리금회수기회보호(상임법 제10조의4) 등은 주택임대차보호법과 상이한 규정들이다.

2. 경매로 상가건물을 매수할 경우에 특별히 주의할 점

가. 체납관리비의 승계 문제

상가를 경매로 매수할 경우에는 전소유자 등의 체납관리비를 확인할 필요가 있다. 체납관리비가 고액인 경우가 많은데, 관리사무실 등을 찾아 체납관리비를

확인해야 한다는 것이다. 전소유자의 체납관리비 중에서 3년간의 공용부분 관리비 원금이 낙찰자(매수인)에게 승계되며, 관리주체가 전소유자 등에 대하여 소송을 제기하는 등 시효중단을 위한 행동에 나아갔다면, 그러한 시효중단의 효력이 낙찰자(매수인)에게도 미쳐 낙찰로 부담할 매수인의 관리비가 증액되기 때문이다.

즉, 대법원 2004다3598, 3604 판결에 의하면, 집합건물법 제18조에서는 공유자가 공용부분에 관하여 다른 공유자에 대하여 가지는 채권은 그 특별승계인에 대하여도 행사할 수 있다고 규정하고 있는 취지를 고려할 때에 전(前) 구분소유자의 특별승계인에게 전 구분소유자의 체납관리비를 승계하도록 한 관리규약 중 공용부분 관리비에 관한 부분은 위와 같은 규정에 터 잡은 것으로 유효하다는 것이고, 공용부분 관리비에 대한 연체료는 특별승계인에게 승계되는 공용부분 관리비에 포함되지 않는다는 취지이며, 대법원(전합) 2001다8677 판결도 집합건물법 제18조에서 특별규정을 두고 있는바, 위 관리규약 중 공용부분 관리비에 관한 부분은 위 규정에 터잡은 것으로서 유효하다고 할 것이므로, 아파트의 특별승계인은 전 입주자의 체납관리비 중 공용부분에 관하여는 이를 승계하여야 한다는 취지이다.

> 집합건물의 소유 및 관리에 관한 법률 제18조(공용부분에 관하여 발생한 채권의 효력) 공유자가 공용부분에 관하여 다른 공유자에 대하여 가지는 채권은 그 특별승계인에 대하여도 행사할 수 있다.

대법원 2014다81474 판결에 의하면 "피고는 소외인으로부터 시효중단의 효과를 받는 체납관리비 납부의무를 그 중단 효과 발생 이후에 승계한 자에 해당하여 시효중단의 효력이 피고에게도 미친다."는 취지이며(필자가 소송수행한 사례임), 대법원 2005다65821 판결에 의하면 "민법 제163조 제1호에서 3년의 단기소멸시효에 걸리는 것으로 규정한 '1년 이내의 기간으로 정한 채권'이란 1년 이내의 정기로 지급되는 채권을 말하는 것으로서(대법원 96다25302 판결) 1개월 단위로 지급되는 집합건물의 관리비채권은 이에 해당한다고 할 것이다."라는 취지이다.

나. 연체된 차임과 계약해지의 문제

상임법(상가건물임대차보호법)에 의하면 상가임차인이 대항력을 취득한 경우에 상가의 양수인이 임대인의 지위를 승계한다고 규정하고 있다(상임법 제3조 제2항).

> 상가건물임대차보호법 제3조(대항력 등) ① 임대차는 그 등기가 없는 경우에도 임차인이 건물의 인도와「부가가치세법」제8조,「소득세법」제168조 또는「법인세법」제111조에 따른 사업자등록을 신청하면 그 다음 날부터 제3자에 대하여 효력이 생긴다.
> ② 임차건물의 양수인(그 밖에 임대할 권리를 승계한 자를 포함한다)은 임대인의 지위를 승계한 것으로 본다.

따라서 경매 또는 매매 등을 통하여 상가의 소유권을 취득한 자는 대항력 있는 임차인에 대한 임대인의 지위를 취득한다. 결국 상가 양수인은 보증금반환의무를 부담하고, 임차인은 양수인에게 차임지급의무를 부담한다. 일반 매매라면 임차인이 인도와 사업자등록이라는 대항요건을 충족하였다면 그 임차인이 신소유자에게 대항력을 취득하겠지만, 경매로 상가가 낙찰된 경우라면 인도와 사업자등록이라는 대항요건과 더불어 말소기준 이전에 위 대항요건을 취득해야 상가임차인이 낙찰자에게 대항할 수 있는 대항력이 생긴다.

임차인이 상가의 소유권이 이전되기 전에 차임 등을 연체한 경우에 낙찰자(매수인)가 전소유자에 대한 임차인의 연체차임 등을 임차인에게 청구할 수는 없다. 즉, 채권양도절차를 거치지 않았다면 원칙적으로 연체차임 등의 채권이 낙찰자에게 이전되지 않기 때문에 전소유자(임대인)만이 임차인에게 연체차임을 청구할 수 있다(대법원 2016다218874 판결). 다만 특별한 사정이 없는 한 전소유자에게 임차인이 연체한 차임 등이 낙찰자가 반환할 보증금에서 당연 공제된다.

상가를 경매로 매수한 낙찰자가 임차인이 전소유자에게 연체한 차임이 3기에 달한다는 이유로 계약을 해지할 수 있는지 문제될 수 있는데 필자 개인의견으로는 채권양도절차를 거치지 않은 경우에 양수인에게 전소유자의 연체차임청구권을 인정하지 않은 이상, 전소유자에 대한 차임 3기 연체를 이유로 계약해지는 어렵다고 본다. 참고로 위 대법원 판례사안은 전임대인과 양수인 모두에게 임차인이 각 3기 이상 연체한 사안이었다.

이와 관련하여 참고할 만한 법정지상권 판례를 소개한다. 즉, 법정지상권의 부담을 떠안고 있는 토지를 매수하면서, 연체된 지료(2년 미만)에 대한 채권양도를 받아 채권양도절차를 마쳤고, 토지의 전소유자에 대한 연체액과 현 소유자의 연체액의 합계가 2년 이상에 이를 때에 토지의 현 소유자가 지료연체를 이유로 법정지상권의 소멸청구를 할 수 있는지 문제에 대하여 지상권 소멸청구가 인정되기 어렵다는 것이 대법원 99다17142 판결의 취지이다. 즉, "법원에 의하여 제3자에게도 효력이 미치는 지료가 결정되었다고 할 수도 없고 달리 원·피고 사이에 지료에 관한 협의가 있었다는 주장·입증이 없으므로, 원고들은 위 박학년의 지료연체를 이유로 지상권소멸청구를 할 수 없다고 할 것이다. -중략- 지상권자가 그 권리의 목적이 된 토지의 특정한 소유자에 대하여 2년분 이상의 지료를 지불하지 아니한 경우에 그 특정의 소유자로 하여금 선택에 따라 지상권의 소멸을 청구할 수 있도록 한 것이라고 해석함이 상당하다."는 취지이다. 따라서 경매로 상가를 낙찰받아 차임연체를 이유로 계약을 해지한 후에 새임차인을 들이거나 본인이 상가에서 사업을 운영하려 한다면 위와 같은 내용을 숙지할 필요가 있다.

다. 임차인에게 보장되는 계약갱신요구권의 문제

상가를 일반매매로 매수하거나 경매로 매수한 후에 기존의 임차인을 내보내고 나와 맞는 임차인을 들인다든지 낙찰자가 직접 상가를 운영한다는 생각을 하였을 때에 반드시 알고 있어야 하는 법률상식 중의 하나가 임차인에게 보장되는 계약갱신요구권이다.

상가임차인이 인도와 사업자등록이라는 대항요건을 갖추었고, 그 대항요건 취득시기가 말소기준보다 선순위라면 경매에 있어 낙찰자(매수인)에게 대항할 수 있는 대항력이 존재하는바, 대항력 있는 상가임차인이 있는 경우라면 낙찰자(매수인)는 임대인의 지위를 승계하고 임차인에게 보장되는 계약갱신요구권의 상대방이 된다. 상가임차인의 계약갱신요구권은 10년의 한도에서 인정되며, 환산보증금의 고액·저액에 상관없이 상가임차인 모두에게 적용되는 강력한 권리이다.

즉, 적시에 임차인이 임대인에게 계약갱신요구를 했을 때에 상가임대차 기간이 10년까지 보장되는 규정인 상임법 제10조 제1항, 제2항은, 상임법(상가건물임대차보호법) 제2조 제3항에 따라 환산보증금 고액·저액 등 액수에 상관없이 적용된다. 다만, 계약기간을 1년 등 단기로 정하였다면, 계약만료 6개월 전부터 1개월 사이에 임대인에게 임대차계약에 대한 갱신을 요구한다는 의사표시가 매번 필요하다(상임법 제10조 제1항).

상가건물임대차보호법 제10조(계약갱신 요구 등) ① 임대인은 임차인이 임대차기간이 만료되기 6개월 전부터 1개월 전까지 사이에 계약갱신을 요구할 경우 정당한 사유 없이 거절하지 못한다. 다만, 다음 각 호의 어느 하나의 경우에는 그러하지 아니하다.

1. 임차인이 3기의 차임액에 해당하는 금액에 이르도록 차임을 연체한 사실이 있는 경우
2. 임차인이 거짓이나 그 밖의 부정한 방법으로 임차한 경우
3. 서로 합의하여 임대인이 임차인에게 상당한 보상을 제공한 경우
4. 임차인이 임대인의 동의 없이 목적 건물의 전부 또는 일부를 전대(轉貸)한 경우
5. 임차인이 임차한 건물의 전부 또는 일부를 고의나 중대한 과실로 파손한 경우
6. 임차한 건물의 전부 또는 일부가 멸실되어 임대차의 목적을 달성하지 못할 경우
7. 임대인이 다음 각 목의 어느 하나에 해당하는 사유로 목적 건물의 전부 또는 대부분을 철거하거나 재건축하기 위하여 목적 건물의 점유를 회복할 필요가 있는 경우 가. 임대차계약 체결 당시 공사시기 및 소요기간 등을 포함한 철거 또는 재건축 계획을 임차인에게 구체적으로 고지하고 그 계획에 따르는 경우 나. 건물이 노후·훼손 또는 일부 멸실되는 등 안전사고의 우려가 있는 경우 다. 다른 법령에 따라 철거 또는 재건축이

> 이루어지는 경우 8. 그 밖에 임차인이 임차인으로서의 의무를 현저히 위반하거나 임대차를 계속하기 어려운 중대한 사유가 있는 경우
>
> ② 임차인의 계약갱신요구권은 최초의 임대차기간을 포함한 전체 임대차기간이 10년을 초과하지 아니하는 범위에서만 행사할 수 있다.
>
> ③ 갱신되는 임대차는 전 임대차와 동일한 조건으로 다시 계약된 것으로 본다. 다만, 차임과 보증금은 제11조에 따른 범위에서 증감할 수 있다.
>
> ④ 임대인이 제1항의 기간 이내에 임차인에게 갱신 거절의 통지 또는 조건 변경의 통지를 하지 아니한 경우에는 그 기간이 만료된 때에 전 임대차와 동일한 조건으로 다시 임대차한 것으로 본다. 이 경우에 임대차의 존속기간은 1년으로 본다.
>
> ⑤ 제4항의 경우 임차인은 언제든지 임대인에게 계약해지의 통고를 할 수 있고, 임대인이 통고를 받은 날부터 3개월이 지나면 효력이 발생한다.
>
> 상가건물임대차보호법 제2조(적용범위) ① 이 법은 상가건물(제3조제1항에 따른 사업자등록의 대상이 되는 건물을 말한다)의 임대차(임대차 목적물의 주된 부분을 영업용으로 사용하는 경우를 포함한다)에 대하여 적용한다. 다만, 제14조의2에 따른 상가건물임대차위원회의 심의를 거쳐 대통령령으로 정하는 보증금액을 초과하는 임대차에 대하여는 그러하지 아니하다.
>
> ③ 제1항 단서에도 불구하고 제3조, 제10조제1항, 제2항, 제3항 본문, 제10조의2부터 제10조의9까지의 규정, 제11조의2 및 제19조는 제1항 단서에 따른 보증금액을 초과하는 임대차에 대하여도 적용한다

즉, 계약만료 6개월 전부터 1개월 사이에 임차인이 계약갱신요구를 하지 않았고 임대인이 계약종료 통보를 했다면, 임차인의 10년 보장은 인정되지 않는다.

상임법이 적용되는 경우라도 임차인이 3회분 이상 월세를 내지 않은 전력이 있었거나, 건물 재건축 등의 사유가 있을 경우에는 임대인의 갱신거절에 따라 임차인의 계약갱신요구가 인정되지 않을 수도 있다(상임법 제10조 제1항 참고). 이를 임대인의 정당한 갱신거절사유라고 한다.

상임법은 법정된 기간 내에 임대인이 갱신거절 또는 조건변경 통지를 하지 않으면 묵시의 갱신을 인정하고 있다(상임법 제10조 제4항). 즉 상임법에 의하면 ① 임차인의 계약갱신요구에 의하여 계약이 갱신될 수도 있고, ② 묵시의 갱신에

의하여 계약이 갱신될 수도 있다. 계약갱신요구에 의한 계약갱신과 묵시의 갱신의 가장 큰 차이는 계약의 연장가능 기간이라고 말할 수 있다.

예를 들어 종전 상가임대차계약서상의 계약기간이 2년이었고, 임차인이 법정기간을 지켜 임대인에게 계약갱신요구권을 행사하였고, 임대인이 정당한 사유를 들어 갱신거절을 하지 않았다면, 임차인의 갱신요구에 의한 계약기간연장은 2년이 된다.

그러나 종전 상가건물임대차계약서상의 계약기간이 2년이었는데, 임대인이 법정기간 내에 갱신거절 또는 조건변경통지를 하지 않아 묵시의 갱신이 이루어진 상태라면 묵시의 갱신으로 연장되는 계약기간은 종전 계약서상 계약기간과 무관하게 1년이 추가로 보장될 뿐이다(필자의 저서 「부동산분쟁의 쟁점 제2판」, 95쪽 참고).

라. 임대인 지위 승계로 인한 임차인의 권리금회수 방해금지의 문제

상가를 일반매매로 매수하거나 경매로 매수한 후에 기존의 임차인을 내보내고 나와 맞는 임차인을 들인다든지 낙찰자가 직접 상가를 운영한다는 생각을 하였을 때에 반드시 알고 있어야 하는 법률상식 중의 또 다른 하나가 임차인에게 보장되는 권리금회수기회요청권이다. 권리금회수기회요청권 문제는 상가임대차 분쟁실무에서 가장 많이 다루는 쟁점 중의 하나이다. 상가임차인이 인도와 사업자등록이라는 대항요건을 갖추었고, 그 대항요건 취득시기가 말소기준보다 선순위라면 경매에 있어 낙찰자(매수인)에게 대항할 수 있는 대항력이 존재하는바, 대항력 있는 상가임차인이 있는 경우라면 낙찰자(매수인)는 임대인의 지위를 승계하고 임차인에게 보장되는 권리금회수기회요청권의 상대방이 된다.

상임법(상가건물임대차보호법) 제10조의4 제1항 본문은 "임대인은 임대차기간이 끝나기 6개월 전부터 임대차 종료 시까지 다음 각 호의 어느 하나에 해당하는 행위를 함으로써 권리금 계약에 따라 임차인이 주선한 신규임차인이 되려는 자로부터 권리금을 지급받는 것을 방해하여서는 아니 된다."고 규정하여 상가임차인에게 권리금회수기회요청권을 부여하고 있다.

상가건물임대차보호법 제10조의4(권리금 회수기회 보호 등) ① 임대인은 임대차기간이 끝나기 6개월 전부터 임대차 종료 시까지 다음 각 호의 어느 하나에 해당하는 행위를 함으로써 권리금 계약에 따라 임차인이 주선한 신규임차인이 되려는 자로부터 권리금을 지급받는 것을 방해하여서는 아니 된다. 다만, 제10조 제1항 각 호의 어느 하나에 해당하는 사유가 있는 경우에는 그러하지 아니하다.

1. 임차인이 주선한 신규임차인이 되려는 자에게 권리금을 요구하거나 임차인이 주선한 신규임차인이 되려는 자로부터 권리금을 수수하는 행위
2. 임차인이 주선한 신규임차인이 되려는 자로 하여금 임차인에게 권리금을 지급하지 못하게 하는 행위
3. 임차인이 주선한 신규임차인이 되려는 자에게 상가건물에 관한 조세, 공과금, 주변 상가건물의 차임 및 보증금, 그 밖의 부담에 따른 금액에 비추어 현저히 고액의 차임과 보증금을 요구하는 행위
4. 그 밖에 정당한 사유 없이 임대인이 임차인이 주선한 신규임차인이 되려는 자와 임대차계약의 체결을 거절하는 행위

② 다음 각 호의 어느 하나에 해당하는 경우에는 제1항 제4호의 정당한 사유가 있는 것으로 본다.

1. 임차인이 주선한 신규임차인이 되려는 자가 보증금 또는 차임을 지급할 자력이 없는 경우
2. 임차인이 주선한 신규임차인이 되려는 자가 임차인으로서의 의무를 위반할 우려가 있거나 그 밖에 임대차를 유지하기 어려운 상당한 사유가 있는 경우
3. 임대차 목적물인 상가건물을 1년 6개월 이상 영리목적으로 사용하지 아니한 경우
4. 임대인이 선택한 신규임차인이 임차인과 권리금 계약을 체결하고 그 권리금을 지급한 경우

③ 임대인이 제1항을 위반하여 임차인에게 손해를 발생하게 한 때에는 그 손해를 배상할 책임이 있다. 이 경우 그 손해배상액은 신규임차인이 임차인에게 지급하기로 한 권리금과 임대차 종료 당시의 권리금 중 낮은 금액을

> 넘지 못한다.
> ④ 제3항에 따라 임대인에게 손해배상을 청구할 권리는 임대차가 종료한 날부터 3년 이내에 행사하지 아니하면 시효의 완성으로 소멸한다.
> ⑤ 임차인은 임대인에게 임차인이 주선한 신규임차인이 되려는 자의 보증금 및 차임을 지급할 자력 또는 그 밖에 임차인으로서의 의무를 이행할 의사 및 능력에 관하여 자신이 알고 있는 정보를 제공하여야 한다.

상가임차인의 권리금회수기회요청권은 환산보증금의 고액·저액을 불문하여 적용되므로(상임법 제2조 제3항), 결론적으로 모든 상가임차인에게 인정된다(단, 상임법 제10조의 5에 따른 대규모점포 등 제외). 다만, ① 상임법 제10조 제1항 각호의 사유가 있는 경우(상임법 제14조의4 제1항 단서) 및 ② 정당한 사유(상임법 제10조의4 제2항)가 있는 경우에 임대인은 임차인의 권리금회수기회요청권을 받아들이지 않아도 된다.

임차인의 권리금회수기회요청권을 임대인이 거절해도 되는 사유로 실무에서 주로 문제되는 것들로는 임차인이 3기의 차임을 연체한 사실이 있었다는 것(상임법 제10조 제1항 제1호), 임대차건물을 재건축할 예정이라는 것 내지 건물 노후로 안전사고 우려가 있다는 것(상임법 제10조 제1항 제7호), 임차인이 주선한 신규임차인이 되려는 자가 임차인으로서의 의무를 위반할 우려가 있거나 그 밖에 임대차를 유지하기 어려운 상당한 사유가 있다는 것(상임법 제10조의4 제2항 제2호) 등이다.

거절의 정당한 사유가 없음에도 불구하고, 임대인이 임차인의 권리금회수기회 요청권을 거절하는 경우, 대표적인 예로 임대인 본인이 임차건물을 사용하겠다는 주장을 하는 경우에 상임법 제10조의4에 따라 임차인이 임대인에게 손해배상을 청구할 수 있다. 즉 상임법 제10조의4는 "임대인이 제1항을 위반하여 임차인에게 손해를 발생하게 한 때에는 그 손해를 배상할 책임이 있다. 이 경우 그 손해배상액은 신규임차인이 임차인에게 지급하기로 한 권리금과 임대차 종료 당시의 권리금 중 낮은 금액을 넘지 못한다."고 규정하고 있다.

따라서 임차인은 소송상 권리금 감정을 통하여 감정된 권리금(감정권리금)과

새임차인이 되려 했던 자와 체결한 권리금(계약권리금) 액수 중 적은 금액을 넘지 못하는 금액을 손해배상액으로 인정받을 가능성이 있게 된다. 즉 상임법이 '감정권리금'과 '계약권리금' 중 낮은 금액을 넘지 못한다고 규정하고 있어, 낮은 금액을 감액하여 손해액으로 인정한 판례가 다수 보인다(낮은 금액을 감경한 판례로는 대전지방법원 2016나108951(본소) 건물명도, 2016나108968(반소) 손해배상(기), 서울동부지법 2018가단108545 손해배상(기) 등). 다만, 낮은 금액을 그대로 인정한 판례(서울남부지방법원 2018가단216845(본소), 260767(반소) 판결)도 보이는데, 이 판결을 확인하면 임대인이 자신의 손해배상책임이 신의칙상 제한되어야 한다고 주장하자 법원은 "임차인인 피고의 손해 발생은 권리금 회수 기회를 보호하여야 할 법적 의무가 있는 임대인이 그 의무를 고의로 위반하여 발생한 것"이라면서 임대인의 주장을 배척한 사실이 있다.

따라서 상가를 경매를 통하여 매수한 경우에는 임차인에게 권리금을 받고 나갈 권한이 있다는 사실을 인식할 필요가 있다. 임차인의 권리금받고 나갈 권리를 정당한 사유 없이 방해를 하면 임대인이 권리금 상당의 손해배상책임이 지게 된다(필자의 저서 「부동산분쟁의 쟁점 제2판」, 80쪽 등 참고).

마. 경계가 소멸된 집합건물상가를 경매로 매수할 때의 주의할 점

집합건물상가의 경우는 각 호실의 소유자가 다르지만, 여러 호실을 한꺼번에 임차하면서 각 호실의 경계벽을 허물어 사용하는 경우가 있다. 이때 경계벽이 허물어진 하나의 특정 호실이 경매로 나왔을 때에 이를 낙찰받으면 그 하나의 특정 호실에 대한 소유권취득에 문제가 없는지 확인해 보자.

대법원 99다46096 판결은 "1동의 건물의 일부분이 구분소유권의 객체가 될 수 있으려면 그 부분이 구조상으로나 이용상으로 다른 부분과 구분되는 독립성이 있어야 하고, 그 이용 상황 내지 이용 형태에 따라 구조상의 독립성 판단의 엄격성에 차이가 있을 수 있으나, 구조상의 독립성은 주로 소유권의 목적이 되는 객체에 대한 물적 지배의 범위를 명확히 할 필요성 때문에 요구된다고 할 것이므로 구조상의 구분에 의하여 구분소유권의 객체 범위를 확정할 수 없는 경우에는 구조상의 독립성이 있다고 할 수 없고(대법원 92다41214 판결 등), 위와 같은 구분소유권의 객체로서 적합한 물리적 요건을 갖추지 못한 건물의 일부는 그에 관한 구분소유권이 성립될 수 없는 것이어서, 건축물관리대장상 독립한 별개의 구분건물로 등재되고, 등기부상에도 구분소유권의 목적으로 등기되어 있어, 이러한 등기에 기초하여 경매절차가 진행되어 이를 낙찰받았다고 하더라도, 위 등기는 그 자체로 무효이므로 낙찰자는 그 소유권을 취득할 수 없다(대법원 92다3151, 1390, 4406 판결 등)."라는 취지이다.

또 다른 판례인 대법원 98마1438 결정에 의하면 "인접한 구분건물 사이에 설치된 경계벽이 일정한 사유로 제거됨으로써 각 구분건물이 구분건물로서의 구조상 및 이용상의 독립성을 상실하게 되었다고 하더라도, 각 구분건물의 위치와 면적 등을 특정할 수 있고 사회통념상 그것이 구분건물로서의 복원을 전제로 한 일시적인 것일 뿐만 아니라 그 복원이 용이한 것이라면, 각 구분건물은 구분건물로서의 실체를 상실한다고 쉽게 단정할 수는 없고, 아직도 그 등기는 구분건물을 표상하는 등기로서 유효하다고 해석해야 한다."는 취지이다.

따라서 경계벽이 없더라도 복원을 전제로 하여 일시적이고 그 복원이 용이하다면 경매로 이러한 집합건물상가를 낙찰 받더라도 소유권을 취득할 수 있다. 다만, 법원에서는 등기사항증명서상으로는 집합건물이지만 집합건물법상 집합건물로서의 요건을 충족하지 못하는 부동산이 경매에 부쳐진 경우에, 요건 충족에 대한 보정을 명하고 요건을 충족할 경우에 경매절차를 진행하는 경우가 있다. 참고로 집합상가의 특수성을 고려하여 집합건물법 제1조의2는 일정요건 하에 '구분점포'라는 개념으로 벽이 없는 '오픈상가'를 인정하고 있다(필자의 저서 「부동산분쟁의 쟁점 제2판」, 496쪽 등 참고).

관련된 최근 판결도 확인해보자. 구분건물의 격벽 등이 제거되어 각 구분건물의 독립성이 상실된 경우에 구분건물등기는 단지 공유지분등기로서의 효력만 인정된다는 취지이다. 즉, 대법원 2020. 2. 27. 선고 2018다232898 판결에 의하면, "1동의 건물 중 구조상 구분된 수개의 부분이 독립한 건물로서 구분소유권의 목적이 되었으나 그 구분건물들 사이의 격벽이 제거되는 등의 방법으로 각 구분건물이 건물로서의 독립성을 상실하여 일체화되고 이러한 일체화 후의 구획을 전유부분으로 하는 1개의 건물이 되었다면 기존 구분건물에 대한 등기는 합동으로 인하여 생겨난 새로운 건물 중에서 위 구분건물이 차지하는 비율에 상응하는 공유지분 등기로서의 효력만 인정된다."라는 취지이다.

3. 제5강 체크포인트

상가건물임대차보호법(이하 '상임법')은 사업자등록의 대상이 되는 상가건물의 임대차에 적용된다. 따라서 공적장부 또는 부동산임대차계약서에 '주택'으로 용도가 지재된 경우라도 사업자등록의 대상이 된다면 상가로 판단될 수 있고, 상임법이 적용될 수 있다. 상임법상의 개념인 '환산보증금'의 계산법은 월세에 100을 곱하고 이에 보증금을 더해서 계산한다. 즉 환산보증금 계산법은 "보증금+(월차임×100)"이다. 상가임차인의 대항요건은 인도와 사업자등록으로 주택임차인의 대항요건이 인도와 주민등록(전입신고)인 점과 다르다. 상가임차인이 우선변제권(순위에 따른 배당권)을 행사하기 위해서는 인도, 사업자등록이라는 대항요건에 더하여 확정일자라는 요건까지 충족해야 한다. 다만 확정일자까지 득하여 우선변제권을 취득하려면 서울을 예로 들 경우에 환산보증금 9억원 이하여야 하며, 소액보증금의 최우선변제권(최우선 배당권)도 서울을 예로 들 경우에 환산보증금 9억원 이하여야 한다. 소액임차인에게 인정되는 상가임차인의 소액보증금 최우선변제권도 주택과 마찬가지로 상가건물에 대한 경매개시결정 기입등기 전에 대항요건만을 갖추면 인정된다.

상가를 경매로 낙찰 받는 경우에 고액의 체납관리비가 존재하는 경우가 있다. 이때 낙찰자(매수인)는 위 체납관리비 중에서 3년간 공용부분 관리비 원금에 대한 책임을 부담하고, 관리주체가 관리비 체납자에 대한 소송상 청구 등 시효중단행위까지 한 경우라면 시효중단의 효력이 낙찰자(매수인)에게 미쳐 낙찰자(매수인)가 부담할 체납관리비가 증액될 수 있다. 상가를 경매로 낙찰받은 경우에 전소유자에 대한 연체차임채권이 낙찰자(매수인)에게 자동승계되는 것은 아니다. 즉 채권양도 절차를 거치지 않은 한 원칙적으로 연체차임 등의 채권이 낙차자(매수인)에게 이전되지 않는다. 다만 특별한 사정이 없는 한 전소유자에게 임차인이 차임 등을 연체하였다면 낙찰자(매수인)가 반환할 보증금에서 당연 공제된다.

상가건물을 경매로 매수한 후에 직접상가를 운영하려 한 경우에 주의할 점이 있는데, 상가임차인에게 10년의 한도에서 계약갱신요구권이 인정된다는 점과 상가임차인에게 권리금회수기회요청권이 인정된다는 점이다. 주택의 경우에는 주택낙찰자(매수인)가 실거주 목적인 경우에 임차인의 계약갱신요구권이 인정되지 않지만, 상가건물의 경우에 상가건물 낙찰자(매수인)가 상가건물을 사용할 목적임을 주장하면서 상가임차인의 계약갱신요구를 거절하면 정당하지 않은 것으로 판단되어 상가임차인의 계약갱신요구가 받아들여질 가능성이 높고, 상가임차인의 권리금회수기회요청권 행사를 낙찰자 직접사용을 이유로 거절하면 이 또한 그 거절이 정당하지 않은 것으로 판단되어 낙찰자가 상가임차인에게 손해배상책임을 부담할 가능성이 높다. 집합건물상가의 경계가 소멸되어 복원이 불가능한 상태라면 그 해당 상가건물를 경매로 취득하더라도 무효가 될 가능성이 있다.

제 6 강
법정지상권

제 6 강

법정지상권

1. 법정지상권의 의의와 종류

법정지상권은 Ⓐ 전세권 설정자의 법정지상권(민법 제305조), Ⓑ 저당권 실행에 의한 법정지상권(민법 제366조), Ⓒ 가담법상의 법정지상권(가등기담보에 관한 법률 제10조), Ⓓ 입목법상의 법정지상권(입목에 관한 법률 제6조), Ⓔ 관습법에 의한 법정지상권으로 구별된다. 위 5가지 외에 지상권 유사의 권리로는 Ⓕ 분묘기지권(등기 불필요)이 있다.

법정지상권은 법에 의해 당연히 발생하는바, 그 성립을 위해 등기를 필요로 하지 않는다. 다만 대법원 80다2873 판결에 의하면, 저당물의 경매로 인하여 토지와 그 지상건물이 소유자를 달리하게 되어 토지상에 법정지상권을 취득한 건물소유자가 법정지상권 설정등기를 경료함이 없이 건물을 양도하는 경우에 특별한 사정이 없는 한 건물과 함께 지상권도 양도하기로 하는 채권적 계약이 있었다고 할 것이므로 지상권자는 지상권설정등기를 한 후에 건물양수인에게 이의 양도등기절차를 이행하여 줄 의무가 있다. 따라서 건물 양수인은 건물양도인을 순차 대위하여 토지 소유자에 대하여 건물소유자였던 법정지상권자에의 법정지상권설정 등기절차 이행을 청구할 수 있다는 취지이다.

부동산 경매에서 가장 문제되는 것은 Ⓑ 저당권실행에 의한 법정지상권과 Ⓔ 관습법에 의한 법정지상권이다. 아래에서는 Ⓑ 저당권실행에 의한 법정지상권과 Ⓔ 관습법에 의한 법정지상권을 위주로 검토하고 Ⓕ 분묘기지권을 목차를 달리하여 검토한다.

	종류	법조문 내지 판례
Ⓐ	전세권 설정자의 법정지상권	민법 제305조(건물의 전세권과 법정지상권) ① 대지와 건물이 동일한 소유자에 속한 경우에 건물에 전세권을 설정한 때에는 그 대지소유권의 특별승계인은 전세권설정자에 대하여 지상권을 설정한 것으로 본다. 그러나 지료는 당사자의 청구에 의하여 법원이 이를 정한다. ② 전항의 경우에 대지소유자는 타인에게 그 대지를 임대하거나 이를 목적으로 한 지상권 또는 전세권을 설정하지 못한다.
Ⓑ	저당권 실행에 의한 법정지상권	민법 제366조(법정지상권) 저당물의 경매로 인하여 토지와 그 지상건물이 다른 소유자에 속한 경우에는 토지소유자는 건물소유자에 대하여 지상권을 설정한 것으로 본다. 그러나 지료는 당사자의 청구에 의하여 법원이 이를 정한다.
Ⓒ	가담법상의 법정지상권	가등기담보에 관한 법률 제10조(법정지상권) 토지와 그 위의 건물이 동일한 소유자에게 속하는 경우 그 토지나 건물에 대하여 제4조 제2항에 따른 소유권을 취득하거나 담보가등기에 따른 본등기가 행하여진 경우에는 그 건물의 소유를 목적으로 그 토지 위에 지상권이 설정된 것으로 본다. 이 경우 그 존속기간과 지료는 당사자의 청구에 의하여 법원이 정한다.
Ⓓ	입목법상의 법정지상권	입목에 관한 법률 제6조(법정지상권) ① 입목의 경매나 그 밖의 사유로 토지와 그 입목이 각각 다른 소유자에게 속하게 되는 경우에는 토지소유자는 입목소유자에 대하여 지상권을 설정한 것으로 본다. ② 제1항의 경우에 지료에 관하여는 당사자의 약정에 따른다.
Ⓔ	관습법에 의한 법정지상권	대법원 2009다62059 판결에 의하면 "동일인의 소유에 속하였던 토지와 그 지상 건물이 매매, 증여, 강제경매, 국세징수법에 의한 공매 등으로 인하여 양자의 소유자가 다르게 된 때에 그 건물을 철거한다는 특약이

		없는 한 건물소유자는 토지소유자에 대하여 그 건물의 소유를 위한 관습상 법정지상권을 취득한다."고 한다.
Ⓕ	분묘기지권	대법원(전합) 2017다228007 판결에 의하면 "분묘기지권은 타인의 토지에 소유자의 승낙을 받아 분묘를 설치한 경우 성립할 수 있고, 자기의 토지에 분묘를 설치한 사람이 그 토지를 양도하면서 분묘를 이장하겠다는 특약을 하지 않은 경우에도 성립한다. 나아가 타인의 토지에 소유자의 승낙 없이 분묘를 설치한 경우에도 20년간 평온·공연하게 그 분묘의 기지를 점유하면 분묘기지권을 시효로 취득한다."고 한다.

2. 저당권실행에 의한 법정지상권

민법 제366조는 "저당물의 경매로 인하여 토지와 그 지상건물이 다른 소유자에 속한 경우에는 토지소유자는 건물소유자에 대하여 지상권을 설정한 것으로 본다. 그러나 지료는 당사자의 청구에 의하여 법원이 이를 정한다."고 하여 저당권실행에 의한 법정지상권을 규정하고 있다.

'저당권실행에 의한 법정지상권'의 요건을 정리하면, '① 저당권설정 당시에 건물의 존재, ② 저당권설정 당시에 토지와 건물이 동일한 소유자에 속할 것, ③ 경매(저당권 실행)로 인하여 토지와 건물의 소유자가 달라질 것, ④ 토지와 건물 어느 한쪽이나 또는 토지와 건물 모두에 저당권이 설정될 것'을 그 요건으로 한다. 다만 ④요건과 관련하여 판례를 확인하면 대체로 토지에 저당권이 설정된 경우가 많다.

'① 저당권설정 당시에 건물의 존재' 요건과 관련하여 검토해 보자. 저당권 설정당시에 토지 위에 건물이 존재하면 족하며, 무허가 건물이거나 미등기 건물이라도 요건을 충족한다면 법정지상권이 성립한다(특히 건물을 원시 취득한 경우).

저당권설정당시에 건물이 존재한 이상 그 이후 건물을 개축·증축하는 경우는 물론이고 건물이 멸실되거나 철거된 후 재축·신축하는 경우에도 법정지상권이 성립한다(대법원 90다19985 판결).

이때 구건물과 신축건물사이에 동일성을 요하는가 문제될 수 있는데 대체적인 판례의 태도는 동일성을 요구하는 것 보다는 동일성을 요구하지 않고 신축건물의 법정지상권을 인정하면서, 법정지상권의 존속기간 및 범위 등을 구건물을 기준으로 하고 있다(대법원 96다40080 판결).

다만, 동일인의 소유에 속하는 토지 및 그 지상건물에 관하여 '공동저당권'이 설정된 후 그 지상 건물이 철거되고 새로 건물이 신축된 경우에는 그 신축건물의 소유자가 토지의 소유자와 동일하고 토지의 저당권자에게 신축건물에 관하여 토지의 저당권과 동일한 순위의 공동저당권을 설정해 주는 등 특별한 사정이 없는 한 저당물의 경매로 인하여 토지와 그 신축건물이 다른 소유자에 속하게 되더라도 그 신축건물을 위한 법정지상권은 성립하지 않는다는 것이 대법원의 입장인데, 그 이유는 공동저당권자의 불측의 손해를 방지할 필요가 있다는 취지이다(대법원(전합) 98다43601 판결).

즉 대법원(전합) 98다43601 판결에 의하면 "동일인의 소유에 속하는 토지 및 그 지상 건물에 관하여 공동저당권이 설정된 후 그 지상 건물이 철거되고 새로 건물이 신축된 경우에는 그 신축건물의 소유자가 토지의 소유자와 동일하고 토지의 저당권자에게 신축건물에 관하여 토지의 저당권과 동일한 순위의 공동저당권을 설정해 주는 등 특별한 사정이 없는 한 저당물의 경매로 인하여 토지와 그 신축건물이 다른 소유자에 속하게 되더라도 그 신축건물을 위한 법정지상권은 성립하지 않는다고 해석하여야 하는바, 그 이유는 동일인의 소유에 속하는 토지 및 그 지상 건물에 관하여 공동저당권이 설정된 경우에는, 처음부터 지상 건물로 인하여 토지의 이용이 제한 받는 것을 용인하고 토지에 대하여만 저당권을 설정하여 법정지상권의 가치만큼 감소된 토지의 교환가치를 담보로 취득한 경우와는 달리, 공동저당권자는 토지 및 건물 각각의 교환가치 전부를 담보로 취득한 것으로서, 저당권의 목적이 된 건물이 그대로 존속하는 이상은 건물을 위한 법정지상권이 성립해도 그로 인하여 토지의 교환가치에서 제외된 법정지상권의 가액 상당 가치는 법정지상권이 성립하는 건물의 교환가치에서 되찾을 수 있어 궁극적으로 토지에 관하여 아무런 제한이 없는 나대지로서의 교환가치 전체를 실현시킬 수 있다고 기대하지만, 건물이 철거된 후 신축된 건물에 토지와 동순위의 공동저당권이 설정되지 아니 하였는데도 그 신축건물을 위한 법정지상권이 성립한다고 해석하게 되면, 공동저당권자가 법정지상권이 성립하는 신축건물의 교환가치를 취득할 수 없게 되는 결과 법정지상권의 가액 상당 가치를 되찾을 길이 막혀 위와 같이 당초 나대지로서의 토지의 교환가치 전체를 기대하여 담보를 취득한 공동저당권자에게 불측의 손해를 입게 하기 때문이다."는 취지이다.

건물이 없는 토지에 1번 저당권을 설정한 후 건물을 신축하고 그 토지에 2번 저당권을 설정하였는데, 2번 저당권자가 경매를 신청한 경우 건물에 대한 법정지상권은 성립하지 않는다. 2번 저당권자가 경매를 신청하더라도 1번 저당권도 소멸하는데, 이러한 경우에 법정지상권을 인정할 경우에 1번 저당권자에게 예측하지 못했던 손해를 줄 수 있기 때문이다.

민사집행법 제91조(인수주의와 잉여주의의 선택 등) ② 매각부동산 위의 모든 저당권은 매각으로 소멸된다.

경매절차에서 경락대금(낙찰대금)을 완납한 때에 토지와 건물의 소유권이 분리되는바, 이때에 건물 소유자에게 법정지상권이 성립한다(대법원 2003다29043 판결, 대법원 2004다13533 판결).

민사집행법 제135조(소유권의 취득시기) 매수인은 매각대금을 다 낸 때에 매각의 목적인 권리를 취득한다.

대법원 2021. 10. 28. 선고 2020다224821 판결(토지인도)에 의하면 "민법 제366조의 법정지상권은 저당권 설정 당시 동일인의 소유에 속하던 토지와 건물이 경매로 인하여 양자의 소유자가 다르게 된 때에 건물의 소유자를 위하여 발생하는 것으로서, 법정지상권이 성립하려면 경매절차에서 매수인이 매각대금을 다 낸 때까지 해당 건물이 독립된 부동산으로서 건물의 요건을 갖추고 있어야 한다(대법원 2004다13533 판결 등). 독립된 부동산으로서 건물은 토지에 정착되어 있어야 하는데(민법 제99조 제1항), 가설건축물은 일시 사용을 위해 건축되는 구조물로서

설치 당시부터 일정한 존치기간이 지난 후 철거가 예정되어 있어 일반적으로 토지에 정착되어 있다고 볼 수 없다(대법원 2021두34756 판결). 민법상 건물에 대한 법정지상권의 최단 존속기간은 견고한 건물이 30년, 그 밖의 건물이 15년인데 비하여, 건축법령상 가설건축물의 존치기간은 통상 3년 이내로 정해져 있다. 따라서 가설건축물은 특별한 사정이 없는 한 독립된 부동산으로서 건물의 요건을 갖추지 못하여 법정지상권이 성립하지 않는다."는 취지이다.

법정지상권은 말소기준권리에 해당하는 권리가 아닐 뿐만 아니라, 토지 낙찰자가 항상 인수하는 권리이다(민사집행법 제91조 제3항, 제4항). 즉 건물낙찰자는 법정지상권을 취득할 것이나, 토지낙찰자는 법정지상권을 인수할 것이다. 경매기록의 매각물건명세서를 확인하면 법정지상권의 개요에 대한 언급이 있으니, 이를 확인할 필요도 있다(민사집행법 제105조).

그리고 대법원 87다카1564 판결에 의하면, "민법 제366조는 가치권과 이용권의 조절을 위한 공익상의 이유로 지상권의 설정을 강제하는 것이므로 저당권설정 당사자 간의 특약으로 저당목적물인 토지에 대하여 법정지상권을 배제하는 약정을 하더라도 그 특약은 효력이 없다."는 취지이다.

민사집행법 제105조(매각물건명세서 등) ① 법원은 다음 각호의 사항을 적은 매각물건명세서를 작성하여야 한다.

1. 부동산의 표시
2. 부동산의 점유자와 점유의 권원, 점유할 수 있는 기간, 차임 또는 보증금에 관한 관계인의 진술
3. 등기된 부동산에 대한 권리 또는 가처분으로서 매각으로 효력을 잃지 아니하는 것
4. 매각에 따라 설정된 것으로 보게 되는 지상권의 개요

② 법원은 매각물건명세서·현황조사보고서 및 평가서의 사본을 법원에 비치하여 누구든지 볼 수 있도록 하여야 한다.

3. 관습법상 법정지상권

동일인의 소유에 속하였던 토지와 그 지상 건물이 매매, 증여, 강제경매, 국세징수법에 의한 공매 등으로 인하여 양자의 소유자가 다르게 된 때에 그 건물을 철거한다는 특약이 없는 한 건물소유자는 토지소유자에 대하여 그 건물의 소유를 위한 관습상 법정지상권을 취득한다.

그리고 관습상 법정지상권이 성립하려면 토지 또는 그 지상 건물의 소유권이 유효하게 변동될 당시에 동일인이 토지와 그 지상 건물을 소유하였던 것으로 족하다(대법원 2013. 4. 11. 선고 2009다62059 판결).

따라서 관습상 법정지상권의 성립요건을 정리하면 ① 처분 당시 토지와 건물의 소유자 동일, ② 매매 기타 원인으로 소유자 변경, ③ 건물철거 특약의 부존재 등이다.

관습법상 법정지상권과 관련하여 "① 처분 당시 토지와 건물의 소유자 동일" 요건과 관련하여, '처분 당시'의 의미를 확인할 필요가 있다. 예를 들어 매매로 토지와 그 지상 건물의 소유권이 변동되었다면, 소유권이전등기 시점이 '처분 당시'가 될 것이다.

다만, 대법원은 강제경매로 토지와 그 지상 건물의 소유권이 변동된 경우에 '처분 당시'의 의미를 매각 대금 완납시가 아니라 '가압류를 한 후에 본 압류를 한 경우에는 가압류의 효력발생시', '가압류를 하지 않고 곧바로 압류를 한 경우에는 압류의 효력발생시'라는 취지이다(대법원 (전합) 2010다52140 판결). 위 대법원 (전합) 2010다52140 판결에 의하여, 강제경매에 있어 '처분 당시'의 의미를 '경락 당시(매각 대금 완납 시)'로 본 대법원70다1454 판결은 폐기되었다.

또한 대법원 2009다62059 판결에 의하면, "강제경매의 목적이 된 토지 또는 그 지상 건물에 관하여 강제경매를 위한 압류나 그 압류에 선행한 가압류가 있기 이전에 저당권이 설정되어 있다가 강제경매로 저당권이 소멸"한 경우, 건물 소유를 위한 관습상 법정지상권의 성립 요건인 '토지와 그 지상 건물이 동일인 소유에 속하였는지'를 판단하는 기준 시기는 '저당권 설정 당시'라는 취지이다.

'처분 당시' 토지와 건물이 각각 소유자를 달리하고 있을 경우에는 관습법상 법정지상권이 성립되지 않는바, 동일인의 소유에 속하는 이상 미등기의 무허가건물인 경우라도 아무런 상관이 없다(대법원 87다카2404 판결).

관습법상 법정지상권의 "② 매매 기타 원인으로 소유자 변경"요건과 관련하여 토지와 건물의 소유자가 달라지는 원인은 저당권에 기한 경매 등 법률상의 법정지상권 발생사유를 제외한 모든 사유이다. 가장 전형적인 것은 매매일 것이나, 증여(대법원 63다11 판결), 공유물분할, 강제경매(대법원 70다1454 판결), 귀속재산의 불하(대법원 85다카2275 판결), 국세체납처분에 의한 공매(대법원 67다1831 판결) 등도 포함된다.

관습법상 법정지상권의 "③ 건물철거 특약의 부존재" 요건의 경우는 건물철거의 합의가 있다는 사실은 주장하는 자가 입증해야 한다(대법원 87다카279 판결). 그리고 동일인에 속하였던 대지와 건물 중 건물만을 매도하면서 따로 건물을 위해 대지에 대한 임대차계약을 한 경우에는 건물매수인이 관습법상 법정지상권을 포기한 것으로 보아야 한다(대법원 91다1912 판결).

다만 민법 제366조에 따른 저당권실행에 의한 법정지상권과 관련하여 대법원 87다카1564 판결에 의하면, "민법 제366조는 가치권과 이용권의 조절을 위한 공익상의 이유로 지상권의 설정을 강제하는 것이므로 저당권설정 당사자 간의 특약으로 저당목적물인 토지에 대하여 법정지상권을 배제하는 약정을 하더라도 그 특약은 효력이 없다."는 취지이다.

관습법상 법정지상권이 성립하는 경우에 건물낙찰자는 관습법상 법정지상권을 취득할 것이나, 토지낙찰자는 관습법상 법정지상권을 인수하게 될 것이다(민사집행법 제91조 제3항, 제4항).

4. 제6강 체크포인트

법정지상권은 Ⓐ 전세권 설정자의 법정지상권(민법 제305조), Ⓑ 저당권 실행에 의한 법정지상권(민법 제366조), Ⓒ 가담법상의 법정지상권(가등기담보에 관한 법률 제10조), Ⓓ 입목법상의 법정지상권(입목에 관한 법률 제6조), Ⓔ 관습법에 의한 법정지상권으로 구별된다.

저당권실행에 의한 법정지상권은 '① 저당권설정 당시에 건물의 존재, ② 저당권설정 당시에 토지와 건물이 동일한 소유자에 속할 것, ③ 경매(저당권 실행)로 인하여 토지와 건물의 소유자가 달라질 것, ④ 토지와 건물 어느 한쪽이나 또는 토지와 건물 모두에 저당권이 설정될 것'을 그 요건으로 한다.

다만 ④ 요건과 관련하여 판례를 확인하면 대체로 토지에 저당권이 설정된 경우가 많다. ① 요건과 관련하여 저당권설정 당시에 건물이 존재하였던 이상 그 후 철거 후에 신축 등이 이루어졌다고 하더라도 법정지상권이 철거 전 건물을 기준으로 그대로 인정된다. 법정지상권의 목적은 토지이고 건물이 아니므로 구건물이 철거되더라도 법정지상권은 소멸하지 않으며 건물을 위해 인정되는 법정지상권은 견고한 건물은 30년 그렇지 않은 건물은 15년이라는 점에서 구 건물을 기준으로 법정지상권의 범위와 기간이 특정될 수 있다.

동일인에 속하는 토지와 그 지상건물에 대하여 공동저당권이 설정된 경우에 그 지상건물이 철거되고 신축건물이 들어섰다면 **건물을 목적으로 한 저당권은 목적물의 소멸로 함께 소멸**된다. 따라서 신축건물의 소유자가 토지의 소유자와 동일하고 토지의 저당권자에게 신축건물에 대하여 토지의 저당권과 동일한 순위의 공동저당권을 설정해 주는 등의 특별한 사정이 없다면 저당물의 경매로 토지와 신축건물이 다른 소유자에게 속하더라도 신축건물을 위한 법정지상권이 인정되지 않는다.

관습상 법정지상권의 성립요건을 정리하면 ① 처분 당시 토지와 건물의 소유자 동일, ② 매매 기타 원인으로 소유자 변경, ③ 건물철거 특약의 부존재 등이다.

관습법상 법정지상권의 성립시점은 건물의 소유권이 유효하게 변동되는 시점으로 소유권이전등기시점 또는 경매의 경우에는 낙찰대금완납시가 될 것이다. 다만, 관습상 법정지상권의 첫 번째 성립요건에 해당하는 '① 처분 당시 토지와 건물의 소유자 동일'과 관련하여 '처분 당시'의 의미는 강제경매로 토지와 그 지상건물의 소유권이 변동될 경우는 가압류를 하고 본안류를 하는 경우는 '가압류의 효력 발생시'를, 가압류 없이 곧바로 압류를 하는 경우에는 '압류의 효력 발생시'를 각 의미한다. 그런데 이처럼 '가압류의 효력 발생시' 또는 '압류의 효력 발생시' 이전에 저당권이 설정되어 있던 상황이라면 '토지와 건물이 소유자 동일' 여부를 판단하는 기준시기는 '저당권설정 당시'가 된다. 법정지상권은 말소기준이 아니며 말소기준과 관련 없이 그 성립요건을 충족하면 성립하므로 낙찰자(매수인)가 인수한다.

제 7 강
법정지상권판례 심층분석

제 7 강

법정지상권판례 심층분석

1. 공유관계 및 구분소유적 공유관계와 법정지상권

관습상 법정지상권은 동일인의 소유에 속하였던 토지와 그 지상 건물이 매매, 증여, 강제경매, 국세징수법에 의한 공매 등으로 인하여 양자의 소유자가 다르게 된 때에 그 건물을 철거한다는 특약이 없는 한 건물소유자에게 인정되는 것이고(대법원 2013. 4. 11. 선고 2009다62059 판결), 민법 제366조에 의하여 인정되는 저당권실행에 의한 법정지상권은 '법정지상권'이라는 제목 아래에 "저당물의 경매로 인하여 토지와 그 지상건물이 다른 소유자에 속한 경우에는 토지소유자는 건물소유자에 대하여 지상권을 설정한 것으로 본다. 그러나 지료는 당사자의 청구에 의하여 법원이 이를 정한다."라고 규정하고 있다.

이하에서는 토지가 공유로 된 경우 또는 건물이 공유로 된 경우에 위 각 요건을 갖추었다면 법정지상권이 인정될 수 있는지의 문제와 토지가 등기부상으로는 공유로 되어 있지만, 토지 공유의 실체가 구분소유적 공유관계인 경우에 법정지상권이 인정되는지 확인해 본다.

첫 번째 사안을 살펴보자. 토지는 단독소유, 건물은 공유인 사례로 민법 제

366조에 따른 법정지상권이 문제된 사안이다. 즉 대법원 2010다67159 판결에 의하면, "건물공유자의 1인이 그 건물의 부지인 토지를 단독으로 소유하면서 그 토지에 관하여만 저당권을 설정하였다가 위 저당권에 의한 경매로 인하여 토지의 소유자가 달라진 경우에도, 위 토지 소유자는 자기뿐만 아니라 다른 건물공유자들을 위하여도 위 토지의 이용을 인정하고 있었다고 할 것인 점, 저당권자로서도 저당권 설정 당시 법정지상권의 부담을 예상할 수 있었으므로 불측의 손해를 입는 것이 아닌 점, 건물의 철거로 인한 사회경제적 손실을 방지할 공익상의 필요성도 인정되는 점 등에 비추어 위 건물공유자들은 민법 제366조에 의하여 토지 전부에 관하여 건물의 존속을 위한 법정지상권을 취득한다고 보아야 한다."는 취지이다.

두 번째 사안을 살펴보자. 토지는 단독소유, 건물은 공유인 사례로 관습상 법정지상권이 문제된 사안이다. 대법원 76다388 판결에 의하면, "대지소유자가 그 지상건물을 타인과 함께 공유하면서 그 단독소유의 대지만을 건물철거의 조건 없이 타에 매도한 경우에는 건물공유자들은 각기 건물을 위하여 대지 전부에 대하여 관습에 의한 법정지상권을 취득한다."는 취지이다.

세 번째 사안을 살펴보자. 토지는 공동소유, 건물은 단독소유인 사례로 관습상 법정지상권이 문제된 사안이다. 즉 대법원 92다55756 판결에 의하면 "토지공유자의 한 사람이 다른 공유자의 지분 과반수의 동의를 얻어 건물을 건축한 후 토지와 건물의 소유자가 달라진 경우 토지에 관하여 관습법상의 법정지상권이 성립되는 것으로 보게 되면 이는 토지공유자의 1인으로 하여금 자신의 지분을 제외한 다른 공유자의 지분에 대하여서까지 지상권설정의 처분행위를 허용하는 셈이 되어 부당하다."는 취지이다.

그리고 대법원 2011다73038, 73045 판결은 "토지공유자의 한 사람이 다른 공유자의 지분 과반수의 동의를 얻어 건물을 건축한 후 토지와 건물의 소유자가 달라진 경우 토지에 관하여 관습법상의 법정지상권이 성립되는 것으로 보게 되면 이는 토지공유자의 1인으로 하여금 자신의 지분을 제외한 다른 공유자의 지분에 대하여서까지 지상권설정의 처분행위를 허용하는 셈이 되어 부당하다. 그리고 이러한 법리는 민법 제366조의 법정지상권의 경우에도 마찬가지로 적용되고, 나아가 토지와 건물 모두가 각각 공유에 속한 경우에 토지에 관한 공유자 일부의 지분만을 목적으로 하는 근저당권이 설정되었다가 경매로 인하여 그 지분을 제3자가 취득하게 된 경우에도 마찬가지로 적용된다."는 취지이다.

네 번째 사안을 살펴보자. 토지는 등기부상으로 공유이지만, 실제로는 각 부분을 특정하여 소유권을 행사하기로 내부적으로 약정된 구분소유적 공유이고, 이러한 구분토지에 건물이 존재하는 경우이다. 즉 대법원 2004다13533 판결에 의하면, "공유로 등기된 토지의 소유관계가 구분소유적 공유관계에 있는 경우에는 공유자 중 1인이 소유하고 있는 건물과 그 대지는 다른 공유자와의 내부관계에 있어서는 그 공유자의 단독소유로 되었다 할 것이므로 건물을 소유하고 있는 공유자가 그 건물 또는 토지지분에 대하여 저당권을 설정하였다가 그 후 저당권의 실행으로 소유자가 달라지게 되면 건물 소유자는 그 건물의 소유를 위한 법정지상권을 취득하게 되며, 이는 구분소유적 공유관계에 있는 토지의 공유자들이 그 토지 위에 각자 독자적으로 별개의 건물을 소유하면서 그 토지 전체에 대하여 저당권을 설정하였다가 그 저당권의 실행으로 토지와 건물의 소유자가 달라지게 된 경우에도 마찬가지라 할 것이다."는 취지이다.

다만, 자기 몫의 대지 부분 이외의 부분에 건물을 신축하고 있는 경우라면 법정지상권이 성립할 여지가 없다. 즉 대법원 93다49871 판결에 의하면, "구분소유적 공유관계에 있어서는 통상적인 공유관계와는 달리 당사자 내부에 있어서는 각자가 특정 매수한 부분은 각자의 단독 소유로 되었다 할 것이므로, 피고는 분할 전 이 사건 대지 중 그가 매수하지 아니한 부분에 관하여는 원고들에게 그 소유권을 주장할 수 없어 분할 전 이 사건 대지 중 피고가 매수하지 아니한 부분지상에 있는 건물부분은 당초부터 건물과 토지의 소유자가 서로 다른 경우에 해당되어 그에 관하여는 관습상의 법정지상권이 성립될 여지가 없다."는 취지다.

그리고 대법원 2004다13533 판결에 의하면, "공유로 등기된 토지의 소유관계가 구분소유적 공유관계에 있는 경우에는 공유자 중 1인이 소유하고 있는 건물과 그 대지는 다른 공유자와의 내부관계에 있어서는 그 공유자의 단독소유로 되었다 할 것이므로 건물을 소유하고 있는 공유자가 그 건물 또는 토지지분에 대하여 저당권을 설정하였다가 그 후 저당권의 실행으로 소유자가 달라지게 되면 건물 소유자는 그 건물의 소유를 위한 법정지상권을 취득하게 되며, 이는 구분소유적 공유관계에 있는 토지의 공유자들이 그 토지 위에 각자 독자적으로 별개의 건물을 소유하면서 그 토지 전체에 대하여 저당권을 설정하였다가 그 저당권의 실행으로 토지와 건물의 소유자가 달라지게 된 경우에도 마찬가지라 할 것이다."라는 취지이다.

필자의 개인의견을 정리하면, 법정지상권 요건 중 핵심은 ① 토지와 건물의 소유자 동일, ② 저당권 설정 당시(민법 제366조) 또는 처분당시(관습법상 법정지상권)에 이미 토지 위에 건물이 존재해야 한다라는 것인데, 토지의 소유자가 단독소유자일 경우, 법정지상권 성립가능성 높으며, 토지의 소유형태가 공유일 경우 법정지상권 성립가능성이 낮다는 것이다.

토지 단독 소유에 건물이 공유라는 것은 건물 공유자 일부가 토지와 건물 소유자 동일 요건을 결여한 것이겠지만, 법정지상권 제도는 건물 유지가 목적이므로 위 요건을 완화하여 적용할 수 있다는 취지가 판례에 반영된 반면, 토지가 공유라는 것은 법정지상권이 토지에 부담을 준다는 측면에서, 토지와 건물의 소유자 동일요건을 엄격하게 해석할 수밖에 없다는 측면을 고려하면 이해될 수 있겠다.

그리고 토지가 구분소유적 공유인 경우는 실질이 구분된 소유권으로 일반적인 공유와 다르다고 이해하면 족하다.

2. 담보지상권과 법정지상권의 충돌

민법상의 지상권은 담보목적의 이른바 '담보지상권'을 예정하고 있지는 않다. 민법 제279조는 지상권에 대하여 '타인의 토지에 건물 기타의 공작물이나 수목을 소유하기 위하여 그 토지를 사용할 수 있는 물권(민법 제279조)'으로 규정할 뿐이다. 즉 지상권은 본질상 사용권(용익권)이지 담보권이 아니다.

민법 제279조(지상권의 내용) 지상권자는 타인의 토지에 건물 기타 공작물이나 수목을 소유하기 위하여 그 토지를 사용하는 권리가 있다.

다만 실무상으로는 나대지를 담보로 은행 대출을 받으면서 나대지에 대한 근저당권과 더불어 지료약정이 없는 지상권까지 설정하는 경우가 있고, 이러한 지상권을 담보지상권으로 부르고 있다.

대법원 2011다6342 판결에 의하면, "근저당권 등 담보권 설정의 당사자들이 그 목적이 된 토지 위에 차후 용익권이 설정되거나 건물 또는 공작물이 축조·설치되는 등으로써 그 목적물의 담보가치가 저감하는 것을 막는 것을 주요한 목적으로 하여 채권자 앞으로 아울러 지상권을 설정하였다면, 그 피담보채권이 변제 등으로 만족을 얻어 소멸한 경우는 물론이고 시효소멸한 경우에도 그 지상권은 피담보채권에 부종하여 소멸한다."는 취지이다.

다만, 대법원 2012다97871, 97888 판결에 의하면, 토지에 대한 근저당권이 설정될 당시에 나대지가 아니라 건물이 존재한 경우라도 근저당권이 실행되면서 담보지상권이 함께 소멸(지상권등기가 일정기간 존재하여 지상권이 존재한다는 외관을 보인 경우에도 법리적으로 소멸된 것으로 봄)되며, 건물 소유자에게 법정지상권이 인정될 수 있다는 취지이다.

즉, 위 대법원 2012다97871, 97888 판결은 "토지에 관하여 담보권이 설정될 당시 담보권자를 위하여 동시에 지상권이 설정되었다고 하더라도, 담보권 설정 당시 이미 토지소유자가 그 토지상에 건물을 소유하고 있고 그 건물을 철거하기로 하는 등 특별한 사유가 없으며 담보권의 실행으로 그 지상권도 소멸하였다면 건물을 위한 법정지상권이 발생하지 않는다고 할 수 없다."는 취지이다.

위 대법원 판결의 원심(울산지방법원 2011나1316 판결)은 "지상권은 용익물권으로서 일물일권주의의 원칙상 동일 부동산에 관하여는 순위를 달리하더라도 중복하여 설정될 수 없는데, 소외인이 양산시 소재 임야 95,287㎡(이하 '이 사건 토지')에 관한 경매절차에서 이 사건 토지의 소유권을 취득할 당시 이 사건 토지에는 이미 '동남은행' 명의의 지상권(이하 '이 사건 지상권')이 설정되어 있었으므로, 이 사건 토지와 양산시 소재 공장용지 615㎡(이하 '1180 토지') 양 지상에 건축된 건물 중 이 사건 토지상에 있는 부분(이하 '이 사건 건물 부분')을 위한 법정지상권은 성립할 수 없다."는 취지였지만, 위 대법원은 원심을 파기 환송한 것이다.

참고로 대법원 91다23462 판결의 경우에도 대지에 대하여 저당권을 설정할 당시 저당권자를 위하여 동시에 지상권을 설정하여 주었다고 하더라도 저당권 설정 당시 이미 그 대지상에 건물을 소유하고 있고 그 건물에 관하여 이를 철거하기로 하는 등 특별한 사유가 없으며, 저당권의 실행으로 그 지상권도 소멸한 경우에는 건물을 위한 법정지상권이 발생하지 않는다고 할 수 없다는 취지였다.

위 대법원 2012다97871, 97888 판결과 관련하여 보충설명을 하자면 '철거특약의 부존재'는 민법 제366조의 법정지상권 요건이 아닌 관습상 법정지상권의 요건이라는 것인데, '철거특약의 부존재'가 언급되었다는 것이다. 위 판례가 철거특약 등을 언급한 이유는 저당권설정 당시 건물에 대한 철거약정이 있었다면, 저당권설정 당시 나대지에 지상권을 설정한 것처럼 해석될 여지가 있고, 이런 경우를 전제한다면, 민법 제366조의 법정지상권이 인정되기 어렵기 때문인 것으로 이해하면 족할 것으로 이해된다(필자의 개인의견). 다만, 대법원 87다카1564 판결에 의하면, "민법 제366조는 가치권과 이용권의 조절을 위한 공익상의 이유로 지상권의 설정을 강제하는 것이므로 저당권설정 당사자간의 특약으로 저당목적물인 토지에 대하여 법정지상권을 배제하는 약정을 하더라도 그 특약은 효력이 없다."는 취지이다.

3. 무허가 미등기 건물에 대하여도 성립하는 법정지상권 사례

무허가 건물이거나 미등기 건물의 경우도 법정지상권이 성립될 수 있다. 즉 대법원 87다카2404 판결에 의하면 "동일인의 소유에 속하였던 토지와 건물이 매매, 증여, 강제경매, 국세징수법에 의한 공매 등으로 그 소유권자를 달리하게 된 경우에 그 건물을 철거한다는 특약이 없는 한 건물소유자는 그 건물의 소유를 위하여 그 부지에 관하여 관습상의 법정지상권을 취득하는 것이고 그 건물은 건물로서의 요건을 갖추고 있는 이상 무허가건물이거나 미등기건물이거나를 가리지 않는다."고 판시하고 있고, 대법원 2004다13533 판결도 "민법 제366조의 법정지상권은 저당권 설정 당시 동일인의 소유에 속하던 토지와 건물이 경매로 인하여 양자의 소유자가 다르게 된 때에 건물의 소유자를 위하여 발생하는 것으로서, 토지에 관하여 저당권이 설정될 당시 토지 소유자에 의하여 그 지상에 건물을 건축 중이었던 경우 그것이 사회관념상 독립된 건물로 볼 수 있는 정도에 이르지 않았다 하더라도 건물의 규모·종류가 외형상 예상할 수 있는 정도까지 건축이 진전되어 있었고, 그 후 경매절차에서 매수인이 매각대금을 다 낸 때까지 최소한의 기둥과 지붕 그리고 주벽이 이루어지는 등 독립된 부동산으로서 건물의 요건을 갖추면 법정지상권이 성립하며, 그 건물이 미등기라 하더라도 법정지상권의 성립에는 아무런 지장이 없는 것이다."고 판시하여, 관습상 법정지상권을 물론이고 민법 제366조에 의한 법정지상권의 경우에도 무허가 미등기 건물에 대한 법정지상권의 성립을 인정한다.

다만, 법정지상권에서 말하는 '건물의 소유권'은 '법률상의 소유권'을 의미한다. 즉 대법원(전합) 2002다9660 판결에 의하면 "**민법 제366조의 법정지상권**은 저당권 설정 당시에 동일인의 소유에 속하는 토지와 건물이 저당권의 실행에 의한 경매로 인하여 각기 다른 사람의 소유에 속하게 된 경우에 건물의 소유를 위하여 인정되는 것이므로, 미등기건물을 그 대지와 함께 매수한 사람이 그 대지에 관하여만 소유권이전등기를 넘겨받고 건물에 대하여는 그 등기를 이전받지 못하고 있다가, 대지에 대하여 저당권을 설정하고 그 저당권의 실행으로 대지가 경매되어 다른 사람의 소유로 된 경우에는, 그 저당권의 설정 당시에 이미 대지와 건물이 각각 다른 사람의 소유에 속하고 있었으므로 법정지상권이 성립될 여지가 없다(대법원 87다카869 판결, 대법원 88다카2592 판결, 대법원 91다16730 판결 등).

또한, **관습상의 법정지상권**은 동일인의 소유이던 토지와 그 지상건물이 매매 기타 원인으로 인하여 각각 소유자를 달리하게 되었으나 그 건물을 철거한다는 등의 특약이 없으면 건물 소유자로 하여금 토지를 계속 사용하게 하려는 것이 당사자의 의사라고 보아 인정되는 것이므로 토지의 점유·사용에 관하여 당사자 사이에 약정이 있는 것으로 볼 수 있거나 토지 소유자가 건물의 처분권까지 함께 취득한 경우에는 관습상의 법정지상권을 인정할 까닭이 없다 할 것이어서, 미등기건물을 그 대지와 함께 매도하였다면 비록 매수인에게 그 대지에 관하여만 소유권이전등기가 경료되고 건물에 관하여는 등기가 경료되지 아니하여 형식적으로 대지와 건물이 그 소유 명의자를 달리하게 되었다 하더라도 매도인에게 관습상의 법정지상권을 인정할 이유가 없다고 할 것이다(대법원 87다카634 판결, 대법원 91다40610 판결, 대법원 98다4798 판결 등). 이와 달리, 대지와 그 지상의 미등기건물을 양도하여 대지에 관하여만 소유권이전등기를 경료하고 건물에 관하여는 소유권이전등기를 경료하지 못하고 있다가 양수인이 대지에 설정한 저당권의 실행에 의하여 대지의 소유자가 달라지게 된 경우에 그 저당권설정 당시 양도인 및 양수인이 저당권자에게 그 지상건물을 철거하기로 하는 등의 특약을 한 바가 없다면 양도인이 그 지상건물을 위한 관습상의 법정지상권을 취득한다는 견해를 표명한 대법원 72다1515 판결은 이와 저촉되는 한도 내에서 이를 폐기하기로 한다."는 취지이다.

그리고 대법원 87다카634 판결에 의하면, "이 사건 건물을 그 부지인 이 사건 토지와 함께 피고 한창순이가 양수하였어도 토지에 대하여만 소유권이전등기를 경료하고 건물에 대하여는 등기를 하지 아니하였다면 위 피고는 건물에 대하여 소유권을 취득하였다 할 수 없어 토지에 대하여 위 피고로부터 전전하여 소유권을 양수한 원고에게 관습상의 법정지상권을 주장할 수 없고, 이는 위 건물이 무허가건물로서 원래 미등기건물이라 하더라도 마찬가지라 할 것"이라는 취지이다. 대법원 94다53006 판결에 의하더라도 "미등기 무허가건물의 양수인이라 할지라도 그 소유권이전등기를 경료받지 않는 한 건물에 대한 소유권을 취득할 수 없고, 그러한 건물의 취득자에게 소유권에 준하는 관습상의 물권이 있다고 볼 수 없다."는 취지이다.

결국, 미등기 무허가 건물이라도 법정지상권 성립에 있어 '건물'로서의 요건을 갖춘다면, 법정지상권이 성립될 수는 있지만, 법정지상권에 있어 '건물'의 의미는 '사실상 소유권'으로는 부족하고 '법률상 소유권'에 한정된다.

따라서 대지와 건물을 매수하기는 하였으나, 건물이 무허가 미등기이기 때문에 대지만 소유권이전등기를 한 사안에서는 건물에 대한 등기가 없어 '법률상 소유권'이 인정될 수 없고 법정지상권도 인정되기 어렵다. 결국 대지의 소유자가 무허가 미등기 건물을 원시 취득한 경우에 법정지상권의 성립가능성이 높아질 것으로 해석된다(필자의 개인의견).

4. 건물에 한하여 인정되는 법정지상권

법정지상권은 Ⓐ 전세권 설정자의 법정지상권(민법 제305조), Ⓑ 저당권 실행에 의한 법정지상권(민법 제366조), Ⓒ 가담법상의 법정지상권(가등기담보에 관한 법률 제10조), Ⓓ 입목법상의 법정지상권(입목에 관한 법률 제6조), Ⓔ 관습법에 의한 법정지상권으로 구별된다. 위 법정지상권 중에서 Ⓓ 입목법상의 법정지상권(입목에 관한 법률 제6조)을 제외하면 모두 '건물'에 대하여만 법정지상권이 인정된다. 따라서 법정지상권 성립의 전제인 '건물'이 무엇인지 확인할 필요가 있다.

대법원 94다53006 판결에 의하면 "독립된 부동산으로서의 건물이라고 함은 최소한의 기둥과 지붕 그리고 주벽이 이루어지면 법률상 건물이라고 할 것인바(대법원 86누173 판결 참조), 기록에 의하면 이 사건 가건물들은 시멘트블록조, 철골조 혹은 목조이고, 지붕은 슬레이트, 함석, 천막 등으로 되어 있으며, 주벽이 이루어진 상태로 사무실, 점포, 공장, 창고, 물치장, 주거용 방 등의 용도로 사용되고 있는 사실이 인정되므로, 이 사건 가건물들은 부동산으로서의 건물에 해당된다고 할 것이다. 같은 취지의 원심의 판단은 정당하고, 거기에 채증법칙을 위배하였거나 심리를 다하지 못한 잘못이 없고, 상고이유 중 이 사건 가건물들은 건물이 아니고 따라서 그 소유권을 취득함에 있어서는 등기를 요하지 아니한다고 함을 전제로 원심을 탓하는 부분도 이유 없다."는 취지이다. 따라서 법정지상권 성립에 있어서의 '건물'은 최소한 기둥과 지붕 그리고 주벽이 이루어지면 족하다.

대법원 2021. 10. 28. 선고 2020다224821 판결(토지인도)에 의하면 "민법 제366조의 법정지상권은 저당권 설정 당시 동일인의 소유에 속하던 토지와 건물이 경매로 인하여 양자의 소유자가 다르게 된 때에 건물의 소유자를 위하여 발생하는 것으로서, 법정지상권이 성립하려면 경매절차에서 매수인이 매각대금을 다 낸 때까지 해당 건물이 독립된 부동산으로서 건물의 요건을 갖추고 있어야 한다(대법원 2004다13533 판결 등). 독립된 부동산으로서 건물은 토지에 정착되어 있어야 하는데(민법 제99조 제1항), 가설건축물은 일시 사용을 위해 건축되는 구조물로서 설치 당시부터 일정한 존치기간이 지난 후 철거가 예정되어 있어 일반적으로 토지에 정착되어 있다고 볼 수 없다(대법원 2021두34756 판결). 민법상 건물에 대한 법정지상권의 최단 존속기간은 견고한 건물이 30년, 그 밖의 건물이 15년인데 비하여, 건축법령상 가설건축물의 존치기간은 통상 3년 이내로 정해져 있다. 따라서 가설건축물은 특별한 사정이 없는 한 독립된 부동산으로서 건물의 요건을 갖추지 못하여 법정지상권이 성립하지 않는다."는 취지이다.

대법원 91도945 판결에 의하면 "건축법 제2조 제2호에 의하면 '건축물'이라 함은 토지에 정착하는 공작물 중 지붕 및 기둥 또는 벽이 있는 것과 이에 부수되는 시설, 공중의용에 공하는 관람시설, 지하 또는 고가의 공작물에 설치하는 사무소, 공연장, 점포, 창고와 기타 대통령령으로 정하는 공작물을 말한다고 규정되어 있는바, 여기에서 말하는 토지에 정착하는 공작물이란 반드시 토지에 고정되어 이동이 불가능한 공작물만을 가리키는 것은 아니고, 물리적으로는 이동이 가능하게 토지에 붙어 있어도 그 붙어 있는 상태가 보통의 방법으로는 토지와 분리하여 이를 이동하는 것이 용이하지 아니하고, 그 본래의 용도가 일정한 장소에 상당기간 정착되어 있어야 하고 또 그렇게 보여지는 상태로 붙어 있는 경우를 포함한다고 할 것이다. 원심이 확정한 사실에 의하면 피고인은, 서울 강남구 도곡동 소재 공터에서 '(상호 생략)'라는 상호 아래 밧데리 수리상을 경영하면서 사무실 및 창고를 사용하기 위하여 1989.4.20.경 그곳에 벽과 지붕이 철제로 된 건평 29.7m²의 이 사건 '콘테이너 하우스'를 설치하여 1990.4.경까지 계속하여 이를 사용하여 왔고, 위 '콘테이너 하우스'는 보통사람의 힘만으로는 이동할 수 없고, 이를 이동시키기 위하여는 상당한 동력을 가진 장비에 의하여서만 가능하다는 것이며, 일건기록을 살펴보면 위 '콘테이너 하우스'는 길이 12.192m, 폭 2.438m, 높이 2.591m이고, 창문 4개와 출입문이 2개로서 외부는 철재로 되어 있고, 내부는 베니아판으로 되어 있어 이것을 토지에 정착하면 건축물과 같은 형태를 가지고 그 용도로 사용할 수 있게 되어 있으며, 피고인은 그 중 약 18m²를 사무실로, 약 11.7m²를 창고로 사용하고 있음이 인정되는바, 그렇다면 위 '콘테이너 하우스'는 건축법 제2조 제2호가 규정하는 '건축물'에 해당한다고 보아야 할 것이고, 이와 같은 취지의 원심판단은 정당하다."면서 "토지에 정착하지 아니한 상태로 있는 '콘테이너 하우스' 그 자체는 건축물이라고 할 수 없고, 이것을 토지에 정착하기 이전에는 하나의 제조물 또는 공작물이라고 보아야 할 것이며, 따라서 이와 같은 '콘테이너 하우스'를 제조 또는 제작하는 것 그 자체는 건축행위라고 할 수 없으나 이것을 토지에 정착하는 행위는 건축에 해당한다."는 취지이다. 따라서 컨테이너라고 하더라도 토지로부터 분리해 손쉽게 이동할 수 없고, 건물로서의 요건 즉 기둥과 지붕, 그리고 주벽의 요건을 갖춘 경우라면 법정지상권으로서의 '건물' 요건을 충족할 수 있다. 다만, 컨테이너를 토지에 고정하지 않고 토지 위에 그대로 올려두거나 바퀴를 달아 이동이 가능한 상태로 설치를 하였다면 법정지상권이 성립하기는 어려울 것이다.

대법원 2008도9427 판결에 의하면 "법률상 독립된 부동산으로서의 건물이라고 하려면 최소한의 기둥과 지붕 그리고 주벽이 이루어져야 할 것인바(대법원 86누173 판결, 대법원 94다53006 판결 등), 이 사건 각 세차장구조물은 콘크리트 지반 위에 볼트조립방식 등을 사용하여 철제 파이프 또는 철골의 기둥을 세우고 그 상부에 철골 트러스트 또는 샌드위치 판넬 지붕을 덮었으며, 기둥과 기둥 사이에 차량이 드나드는 쪽을 제외한 나머지 2면 또는 3면에 천막이나 유리 등으로 된 구조물로서 주벽이라고 할 만한 것이 없고, 볼트만 해체하면 쉽게 토지로부터 분리·철거가 가능하므로 이를 토지의 정착물이라 볼 수는 없다고 할 것이다(대법원 66다551 판결 참조)."는 취지이므로 세차장 구조물에 대하여는 법정지상권이 성립하기 어렵다.

대법원 90도2095 판결에 의하면 "원심은 피고인이 건축한 이 사건 지렁이 양식용 비닐하우스는 쇠파이프를 반원모양으로 구부려 양끝을 땅에 박고 이를 지지대로 하여 비닐을 둘러 씌운 뒤 다시 그 위에 차양막을 덮어 놓은 것으로서, 그 설치나 해체면에서 특별한 작업을 필요로 하지 아니하고 또 쉽게 이동 설치할 수 있어 토지에 정착하는 구조물이라 보기 어렵고, 그 구조면에 있어서도 지붕 및 기둥 또는 벽을 구비하고 있다고 보기도 어려워 결국 건축법이 규제대상으로 삼고 있는 건축물에 해당하지 아니한다고 판시하여, 피고인에 대한 이 사건 무면허건축행위에 대하여 무죄의 선고를 하였는바, 기록에 비추어 검토하여 보면 원심의 그와 같은 판단은 수긍이 가고, 거기에 소론과 같은 법리오해의 위법이 없다."는 취지이므로 비닐하우스는 '건물'로 보기 어려워 법정지상권이 성립하기 어렵다.

농지임대차 종료를 전제한 비닐하우스 등의 철거판결의 주문을 고려하여 법정지상권이 성립하지 않은 비닐하우스 철거소송에 활용할 수 있는 청구취지를 적어둔다.

[서울고등법원 2010나22431 판결(비닐하우스 철거 등)의 '주문' 참고]

1. **피고는 원고에게,**
   가. 별지 목록 기재 1, 2, 3 토지 위의 같은 목록 4 내지 19 기재 비닐하우스와 저온저장고를 철거하고,
   나. 그 비닐하우스 안에 있는 채소, 자재 등을 수거 또는 취거하며,
   다. 위 토지를 인도하고,
   라. 2012. 12. 1.부터 위 비닐하우스와 저온저장고의 철거 및 위 토지의 인도 완료일까지 월 500,000원의 비율에 의한 금원을 지급하라.
2. **소송비용은 피고가 부담한다.**
3. **제1항은 가집행할 수 있다.**

라는 판결을 구합니다.

건물은 아니라고 하더라도 정화조와 같은 건물의 '구성부분'이라면 법정지상권이 인정될 수 있다. 즉 대법원 93다42399 판결은 '갑이 을로부터 건물을 매수하면서 인접한 을 소유 대지 지하에 매설된 위 건물의 일부인 정화조를 철거하기로 한 특약이 없었다면 그 대지에 위 건물의 소유를 위한 관습상의 법정지상권을 취득하였다 할 것이고, 그 후 병이 위 건물을 경락취득함으로써 특별한 사정이 없는 한 민법 제100조 제2항의 유추적용에 의하여 건물과 함께 종된 권리인 법정지상권도 양도되었다고 봄이 상당하므로, 갑을 대위하여 을에게 지상권설정등기를 청구할 수 있는 병에게 위 정화조의 철거를 구함은 신의칙상 허용될 수 없다.'는 취지이다.

즉 위 판결의 판결이유를 확인하면 "정화조는 건축법시행령 제47조, 오수, 분뇨 및 축산폐수의 처리에 관한법률 제2조 제5호에 따라 수세식 화장실에서 배출하는 오수의 정화처리를 위하여 필수적으로 설치되어야 하고, 또 기록에 의하면,

이 사건 정화조가 위 3층건물의 대지가 아닌 인접한 다른 필지의 지하에 설치되어 있기는 하지만 위 3층건물 화장실의 오수처리를 위하여 위 건물옆 지하에 바로 부속하여 설치되어 있음을 알 수 있어 독립된 물건으로서 종물이라기 보다는 위 3층 건물의 구성부분으로 보아야 할 것이다. 따라서 위 김금례가 원고로부터 위 3층 건물을 매수하면서 그 일부인 위 정화조를 철거하기로 한 특약이 엿보이지 아니하는 이 사건에서 이 사건 대지에 위 건물의 소유를 위한 관습상의 법정지상권을 취득하였다 할 것이고, 그 후 피고가 위 건물을 경락취득함으로써 특별한 사정이 없는 한 민법 제100조 제2항의 유추적용에 의하여 건물과 함께 종된 권리인 법정지상권도 양도되었다고 봄이 상당하다(대법원 92다527 판결 참조)할 것이므로, 위 김금례를 대위하여 원고에게 지상권설정등기를 청구할 수 있는 피고에게 위 정화조의 철거를 구함은 신의칙상 허용될 수 없다 할 것이다."는 취지이다.

5. 관습상 법정지상권의 취득과 양도 및 건물철거청구

대법원 2009다62059 판결에 의하면 "동일인의 소유에 속하였던 토지와 그 지상 건물이 매매, 증여, 강제경매, 국세징수법에 의한 공매 등으로 인하여 양자의 소유자가 다르게 된 때에 그 건물을 철거한다는 특약이 없는 한 건물소유자는 토지소유자에 대하여 그 건물의 소유를 위한 관습상 법정지상권을 취득한다. 그리고 관습상 법정지상권이 성립하려면 토지 또는 그 지상 건물의 소유권이 유효하게 변동될 당시에 동일인이 토지와 그 지상 건물을 소유하였던 것으로 족하다."는 취지이다. 따라서 관습상 법정지상권의 성립요건을 정리하면, ① 처분 당시 토지와 건물의 소유자 동일, ② 매매 기타 원인으로 소유자 변경, ③ 건물철거 특약의 부존재 등이다.

대지와 건물을 '갑'이 소유하고 있다고 가정하자. '갑'이 대지를 '을'에게 매도하여 대지에 대한 소유권이 '을'에게 이전되었다. 이때, 건물철거 특약이 없었다면 '갑'에게 건물의 소유를 위한 관습상 법정지상권이 성립된다. 즉, 대법원 70다2576 판결에 의하면, "관습상의 지상권은 관습법에 의한 부동산물권의 취득이므로 이를 취득한 당시의 토지소유자나 그 토지소유권을 전득한 제3자에 대하여는 등기 없이도 그 지상권을 주장할 수 있는 것이고 다만 그 지상권을 등기하지 아니하면 이를 처분할 수 없을 뿐이다."라는 취지이다.

건물이 '병'에게 매각되어 '병'이 건물에 대한 소유권이전등기까지 경료하였다면, '병'은 '갑'이 취득한 관습상 법정지상권을 취득하지는 못한다. 대법원 78다52 판결에 의하면, "건물과 함께 미등기인 법정지상권을 가지고 있는 사람이 건물을 제3자에게 처분하고 그 명의의 소유권이전등기를 경료하면서도 법정지상권의 처분에 따른 이전등기 등을 하지 아니하였다면 그 법정지상권은 의연히 원래의 법정지상권자에게 유보되어 있는 것으로 보아야 한다."는 취지이고, 대법원 87다카279 판결에 의하면, "법정지상권을 취득한 건물소유자가 법정지상권의 설정등기를 경료함이 없이 건물을 양도하는 경우에는 특별한 사정이 없는 한 건물과 함께 지상권도 양도하기로 하는 채권적 계약이 있었다고 할 것"이라는 취지이기 때문이다.

다만, 대법원 2011다13463 판결에 의하면, "동일한 소유자에 속하는 대지와 그 지상건물이 매매에 의하여 각기 소유자가 달라지게 된 경우에는 특히 건물을 철거한다는 조건이 없는 한 건물소유자는 대지 위에 건물을 위한 관습상의 법정지상권을 취득하는 것이고, 한편 건물 소유를 위하여 법정지상권을 취득한 자로부터 경매에 의하여 건물의 소유권을 이전받은 경락인은 경락 후 건물을 철거한다는 등의 매각조건하에서 경매되는 경우 등 특별한 사정이 없는 한 건물의 경락취득과 함께 위 지상권도 당연히 취득한다. 이러한 법리는 압류, 가압류나 체납처분압류 등 처분제한의 등기가 된 건물에 관하여 그에 저촉되는 소유권이전등기를 마친 사람이 건물의 소유자로서 관습상의 법정지상권을 취득한 후 경매 또는 공매절차에서 건물이 매각되는 경우에도 마찬가지로 적용된다."고 판시하여, 경매로 건물을 취득하는 경우에는 법정지상권도 함께 취득한다.

이 사안에서 대지의 소유자 '을'이 자신의 토지를 '무'에게 매각하여 토지에 대한 소유권이전등기까지 완료를 하였다면, 대지의 소유자인 '무'가 건물의 소유자인 '병'을 상대로 건물의 철거를 청구할 수는 없다. 즉 대법원(전합) 84다카1131 판결에 의하면, "법정지상권을 가진 건물소유자로부터 건물을 양수하면서 법정지상권까지 양도받기로 한 자는 채권자대위의 법리에 따라 전건물소유자 및 대지소유자에 대하여 차례로 지상권의 설정등기 및 이전등기절차이행을 구할 수 있다 할 것이므로 이러한 법정지상권을 취득할 지위에 있는 자에 대하여 대지소유자가 소유권에 기하여 건물철거를 구함은 지상권의 부담을 용인하고 그 설정등기절차를 이행할 의무 있는 자가 그 권리자를 상대로 한 청구라 할 것이어서 신의성실의 원칙상 허용될 수 없다."는 취지이기 때문이다.

대지 소유자 '무'의 건물 소유자 '병'에 대한 철거청구가 인정되지는 않지만, 지료청구는 가능하다. 즉 대법원 87다카1604 판결에 의하면, "법정지상권자라고 할지라도 대지소유자에게 지료를 지급할 의무는 있는 것이고 법정지상권을 취득할 지위에 있는 자 역시 지료 또는 임료상당이득을 대지소유자에게 반환할 의무를 면할 수는 없는 것이므로 이러한 임료상당 부당이득의 반환청구까지도 신의성실의 원칙에 반한다고 볼 수 없다."는 취지이다.

6. 법정지상권 성립 건물을 경매절차에서 취득한 매수인은 법정지상권도 취득

대법원 95다52864 판결에 의하면, "저당권의 효력이 저당부동산에 부합된 물건과 종물에 미친다는 민법 제358조 본문을 유추하여 보면 건물에 대한 저당권의 효력은 그 건물에 종된 권리인 건물의 소유를 목적으로 하는 지상권에도 미치게 되므로, 건물에 대한 저당권이 실행되어 경락인이 그 건물의 소유권을 취득하였다면 경락 후 건물을 철거한다는 등의 매각조건에서 경매되었다는 등 특별한 사정이 없는 한, 경락인은 건물 소유를 위한 지상권도 민법 제187조의 규정에 따라 등기 없이 당연히 취득하게 되고, 한편 이 경우에 경락인이 건물을 제3자에게 양도한 때에는, 특별한 사정이 없는 한 민법 제100조 제2항의 유추적용에 의하여 건물과 함께 종된 권리인 지상권도 양도하기로 한 것으로 봄이 상당하다."는 취지이며, 대법원 90다16214 판결에 의하면, "관습에 의한 법정지상권이 있는 건물의 경락인은 경매 시에 경락 후 건물을 철거하는 등의 매각조건 아래 경매되었다는 등 특별한 사정이 없는 한 건물의 경락취득과 함께 그 지상권도 당연히 취득하였다고 할 것이므로 그 지상권으로써 토지소유권을 전득한 자에게 대항할 수 있다."는 취지이고, 대법원 84다카1578, 1579 판결은 "건물소유를 위하여 법정지상권을 취득한 자로부터 경매에 의하여 그 건물의 소유권을 이전받은 경락인은 경락후 건물을 철거한다는 등의 매각조건하에서 경매되는 경우 등 특별한 사정이 없는 한 건물의 경락취득과 함께 위 지상권도 당연히 취득한다."고 한다.

대법원 2011다13463 판결에 의하면, "동일한 소유자에 속하는 대지와 그 지상건물이 매매에 의하여 각기 소유자가 달라지게 된 경우에는 특히 건물을 철거한다는 조건이 없는 한 건물소유자는 대지 위에 건물을 위한 관습상의 법정지상권을 취득하는 것이고, 한편 건물 소유를 위하여 법정지상권을 취득한 자로부터 경매에 의하여 건물의 소유권을 이전받은 경락인은 경락 후 건물을 철거한다는 등의 매각조건하에서 경매되는 경우 등 특별한 사정이 없는 한 건물의 경락취득과 함께 위 지상권도 당연히 취득한다. 이러한 법리는 압류, 가압류나 체납처분압류 등 처분제한의 등기가 된 건물에 관하여 그에 저촉되는 소유권이전등기를 마친 사람이 건물의 소유자로서 관습상의 법정지상권을 취득한 후 경매 또는 공매절차에서 건물이 매각되는 경우에도 마찬가지로 적용된다."는 취지이다. 위 판결의 판결이유에 의하면, "이 사건에서 소외 2는 소외 1로부터 위 토지의 소유권과 이 사건 건물의 소유권을 차례로 이전받았다가, 이후 선행 처분금지가처분에 기한 본등기가 경료되어 위 토지에 관한 소외 2의 소유권이전등기가 말소됨으로써 소외 2는 토지에 관한 소유권취득을 가처분권자에게 대항할 수 없게 되었고, 이와 같은 경우 적어도 관습상 법정지상권 성립 여부와 관련하여서는 위 토지와 이 사건 건물은 모두 소외 1 소유였다가 그 중 이 사건 건물만 소외 2에게 소유권이 이전된 것과 마찬가지로 봄이 상당하므로, 결국 소외 2는 이 사건 건물에 관하여 소유권을 취득함으로써 관습상의 법정지상권을 취득하였다고 할 것이고, 그 후 위 건물에 관하여 진행된 공매절차에서 피고가 이 사건 건물에 관한 소유권을 취득함으로써 피고는 위 건물의 소유권과 함께 위 지상권도 취득하였다."는 취지이다.

대법원 2012다73158 판결에 의하면, "동일인의 소유에 속하고 있던 토지와 그 지상 건물이 매매 등으로 인하여 소유자가 다르게 된 경우에 그 건물을 철거한다는 특약이 없는 한 건물소유자는 그 건물의 소유를 위한 관습상 법정지상권을 취득한다(대법원 96다40080 판결 등). 그런데 민법 제406조의 채권자취소권의 행사로 인한 사해행위의 취소와 일탈재산의 원상회복은 채권자와 수익자 또는 전득자에 대한 관계에 있어서만 그 효력이 발생할 뿐이고 채무자가 직접 권리를 취득하는 것이 아니므로(대법원 98두11458 판결 등), 토지와 그 지상 건물이 함께 양도되었다가 채권자취소권의 행사에 따라 그중 건물에 관하여만 양도가 취소되고 수익자와 전득자 명의의 소유권이전등기가 말소되었다고 하더라도, 이는 관습상 법정지상권의 성립요건인 '동일인의 소유에 속하고 있던 토지와 그 지상 건물이 매매 등으로 인하여 소유자가 다르게 된 경우'에 해당한다고 할 수 없다."고 판시하였고, 또한 "저당권설정 당시 동일인의 소유에 속하고 있던 토지와 그 지상 건물이 경매로 인하여 소유자가 다르게 된 경우에 건물소유자는 그 건물의 소유를 위한 민법 제366조의 법정지상권을 취득한다(대법원 2010다67159 판결 등). 그리고 건물소유를 위하여 법정지상권을 취득한 사람으로부터 경매에 의하여 그 건물의 소유권을 이전받은 매수인은 매수 후 건물을 철거한다는 등의 매각조건하에서 경매되는 경우 등 특별한 사정이 없는 한 건물의 매수취득과 함께 위 지상권도 당연히 취득하는데(대법원 2013다43345 판결 등), 이러한 법리는 사해행위의 수익자 또는 전득자가 건물의 소유자로서 법정지상권을 취득한 후 채무자와 수익자 사이에 행하여진 건물의 양도에 대한 채권자취소권의 행사에 따라 수익자와 전득자 명의의 소유권이전등기가 말소된 다음 경매절차에서 그 건물이 매각되는 경우에도 마찬가지로 적용된다."고 판시한 사실이 있다.

7. 저당권 실행에 의한 건축 중 건물에 대한 법정지상권의 성립과 지료청구

민법 제366조는 '법정지상권'이라는 제목 아래에 "저당물의 경매로 인하여 토지와 그 지상건물이 다른 소유자에 속한 경우에는 토지소유자는 건물소유자에 대하여 지상권을 설정한 것으로 본다. 그러나 지료는 당사자의 청구에 의하여 법원이 이를 정한다."고 규정하여, '저당권실행에 의한 법정지상권'의 성립을 인정하면서, 지료에 대하여 당사자가 청구할 때에 법원에서 판단하도록 규정하고 있다. 이는 지상건물의 철거를 방지하여 사회경제적 손실을 줄이고 저당권제도의 효율성 있는 보장을 위해 마련된 제도로 설명된다.

'저당권 실행에 의한 법정지상권'은 '① 저당권설정 당시에 건물의 존재, ② 저당권설정 당시에 토지와 건물이 동일한 소유자에 속할 것, ③ 경매(저당권 실행)로 인하여 토지와 건물의 소유자가 달라질 것, ④ 토지와 건물 어느 한쪽이나 또는 토지와 건물 모두에 저당권이 설정될 것'을 그 요건으로 한다. 다만 ④요건과 관련한 판례사례로는 대체로 토지에 저당권이 설정된 경우가 흔하다. ①요건은 '저당권설정 당시의 건물의 존재'를 요구하고, ③요건에서는 '경매로 토지와 건물의 소유자가 달라질 것'을 요구하는데, 위 ①요건에서의 '건물'과 ③요건에서의 '건물'은 같은 의미인지 아니면 다른 의미인지 문제된다. 대법원 2010다67159 판결에 의하면, ①요건에서의 '건물'과 ③요건에서의 '건물'은 그 의미가 다르다는 취지이다.

즉, 위 대법원 2010다67159 판결에 의하면, 저당권 설정 당시의 건물은 '사회관념상 독립된 건물로 볼 수 있는 정도에 이르지 않았다 하더라도 건물의 규모, 종류가 외형상 예상할 수 있는 정도까지 건축이 진전'되어 있으면 족하고, 매수인이 매각대금을 다 내어 소유권을 취득하고 건물소유자에게는 법정지상권이 성립하는 즈음의 건물은 '최소한의 기둥과 지붕 그리고 주벽이 이루어지는 등 독립된 부동산으로서 건물의 요건'을 갖추어야 한다.

집합건물의 경우는 위 '최소한의 기둥과 지붕 그리고 주벽'의 요건도 완화된다. 즉 대법원 2002다21592,21608 판결은 원심과 달리 "신축 건물은 경락대금 납부 당시 이미 지하 1층부터 지하 3층까지 기둥, 주벽 및 천장 슬라브 공사가 완료된 상태이었을 뿐만 아니라 지하 1층의 일부 점포가 일반에 분양되기까지 한 사정을 엿볼 수 있는바, 비록 피고 등이 경락을 원인으로 이 사건 토지의 소유권을 취득할 당시 신축 건물의 지상층 부분이 골조공사만 이루어진 채 벽이나 지붕 등이 설치된 바가 없다 하더라도, 지하층 부분만으로도 구분소유권의 대상이 될 수 있는 구조라는 점에서 신축 건물은 경락 당시 미완성 상태이기는 하지만 독립된 건물로서의 요건을 갖추었다고 봄이 상당하다."고 판시하였다(12층까지 예정된 주상

복합신축 공사였음).

대법원 94다61144 판결에 의하면, "법정지상권자가 지급할 지료를 정함에 있어서 법정지상권 설정 당시의 제반 사정을 참작하여야 하나, 법정지상권이 설정된 건물이 건립되어 있음으로 인하여 토지의 소유권이 제한을 받는 사정은 참작·평가하여서는 안 된다."는 취지이다.

8. 가등기에 의한 본등기와 관습상 법정지상권의 성립 여부

대법원 판결 사안을 정리해 본다. "① 갑 소유 토지에 대한 을의 소유권이전등기청구권 보전가등기, → ② 토지소유자인 갑의 건물신축 및 건물에 대한 갑의 소유권보존등기, → ③ 토지에 대한 가등기권자인 을의 본등기, → ④ 을이 토지에 대한 본등기 후 토지를 병에게 매도"가 있었다고 가정할 때에, 병이 갑이 건축한 건물의 철거를 청구할 수 있을지 문제된다.

갑이 건축한 건물에 대한 관습상 법정지상권이 인정된다면 병의 갑에 대한 건물철거청구는 패소할 것이고, 위 건물에 대한 관습상 법정지상권이 인정되지 않는다면 병의 갑에 대한 건물철거청구는 승소할 것이다.

대법원 2009다62059 판결 등에 의하면, 관습상 법정지상권의 성립요건은 ① 처분 당시(소유권이 유효하게 변동될 당시) 토지와 건물의 소유자 동일, ② 매매 기타 원인으로 소유자 변경, ③ 건물철거 특약의 부존재 등으로 정리된다.

대법원 81다1298 판결은 위와 같은 경우에 관습상 법정지상권이 인정된다는 취지이다.

그 이유에 대하여 위 대법원은 "가등기는 그 성질상 본등기의 순위보전에 효력만이 있고 후일 본등기가 경료된 때에는 본등기의 순위가 가등기한 때로 소급함으로써 가등기후 본등기 전에 이루어진 중간처분이 본등기보다 후순위로 되어 실효될 뿐이고 본등기에 의한 물권변동의 효력이 가등기한 때로 소급하여 발생하는 것은 아니다."라는 것이다.

즉 을이 본등기를 할 때에 물권변동의 효력이 소급하지 않는바, 갑이 지상건물을 신축할 때에 토지는 여전히 갑의 소유였기 때문에, 관습상 법정지상권의 성립요건 중 “처분 당시 토지와 건물의 소유자 동일”요건을 충족한다는 것이다.

결국 관습상 법정지상권의 성립요건 중에서 “② 매매 기타 원인으로 소유자 변경”에, “소유권이전등기청구권 보전가등기를 전제한 본등기로 인한 소유자 변경”이 포함되는 꼴이 된다.

그렇다면 가등기이기는 하나 담보가등기인 경우에도 위와 같은 사안에서 건물에 대한 관습상 법정지상권이 인정되는지 문제되는데, 소유권이전등기청구권 보전가등기와 달리, 담보가등기의 경우에는 관습상 법정지상권이 인정되지 않는다는 것이 대법원의 입장이다. 대지에 담보가등기를 마친 사람의 이익을 크게 해치기 때문이라는 것이다.

즉 대법원 94다5458 판결에 의하면 “원래 채권을 담보하기 위하여 나대지상에 가등기가 경료되었고, 그 뒤 대지소유자가 그 지상에 건물을 신축하였는데, 그 후 그 가등기에 기한 본등기가 경료되어 대지와 건물의 소유자가 달라진 경우에 관습상 법정지상권을 인정하면 애초에 대지에 채권담보를 위하여 가등기를 경료한 사람의 이익을 크게 해하게 되기 때문에 특별한 사정이 없는 한 건물을 위한 관습상 법정지상권이 성립한다고 할 수 없다.”라는 취지이다.

이에 대하여는 담보가등기도 저당권과 같은 담보물권(가등기담보 등에 관한 법률 제12조 등 참고)이라는 점에서 민법 제366조 법정지상권 요건을 고려하면 건물에 대한 관습상 법정지상권을 인정하기 어렵다는 이론이 가능해 보인다.

즉, 민법 제366조 법정지상권의 요건 중에서 “저당권 설정당시에 건물존재” 즉 “담보가등기 설정당시에 건물존재”요건을 결하므로 민법 제366조의 법정지상권 요건을 고려(유추)할 때에 관습상 법정지상권을 인정할 수 없다는 이론구성도 가능해 보인다는 것이다(필자의 개인의견).

정리하자면, 토지에 대한 소유권이전등기청구권 보전가등기와 본등기 사이에 토지소유자가 건물을 신축하여 건물에 대한 소유권보존등기를 마친 상황이라면, 위 가등기권자가 토지에 대한 본등기를 할 경우에, 건물에 대한 관습상 법정지상권이 인정되나, 위 가등기가 담보가등기라면 담보가등기를 할 당시에 건물이 존재하지 않았기 때문에 가등기담보권자의 담보가치에 대한 기대 내지 이익을 고려할 때에 건물에 대한 관습상 법정지상권이 인정되지 않는다는 것이다.

9. 관습상 법정지상권의 성립과 토지소유자의 대처방법

관습상 법정지상권이 성립한 경우에 토지소유자는 자신의 토지 위에 존속하는 건물의 철거는 물론이고 자신의 토지의 인도를 구할 수도 없고 단지 지료를 청구할 수 있게 된다. 건물소유자가 지료를 연체한 경우에는 민법 제287조는 '지상권소멸청구권'이라는 제목 아래에 "지상권자가 2년 이상의 지료를 지급하지 아니한 때에는 지상권설정자는 지상권의 소멸을 청구할 수 있다."고 규정하고 있어 위 요건을 충족할 경우에 지상권 소멸을 청구할 수 있다.

대법원 92다44749 판결은 "법정지상권이 성립되고 지료액수가 판결에 의하여 정해진 경우 지상권자가 판결확정 후 지료의 청구를 받고도 책임 있는 사유로 상당한 기간 동안 지료의 지급을 지체한 때에는 지체된 지료가 판결확정의 전후에 걸쳐 2년분 이상일 경우에도 토지소유자는 민법 제287조에 의하여 지상권의 소멸을 청구할 수 있다."는 취지이다. 위 사안은 대략 4년간의 미납지료를 지급하라는 판결이 확정된 후에 원고가 몇 차례 피고에게 구두로 위 지료지급을 구하였으나, 위 미납지료를 지급하지 않자, 2년 이상 지료미납을 이유로 법정지상권소멸청구의 서면통고 후 소송을 제기하였고, 이러한 소송이 제기되자 지상권자가 지료확정판결 후 4개월이 지난 즈음에 지료를 지급한 사안에서 상당기간 지료지급을 하지 않았음을 이유로 토지소유자의 지상권소멸청구를 인정한 사안이다.

> 민법 제287조(지상권소멸청구권) 지상권자가 2년 이상의 지료를 지급하지 아니한 때에는 지상권설정자는 지상권의 소멸을 청구할 수 있다.

법정지상권의 부담을 떠안고 있는 토지를 매수하면서, 연체된 지료(2년 미만)에 대한 채권양도를 받아 채권양도절차를 마쳤고, 토지의 전소유자에 대한 연체액과 현 소유자의 연체액의 합계가 2년 이상에 이를 때에 토지의 현 소유자가 지료

연체를 이유로 법정지상권의 소멸청구를 할 수 있는지 문제되는데 지상권 소멸청구가 인정되기 어렵다는 것이 대법원 99다17142 판결의 취지이다. 즉, "법원에 의하여 제3자에게도 효력이 미치는 지료가 결정되었다고 할 수도 없고 달리 원·피고 사이에 지료에 관한 협의가 있었다는 주장·입증이 없으므로, 원고들은 위 박학년의 지료연체를 이유로 지상권소멸청구를 할 수 없다고 할 것이다. −중략− 지상권자가 그 권리의 목적이 된 토지의 특정한 소유자에 대하여 2년분 이상의 지료를 지불하지 아니한 경우에 그 특정의 소유자로 하여금 선택에 따라 지상권의 소멸을 청구할 수 있도록 한 것이라고 해석함이 상당하다."는 취지이다. 2년분의 지료를 연체하고 있음에도 불구하고 지상권설정자가 지상권의 소멸을 청구하지 않고 있는 동안 지상권자가 지료를 지급하여 연체된 지료가 2년 미만으로 된 경우에는 종전 2년분 이상 연체사실을 들어 지상권 소멸청구를 할 수 없다. 즉 대법원 2012다102384 판결에 의하면 "지상권자가 2년 이상의 지료를 지급하지 아니한 때에는 지상권설정자는 지상권의 소멸을 청구할 수 있으나(민법 제287조), 지상권설정자가 지상권의 소멸을 청구하지 않고 있는 동안 지상권자로부터 연체된 지료의 일부를 지급받고 이를 이의 없이 수령하여 연체된 지료가 2년 미만으로 된 경우에는 지상권설정자는 종전에 지상권자가 2년분의 지료를 연체하였다는 사유를 들어 지상권자에게 지상권의 소멸을 청구할 수 없으며, 이러한 법리는 토지소유자와 법정지상권자 사이에서도 마찬가지이다."는 취지이다.

다만, 법정지상권에 관한 지료가 결정된 사실이 없다면 법정지상권자가 지료를 지급하지 않았다고 하더라도 지료지급을 지체한 것으로 볼 수 없다. 즉 대법원 93다52297 판결에 의하면, "법정지상권에 관한 지료가 결정된 바 없다면 법정지상권자가 지료를 지급하지 아니하였다고 하더라도 지료지급을 지체한 것으로는 볼 수 없으므로 법정지상권자가 2년 이상의 지료를 지급하지 아니하였음을 이유로 하는 토지소유자의 지상권소멸청구는 그 이유가 없다."는 취지이다.

관습상 법정지상권과 유사한 분묘기지권의 경우는 "당사자 사이에 그 존속기간에 관한 약정이 있는 등 특별한 사정이 없는 한, 권리자가 분묘의 수호와 봉사를 계속하며 그 분묘가 존속하고 있는 동안 존속(대법원 2011다38592, 38608 판결)"한다. 그러나 민법 제280조에 따라 존속기간을 정하지 않은 관습상 법정지상권은 '견고한 건물'은 30년, 그렇지 않은 건물은 15년의 존속기간이 인정되고, 위 기간이 경과되면 건물소유자는 계약의 갱신을 청구할 수 있겠으나, 토지소유가 갱신을 원하지 않으면 계약이 종료된다. 토지소유자는 건물소유자의 매수청구에 따라 건물을 매수할 의무를 부담한다. 다만, 대법원 93다10781 판결에 의하면, "민법 제283조 제2항 소정의 지상물매수청구권은 지상권이 존속기간의 만료로 인하여 소멸하는 때에 지상권자에게 갱신청구권이 있어 그 갱신청구를 하였으나 지상권설정자가 계약갱신을 원하지 아니할 경우 행사할 수 있는 권리이므로, 지상권자의 지료연체를 이유로 토지소유자가 그 지상권소멸청구를 하여 이에 터잡아 지상권이 소멸된 경우에는 매수청구권이 인정되지 않는다."는 취지이므로 지료 2년분 이상 연체로 법정지상권이 소멸되는 상황이라면, 법정지상권자가 건물매수청구를 하더라도 토지소유자가 건물을 매수할 의무를 부담하지는 않는다.

민법 제286조는 '지료증감청구권'이라는 제목 아래에 "지료가 토지에 관한 조세 기타 부담의 증감이나 지가의 변동으로 인하여 상당하지 아니하게 된 때에는 당사자는 그 증감을 청구할 수 있다."고 규정하고 있다. 따라서, 위 규정을 기초로 하여 토지소유자는 구체적 사정에 따라 지료증액 청구가 가능할 것이다. 이에 대하여 대법원 2002다61934 판결은 "법정지상권 또는 관습에 의한 지상권이 발생하였을 경우에 토지의 소유자가 지료를 청구함에 있어서 지료를 확정하는 재판이 있기 전에는 지료의 지급을 소구할 수 없는 것은 아니고, 법원에서 상당한 지료를 결정할 것을 전제로 하여 바로 그 급부를 구하는 청구를 할 수 있다 할 것이며, 법원도 이 경우에 판결의 이유에서 지료를 얼마로 정한다는 판단을 하면 족한 것이므로, 토지소유자와 관습에 의한 지상권자 사이의 지료급부이행소송의 판결의 이유에서 정해진 지료에 관한 결정은 그 소송의 당사자인 토지소유자와 관습에 의한 지상권자 사이에서는 지료결정으로서의 효력이 있다고 보아야 할 것이고, 한편, 지료증감청구권에 관한 민법 제286조의 규정에 비추어 볼 때, 특정 기간에 대한 지료가 법원에 의하여 결정되었다면, 당해 당사자 사이에서는 그 후 위 민법규정에 의한 지료증감의 효과가 새로 발생하는 등의 특별한 사정이 없는 한, 그 후의 기간에 대한 지료 역시 종전 기간에 대한 지료와 같은 액수로 결정된 것이라고 봄이 상당하다."는 취지이다.

법원에 대하여 법정지상권의 지료를 정하여 달라고 하는 지료결정청구의 소는 그 성질상 형식적 형성소송에 속하지만 판례는 지료관계소송은 반드시 형성의 소에 의할 필요는 없고 직접 이행의 소인 지료지급청구의 형태로 소구해도 상관이 없다는 것이고, 관습상 법정지상권도 동일하다는 취지이다. 즉, 대법원 2002다61934 판결에 의하면, "법정지상권 또는 관습에 의한 지상권이 발생하였을 경우에 토지의 소유자가 지료를 청구함에 있어서 지료를 확정하는 재판이 있기 전에는 지료의 지급을 소구할 수 없는 것은 아니고, 법원에서 상당한 지료를 결정할 것을 전제로 하여 바로 그 급부를 구하는 청구를 할 수 있다 할 것이며, 법원도 이 경우에 판결의 이유에서 지료를 얼마로 정한다는 판단을 하면 족한 것이므로(대법원 64다528 판결 참조), 토지 소유자와 관습에 의한 지상권자 사이의 지료급부이행소송의 판결의 이유에서 정해진 지료에 관한 결정은 그 소송의 당사자인 토지 소유자와 관습에 의한 지상권자 사이에서는 지료결정으로서의 효력이 있다고 보아야 할 것"이라는 취지이다(당사자가 급부판결만 구하여 왔음에도 불구하고 주문에 지료를 얼마로 정한다는 재판까지 할 필요가 없다는 취지). 지료에 대한 당사자 협의를 거치지 않고 막바로 법원에 지료결정청구를 해도 되며, 지료에 관하여 협의가 이루어진 경우 그 약정은 등기해야 제3자에 대하여 대항할 수 있으며(대법원 95다52864 판결), 법원에 의한 지료의 결정은 당사자의 지료결정청구에 의하여 형식적 형성소송인 지료결정판결로 이루어져야 제3자에게도 그 효력이 미친다. 지료결정청구(형식적 형성소송)와 지료의 지급을 구하는 급부청구로서의 금전지급청구(당사자 사이에서만 효력발생)는 병합하여 제기할 수 있다.

10. 제7강 체크포인트

법정지상권 요건 중 핵심은 ① 토지와 건물의 소유자 동일, ② 토지 위에 건물이 이미 존재라는 것인데, 공유토지 또는 공유건물에 있어서 토지의 소유자가 단독소유자일 경우, 법정지상권 성립가능성 높으며, 토지의 소유형태가 공유일 경우 법정지상권 성립가능성이 낮다. 등기사항증명서(등기부)상 토지는 공유등기로 되어 있으나 실제는 구분소유적 공유인 경우에 토지의 공유자들이 그 토지 위에 각자 독자적으로 별개의 건물을 소유한 상황에서 그 토지 전체의 저당권이 실행되어 토지와 건물의 소유자가 달라진 경우에 건물 소유를 위한 법정지상권이 인정된다.

실무상 나대지를 담보로 은행 대출을 받으면서 그 나대지에 근저당권과 더불어 지료약정이 없는 지상권까지 설정한 경우에 이러한 지상권을 '담보지상권'이라고 부르는데, 이러한 담보지상권은 토지에 대한 근저당권이 실행되면서 함께 소멸되며, 토지에 근저당권이 설정될 당시에 나대지가 아니라 건물이 존재한 경우에도 담보지상권이 설정되었던 경우라면 근저당권실행으로 담보지상권이 소멸되면서 건물소유자에 대한 법정지상권이 인정될 수 있다.

무허가 건물이거나 미등기 건물의 경우에도 저당권실행에 의한 법정지상권이나 관습상 법정지상권이 인정될 수 있는데 이때의 '무허가 또는 미등기 건물'은 '사실상 소유권'으로는 부족하고 '법률상 소유권'에 한정된다. 따라서 대지의 소유자가 무허가 미등기 건물을 원시 취득한 경우에 법정지상권의 성립가능성이 높다.

입목법상의 법정지상권을 제외한 법정지상권은 모두 '건물'에 대하여만 법정지상권이 인정된다. 따라서 건물의 요건을 확인할 필요가 있는데, 건물의 최소한의 요건은 기둥, 지붕, 주벽의 존재라고 할 수 있다. 따라서 가건물이라도 위 '건물'의 요건을 충족하면 법정지상권이 성립한다. 다만 일시 사용을 위해 건축되는 구조물인 가설건축물은 건축법령상 그 존치기간이 통상 3년 이내로 정해져 있는 바, 특별한 사정이 없는 한 독립된 부동산으로서 건물의 요건을 갖추지 못하여 법정지상권이 성립하지 않는다.

'건물'의 구성부분에 해당하는 '정화조'의 경우에도 법정지상권이 성립될 수 있다. 컨테이너의 경우에는 토지에 별다른 조치 없이 그대로 올려두거나 바퀴를 달아 토지로부터 분리가 용이한 상황이라면 건물로 볼 수 없어 법정지상권이 성립할 수 없을 것이나, 토지에 견고하게 부착하고 오랜기간 일반 건물처럼 사용한 경우라면 법정지상권 성립가능성이 있다. 주벽이라 할 만한 것이 없는 세차장 구조물은 건물로 보기 어려워 법정지상권이 성립하지 않는다. 또한 농사용 비닐하우스와 같은 구조물도 건물로 보기 어려워 법정지상권이 성립하지 않는다.

대지와 건물을 '갑'이 소유하다가 '갑'이 대지만을 '을'에게 매도하고 대지소유권을 '을'에게 이전하면 건물철거 특약이 없는 한 '갑'에게 건물소유를 위한 관습상 법정지상권이 인정된다. 그런데 건물이 '병'에게 매각되어 건물에 대한 이전등기가 경료가 되면 '병'은 '갑'이 취득한 관습상 법정지상권을 취득하지는 못하지만 특별한 사정이 없는 한 건물과 함께 관습상 법정지상권도 양도하기로 하는 채권적 계약이 있었다고 볼 수 있다. 다만, 건물이 경매로 '병'에게 매각되었다면 '병'은 경매로 건물을 취득할 뿐만 아니라 관습상 법정지상권도 취득한다. 대지 소유자 '을'이 자신의 토지를 '무'에게 매각하여 토지에 대한 이전등기를 완료하였을 때에 '무'가 건물소유자인 '병'에게 건물의 철거를 청구할 수는 없다. 법정지상권을 취득할 지위에 있는 자에 대하여 대지소유자가 소유권에 의하여 건물철거를 구하는 것은 지상권 부담을 용인하고 그 설정등기절차를 이행할 의무가 있는 자가 그 권리자를 상대로 한 청구로 신의칙상 허용될 수 없기 때문이다. 다만, 법정지상권자라고 하더라도 대지소유자에게 지료를 지급할 의무는 부담한다.

저당권 실행에 의한 법정지상권 또는 관습상 법정지상권이 성립된 건물을 경매를 통하여 취득한 낙찰자(매수인)는 건물을 경매로 취득함과 동시에 법정지상권도 등기 없이 당연히 취득한다.

'저당권 실행에 의한 법정지상권'의 경우에 여러 가지 요건 중에서 다른 요건과 더불어 '① 저당권 설정당시에 건물이 존재'해야 한다는 요건과 '② 경매로 인하여 토지와 건물의 소유자가 달리질 것'이라는 요건의 충족이 필요하다. 저당권이 설정되고 나서 경매가 이루어지는 시차가 존재하는 문제로 인하여 위 두 요건에 있어 '건물'이 어느 정도 진척된 건물인지 문제되는데, ① 저당권 설정당시의 '건물'은 '사회관념상 독립된 건물로 볼 수 있는 정도에 이르지 않았다 하더라도 건물의 규모, 종류가 외형상 예상할 수 있는 정도까지 진전'되어 있으면 족하고, '② 경매로 인하여 토지와 건물의 소유자가 달라질 것'이라는 요건상의 '건물'은 원칙적으로 '최소한 기둥과 지붕 그리고 주벽이 이루어지는 등 독립된 부동산으로서 건물의 요건'을 갖추고 있어야 한다(집합건물은 좀 더 완화됨).

'가등기에 의한 본등기와 관습상 법정지상권의 성립여부'가 문제되는데, 토지에 대한 소유권이전등기청구권 보전가등기와 본등기 사이에 토지소유자가 건물을 신축하여 건물에 대한 소유권보존등기를 마친 상황이라면, 위 가등기권자가 토지에 대한 본등기를 할 경우에, 건물에 대한 관습상 법정지상권이 인정되나(대법원 81다1298 판결), 위 가등기가 담보가등기라면 담보가등기를 할 당시에 건물이 존재하지 않았기 때문에 가등기담보권자의 담보가치에 대한 기대 내지 이익을 고려할 때에 건물에 대한 관습상 법정지상권이 인정되지 않는다(대법원 94다5458 판결).

관습상 법정지상권 또는 저당권실행에 의한 법정지상권이 성립된 경우에 토지소유자는 지료를 청구할 수 있다. 확정된 지료의 연체액이 2년에 달한 경우에는 지상권의 소멸을 청구할 수 있는데 판결로 확정된 지료가 이미 2년 이상의 지료액을 넘는다면 판결확정일로부터 다시 2년 이상의 지료연체가 있어야 지상권소멸을 청구할 수 있는 것은 아니고, 판결확정일로부터 상당기간 지료지급을 하지 않은 경우에 지상권의 소멸청구가 가능하다. 저당권실행에 의한 법정지상권은 물론이고 관습상 법정지상권의 경우에도 모두 '건물'의 소유를 위한 법정지상권이 인정되는 것이다. 이때 건물이 견고한 건물이면 30년, 그렇지 않은 건물은 15년의 존속기간이 보장된다. 분묘기지권의 경우에 권리자가 분묘의 수호와 봉사를 계속할 때에 그 분묘가 존속하는 동안 분묘기지권이 인정되는 것과 다르다. 지료가 상당하지 않은 경우에 토지소유자는 지료증액청구도 할 수 있다.

제8강
분묘기지권

제 8 강
분묘기지권

1. 기본이론

분묘기지권이란 “타인의 토지에 설치된 분묘를 소유하기 위하여 그 분묘기지에 해당하는 타인 소유 토지를 사용하는 권리로서 관습법상의 물권”을 의미한다(대법원(전합) 2021. 4. 29.선고 2017다228007 판결). 대법원이 분묘기지권을 인정한 예로는 ① 타인의 토지 내에 그 소유자의 승낙을 얻어 분묘를 설치한 경우(대법원 4294민상1451 판결, 대법원 99다14006 판결), ② 자기 소유의 토지에 분묘를 설치하고 후에 분묘기지에 관한 소유권을 유보하거나 또는 분묘를 따로 이장한다는 등의 특약을 함이 없이 그 토지를 타인에게 양도한 경우(대법원 67다1920 판결), ③ 타인 소유의 토지에 그의 승낙 없이 분묘를 설치한 자가 20년간 평온, 공연하게 점유함으로써 분묘기지권을 시효 취득하는 경우(대법원 4288민상210 판결, 대법원 2011다63017,63024 판결) 등이다.

시신이 안장되어 있지 않은 이상 외형상 분묘의 형태를 갖추었더라도 분묘기지권이 성립하지는 않는다(대법원 76다1359 판결). 분묘기지권의 분묘는 언제나 ‘이미 설치되어 있는 분묘’만을 의미하고 기지에 새로운 분묘를 설치할 권능은 포함되지 않는다(대법원 4290민상771 판결). 분묘기지권이 물권인 이상 분묘가 침해당한 때에는 분묘소유자가 그 침해의 배제를 청구할 수 있다. 분묘기지권은 분묘의 수호 및 봉사에 필요한 주위의 빈 땅에도 그 효력이 미친다(대법원 65다17 판결). 존속기간은 약정이 있으면 그에 따르고 약정이 없으면 권리자가 분묘의 수호와 봉사를 계속하는 한 분묘기지권도 존속한다(대법원 81다1220 판결). 다만, 장사 등에 관한 법률이 시행된 2001. 1. 13. 이후에 설치된 분묘는 위 법률에 따라 분묘의 설치기간도 제한된다(동법 제19조 참고).

분묘기지권은 분묘자체가 공시의 기능을 가지고 있는바, 등기가 필요 없다. 따라서 공시 기능이 소멸 내지 공시 기능이 없다고 볼 수 있는 평장 내지 암장으로는 분묘기지권이 성립된다고 볼 수 없다(대법원 96다14036 판결).

대법원 (전합) 2017. 1. 19. 선고 2013다17292 판결에 의하면, 장사 등에 관한 법률의 시행일인 2001. 1. 13. 이전(즉 12일까지)에 남의 땅에 설치된 분묘에 대하여 취득시효형 분묘기지권 인정 취지인바, 결국 2001. 1. 12.까지 설치된 분묘의 경우 2001. 1. 13. 당시에 아직 20년의 시효기간이 경과되지 않은 경우라도 차후 20년이 경과된 경우 취득시효 주장이 가능하다.

즉 위 대법원 (전합) 2017. 1. 19. 선고 2013다17292 판결에 의하면 "2001. 1. 13.부터 시행된 장사 등에 관한 법률(이하 '장사법')의 시행으로 분묘기지권 또는 그 시효취득에 관한 관습법이 소멸되었다거나 그 내용이 변경되었다는 주장은 받아들이기 어렵다. -중략- 분묘의 설치기간을 제한하고 토지 소유자의 승낙 없이 설치된 분묘에 대하여 토지 소유자가 이를 개장하는 경우에 분묘의 연고자는 토지 소유자에 대항할 수 없다는 내용의 규정들은 장사법(법률 제6158호) 시행 후 설치된 분묘에 관하여만 적용한다고 명시하고 있어서, 장사법(법률 제6158호)의 시행 전에 설치된 분묘에 대한 분묘기지권의 존립 근거가 위 법률의 시행으로 상실되었다고 볼 수 없다. 또한 분묘기지권을 둘러싼 전체적인 법질서 체계에 중대한 변화가 생겨 분묘기지권의 시효취득에 관한 종래의 관습법이 헌법을 최상위 규범으로 하는 전체 법질서에 부합하지 아니하거나 정당성과 합리성을 인정할 수 없게 되었다고 보기도 어렵다. 마지막으로 화장률 증가 등과 같이 전통적인 장사방법이나 장묘문화에 대한 사회 구성원들의 의식에 일부 변화가 생겼더라도 여전히 우리 사회에 분묘기지권의 기초가 된 매장문화가 자리 잡고 있고 사설묘지의 설치가 허용되고 있으며, 분묘기지권에 관한 관습에 대하여 사회 구성원들의 법적 구속력에 대한 확신이 소멸하였다거나 그러한 관행이 본질적으로 변경되었다고 인정할 수 없다. 그렇다면 타인 소유의 토지에 분묘를 설치한 경우에 20년간 평온, 공연하게 분묘의 기지를 점유하면 지상권과 유사한 관습상의 물권인 분묘기지권을 시효로 취득한다는 점은 오랜 세월 동안 지속되어 온 관습 또는 관행으로서 법적 규범으로 승인되어 왔고, 이러한 법적 규범이 장사법(법률 제6158호) 시행일인 2001. 1. 13. 이전에 설치된 분묘에 관하여 현재까지 유지되고 있다고 보아야 한다."는 취지이다.

분묘기지권은 물권이므로 분묘기지권이 성립한 토지를 낙찰받은 경우 분묘기지권을 인수하게 된다. 분묘기지권이 성립하지 않은 경우에는 장사 등에 관한 법률에 따라 개장절차에 나아가거나, 토지 소유자가 분묘소유자를 상대로 분묘의 굴이와 토지의 인도 그리고 지료상당의 부당이득을 청구하여 해결할 여지가 있다.

> 장사 등에 관한 법률 제27조(타인의 토지 등에 설치된 분묘 등의 처리 등) ① 토지 소유자(점유자나 그 밖의 관리인을 포함한다. 이하 이 조에서 같다), 묘지 설치자 또는 연고자는 다음 각 호의 어느 하나에 해당하는 분묘에 대하여 보건복지부령으로 정하는 바에 따라 그 분묘를 관할하는 시장 등의 허가를 받아 분묘에 매장된 시신 또는 유골을 개장할 수 있다.
> 1. 토지 소유자의 승낙 없이 해당 토지에 설치한 분묘
> 2. 묘지 설치자 또는 연고자의 승낙 없이 해당 묘지에 설치한 분묘
>
> ② 토지 소유자, 묘지 설치자 또는 연고자는 제1항에 따른 개장을 하려면 미리 3개월 이상의 기간을 정하여 그 뜻을 해당 분묘의 설치자 또는 연고자에게 알려야 한다. 다만, 해당 분묘의 연고자를 알 수 없으면 그 뜻을 공고하여야 하며, 공고기간 종료 후에도 분묘의 연고자를 알 수 없는 경우에는 화장한 후에 유골을 일정 기간 봉안하였다가 처리하여야 하고, 이 사실을 관할 시장 등에게 신고하여야 한다.
>
> ③ 제1항 각 호의 어느 하나에 해당하는 분묘의 연고자는 해당 토지 소유자, 묘지 설치자 또는 연고자에게 토지 사용권이나 그 밖에 분묘의 보존을 위한 권리를 주장할 수 없다.

④ 토지소유자 또는 자연장지 조성자의 승낙 없이 다른 사람 소유의 토지 또는 자연장지에 자연장을 한 자 또는 그 연고자는 당해 토지 소유자 또는 자연장지 조성자에 대하여 토지사용권이나 그 밖에 자연장의 보존을 위한 권리를 주장할 수 없다.
⑤ 제2항에 따른 봉안기간과 처리방법에 관한 사항은 대통령령으로 정하고, 통지·공고 및 신고에 관한 사항은 보건복지부령으로 정한다.

민법 제1008조의 3은 “분묘에 속한 1정보 이내의 금양임야와 600평 이내의 묘토인 농지, 족보와 제구의 소유권은 제사를 주재하는 자가 이를 승계한다.”고 규정하고 있다.

대법원 (전합) 2023. 5. 11. 선고 2018다248626판결에 의하면 “공동상속인들 사이에 협의가 이루어지지 않는 경우에는 제사주재자의 지위를 인정할 수 없는 특별한 사정이 있지 않는 한 피상속인의 직계비속 중 남녀, 적서를 불문하고 최근친의 연장자가 제사주재자로 우선한다고 보는 것이 가장 조리에 부합한다. 다만, 새로운 법리는 이 판결 선고 이후에 제사용 재산의 승계가 이루어지는 경우에만 적용된다고 봄이 타당하다.”라는 취지이다(분묘굴이 및 토지인도 등 청구의 상대방은 대체로 분묘의 소유자인 제사주재자가 될 것. 단 주의할 점은 분묘의 설치 및 승계 시점을 기준으로 분묘굴이 및 토지인도 등 청구의 상대방이 달라질 수 있음. 대법원 2022다302039 판결 참고).

타인의 토지에 소유자의 승낙을 받아 분묘를 설치한 경우에 발생하는 분묘기지권의 경우에는 승낙을 받으면서, 지료를 지급할 것인지 아니면 지료를 지급하지 않은 것인지 여부를 약정하였을 것이므로, 그 약정에 따르면 될 것이다. 대법원 2021. 9. 16. 선고 2017다271834(본소), 2017다271841(반소) 판결은 “분묘의 기지인 토지가 분묘의 수호·관리권자 아닌 다른 사람의 소유인 경우에 그 토지소유자가 분묘 수호·관리권자에 대하여 분묘의 설치를 승낙한 때에는 그 분묘의 기지에 관하여 분묘기지권을 설정한 것으로 보아야 한다. 이와 같이 승낙에 의하여 성립하는 분묘기지권의 경우 성립 당시 토지소유자와 분묘의 수호·관리자가 지료 지급의무의 존부나 범위 등에 관하여 약정을 하였다면 그 약정의 효력은 분묘 기지의 승계인에 대하여도 미친다."는 취지로 판시하면서, "소외 2의 승낙에 의하여 설정된 분묘기지권을 보유하는 원고 1이 소외 2와 사이에 지료에 관하여 약정한 것이 있다면, 앞서 본 법리에 따라 그 약정의 효력이 그 후 이 사건 (가)분묘의 기지를 승계취득한 피고에 대하여도 미치게 되므로, 원심으로서는 원고 1의 피고에 대한 지료 지급의무의 존부와 범위를 판단하면서 먼저 원고 1과 소외 2 사이의 지료에 관한 약정 여부와 그 내용에 관하여 심리"하여야 한다는 취지로 판시하여, 지료약정이 있었다면 임야를 승계취득한 자에게도 위 지료약정이 미친다는 취지이므로, 지료가 없는 것으로 약정되었다면, 임야를 승계취득한 자도 무상의 분묘기지권을 그대로 인수한다고 해석된다.

자기의 토지에 분묘를 설치한 사람이 그 토지를 양도하면서 분묘를 이장하겠다는 특약을 하지 않은 경우에 대법원 2021. 5. 27. 선고 2020다295892 판결에 의하면 "자기 소유 토지에 분묘를 설치한 사람이 그 토지를 양도하면서 분묘를 이장하겠다는 특약을 하지 않음으로써 분묘기지권을 취득한 경우, 특별한 사정이 없는 한 분묘기지권자는 분묘기지권이 성립한 때부터 토지소유자에게 그 분묘의 기지에 대한 토지사용의 대가로서 지료를 지급할 의무가 있다"는 취지이다.

취득시효형 분묘기지권의 경우에는 토지소유자가 분묘기지권자에게 지료를 청구한 때로부터 지료를 지급할 의무가 있다. 즉 대법원(전합) 2021. 4. 29.선고 2017다228007 판결에 의하면, "2000. 1. 12. 법률 제6158호로 전부 개정된 구 장사 등에 관한 법률(이하 '장사법'이라 한다)의 시행일인 2001. 1. 13. 이전에 타인의 토지에 분묘를 설치한 다음 20년간 평온·공연하게 분묘의 기지(기지)를 점유함으로써 분묘기지권을 시효로 취득하였더라도, 분묘기지권자는 토지소유자가 분묘기지에 관한 지료를 청구하면 그 청구한 날부터의 지료를 지급할 의무가 있다고 보아야 한다."는 취지이다. 위 대법원 전원합의체 판결에 따라 종전 대법원 판결 즉, 분묘기지권을 시효로 취득하는 경우 분묘기지권자의 지료 지급의무가 분묘기지권이 성립됨과 동시에 발생한다는 취지의 대법원 1992. 6. 26. 선고 92다13936 판결 및 분묘기지권자가 지료를 지급할 필요가 없다는 취지로 판단한 대법원 1995. 2. 28. 선고 94다37912 판결은 모두 폐기되었다.

당사자의 청구에 따라 법원이 결정한 지료를 2년분 이상 지급하지 않으면 토지소유자는 분묘기지권의 소멸을 청구할 수 있다고 보아야 할 것이지만(민법 제287조), 당사자의 협의나 법원의 판결에 의해 분묘기지권에 관한 지료의 액수가 정해지지 않았다면 분묘기지권자가 지료를 지급하지 않았더라도 지료 지급을 지체한 것으로 볼 수는 없으므로 분묘기지권 소멸 청구는 허용되지 않는다(대법원 93다52297 판결).

민법 제287조(지상권소멸청구권) 지상권자가 2년 이상의 지료를 지급하지 아니한 때에는 지상권설정자는 지상권의 소멸을 청구할 수 있다.

"제7강 법정지상권판례 심층분석"의 목차 "8. 관습상 법정지상권의 성립과 토지소유자의 대처방법"은 분묘기지권에 있어서도 유효하다고 해석된다. 예를 들어 대법원 92다44749 판결 취지에 따라 지체된 지료가 판결확정의 전후에 걸쳐 2년분 이상이라면 그로부터 일정기간 지료를 지체할 경우에는 토지소유자가 분묘기지권자에게 민법 제287조에 의하여 분묘기지권의 소멸을 청구할 수 있다고 해석된다.

즉 대법원 2015다206850 판결에 의하면 "자기 소유의 토지 위에 분묘를 설치한 후 토지의 소유권이 경매 등으로 타인에게 이전되면서 분묘기지권을 취득한 자가, 판결에 따라 분묘기지권에 관한 지료의 액수가 정해졌음에도 판결확정 후 책임 있는 사유로 상당한 기간 동안 지료의 지급을 지체하여 지체된 지료가 판결확정 전후에 걸쳐 2년분 이상이 되는 경우에는 민법 제287조를 유추적용하여 새로운 토지소유자는 분묘기지권자에 대하여 분묘기지권의 소멸을 청구할 수 있다. 분묘기지권자가 판결확정 후 지료지급 청구를 받았음에도 책임 있는 사유로 상당한 기간 지료의 지급을 지체한 경우에만 분묘기지권의 소멸을 청구할 수 있는 것은 아니다."는 취지이다.

민법 제287조(지상권소멸청구권) 지상권자가 2년 이상의 지료를 지급하지 아니한 때에는 지상권설정자는 지상권의 소멸을 청구할 수 있다.

다만 건물을 위해 인정되는 법정지상권의 경우는 존속기간을 정하지 않은 경우에 '견고한 건물'은 30년, 그렇지 않은 건물은 15년의 존속기간이 인정되나, 분묘기지권의 경우에는 당사자 사이에 그 존속기간에 관한 약정이 있는 등 특별한 사정이 없는 한 권리자가 분묘의 수호와 봉사를 계속하며 그 분묘가 존속하고 있는 동안 존속한다는 점을 유의할 필요가 있다.

즉 대법원 2011다38592,38608 판결에 의하면 "분묘기지권은, 당사자 사이에 그 존속기간에 관한 약정이 있는 등 특별한 사정이 없는 한, 권리자가 분묘의 수호와 봉사를 계속하며 그 분묘가 존속하고 있는 동안 존속하는 것이고(대법원 81다1220 판결, 대법원 2009다1092 판결 등), 그 분묘를 다른 곳에 이장하면 그 분묘기지권은 소멸된다(대법원 2007다16885 판결 등). 다만, 장사 등에 관한 법률이 시행된 2001. 1. 13. 이후에 설치된 분묘는 위 법률에 따라 분묘의 설치기간도 제한된다(동법 제19조 참고). 그리고 분묘기지권에는 그 효력이 미치는 지역의 범위 내라고 할지라도 기존의 분묘 외에 새로운 분묘를 신설할 권능은 포함되지 아니한다(대법원 2001다28367 판결)."는 취지이다.

2. 제8강 체크포인트

'분묘기지권'이란 타인토지에 분묘소유를 위해 토지를 사용하는 관습상 물권으로 지상권의 일종이다. 분묘기지권은 세 가지 경우에 성립하는데 ① 토지소유자의 승낙을 얻어 분묘를 설치한 경우, ② 분묘에 대한 이장특약 없이 토지만을 양도한 경우, ③ 분묘기지권을 시효로 취득한 경우가 이에 해당한다. 분묘기지권의 시효취득은 '장사 등에 관한 법률'의 시행으로 인하여 동법 시행일에 해당하는 2001. 1. 13.이전 즉 2001. 1. 12.까지 남의 땅에 설치된 분묘에 한하여 인정될 가능성만 있고, 2001. 1. 13. 이후에 설치된 분묘의 경우에는 '장사 등에 관한 법률' 규정에 따라 처리되므로, 취득시효형 분묘기지권이 인정되지 않는다. ① 토지소유자의 승낙을 얻어 분묘를 설치한 경우에 지료약정을 하였다면 그 약정의 효력은 그 후 토지소유자의 승계인에게도 효력이 미치며, ② 이장약정 없이 토지만을 양도하여 인정되는 분묘기지권의 경우에는 분묘기지권 성립 시로부터 지료 지급의무가 발생하며. ③ 분묘기지권을 시효로 취득한 경우에는 토지소유자가 지료를 청구한 때로부터 지료를 지급할 의무가 발생한다. 당사자의 청구에 따라 법원이 결정한 지료를 2년분 이상 지급하지 않으면 토지소유자는 분묘기지권자에게 분묘기지권의 소멸을 청구할 수 있다. 분묘의 소유자라 할 수 있는 분묘기지권자(제사주재자)는 **현재를 기준**으로 하자면, 피상속인의 직계비속 중 남녀, 적서를 불문하고 최근친의 연장자가 된다.

제9강
유치권

제9강

유 치 권

1. 민사유치권

가. 민사유치권의 의의

유치권이란 타인의 물건 또는 유가증권을 점유하는 자가 그 물건 또는 유가증권에 관하여 생긴 채권의 변제를 받을 때까지 그 목적물을 유치하여 채무자의 변제를 간접적으로 강제하는 담보물권이다(민법 제320조 제1항). 유치권의 성립요건은 ① 타인의 물건 또는 유가증권의 적법 점유 및 점유계속, ② 채권과 물건의 견련성, ③ 채권의 변제기 도래, ④ 유치권 배제특약의 부존재 등으로 요약할 수 있다.

민법 제320조(유치권의 내용) ① 타인의 물건 또는 유가증권을 점유한 자는 그 물건이나 유가증권에 관하여 생긴 채권이 변제기에 있는 경우에는 변제를 받을 때까지 그 물건 또는 유가증권을 유치할 권리가 있다. ② 전항의 규정은 그 점유가 불법행위로 인한 경우에 적용하지 아니한다.

민사집행법 제91조 제5항은 "매수인은 유치권자에게 그 유치권으로 담보하는 채권을 변제할 책임이 있다."고 규정하고 있다. 이에 대하여 대법원 2014마1407 결정은 "민사집행법 제268조에 의하여 담보권의 실행을 위한 경매절차에 준용되는 같은 법 제91조 제5항은 매수인은 유치권자에게 그 유치권으로 담보하는 채권을 변제할 책임이 있다고 규정하고 있다. 여기에서 '변제할 책임이 있다'는 의미는 부동산상의 부담을 승계한다는 취지로서 인적 채무까지 인수한다는 취지는 아니므로, 유치권자는 경락인에 대하여 그 피담보채권의 변제가 있을 때까지 유치목적물인 부동산의 인도를 거절할 수 있을 뿐이고 그 피담보채권의 변제를 청구할 수는 없다."는 취지이다.

따라서 유치권자가 채권 채무관계가 없는 경매부동산의 낙찰자(매수인)에게 유치권으로 담보된 채무의 이행을 구할 수는 없고, 단지 낙찰자(매수인) 등으로부터 피담보채권의 변제를 받을 때까지 유치부동산의 인도를 거절할 수 있을 뿐이다.

나. 타인의 물건 또는 유가증권을 적법하게 점유

유치권의 목적물이 누구의 소유인가는 문제되지 않는바(대법원 73다746 판결), 채무자 소유임을 요하는 상사유치권(상법 제58조)과 구별된다.

> 상법 제58조(상사유치권) 상인간의 상행위로 인한 채권이 변제기에 있는 때에는 채권자는 변제를 받을 때까지 그 채무자에 대한 상행위로 인하여 자기가 점유하고 있는 채무자소유의 물건 또는 유가증권을 유치할 수 있다. 그러나 당사자간에 다른 약정이 있으면 그러하지 아니하다.

유치권은 점유를 잃으면 소멸하므로 목적물에 대한 점유가 계속되어야 하며, 점유는 직접점유이건 간접점유이건 상관이 없다. 다만 채무자를 직접 점유자로 하는 간접점유는 유치권의 요건인 점유에 해당하지 않는다. 즉 대법원 2007다27236 판결에 의하면 "유치권의 성립요건이자 존속요건인 유치권자의 점유는 직접점유이든 간접점유이든 관계가 없으나, 다만 유치권은 목적물을 유치함으로써 채무자의 변제를 간접적으로 강제하는 것을 본체적 효력으로 하는 권리인 점 등에 비추어, 그 직접점유자가 채무자인 경우에는 유치권의 요건으로서의 점유에 해당하지 않는다고 할 것이다."는 취지이다.

유치권에 있어 '점유'는 건물 출입구를 잠금장치로 봉쇄하고 외부에 현수막, 플랭카드, 유치안내문 등을 통해 유치권 행사 중임을 알리거나 유치권자가 경비업체와 용역계약을 체결하고 그 경비업체가 부동산을 점유하는 등의 방법 등을 사용한다.

이와 관련하여 대법원 93다289 판결에 의하면 "소외 회사는 나머지 공사대금채권의 확보를 위하여 위 1985. 6. 25경부터 위 동인빌딩의 지하 1층과 이 사건 상가부분에 대하여 유치권을 행사하기로 하고, 그 출입문에 그러한 취지의 경고문을 붙여 놓으면서 이 사건 상가부분의 정식출입구 2개 모두를 자물쇠로 시정해 놓고 위 빌딩 9층에 상근하는 소외 회사의 직원들로 하여금 수시로 위 상가부분에 출입하면서 이를 관리하게 한 사실", "소외 회사의 위 이병진에 대한 공사대금채무가 잔존함을 전제로 이 사건 상가부분에 관한 소외 회사의 유치권이 존속하고 있다고 판단한 원심의 사실인정과 판단은 수긍이 간다."는 취지이다.

유치권의 '점유'가 어느 정도 계속성이 있어야 하는지도 문제되는데, 유치권 행사에 관한 단순한 안내문 부착이나 가끔 유치권 대상 건물에 들르기 시작한 것만으로는 이 사건 건물을 점유하였다고 보기 어렵다. 잠금장치를 해 두는 등의 어느 정도의 관리행위가 필요한 것으로 해석된다.

즉 서울고등법원 2008나42036 판결에 의하면 "점유라고 함은 물건이 사회통념상 그 사람의 사실적 지배에 속한다고 보여지는 객관적 관계에 있는 것을 말하고, 사실상의 지배가 있다고 하기 위해서는 반드시 물건을 물리적·현실적으로 지배하는 것만을 의미하는 것은 아니고 물건과 사람과의 시간적·공간적 관계와 소유 관계, 타인지배의 배제가능성 등을 고려하여 사회관념에 따라 합목적적으로 판단하여야 하는 것이며(대법원 95다8713판결), 한편 채무자 소유의 건물 등 부동산에 강제경매개시결정의 기입등기가 경료되어 압류의 효력이 발생한 이후에 채무자가 위 부동산에 관한 공사대금채권자에게 그 점유를 이전함으로써 그로 하여금 유치권을 취득하게 한 경우, 그와 같은 점유의 이전은 목적물의 교환가치를 감소시킬 우려가 있는 처분행위에 해당하여 민사집행법 제92조 제1항, 제83조 제4항에 따른 압류의 처분금지효에 저촉되므로 점유자로서는 위 유치권을 내세워 그 부동산에 관한 경매절차의 매수인에게 대항할 수 없다 할 것이고(대법원 2005다22688 판결), 이와 같은 법리는 임의경매개시결정이 있는 경우도 마찬가지라 할 것이다. －중략－ 피고들은 2005. 1.경부터 이 사건 건물의 1층 또는 지하 1층에 유치권을 행사한다는 취지의 안내문을 부착하고, 같은 달 15. 이 사건 임의경매절차에서 유치권자로서 권리신고를 하는 한편, 피고들의 직원들이 가끔 이 사건 건물에 들러 지하 1층에 있는 총무과 사무실의 책상을 사용하기도 하였으나, 이 사건 건물에 상주하거나 위 건물을 관리하지는 아니한 사실, 그 후 피고들은 2005. 10. 15.경 이 사건 건물 1층에 있는 사무실을 점유하는 한편 정○○으로부터 이 사건 건물의 열쇠를 교부받아 그 무렵부터 이 사건 건물의 출입을 통제하여 왔고, 그로 인하여 이 사건 건물에서의 병원영업도 2005. 10. 15.경부터 중단된 사실을 인정할 수 있는바, 위 인정사실에 의하면 피고들이 이 사건 건물을 직접 점유하기 시작한 것은 2005. 10. 15.경부터라 할 것이고(유치권 행사에 관한 단순한 안내문 부착이나 가끔 이 사건 건물에 들르기 시작한 것만으로는 이 사건 건물을 점유하였다고 하기에 부족하고, 설령 이를 점유로 본다 하더라도 그 시기가 2005. 1. 초순경으로서 이미 위 임의경매개시결정의 기입등기가 경료 된 2004. 12. 27. 이후이다), 이는 위 기입등기 이후이므로 피고들은 위 점유에 근거한 유치권을 내세워 이 사건 임의경매절차에서의 매수인인 원고에게 대항할 수 없다."라는 취지이다.

> 민법 제321조(유치권의 불가분성) 유치권자는 채권전부의 변제를 받을 때까지 유치물 전부에 대하여 그 권리를 행사할 수 있다.

유치물 일부를 '점유'한 경우에도 유치권 주장이 가능한지 문제된다. 유치권의 불가분성을 규정한 민법 제321조와 관련하여 대법원 2005다16942 판결에 의하면 다세대 창호공사 등을 완성한 하수급인이 공사대금채권의 잔액을 변제받기 위해 다세대 중 한 세대만을 점유한 사안에서, 유치권자는 위 한 세대에 대하여 시행한 공사대금만이 아니라 다세대주택 전체에 대하여 시행한 공사대금채권의 잔액 전부를 피담보채권으로 한다는 취지이다. 그 핵심적 이유는 하나의 하도급계약을 전제하기 때문이다.

즉 "이 사건 공사의 공사대금이 각 구분건물에 관한 공사부분별로 개별적으로 정해졌거나 처음부터 각 구분건물이 각각 별개의 공사대금채권을 담보하였던 것으로 볼 수 없는 이상, 피고가 소외 2에 대하여 가지는 이 사건 공사 목적물(7동의 다세대주택) 전체에 관한 공사대금채권은 피고와 소외 2 사이의 하도급계약이라는 하나의 법률관계에 의하여 생긴 것으로서 그 공사대금채권 전부와 공사 목적물 전체 사이에는 견련관계가 있다고 할 것이고, 피고가 2003년 5월경 이 사건 공사의 목적물 전체에 대한 공사를 완성하여 이를 점유하다가, 현재 나머지 목적물에 대하여는 점유를 상실하고 이 사건 주택만을 점유하고 있다고 하더라도, 유치물은 그 각 부분으로써 피담보채권의 전부를 담보한다고 하는 유치권의 불가분성에 의하여 이 사건 주택은 이 사건 공사로 인한 공사대금채권 잔액 157,387,000원 전부를 담보하는 것으로 보아야 할 것"이라는 취지이다.

유치권 성립에 있어 채권과 점유 사이에 견련관계가 요구되지는 않는다. 따라서 목적물에 관련되는 채권이 먼저 발생하고 뒤에 목적물을 점유하게 된 경우는 물론이고 물건의 점유를 일시 상실하였다가 다시 점유하게 된 경우에도 유치권을 취득한다. 점유가 불법행위로 인한 경우에는 유치권이 성립할 수 없다(민법 제320조 제2항). 예를 들어 건물임대차계약 해지 후에 임차인이 계속 건물을 점유하여 필요비를 지출하여도 그 상환청구권에 대하여는 유치권이 성립하기 어렵다.

다. 채권과 물건의 견련관계

대법원 2005다16942 판결에 의하면 "민법 제320조 제1항에서 '그 물건에 관하여 생긴 채권'은 유치권 제도 본래의 취지인 공평의 원칙에 특별히 반하지 않는 한 채권이 목적물 자체로부터 발생한 경우는 물론이고 채권이 목적물의 반환청구권과 동일한 법률관계나 사실관계로부터 발생한 경우도 포함"한다고 판시하여 '견련관계'의 의미를 밝히고 있다. 즉 '견련관계'란 ① '피담보채권이 목적물 자체로부터 또는 자체를 원인으로 하여 발생한 경우'와 ② '피담보채권이 목적물 반환청구권과 동일한 법률관계나 사실관계로부터 발생한 경우'를 의미한다.

① '피담보채권이 목적물 자체로부터 또는 자체를 원인으로 하여 발생한 경우'로는 목적물에 지출된 유익비 또는 필요비 등의 비용상환청구권(대법원 71다2414 판결), 공사대금채권(대법원 2005다22688 판결) 등을 들 수 있다. 따라서 채권이 목적물 자체를 목적으로 하는 임대차보증금반환청구권이나 건물을 임차목적대로 사용하지 못한 것을 이유로 하는 손해배상청구권(대법원 75다1305 판결), 임차인의 부속물매수청구권(서울고등법원 72나2595, 2596 판결), 권리금반환청구권(대법원 93다62119 판결)은 제외된다. 위 서울고등법원 72나2595, 2596 판결에 의하면 "방과 부엌 복도의 칸막이와 다다미 등은 건물의 부속물로 보아야 할 것이고 부속물 설치에 소요된 공사비 채권은 건물에 관하여 생긴 채권이 아니므로 이에 기하여 건물을 유치할 수 없다."는 취지이다.

② '피담보채권이 목적물 반환청구권과 동일한 법률관계나 사실관계로부터 발생한 경우'에 있어 '채권이 동일한 법률관계에서 발생한 경우'와 관련하여 대법원 2011마2380 판결에 의하면 부동산매매계약에 있어 매도인의 매매대금청구권과 매수인의 목적물인도청구권 사이의 견련관계를 부정하였다.

즉 위 대법원 판결에 의하면 "부동산 매도인이 매매대금을 다 지급받지 아니한 상태에서 매수인에게 소유권이전등기를 마쳐주어 목적물의 소유권을 매수인에게 이전한 경우에는, 매도인의 목적물인도의무에 관하여 동시이행의 항변권 외에 물권적 권리인 유치권까지 인정할 것은 아니다. 왜냐하면 법률행위로 인한 부동산 물권변동의 요건으로 등기를 요구함으로써 물권관계의 명확화 및 거래의 안전·원활을 꾀하는 우리 민법의 기본정신에 비추어 볼 때, 만일 이를 인정한다면 매도인은 등기에 의하여 매수인에게 소유권을 이전하였음에도 매수인 또는 그의 처분에 기하여 소유권을 취득한 제3자에 대하여 소유권에 속하는 대세적인 점유의 권능을 여전히 보유하게 되는 결과가 되어 부당하기 때문이다. 또한 매도인으로서는 자신이 원래 가지는 동시이행의 항변권을 행사하지 아니하고 자신의 소유권이전의무를 선이행함으로써 매수인에게 소유권을 넘겨 준 것이므로 그에 필연적으로 부수하는 위험은 스스로 감수하여야 한다. 따라서 매도인이 부동산을 점유하고 있고 소유권을 이전받은 매수인에게서 매매대금 일부를 지급받지 못하고 있다고 하여 매매대금채권을 피담보채권으로 매수인이나 그에게서 부동산 소유권을 취득한 제3자를 상대로 유치권을 주장할 수 없다."라는 취지이다.

라. 채권의 변제기가 도래

대법원 2005다41740 판결에 의하면 "유치권은 그 목적물에 관하여 생긴 채권이 변제기에 있는 경우에 성립하는 것이므로 아직 변제기에 이르지 아니한 채권에 기하여 유치권을 행사할 수는 없다고 할 것이다. 원심판결 이유를 위 법리와 기록에 비추어 살펴보면, 원심이 이 사건에서 피고가 주장하는 지상물매수청구권이나 부속물매수청구권 또는 비용상환청구권 등은 어느 것이나 피고의 전세권의 존속기간이 만료되는 때에 발생하거나 변제기에 이르는 것인데, 아직 그 전세권의 존속기간이 만료되지 아니하였으므로 위 각 채권에 기한 피고의 유치권은 성립되지 아니한다는 취지로 판단한 것은 정당하고, 거기에 상고이유의 주장과 같은 법리오해 등의 위법이 없다."는 취지이다.

법원에 의해 변제의 유예가 허여된 경우, 변제기가 설령 도달했다고 하더라도 유치권은 소멸한다. 유치물의 점유와 상관없이 피담보채권이 시효로 소멸한다면, 그에 따라 유치권도 소멸된다. 유치권은 점유의 상실로 소멸한다, 즉 민법 제328조는 "점유상실과 유치권소멸"이라는 제목아래에 "유치권은 점유의 상실로 인하여 소멸한다."고 규정하고 있다.

마. 유치권 배제특약의 부존재 등

유치권은 법정담보물권이지만 채권자의 이익보호를 위한 채권담보의 수단에 불과하므로 당사자간에 유치권의 발생을 배제하는 특약이 있는 경우에는 그 특약은 유효하다.

대법원 2014다52087판결에 의하면, 유치권배제특약의 당사자가 아닌 제3자도 유치권배제특약을 원용할 수 있다는 취지인바, "유치권을 사전포기한 경우 유치권이 발생되지 않는 것과 마찬가지로 유치권을 사후포기한 경우 곧바로 유치권이 소멸하며, 유치권 소멸은 포기 상대방뿐만 아니라 그 이외의 사람도 주장할 수 있다."고 한다. 그리고 대법원 2016다234043 판결에 의하면, "제한물권은 이해관계인의 이익을 부당하게 침해하지 않는 한 자유로이 포기할 수 있는 것이 원칙이다. 유치권은 채권자의 이익을 보호하기 위한 법정담보물권으로서, 당사자는 미리 유치권의 발생을 막는 특약을 할 수 있고 이러한 특약은 유효하다. 유치권 배제 특약이 있는 경우 다른 법정요건이 모두 충족되더라도 유치권은 발생하지 않는데, 특약에 따른 효력은 특약의 상대방뿐 아니라 그 밖의 사람도 주장할 수 있다."고 한다.

유치권자가 유치권이 존재한다고 주장을 하고 그 유치권이 인정되는 경우에 그 판결의 형태는 상환급부판결(대법원 69다1592 판결)이다.

대법원은 64다1797판결에 의하면 "유치권자가 유치건물 중 큰 홀을 다른 사람에게 빌려주어 그 곳에서 영화를 상영하게 하는 정도는 유치물의 보존에 필요한 사용행위이므로 채무자에게 유치권소멸청구권이 인정되지 않는다."는 취지이다.

서울고등법원 2014나12050 판결은 '甲이 乙 주식회사와 乙 회사 소유 토지 위에 건물을 신축하는 공사도급계약을 체결하고 공사하였으나 공사대금을 받지 못하였고, 공사대금채권을 피담보채권으로 하여 위 건물에 유치권을 행사하던 중 이를 제3자에게 임대하였는데, 위 건물 임의경매에서 소유권을 취득한 丙이 甲을 상대로 유치권부존재확인을 구한 사안에서, 甲이 乙 회사의 승낙 없이 위 건물을 제3자에게 임대한 것은 유치물의 보존에 필요한 범위를 넘은 것으로 유치권자의 선량한 관리자의 주의의무를 위반한 것이므로, 乙 회사의 유치권소멸청구에 따라 甲의 유치권이 소멸하였다.'는 취지로 판시하였다.

대법원 2002마3516 결정에 의하면, "유치권의 성립요건인 유치권자의 점유는 직접점유이든 간접점유이든 관계없지만, 유치권자는 채무자의 승낙이 없는 이상 그 목적물을 타에 임대할 수 있는 처분권한이 없으므로(민법 제324조 제2항 참조), 유치권자의 그러한 임대행위는 소유자의 처분권한을 침해하는 것으로서 소유자에게 그 임대의 효력을 주장할 수 없고, 따라서 소유자의 동의 없이 유치권자로부터 유치권의 목적물을 임차한 자의 점유는 구 민사소송법(2002. 1. 26. 법률 제6626호로 전문 개정되기 전의 것) 제647조 제1항 단서에서 규정하는 '경락인에게 대항할 수 있는 권원'에 기한 것이라고 볼 수 없다."는 취지이다.

> 민법 제324조(유치권자의 선관의무)
> ① 유치권자는 선량한 관리자의 주의로 유치물을 점유하여야 한다.
> ② 유치권자는 채무자의 승낙없이 유치물의 사용, 대여 또는 담보제공을 하지 못한다. 그러나 유치물의 보존에 필요한 사용은 그러하지 아니하다.
> ③ 유치권자가 전2항의 규정에 위반한 때에는 채무자는 유치권의 소멸을 청구할 수 있다.

대법원 2010마1059 결정에 의하면, 유치권에 의한 경매도 원칙적으로 소멸주의가 적용되며 유치권자는 일반채권자 배당순위로 배당받는다. 즉 우선채권자 및 일반채권자의 배당요구를 허용하는 취지이다.

즉 위 대법원 판결에 의하면 "민사집행법 제274조 제1항은 '유치권에 의한 경매와 민법·상법, 그 밖의 법률이 규정하는 바에 따른 경매는 담보권 실행을 위한 경매의 예에 따라 실시한다.'고만 규정하고 있으므로, 민법 제322조 제1항에 의하여 실시되는 유치권에 의한 경매에 있어서 목적 부동산 위의 부담을 소멸시켜 매수인이 완전한 소유권을 취득하게 되는 이른바 소멸주의를 취할 것인지, 아니면 매수인이 목적 부동산 위의 부담을 인수하는 이른바 인수주의를 취할 것인지 여부는 경매의 목적이 채권의 회수에 있는가 또는 단순한 환가에 있는가에 따라 논리필연적으로 도출되는 것이 아니라, 경매의 취지와 목적 및 성질, 경매가 근거하는 실체법의 취지, 경매를 둘러싼 채권자와 채무자, 소유자 및 매수인 등의 이해관계 등을 종합하여 결정하여야 한다(대법원 2006다37908 판결 참조). 민사집행법 제91조 제2항, 제3항, 제268조에서 경매의 대부분을 차지하는 강제경매와 담보권 실행을 위한 경매에서 소멸주의를 원칙으로 하고 있을 뿐만 아니라 이를 전제로 하여 배당요구의 종기결정이나 채권신고의 최고, 배당요구, 배당절차 등에 관하여 상세히 규정하고 있는 점, 민법 제322조 제1항에 '유치권자는 채권의 변제를 받기 위하여 유치물을 경매할 수 있다.'라고 규정하고 있는바, 유치권에 의한 경매에도 채권자와 채무자의 존재를 전제로 하고 채권의 실현·만족을 위한 경매를 상정하고 있는 점, 반면에 인수주의를 취할 경우 필요하다고 보이는 목적 부동산 위의 부담의 존부 및 내용을 조사·확정하는 절차에 대하여 아무런 규정이 없고 인수되는 부담의 범위를 제한하는 규정도 두지 않아, 유치권에 의한 경매를 인수주의를 원칙으로 진행하면 매수인의 법적 지위가 매우 불안정한 상태에 놓이게 되는 점, 인수되는 부담의 범위를 어떻게 설정하느냐에 따라 인수주의를 취하는 것이 오히려 유치권자에게 불리해질 수 있는 점 등을 함께 고려하면, 유치권에 의한 경매도 강제경매나 담보권 실행을 위한 경매와 마찬가지로 목적 부동산 위의 부담을 소멸시키는 것을 법정매각조건으로 하여 실시되고 우선채권자뿐만 아니라 일반채권자의 배당요구도 허용되며, 유치권자는 일반채권자와 동일한 순위로 배당을 받을 수 있다고 봄이 상당하다. 다만 집행법원은 부동산 위의 이해관계를 살펴 위와 같은 법정매각조건과는 달리 매각조건 변경결정을 통하여 목적 부동산 위의 부담을 소멸시키지 않고 매수인으로 하여금 인수하도록 정할 수 있다. 그리고 유치권에 의한 경매가 소멸주의를 원칙으로 하여 진행되는 이상 강제경매나 담보권 실행을 위한 경매의 경우와 같이 그 목적 부동산 위의 부담을 소멸시키는 것이므로 집행법원이 달리 매각조건 변경결정을 통하여 목적 부동산 위의 부담을 소멸시키지 않고 매수인으로 하여금 인수하도록 정하지 않은 이상 집행법원으로서는 매각기일의 공고나 매각물건명세서에 목적 부동산 위의 부담이 소멸하지 않고 매수인이 이를 인수하게 된다는 취지를 기재할 필요가 없다."는 취지이다.

대법원 2010마1544 결정에 의하면, "유치권은 법정담보물권이기는 하나 채권자의 이익보호를 위한 채권담보의 수단에 불과하므로 이를 포기하는 특약은 유효하고, 유치권을 사전에 포기한 경우 다른 법정요건이 모두 충족되더라도 유치권이 발생하지 않는 것과 마찬가지로 유치권을 사후에 포기한 경우 곧바로 유치권은 소멸한다고 보아야 하며, 채권자가 유치권의 소멸 후에 그 목적물을 계속하여 점유한다고 하여 여기에 적법한 유치의 의사나 효력이 있다고 인정할 수 없고 다른 법률상 권원이 없는 한 무단점유에 지나지 않는다."는 취지이다.

유치권은 말소기준권리에 해당하지 않고, 낙찰자가 항상 인수한다(민사집행법 제91조 제5항). 유치권가 경매를 신청하면 일반채권자로서의 배당이라는 배당문제가 발생하지만(앞서 확인한 대법원 2010마1059 결정 취지 / 법원행정처 간행 법원실무제요, 민사집행(Ⅱ) 2014년 판(816쪽)), 유치권자 이외의 자가 경매를 신청하면 배당문제가 발생하지는 않는다. 이러한 경우는 민사집행법 제91조 제5항에 따라 낙찰자(매수인)는 유치권을 인수할 뿐이기 때문이다.

민사집행법 제91조(인수주의와 잉여주의의 선택 등) ⑤ 매수인은 유치권자에게 그 유치권으로 담보하는 채권을 변제할 책임이 있다.

따라서 낙찰자는 낙찰을 받기 전에 현황조사보고서나 물건명세서 등을 확인하여 유치권의 존부를 확인하는 것이 좋다. 다만, 낙찰자가 물건명세보고서 등에 유치권이 없음을 확인하고 경매부동산을 낙찰받았는데 낙찰을 받은 후 유치권을 주장하는 자가 나타날 경우에는 낙찰허가에 대한 이의신청(민사집행법 제120조), 또는 낙찰허가결정에 대한 즉시항고(민사집행법 제130조 제1항)를 할 수 있고, 낙찰허가결정이 확정된 경우라도 낙찰대금을 납부하지 않았다면 낙찰허가결정 취소신청(민사집행법 제127조) 등을 활용하여 보증금을 반환받을 수 있다.

민사집행법 제120조(매각결정기일에서의 진술) ① 법원은 매각결정기일에 출석한 이해관계인에게 매각허가에 관한 의견을 진술하게 하여야 한다. ② 매각허가에 관한 이의는 매각허가가 있을 때까지 신청하여야 한다. 이미 신청한 이의에 대한 진술도 또한 같다. 민사집행법 제130조(매각허가여부에 대한 항고) ① 매각허가결정에 대한 항고는 이 법에 규정한 매각허가에 대한 이의신청사유가 있다거나, 그 결정절차에 중대한 잘못이 있다는 것을 이유로 드는 때에만 할 수 있다. 민사집행법 제127조(매각허가결정의 취소신청) ① 제121조 제6호에서 규정한 사실이 매각허가결정의 확정 뒤에 밝혀진 경우에는 매수인은 대금을 낼 때까지 매각허가결정의 취소신청을 할 수 있다. ② 제1항의 신청에 관한 결정에 대하여는 즉시항고를 할 수 있다. 민사집행법 제121조(매각허가에 대한 이의신청사유) 매각허가에 관한 이의는 다음 각호 가운데 어느 하나에 해당하는 이유가 있어야 신청할 수 있다. 6. 천재지변, 그 밖에 자기가 책임을 질 수 없는 사유로 부동산이 현저하게 훼손된 사실 또는 부동산에 관한 중대한 권리관계가 변동된 사실이 경매절차의 진행 중에 밝혀진 때

유치권은 권리신고를 필요로 하지 않는 권리이므로 유치권자는 경매 절차에서 그 권리에 대한 신고를 경매법원에 할 필요가 없다. 다만, 권리신고를 하여 유치권자로 증명된다면 해당 경매절차에서 이해관계인이 된다(민사집행법 제90조 제4호).

유치권은 건물에 대한 유치권과 토지에 대한 유치권으로 크게 나눌 수 있는데, 주로 공사대금채권을 피담보채권으로 하는 사례가 많다.

건물에 대한 유치권의 예로는 신개축건물의 미지급공사대금을 피담보채권으로 하는 유치권, 주택 등의 임차인이 필요비 내지 유익비로 지출된 공사비 등을 피담보채권으로 하는 유치권 등이 있다.

토지에 대한 유치권의 예로는 토지 위에 공작물 설치 채권을 피담보채권으로 하는 유치권, 토지의 택지조성 등을 위한 공사비를 피담보채권으로 하는 유치권 등이 있다.

그리고 대부분 공인중개사 사무실에서 사용되는 임대차계약서는 임차인이 임대차 종료시 원상으로 복구한다는 '문구'가 적시되어 있는바, 특약으로 그 문구를 배제하지 않았다면, 임차인이 필요비 내지 유익비 등을 주장하여 유치권을 주장하기는 어렵다. 즉 대법원 73다2010 판결에 의하면 "건물의 임차인이 임대차관계 종료 시에는 건물을 원상으로 복구하여 임대인에게 명도하기로 약정한 것은 건물에 지출한 각종 유익비 또는 필요비의 상환청구권을 미리 포기하기로 한 취지의 특약이라고 볼 수 있어 임차인은 유치권을 주장을 할 수 없다."는 취지이다.

토지 위에 토지 소유자가 건물을 짓다가 공사가 중단되고 해당 토지가 경매로 나오는 경우 건물공사를 담당한 건축업자가 토지 경매시에 유치권 신고를 하는 경우가 있는데, 이 경우에는 원칙적으로 유치권이 성립하지 않는다.

즉 대법원은 건물신축공사로 인한 공사대금은 건물에 관한 채권일 뿐이고 건물부지인 토지에 관한 채권은 아니라는 전제에서 건축 중 중단되어 아직 부동산이라고 볼 수 없는 구조물은 토지의 부합물이므로 토지 내지 토지지상 구조물에 대하여는 유치권이 불가능하다는 취지이기 때문이다(대법원 2007마98 결정).

그리고 유치권을 주장하는 자의 점유 취득이 목적 부동산의 교환가치를 감소시킬 우려가 있다면 유치물의 처분행위에 해당하여 유치권이 인정되지 않는바, 채무자 소유의 부동산에 강제경매개시결정기입등기가 경료 된 후 채무자가 부동산에 관한 공사대금채권자에게 그 점유를 이전하여 유치권을 주장하도록 하였다면, 그 공사대금채권자는 낙찰자 등에게 유치권을 주장할 수 없다. 압류(경매개시결정기입등기)의 처분금지효에 저촉된다고 보아야 하기 때문이다(대법원 2005다22688 판결).

반면 대법원 2009다19246 판결에 의하면, 경매에 있어서의 압류와 달리 부동산에 가압류등기가 경료 된 후에 채무자의 점유이전으로 제3자가 유치권을 취득하는 경우, 가압류의 처분금지효에 저촉되지 않아 유치권행사가 가능하다고 한다.

그리고 대법원(전합) 2014. 3. 20. 선고 2009다60336 판결에 의하면, 경매에 있어서의 압류와 달리 국세징수법에 의한 체납처분절차에 의한 압류가 있은 후에 채무자의 점유이전으로 제3자가 유치권을 취득하는 경우 유치권행사 가능하다고 한다. 즉, 위 판결은 "체납처분압류가 되어 있는 부동산이라고 하더라도 그러한 사정만으로 경매절차가 개시되어 경매개시결정등기가 되기 전에 부동산에 관하여 민사유치권을 취득한 유치권자가 경매절차의 매수인에게 유치권을 행사할 수 없다고 볼 것은 아니다."라고 판시하였다.

정리하자면 압류 후 유치권요건을 충족하는 경우는 유치권이 인정되지 않지만, 가압류 후 또는 체납처분 후에 유치권요건을 충족하는 경우는 유치권이 인정된다.

2. 상사유치권

상법 제58조는 "상사유치권"이라는 제목 아래에 "상인 간의 상행위로 인한 채권이 변제기에 있는 때에는 채권자는 변제를 받을 때까지 그 채무자에 대한 상행위로 인하여 자기가 점유하고 있는 채무자소유의 물건 또는 유가증권을 유치할 수 있다. 그러나 당사자 간에 다른 약정이 있으면 그러하지 아니하다."고 규정하고 있다.

미완성 건물에 대하여 그 부지에 대한 유치권이 성립하지 않는다는 취지의 판례 등이 민사유치권의 견련성을 좁게 해석하자 피담보채권과 목적물의 견련성을 완화하는 상사유치권을 공격방어방법으로 주장하는 경우가 많다.

즉 대법원 2013다2474 판결에 의하면, "건물의 신축공사를 도급받은 수급인이 사회통념상 독립한 건물이라고 볼 수 없는 정착물을 토지에 설치한 상태에서 공사가 중단된 경우에 그 정착물은 토지의 부합물에 불과하여 이러한 정착물에 대하여 유치권을 행사할 수 없는 것이고, 또한 공사중단 시까지 발생한 공사대금 채권은 토지에 관하여 생긴 것이 아니므로 그 공사대금 채권에 기하여 토지에 대하여 유치권을 행사할 수도 없는 것"이라고 판시하고 있다.

이렇듯 민사유치권이 견련성 요건을 좁게 해석하자, 피담보채권과 목적물의 견련성을 완화하는 상사유치권을 공격방어방법으로 주장하는 경우가 많다는 것이다.

다만 10층으로 허가받았는데 8층까지만 준공된 건물처럼 당초 허가받은 대로 완공되지는 않았지만 건물로서의 요건은 일응 갖춘 경우 즉, 기둥, 주벽과 지붕을 갖춘 경우에는 민사나 상사유치권에서 말하는 '물건'으로서의 요건을 갖춘 것이 되어 유치권이 성립한다고 보는 것이 실무의 다수의견으로 해석된다고 설명하는 견해가 있다(윤경·손흥수, 「부동산경매(2)」, 한국사법행정학회, 2017(1582쪽 참고)).

상법 제58조를 토대로 상사유치권이 성립요건을 정리하면, ① 채권자와 채무자 모두 상인, ② 채권은 상인 간 쌍방적 상행위로 발생, ③ 변제기 도래, ④ 목적물(부동산포함(대법원 2012다39769, 39776 판결))은 채무자 소유에 한정, ⑤ 유치권자의 목적물 점유(상행위를 직접원인으로 점유취득요망(대법원 2007마98 결정)), ⑥ 채권과 목적물 사이의 '일반적 관련성', ⑦ 유치권배제특약의 부존재 등이다.

대법원 2012다94285 판결에 의하면, 상사유치권은 (민사유치권과 달리) 선행저당권자 또는 선행저당권에 기한 임의경매절차에서 부동산을 취득한 매수인에 대한 관계에서는 그 상사유치권으로 대항할 수 없다고 한다. 그 이유는 상사유치권은 채무자의 소유권에 기초하기 때문이다. 다만, 상사유치권 성립 후 채무자로부터 부동산을 양수하거나 제한물권 설정받은 자에게는 대항할 수 있다고 한다. 민사유치권과 마찬가지로 상사유치권도 압류 전 점유요건을 취득해야 한다.

즉 대법원 2012다94285 판결 이유에 의하면, "상사유치권은 민사유치권과 달리 그 피담보채권이 '목적물에 관하여' 생긴 것일 필요는 없지만 유치권의 대상이 되는 물건은 '채무자 소유'일 것으로 제한되어 있다(상법 제58조, 민법 제320조 제1항). 이와 같이 상사유치권의 대상이 되는 목적물을 '채무자 소유의 물건'에 한정하는 취지는, 상사유치권의 경우에는 목적물과 피담보채권 사이의 견련관계가 완화됨으로써 피담보채권이 목적물에 대한 공익비용적 성질을 가지지 않아도 되므로 피담보채권이 유치권자와 채무자 사이에 발생하는 모든 상사채권으로 무한정 확장될 수 있고, 그로 인하여 이미 제3자가 목적물에 관하여 확보한 권리를 침해할 우려가 있어 상사유치권의 성립범위 또는 상사유치권으로 대항할 수 있는 범위를 제한한 것으로 볼 수 있다. 즉 상사유치권이 채무자 소유의 물건에 대해서만 성립한다는 것은, 상사유치권은 그 성립 당시 채무자가 목적물에 대하여 보유하고 있는 담보가치만을 대상으로 하는 제한물권이라는 의미를 담고 있다 할 것이고, 따라서 유치권 성립 당시에 이미 그 목적물에 대하여 제3자가 권리자인 제한물권이 설정되어 있다면, 상사유치권은 그와 같이 제한된 채무자의 소유권에 기초하여 성립할 뿐이고, 기존의 제한물권이 확보하고 있는 담보가치를 사후적으로 침탈하지는 못한다고 보아야 한다. 그러므로 채무자 소유의 부동산에 관하여 이미 선행저당권이 설정되어 있는 상태에서 채권자의 상사유치권이 성립한 경우, 상사유치권자는 채무자 및 그 이후 그 채무자로부터 부동산을 양수하거나 제한물권을 설정받는 자에 대해서는 대항할 수 있지만, 선행저당권자 또는 선행저당권에 기한 임의경매절차에서 부동산을 취득한 매수인에 대한 관계에서는 그 상사유치권으로 대항할 수 없다(대법원 2010다57350 판결)."고 한다.

결국 민사유치권과 달리 상사유치권은 누구에게나 대항할 수 있는 권리로 볼 수는 없다. 선행저당권자에게 대항할 수 없기 때문이다.

3. 저당권과 유치권의 우열

(근)저당권 설정 후 압류 이전에 민사유치권을 취득한 경우에는 위 민사유치권이 인정되는 것이 원칙이다. 즉 대법원 2008다70763 판결에 의하면 "부동산 경

매절차에서의 매수인은 민사집행법 제91조 제5항에 따라 유치권자에게 그 유치권으로 담보하는 채권을 변제할 책임이 있는 것이 원칙이나, 채무자 소유의 건물 등 부동산에 경매개시결정의 기입등기가 경료되어 압류의 효력이 발생한 후에 채무자가 위 부동산에 관한 공사대금 채권자에게 그 점유를 이전함으로써 그로 하여금 유치권을 취득하게 한 경우, 그와 같은 점유의 이전은 목적물의 교환가치를 감소시킬 우려가 있는 처분행위에 해당하여 민사집행법 제92조 제1항, 제83조 제4항에 따른 압류의 처분금지효에 저촉되므로 점유자로서는 위 유치권을 내세워 그 부동산에 관한 경매절차의 매수인에게 대항할 수 없다. 그러나 이러한 법리는 경매로 인한 압류의 효력이 발생하기 전에 유치권을 취득한 경우에는 적용되지 아니하고, 유치권 취득시기가 근저당권설정 후라거나 유치권 취득 전에 설정된 근저당권에 기하여 경매절차가 개시되었다고 하여 달리 볼 것은 아니다."는 취지이다.

그러나 채무자가 채무초과 상태에 임박하였거나 채무초과 상황에서 (근)저당권자의 불이익을 잘 알면서 의도적으로 유치권성립을 위한 거래를 일으키고 목적물을 점유하여 유치권이 성립하였다면 특별한 사정이 없는 한 신의칙위반 내지 권리남용으로 유치권을 주장하기 어렵다. 즉 대법원 2011다84298 판결에 의하면 "우리 법에서 유치권제도는 무엇보다도 권리자에게 그 목적인 물건을 유치하여 계속 점유할 수 있는 대세적 권능을 인정한다(민법 제320조 제1항, 민사집행법 제91조 제5항 등). 그리하여 소유권 등에 기하여 목적물을 인도받고자 하는 사람(물건의 점유는 대부분의 경우에 그 사용수익가치를 실현하는 전제가 된다)은 유치권자가 가지는 그 피담보채권을 만족시키는 등으로 유치권이 소멸하지 아니하는 한 그 인도를 받을 수 없으므로 실제로는 그 변제를 강요당하는 셈이 된다. 그와 같이 하여 유치권은 유치권자의 그 채권의 만족을 간접적으로 확보하려는 것이다. 그런데 우리 법상 저당권 등의 부동산담보권은 이른바 비점유담보로서 그 권리자가 목적물을 점유함이 없이 설정되고 유지될 수 있고 실제로도 저당권자 등이 목적물을 점유하는 일은 매우 드물다. 따라서 어떠한 부동산에 저당권 또는 근저당권과 같이 담보권이 설정된 경우에도 그 설정 후에 제3자가 그 목적물을 점유함으로써 그 위에 유치권을 취득하게 될 수 있다. 이와 같이 저당권 등의 설정 후에 유치권이 성립한 경우에도 마찬가지로 유치권자는 그 저당권의 실행절차에서 목적물을 매수한 사람을 포함하여 목적물의 소유자 기타 권리자에 대하여 위와 같은 대세적인 인도거절권능을 행사할 수 있다(대법원 2008다70763 판결 등). 따라서 부동산유치권은 대부분의 경우에 사실상 최우선순위의 담보권으로서 작용하여, 유치권자는 자신의 채권을 목적물의 교환가치로부터 일반채권자는 물론 저당권자 등에 대하여도 그 성립의 선후를 불문하여 우선적으로 자기 채권의 만족을 얻을 수 있게 된다. 이렇게 되면 유치권의 성립 전에 저당권 등 담보를 설정받고 신용을 제공한 사람으로서는 목적물의 담보가치가 자신이 애초 예상·계산하였던 것과는 달리 현저히 하락하는 경우가 발생할 수 있다. 이와 같이 유치권제도는 '시간에서 앞선 사람은 권리에서도 앞선다'는 일반적 법원칙의 예외로 인정되는 것으로서, 특히 부동산담보거래에 일정한 부담을 주는 것을 감수하면서 마련된 것이다. 유치권은 목적물의 소유자와 채권자 사이의 계약에 의하여 설정되는 것이 아니라 법이 정하는 일정한 객관적 요건(민법 제320조 제1항, 상법 제58조, 제91조, 제111조, 제120조, 제147조 등)을 갖춤으로써 발생하는 이른바 법정담보물권이다. 법이 유치권제도를 마련하여 위와 같은 거래상의 부담을 감수하는 것은 유치권에 의하여 우선적으로 만족을 확보하여 주려는 그 피담보채권에 특별한 보호가치가 있다는 것에 바탕을 둔 것으로서, 그러한 보호가치는 예를 들어 민법 제320조 이하의 민사유치권의 경우에는 객관적으로 점유자의 채권과 그 목적물 사이에 특수한 관계(민법 제320조 제1항의 문언에 의하면 '그 물건에 관한 생긴 채권'일 것, 즉 이른바 '물건과 채권과의 견련관계'가 있는 것)가 있는 것에서 인정된다. 나아가 상법 제58조에서 정하는 상사유치권은 단지 상인 간의 상행위에 기하여 채권을 가지는 사람이 채무자와의 상행위(그 상행위가 채권 발생의 원인이 된 상행위일 것이 요구되지 아니한다)에 기하여 채무자 소유의 물건을 점유하는 것만으로 바로 성립하는 것으로서, 피담보채권의 보호가치라는 측면에서 보면 위와 같이 목적물과 피담보채권 사이의 이른바 견련관계를 요구하는 민사유치권보다 그 인정범위가 현저하게 광범위하다. 이상과 같은 사정을 고려하여 보면, 유치권제도와 관련하여서는 거래당사자가 유치권을 자신의 이익을 위하여 고의적으로 작출함으로써 앞서 본 유치권의 최우선순위담보권으로서의 부당하게 이용하고 전체 담보권질서에 관한 법의 구상을 왜곡할 위험이 내재한다. 이러한 위험에 대처하여, 개별 사안의 구체적인 사정을 종합적으로 고려할 때 신의성실의 원칙에 반한다고 평가되는 유치권제도 남용의 유치권 행사는 이를 허용하여서는 안 될 것이다. 특히 채무자가 채무초과의 상태에 이미 빠졌거나 그러한 상태가 임박함으로써 채권자가 원래라면 자기 채권의 충분한 만족을 얻을 가능성이 현저히 낮아진 상태에서 이미 채무자 소유의 목적물에 저당권 기타 담보물권이 설정되어 있어서 유치권의 성립에 의하여 저당권자 등이 그 채권 만족상의 불이익을 입을 것을 잘 알면서 자기 채권의 우선적 만족을 위하여 위와 같이 취약한 재정적 지위에 있는 채무자와의 사이에 의도적으로 유치권의 성립요건을 충족하는 내용의 거래를 일으키고 그에 기하여 목적물을 점유하게 됨으로써 유치권이 성립하였다면, 유치권자가 그 유치권을 저당권자 등에 대하여 주장하는 것은 다른 특별한 사정이 없는 한 신의칙에 반하는 권리행사 또는 권리남용으로서 허용되지 아니한다. 그리고 저당권자 등은 경매절차 기타 채권실행절차에서 위와 같은 유치권을 배제하기 위하여 그 부존재의 확인 등을 소로써 청구할 수 있다고 할 것이다(대법원 2004다32848 판결 등)."고 판시하였다.

민사유치권과 달리 상사유치권은 선행저당권자 또는 선행저당권에 기한 임의경매절차에서 부동산을 취득한 매수인에 대한 관계에서는 그 상사유치권으로 대항할 수 없다(대법원 2012다94285 판결). 그 이유는 상사유치권은 채무자의 소유권에 기초하기 때문이다. 다만, 상사유치권 성립 후 채무자로부터 부동산을 양수하거나 제한물권 설정 받은 자에게는 대항할 수 있다고 한다. 민사유치권과 마찬가지로 상사유치권도 압류 전 유치권 성립요건의 충족이 전제되어야 한다.

4. 유치권과 형사문제

허위 유치권을 신고한 자를 상대로 어떠한 범죄가 성립할 것인지 주로 문제된다. 허위유치권신고자에게 주로 성립 가능한 범죄는 그 구체적 모습에 따라 경매방해죄(형법 제315조), 사기죄(형법 제347조), 공갈죄(형법 제350조) 등이 가능해 보인다. 결국, 유치권과 관련하여 일어날 수 있는 각종 범죄행위를 파악하여 민사적 해결과 형사적 해결(고소 등)을 함께 병행하여 문제를 해결할 여지가 있다.

경매현장에서 문제될 여지가 있는 범죄들을 구체적으로 살펴보자(필자의 저서「나는 아내보다 권리분석이 좋다」300쪽 이하 참고).

집행관의 집행을 방해하였다면 공무집행방해죄(형법 제136조), 점유이전금지가처분이 고시된 종이를 손괴하였다면 공무상비밀표시무효죄(형법 제140조), 강제집행으로 명도받은 부동산에 다시 침입하였다면 부동산강제집행효용침해죄(형법 제140조의2), 점유개시일이 경매개시기입등기 후임에도 불구하고 소송에서 점유개시일을 경매개시기입등기 전으로 진술토록 교사하였다면 위증교사죄(형법 제152조, 제155조), 진정한 유치권자임을 알면서 허위 유치권자라면서 수사기관에 경매방해 등으로 고소하였다면 무고죄(형법 제156조), 유치권 증명문서로 허위계약서를 작성하여 제출하였다면 사문서위조 및 동행사죄(형법 제231조, 제234조), 대표이사가 아니면서 회사의 대표이사 명의로 영수증을 작성하여 유치권 입증서류로 제출하였다면 자격모용에 의한 사문서작성 및 동행사죄(형법 제232조, 제234조), 상해한 경우 상해죄(형법 제257조), 폭행한 경우 폭행죄(형법 제260조), 협박한 경우 협박죄(형법 제283조), 점유자가 입주를 거부하는데도 경락인이 막무가내로 들어간 경우 또는 적법히 들어갔으나 나가라는 데도 나가지 않으면 각 주거침입죄와 퇴거불응죄(형법 제319조), 채무자가 유치권자가 점유하고 있는 물건을 자기 것이라면서 가지고 가버리면 권리행사방해죄(형법 제323조), 정당한 유치권자를 폭행 또는 협박으로 경매부동산에서 내쫒았다면 강요죄(형법 제324조), 유치권자가 점유하고 있는 건물을 매수인이 유치권자를 폭행하고 강제로 접수하였다면 점유강취죄(형법 제325조), 채무자와 통모하여 허위의 유치권 신고를 하면 강제집행면탈죄(형법 제327조), 유치물을 가져가면 절도죄(형법 제329조), 피담보채권도 없으면서 유치권자로 행세하여 매수인으로부터 돈을 챙기면 사기죄(형법 제347조), 경제적으로 궁박한 채무자에게 유치권을 가장하여 현저히 부당한 이득을 취하면 부당이득죄(형법 제349조), 피담보채권이 거의 없으면서 유치권을 행사하여 경매가 제값에 낙찰되지 못하겠다고 채무자를 위협하면 공갈죄(형법 제350조), 유치권자임을 자칭하는 자가 주택을 점유하기 위하여 현관문을 부수면 재물손괴죄 내지는 특수손괴죄(형법 제366조, 제368조), 경매브로커나 경매컨설팅업자가 입찰자를 '대리'를 하여 돈을 받고 낙찰받으면 변호사법 위반(변호사법 제109

조), 세금 중과를 피하기 위하여 수인이 공동으로 투자하면서 무주택자의 단독명의로 낙찰을 받아 소유권이전등기를 하면 부동산실권리자명의 등기에 관한 법률 위반(동법 제3조, 제7조, 제8조), 수인이 동업으로 자금을 투자하여 1인 명의로 낙찰을 받았다가 명의인이 이를 처분하면 처벌되지 않으며(횡령죄 부인: 대법원 2000도258 판결), 수탁자 명의로 부동산을 매수하였으나 신탁자의 반환 요구에도 불구하고 이를 소유권이전등기를 하였어도 처벌되지 않는다(업무상 배임죄 부인: 대법원 2003도6994 판결).

5. 제9강 체크포인트

'부동산에 대한 민사유치권'은 타인의 부동산을 점유하는 자가 그 부동산에 관하여 생긴 채권의 변제를 받을 때까지 그 부동산을 유치하여 채무자의 변제를 간접적으로 강제하는 담보물권을 의미한다. 유치권자는 낙찰자(매수인)에게 그 피담보채권에 대한 변제가 있을 때까지 부동산의 인도를 거절할 수 있을 뿐이고 그 피담보채권의 변제를 청구할 수는 없다. 유치대상 부동산이 채무자의 소유임을 전제한 상사유치권과 달리 부동산에 대한 민사유치권은 유치대상 부동산이 누구의 소유인지 문제 삼지 않는다. 유치대상 부동산에 지출된 유익비 또는 필요비 등의 비용상환청구권, 부동산에 대한 공사대금채권 등이 유치권의 피담보채권으로 많이 언급된다. 토지 위에 토지소유자가 건물을 짓다가 공사가 중단되고 토지가 경매로 나온 경우에 아직 부동산이라 볼 수 없는 구조물은 토지의 부합물이므로 유치권이 인정되지 않는다. 당사자 사이에 유치권을 배제하는 특약을 하면 유효하고, 그 특약의 효력은 낙찰자(매수인)와 같은 제3자에게도 효력이 있다. 유치권자는 채무자의 승낙 없이 유치물의 사용, 대여 또는 담보제공을 할 수 없고 단지 유치물 보존행위만 할 수 있는데, 유치권자가 유치권행사 도중에 채무자의 승낙 없이 유치대상 부동산을 적극적으로 제3자에게 임대를 주었다면 채무가가 유치권의 소멸을 청구할 수 있다. 유치권에 의한 경매도 일반경매처럼 원칙적으로 소멸주의가 적용되고 유치권자는 일반채권자로서 배당을 받는다. 유치권은 말소기준에 해당하지 않고 낙찰자가 항상 인수한다. 유치권자가 경매를 신청하면 원칙적으로 일반채권자로서 배당을 받을 수 있지만 유치권자 이외의 자가 경매를 신청하면 낙찰자가 유치권을 인수하므로 배당문제가 발생하지 않는다. 압류의 효력발생 후에 유치권의 성립요건을 충족하여 유치권 주장을 하는 경우에는 압류의 처분금지효력으로 인하여 유치권자로 인정되지 않는다.

상사유치권은 민사유치권과 달리 선행저당권자 또는 선행저당권에 기한 임의경매절차에서 부동산을 취득한 매수인에게 그 상사유치권으로 대항할 수 없다. 이는 상사유치권이 채무자의 소유권에 기초하기 때문이다. 따라서 상사유치권은 민사유치권과 달리 누구에게나 대항하는 권리로 볼 수는 없다. 선행저당권자에게 대항할 수 없기 때문이다. 민사유치권의 경우는 (근)저당권이 유치권보다 먼저 설정된 경우라도 유치권자가 유치권을 주장할 수 있지만, 상사유치권의 경우는 이와 달리 선행저당권자에게 대항할 수 없다. 허위유치권을 신고한 자는 그 구체적 행위에 따라 경매방해죄, 사기죄, 공갈죄 등이 문제될 수 있다.

제10강

유치권판례 심층분석

제10강

유치권판례 심층분석

1. 부동산에 대한 압류와 가압류 그리고 체납처분압류와 유치권 대항 여부

민법상 유치권은 타인의 물건을 점유한 자가 그 물건에 관하여 생긴 채권을 가지는 경우에 법률상 당연히 성립하는 법정담보물권이다(민법 제320조 제1항). 따라서 어떤 부동산에 이미 저당권과 같은 담보권이 설정되어 있는 상태에서도 그 부동산에 관하여 민사유치권이 성립될 수 있다.

> 민법 제320조(유치권의 내용) ① 타인의 물건 또는 유가증권을 점유한 자는 그 물건이나 유가증권에 관하여 생긴 채권이 변제기에 있는 경우에는 변제를 받을 때까지 그 물건 또는 유가증권을 유치할 권리가 있다.
> ② 전항의 규정은 그 점유가 불법행위로 인한 경우에 적용하지 아니한다.

민사집행법은 경매절차에서 저당권 설정 후에 성립한 용익물권은 매각으로 소멸된다고 규정하면서도, 유치권에 관하여는 그와 달리 저당권 설정과의 선후를 구별하지 아니하고 경매절차의 매수인(낙찰자)이 유치권의 부담을 인수하는 것으로 규정하고 있다(민사집행법 제91조 제3항, 제5항).

> 민사집행법 제91조(인수주의와 잉여주의의 선택 등) ③ 지상권·지역권·전세권 및 등기된 임차권은 저당권·압류채권·가압류채권에 대항할 수 없는 경우에는 매각으로 소멸된다.
> ⑤ 매수인은 유치권자(留置權者)에게 그 유치권(留置權)으로 담보하는 채권을 변제할 책임이 있다.

따라서, 민사 유치권자는 저당권 설정 후에 유치권을 취득한 경우에도 경매절차의 매수인에게 유치권을 행사할 수 있다.

다만, 채무자 소유의 부동산에 경매개시결정의 기입등기가 경료되어 압류의 효력이 발생한 후에 부동산의 점유를 이전받아 유치권을 취득한 채권자는 유치권을 내세워 매수인(낙찰자)에게 대항할 수 없다. 즉 대법원 2006다22050 판결에 의하면, "채무자 소유의 부동산에 경매개시결정의 기입등기가 경료되어 압류의 효력이 발생한 이후에 채권자가 채무자로부터 위 부동산의 점유를 이전받고 이에 관한 공사 등을 시행함으로써 채무자에 대한 공사대금채권 및 이를 피담보채권으로 한 유치권을 취득한 경우, 이러한 점유의 이전은 목적물의 교환가치를 감소시킬 우려가 있는 처분행위에 해당하여 민사집행법 제92조 제1항, 제83조 제4항에 따른 압류의 처분금지효에 저촉되므로, 위와 같은 경위로 부동산을 점유한 채권자로서는 위 유치권을 내세워 그 부동산에 관한 경매절차의 매수인에게 대항할 수 없고, 이 경우 위 부동산에 경매개시결정의 기입등기가 경료되어 있음을 채권자가 알았는지 여부 또는 이를 알지 못한 것에 관하여 과실이 있는지 여부 등은 채권자가 그 유치권을 매수인에게 대항할 수 없다는 결론에 아무런 영향을 미치지 못한다."는 취지이다. 또한 압류 후에 피담보채권이 성립한 경우에도 유치권을 내세워 경매절차의 매수인에게 대항할 수 없다는 취지의 판례도 존재하는 바, 대법원 2011다50165 판결에 의하면 "유치권은 그 목적물에 관하여 생긴 채권이 변제기에 있는 경우에 비로소 성립하고(민법 제320조), 한편 채무자 소유의 부동산에 경매개시결정의 기입등기가 마쳐져 압류의 효력이 발생한 후에 유치권을 취득한 경우에는 그로써 부동산에 관한 경매절차의 매수인에게 대항할 수 없다. 따라서 채무자 소유의 건물에 관하여 증·개축 등 공사를 도급받은 수급인이 경매개시결정의 기입등기가 마쳐지기 전에 채무자로부터 건물의 점유를 이전받았다 하더라도 경매개시결정의 기입등기가 마쳐져 압류의 효력이 발생한 후에 공사를 완공하여 공사대금채권을 취득함으로써 그때 비로소 유치권이 성립한 경우에는, 수급인은 유치권을 내세워 경매절차의 매수인에게 대항할 수 없다."고 판시하였다.

이처럼 유치권의 성립을 제한하는 이유는 부동산에 관하여 이미 경매절차가 개시되어 진행되고 있는 상태에서 비로소 그 부동산에 유치권을 취득한 경우에도 아무런 제한 없이 유치권자에게 경매절차의 매수인에 대한 유치권의 행사를 허용하면 경매절차에 대한 신뢰와 절차적 안정성이 크게 위협받게 됨으로써 경매 목적 부동산을 신속하고 적정하게 환가하기가 매우 어렵게 되고 경매절차의 이해관계인에게 예상하지 못한 손해를 줄 수도 있으므로, 그러한 경우에까지 압류채권자를 비롯한 다른 이해관계인들의 희생 하에 유치권자만을 우선 보호하는 것은 집행절차의 법적 안정성이라는 측면에서 받아들일 수 없기 때문이다(대법원(전합) 2009다60336 판결).

다만, 경매개시결정 기입등기가 경료되어 압류의 효력이 발생한 경우와 달리, 가압류만 된 상태에서는 유치권자가 매수인(낙찰자)에게 대항할 수 있다. 즉 대법원 2009다19246 판결에 의하면, "부동산에 가압류등기가 경료되어 있을 뿐 현실적인 매각절차가 이루어지지 않고 있는 상황 하에서는 채무자의 점유이전으로 인하여 제3자가 유치권을 취득하게 된다고 하더라도 이를 처분행위로 볼 수는 없다."는 취지이다. 국세징수법에 의한 체납처분절차에서의 체납처분압류의 경우에도 가압류등기가 경료된 것처럼 취급한다. 체납처분압류의 등기가 있은 후에 채무자로부터 점유를 이전받아 유치권을 취득한 채권자도 매수인(낙찰자)에게 대항할 수 있다는 것이다.

즉 대법원(전합) 2009다60336 판결에 의하면 "국세징수법에 의한 체납처분절차에서는 그와 달리 체납처분에 의한 압류(이하 '체납처분압류')와 동시에 매각절차인 공매절차가 개시되는 것이 아닐 뿐만 아니라, 체납처분압류가 반드시 공매절차로 이어지는 것도 아니다. 또한 체납처분절차와 민사집행절차는 서로 별개의 절차로서 공매절차와 경매절차가 별도로 진행되는 것이므로, 부동산에 관하여 체납처분압류가 되어 있다고 하여 경매절차에서 이를 그 부동산에 관하여 경매개시결정에 따른 압류가 행하여진 경우와 마찬가지로 볼 수는 없다. 따라서 체납처분압류가 되어 있는 부동산이라고 하더라도 그러한 사정만으로 경매절차가 개시되어 경매개시결정등기가 되기 전에 부동산에 관하여 민사유치권을 취득한 유치권자가 경매절차의 매수인에게 유치권을 행사할 수 없다고 볼 것은 아니다."라는 취지이다.

그렇다면 가압류 후 압류 이전에 유치권을 취득하였는데, 가압류가 본압류로 이행되어 강제집행이 이루어진 경우에도 경매의 낙찰자(매수인)가 유치권자에게 대항할 수 없는 것인지 문제되는데, 대법원 2001마6620 결정에 의하면 "가압류집행이 있은 후 그 가압류가 강제경매개시결정으로 인하여 본압류로 이행된 경우에 가압류집행이 본집행에 포섭됨으로써 당초부터 본집행이 있었던 것과 같은 효력이 있고, 본집행의 효력이 유효하게 존속하는 한 상대방은 가압류집행의 효력을 다툴 수는 없고 오로지 본집행의 효력에 대하여만 다투어야 하는 것이므로, 본집행이 취소, 실효되지 않는 한 가압류집행이 취소되었다고 하여도 이미 그 효력을 발생한 본집행에는 아무런 영향을 미치지 않는 것이다."라는 취지이다.

따라서 가압류 후 압류 이전에 유치권을 취득하였고, 가압류가 본압류로 이행되어 강제집행이 이루어진 경우라면 가압류 당시에 압류를 한 것과 같은 효력이 있는 것으로 유치권자는 낙찰자(매수인)에게 대항할 수 없는 것으로 해석된다. 다만 이 부분을 특정하여 명확하게 설시한 판례를 확인하지는 못했다.

이와 관련하여 가압류만 된 상태에서는 유치권자가 매수인(낙찰자)에게 대항할 수 있다는 취지의 위 대법원 2009다19246 판결에 대하여 이는 가압류에서 전이한 압류가 아니라 다른 채권자에 의하여 경매가 개시된 경우에 관한 것이라면서 가압류권자가 집행권원을 얻어 본집행인 경매를 신청하여 압류가 된 경우에는 가압류의 집행이 본집행에 포섭됨으로써 가압류를 한 때에 본집행이 있었던 것과 같은 효력이 있다는 법리와 관련하여 가압류에서 전이한 압류의 경우에도 위 대법원 2009다19246과 같은 결론을 내릴지 귀추가 주목된다는 견해가 있다(윤경·손흥수,

「부동산경매(2)」, 한국사법행정학회, 2017년판, 1577쪽 각주 119 참고).

2. 유치권에 의한 경매가 강제경매 등으로 정지된 경우 유치권의 소멸 여부

대법원 2010마1059 결정 등에 의하면, 민법 제322조 제1항에 의하여 실시되는 유치권에 의한 경매도 강제경매나 담보권실행을 위한 경매와 마찬가지로 목적부동산 위의 부담을 소멸시키는 것을 법정매각조건으로 하여 실시되고 우선채권자뿐만 아니라 일반채권자의 배당요구도 허용되며, 유치권자는 일반채권자와 동일한 순위로 배당을 받을 수 있다고 봄이 상당하다는 취지다.

민법 제322조(경매, 간이변제충당) ① 유치권자는 채권의 변제를 받기 위하여 유치물을 경매할 수 있다. ② 정당한 이유있는 때에는 유치권자는 감정인의 평가에 의하여 유치물로 직접 변제에 충당할 것을 법원에 청구할 수 있다. 이 경우에는 유치권자는 미리 채무자에게 통지하여야 한다.

다만, 유치권에 의한 경매절차는 목적물에 대하여 강제경매 또는 담보권실행을 위한 경매절차가 개시된 경우에는 정지되도록 되어 있으므로(민사집행법 제274조 제2항), 유치권에 의한 경매절차가 진행되다가 강제경매 또는 담보권실행 경매절차가 개시되면 유치권에 의한 경매절차는 정지되고, 강제경매 또는 담보권실행 경매절차가 진행된다.

민사집행법 제274조(유치권 등에 의한 경매) ① 유치권에 의한 경매와 민법·상법, 그 밖의 법률이 규정하는 바에 따른 경매(이하 “유치권등에 의한 경매”라 한다)는 담보권 실행을 위한 경매의 예에 따라 실시한다. ② 유치권 등에 의한 경매절차는 목적물에 대하여 강제경매 또는 담보권 실행을 위한 경매절차가 개시된 경우에는 이를 정지하고, 채권자 또는 담보

> 권자를 위하여 그 절차를 계속하여 진행한다.
> ③ 제2항의 경우에 강제경매 또는 담보권 실행을 위한 경매가 취소되면 유치권 등에 의한 경매절차를 계속하여 진행하여야 한다.

대법원 2011다35593 판결에 의하면, "유치권에 의한 경매절차가 정지된 상태에서 그 목적물에 대한 강제경매 또는 담보권 실행을 위한 경매절차가 진행되어 매각이 이루어졌다면, 유치권에 의한 경매절차가 소멸주의를 원칙으로 하여 진행된 경우와는 달리 그 유치권은 소멸하지 않는다고 봄이 상당하다."는 취지이다. 민사집행법 제91조 제5항은 "매수인(강제경매의 낙찰인)은 유치권자에게 그 유치권으로 담보하는 채권을 변제할 책임이 있다."고 규정하여 민사유치권에 있어 인수주의를 채택하고 있기 때문이다(동법 제268조는 담보권실행경매에 위 동법 제91조 제5항 준용 규정).

따라서 낙찰자(매수인) 입장에서는 유치권에 의한 경매절차가 진행되다가 강제경매 또는 담보권실행 경매절차가 개시되어 유치권 경매절차가 정지되고 강제경매 또는 담보권실행 경매절차가 개시된 경우에 유치권이 소멸하지 않고 인수된다는 사실을 인식하고 경매절차에 참여하는 것이 필요할 것이다.

3. 유치권 확인소송과 피담보채권의 소멸시효 중단 여부

민법 제320조 제1항은 "타인의 물건 또는 유가증권을 점유한 자는 그 물건이나 유가증권에 관하여 생긴 채권이 변제기에 있는 경우에는 변제를 받을 때까지 그 물건 또는 유가증권을 유치할 권리가 있다."고 규정하고 있고 동조 제2항은 "전항의 규정은 그 점유가 불법행위로 인한 경우에 적용하지 아니한다."고 규정하고 있다. 이러한 유치권은 그 성질상 유치권 자체의 요건을 충족하고 있다면, 소멸시효의 대상이 되지 않는다. 다만, 유치권의 피담보채권이 소멸하면 유치권도 함께 소멸한다(부종성).

민법 제326조는 "피담보채권의 소멸시효"라는 제목 하에 "유치권의 행사는 채권의 소멸시효의 진행에 영향을 미치지 아니한다."고 규정하고 있다. 위 규정의 "유치권의 행사"는 유치물의 점유계속을 의미한다는 것이 일반적이고, "소멸시효의 진행에 영향을 미치지 아니한다."라는 것은 유치권이 유효하게 존재하는 경우에도 유치권의 피담보채권은 유치권과 별도로 소멸시효가 진행한다는 것으로 채권자가 피담보채권의 소멸시효를 중단하여 유치권의 소멸을 막으려면 민법 제168조(소멸시효의 중단사유) 이하의 수단을 취해야 한다는 것을 의미한다.

민법 제168조(소멸시효의 중단사유) 소멸시효는 다음 각호의 사유로 인하여 중단된다. 1. 청구 2. 압류 또는 가압류, 가처분 3. 승인

대법원 2015다226144 판결에 의하면, 유치권확인소송의 제기는 "유치권의 행사"에 불과하여 피담보채권에 대한 시효중단사유가 될 수 없다는 취지이다. 따라서 유치권을 주장하는 자는 피담보채권에 대하여 별도로 소를 제기하는 등의 민법 제168조 등의 시효중단행위를 해야 피담보채권소멸로 인한 유치권의 소멸을 방지할 수 있다.

대법원 2009다39530 판결에 의하면 "유치권이 성립된 부동산의 매수인은 피담보채권의 소멸시효가 완성되면 시효로 인하여 채무가 소멸되는 결과 직접적인 이익을 받는 자에 해당하므로 소멸시효의 완성을 원용할 수 있는 지위에 있다고 할 것이나, 매수인은 유치권자에게 채무자의 채무와는 별개의 독립된 채무를 부담하는 것이 아니라 단지 채무자의 채무를 변제할 책임을 부담하는 점 등에 비추어 보면, 유치권의 피담보채권의 소멸시효기간이 확정판결 등에 의하여 10년으로 연장된 경우 매수인은 그 채권의 소멸시효기간이 연장된 효과를 부정하고 종전의 단기소멸시효기간을 원용할 수는 없다."는 취지이다.

유치권자는 채무자의 승낙을 얻어 유치물의 사용 또는 대여 등을 할 수 있는데(민법 제324조 제2항), 이러한 채무자의 승낙이 유치권의 피담보채권에 대한 시효중단사유인 채무의 승인(민법 제168조 제3항)이 되는지 문제되는데 채무의 승인으로 보기 어렵다. 단지 유치권의 행사방법을 승낙할 것에 그치기 때문이다. 다만, 유치권자가 형식적 경매절차에 나아가 유치물에 대한 경매를 신청한 경우는 민법 제168조 제2항의 "압류"에 해당하여 피담보채권에 대한 시효중단의 효력이 있다.

채무자에 대한 유치권자의 유치물 반환 거부가 민법 제174조의 최고에 해당하여 시효중단의 효력이 인정되는지 문제되는바, 반환거절 자체를 최고로 볼 수는 없을 것이고, 유치권자의 반환거절 속에 피담보채권의 존재를 주장하고 그 채권을 청구하는 의사가 명백하다면, 이를 최고로 볼 수 있을 것이다. 다만 민법 제174조의 최고는 독립하여 중단사유로 되어 있지 않고, 후에 강력한 중단방법을 수반하여야 비로소 중단의 효력이 생기기 때문에 이를 넓게 해석하여 채권주장의 의사가 표시되었다고 보고 최고로 해석하는 견해도 보인다. 민법 제174조는 "최고는 6월 내에 재판상의 청구, 파산절차참가, 화해를 위한 소환, 임의출석, 압류 또는 가압류, 가처분을 하지 아니하면 시효중단의 효력이 없다."고 규정하고 있다.

4. 근저당권자의 유치권부존재확인청구 소송

부동산에 대한 유치권이 존재하는지 여부에 대하여 다투는 민사소송의 대표적인 방법은 명도(인도)소송으로 볼 수 있다. 명도(인도)소송이 가능한 경우라면, 유치권부존재확인 등의 확인소송은 확인의 이익이 없어 각하된다.

즉 대법원 2010다84932 판결에 의하면, "확인의 소는 확인판결을 받는 것이 원고의 법적 지위에 대한 불안과 위험을 제거하는 데 가장 유효·적절한 수단인 경우에 인정되는바, 이 사건과 같이 원고 소유의 이 사건 점포를 피고가 점유하고 있는 경우에는 이 사건 점포의 인도를 구하는 것이 원고의 소유권에 대한 불안과 위험을 유효하고 적절하게 제거하는 직접적인 수단이 되므로 이와 별도로 피고를 상대로 이 사건 점포에 대한 유치권의 부존재확인을 구하는 것은 확인의 이익이 없어 부적법하다."고 한다.

그러나 부동산에 대한 근저당권자는 부동산에 대한 교환가치를 담보하기 위해 근저당권을 설정 받은 자인바 유치권 주장자에게 건물명도(인도)소송을 제기하기에 적절하지 않은 지위에 있다. 이에 대법원 2004다32848 판결은 "담보권 실행을 위한 경매절차에서 근저당권자가 유치권자로 권리신고를 한 자에 대하여 유치권부존재확인의 소를 구할 법률상의 이익이 있다."라는 취지이다.

대법원 2019다247385 판결에 의하면, "근저당권자에게 담보목적물에 관하여 각 유치권의 부존재 확인을 구할 법률상 이익이 있다고 보는 것은 경매절차에서 유치권이 주장됨으로써 낮은 가격에 입찰이 이루어져 근저당권자의 배당액이 줄어들 위험이 있다는 데에 근거가 있다."는 취지이다. 따라서 경매절차에서 유치권이 주장되었으나 담보목적물이 매각되어 근저당권이 소멸하였다면, 근저당권자는 유치권의 부존재 확인을 구할 법률상 이익이 없다. 이와 관련하여 민사집행법 제91조 제2항은 "매각부동산 위의 모든 저당권은 매각으로 소멸된다."고 규정하고 있다.

결국, 근저당권자는 경매를 신청하기 전에 유치권 주장자를 확인한 경우에는 유치권 주장자를 상대로 유치권부존재 확인의 소를 제기하여 승소판결을 받은 후에 임의경매를 신청하거나, 경매를 신청한 후에 유치권신고자가 확인된 경우라면, '매각기일 연기신청' 등을 통해 경매를 사실상 중단시킨 후에 유치권부존재확인 소송을 제기하는 방법을 고민해야 한다. 대법원 2004다32848 판결의 이유 부분을 확인하면, "법원은 그 후 입찰물건명세서의 비고란에 피고로부터 105,669,000원의 유치권 신고가 있다는 기재를 하여 2002. 6. 11.과 2002. 7. 9. 두 번의 입찰기일을 진행하였으나 모두 입찰자가 없어 유찰되었고 그 후 원고의 입찰기일 연기신청에 따라 이 사건 경매는 현재까지 연기되고 있다."는 내용이 확인된다.

대법원 2013다99409 판결에 의하면, "소극적 확인소송에서는 원고가 먼저 청구를 특정하여 채무발생원인 사실을 부정하는 주장을 하면 채권자인 피고는 권리관계의 요건사실에 관하여 주장·증명책임을 부담하므로, 유치권 부존재 확인소송에서 유치권의 요건사실인 유치권의 목적물과 견련관계 있는 채권의 존재에 대해서는 피고가 주장·증명하여야 한다."는 취지이다. 결국 유치권부존재확인 청구를 하는 원고인 근저당권자가 유치권의 요건이 부존재한다고 주장을 하면, 유치권자라고 주장하는 피고는 적극적으로 채권의 존재한다는 사실 등을 주장하고 입증해야 할 것으로 해석된다.

5. 경매절차에서 유치권이 주장되지 않은 경우에 유치권부존재 확인소송

경매절차에서 유치권이 주장되는 경우에 경매대상 부동산의 소유자나 근저당권자는 유치권부존재확인을 구할 법률상 이익이 있다. 즉, 근저당권자에게 담보목적물에 관하여 유치권의 부존재 확인을 구할 법률상 이익이 있다고 보는 것은 경매절차에서 유치권이 주장됨으로써 낮은 가격에 입찰이 이루어져 근저당권자의 배당액이 줄어들 위험이 있다는 데에 근거가 있고, 이는 소유자가 그 소유의 부동산에 관한 경매절차에서 유치권의 부존재 확인을 구하는 경우에도 마찬가지이다. 다만, 위와 같이 경매절차에서 유치권이 주장되었으나 소유부동산 또는 담보목적물이 매각되어 그 소유권이 이전되어 소유권을 상실하거나 근저당권이 소멸하였다면, 소유자와 근저당권자는 유치권의 부존재 확인을 구할 법률상 이익이 없다(대법원 2020. 1. 16. 선고 2019다247385 판결). 결국, 경매절차에서 유치권 주장자가 확인된 경우에는 '매각기일 연기신청' 등을 통해 경매를 사실상 중단시킨 후에 유치권부존재확인 소송을 제기하는 방법을 고민해야 한다(대법원 2004다32848 판결 이유 부분 참고).

경매절차에서 유치권이 주장되지 아니하였으나 경매절차 후에 유치권 주장자가 나타난 경우에 대법원 2020. 1. 16. 선고 2019다247385 판결에 의하면, 근저당권자는 유치권부존재확인을 구할 법률상 이익이 있으나, '채무자가 아닌 소유자'는 유치권부존재확인을 구할 법률상이익이 없다는 취지이다.

즉 위 대법원 2020. 1. 16. 선고 2019다247385 판결에 의하면, "경매절차에서 유치권이 주장되지 아니한 경우에는, 담보목적물이 매각되어 그 소유권이 이전됨으로써 근저당권이 소멸하였더라도 채권자는 유치권의 존재를 알지 못한 매수인으로부터 민법 제575조, 제578조 제1항, 제2항에 의한 담보책임을 추급당할 우려가 있고, 위와 같은 위험은 채권자의 법률상 지위를 불안정하게 하는 것이므로, 채권자인 근저당권자로서는 위 불안을 제거하기 위하여 유치권 부존재 확인을 구할 법률상 이익이 있다. 반면 '채무자가 아닌 소유자'는 위 각 규정에 의한 담보책임을 부담하지 아니하므로, 유치권의 부존재 확인을 구할 법률상 이익이 없다."고 한다.

> 민법 제575조(제한물권있는 경우와 매도인의 담보책임) ① 매매의 목적물이 지상권, 지역권, 전세권, 질권 또는 유치권의 목적이 된 경우에 매수인이 이를 알지 못한 때에는 이로 인하여 계약의 목적을 달성할 수 없는 경우에 한하여 매수인은 계약을 해제할 수 있다. 기타의 경우에는 손해배상만을 청구할 수 있다.
> ② 전항의 규정은 매매의 목적이 된 부동산을 위하여 존재할 지역권이 없거나 그 부동산에 등기된 임대차계약이 있는 경우에 준용한다.
> ③ 전2항의 권리는 매수인이 그 사실을 안 날로부터 1년 내에 행사하여야 한다.
> 민법 제578조(경매와 매도인의 담보책임) ① 경매의 경우에는 경락인은 전8조의 규정에 의하여 채무자에게 계약의 해제 또는 대금감액의 청구를 할 수 있다.
> ② 전항의 경우에 **채무자가 자력이 없는 때**에는 경락인은 대금의 배당을 받은 채권자에 대하여 그 대금전부나 일부의 반환을 청구할 수 있다.
> ③ 전2항의 경우에 채무자가 물건 또는 권리의 흠결을 알고 고지하지 아니하거나 채권자가 이를 알고 경매를 청구한 때에는 경락인은 그 흠결을 안 채무자나 채권자에 대하여 손해배상을 청구할 수 있다.

민법 제575조는 '매매의 목적물이 유치권의 목적이 된 경우에 매수인이 이를 알지 못한 때에는 이로 인하여 계약의 목적을 달성할 수 없는 경우에 한하여 매수인은 계약을 해제할 수 있다. 기타의 경우에는 손해배상만을 청구할 수 있다.'고 규정하고 있고, 민법 제578조 제1항, 제2항은 '① 경매의 경우에는 경락인은 전 8조의 규정에 의하여 채무자에게 계약의 해제 또는 대금감액의 청구를 할 수 있다. ② 전항의 경우에 **채무자가 자력이 없는 때**에는 경락인은 대금의 배당을 받은 채권자에 대하여 그 대금 전부나 일부의 반환을 청구할 수 있다.'고 규정하고 있다.

이처럼 경매절차에서 유치권이 주장되지 아니한 경우에는, 담보목적물이 매각되어 그 소유권이 이전됨으로써 근저당권이 소멸하였더라도 채권자는 유치권의 존재를 알지 못한 매수인으로부터 위 각 규정에 의한 담보책임을 추급당할 우려가 있고, 위와 같은 위험은 채권자의 법률상 지위를 불안정하게 하는 것이므로, 채권자인 근저당권자로서는 위 불안을 제거하기 위하여 유치권 부존재 확인을 구할 법률상 이익이 있다. 반면 '채무자가 아닌 소유자'는 위 각 규정에 의한 담보책임을 부담하지 아니하므로, 유치권의 부존재 확인을 구할 법률상 이익이 없다(위 대법원 판결이유 참고). 참고로, 민사집행법 제91조 제2항은 "매각 부동산 위의 모든 저당권은 매각으로 소멸한다."고 규정하여, 경매가 진행되면 저당권이 소멸되는 것으로 규정하고 있다.

6. 유치권 주장자의 점유회수 및 유치권 존재확인 소송

공사대금 채권자가 유치권을 주장하면서, 부동산을 점유하고 있는데, 해당 부동산을 공매로 취득한 사람이 부동산의 점유를 침탈하였다. 대구지방법원 포항지원 2014가합1732 판결을 고려하면, 공사대금 채권자는 점유회수의 소에 따른 부동산인도 및 유치권존재확인의 병합청구가 가능하다(단, 위 대구지방법원 포항지원 판결의 항소심인 대구고등법원 2015나23230 판결에 의하면 원고의 점유상실이 피고의 점유침탈로 인한 것이라고 하더라도 유치권은 소멸한다는 취지). 민법 제204조 제3항은 점유를 침탈당한 사람의 침탈자에 대한 점유회수청구권에 대하여 그 점유를 침탈당한 때로부터 1년 내에 행사하여야 하는 것으로 정하고 있는데, 위의 제척기간은 재판 외에서 권리를 행사하는 것으로 족한 기간이 아니라 그 기간 내에 소를 제기하여야 하는 이른바 출소기간으로 해석함이 상당하다는 것이 대법원 2001다8097, 8103 판결의 취지다.

가처분 신청을 점유물반환청구권을 행사한 것으로 볼 수 있는지 여부에 대하여 대구고등법원 2015나23230 판결에 의하면, 가처분신청에 의하여 점유물반환청구권을 행사한 것을 소를 제기한 것으로 볼 수는 없다는 취지이다. 한편, 대법원 2010다18294 판결에 의하면, 점유회수의 청구에 있어서는 점유를 침탈당하였다고 주장하는 당시에 점유하고 있었는지의 여부만을 살피면 된다고 한다.

대법원 95다8713 판결에 의하면, 점유회수의 소에 있어 점유는 반드시 물건을 물리적·현실적으로 지배하는 것만을 의미하는 것이 아니고 물건과 사람과의 시간적·공간적 관계와 본권관계, 타인지배의 배제가능성 등을 고려하여 사회관념에 따라 합목적적으로 판단하여야 한다는 취지이다. 대법원 2010다2459 판결에 의하면, 원칙적으로 점유물반환청구는 원고가 목적물을 점유하였다가 피고에 의하여 이를 침탈당하였다는 사실을 주장·증명하면 족하고 그 목적물에 대한 점유가 본권에 기한 것이라는 점은 주장·증명할 필요가 없다. 그리고 대법원 2010다18294 판결에 의하면, 점유회수의 청구에 대하여 점유침탈자가 점유물에 대한 본권이 있다는 주장으로 점유회수를 배척할 수는 없다.

유치권은 점유의 상실로 인하여 소멸하므로(민법 제328조), 목적물을 점유하는 것은 유치권의 성립요건이자 존속요건으로서 그 점유가 단절되지 않고 계속 유지되어야 한다(대법원 2004. 2. 27. 선고 2003다46215 판결). 따라서 점유침탈에 의하여 점유를 상실한 경우에 점유회수의 소에 관한 승소판결을 받아 이를 집행하는 등의 방법으로 점유를 회복하기 전에는 부동산에 관한 유치권이 존재한다고 할 수 없다. 즉, 대법원 2011다72189 판결에 의하면, "피고의 점유침탈로 원고가 이 사건 상가에 대한 점유를 상실한 이상 원고의 유치권은 소멸하고, 원고가 점유회수의 소를 제기하여 승소판결을 받아 점유를 회복하면 점유를 상실하지 않았던 것으로 되어 유치권이 되살아나지만, 위와 같은 방법으로 점유를 회복하기 전에는 유치권이 되살아나는 것이 아님에도, 원심은 원고가 이 사건 상가에 대한 점유를 회복하였는지를 심리하지 아니한 채 점유회수의 소를 제기하여 점유를 회복할 수 있다는 사정만으로 원고의 유치권이 소멸하지 않았다고 판단하였으니, 원심의 이와 같은 판단에는 점유상실로 인한 유치권 소멸에 관한 법리를 오해하여 필요한 심리를 다하지 아니한 위법이 있다."는 취지이다.

유치권의 점유가 침탈되자마자 유치권자가 그 즉시 자력으로 점유회복을 할 수 있는지 여부와 관련하여 민법 제209조 제2항은 "점유물이 침탈되었을 경우에 부동산일 때에는 점유자는 침탈 후 직시 가해자를 배제하여 이를 탈환할 수 있고 동산일 때에는 점유자는 현장에서 또는 추적하여 가해자로부터 이를 탈환할 수 있다."라고 규정하고 있다. 대법원 91다14116 판결에 의하면, "민법 제209조 제1항에 규정된 점유자의 자력방위권은 점유의 침탈 또는 방해의 위험이 있는 때에 인정되는 것인 한편, 제2항에 규정된 점유자의 자력탈환권은 점유가 침탈되었을 때 시간적으로 좁게 제한된 범위 내에서 자력으로 점유를 회복할 수 있다는 것으로서, 위 규정에서 말하는 "직시"란 "객관적으로 가능한 한 신속히" 또는 "사회관념상 가해자를 배제하여 점유를 회복하는 데 필요하다고 인정되는 범위 안에서 되도록 속히"라는 뜻으로 해석할 것이므로 점유자가 침탈사실을 알고 모르고와는 관계없이 침탈을 당한 후 상당한 시간이 흘렀다면 자력탈환권을 행사할 수 없다."는 취지이다.

7. 기타 유치권 관련 판례

필요비란 물건의 보존·관리를 위하여 지출되는 비용으로 필요비로 인정되기 위해서는 그것이 그 물건 자체의 보존이나 원래의 용법에 따른 사용에 기여하는 것이어야 하는데, 필요비상환청구권을 피담보채권으로 유치권을 주장할 수 있다. 아파트관리비는 필요비인바, 유치권의 피담보채권이 될 수 있다. 이때 피담보채권의 범위는 특별한 사정이 없다면 공용부분 관리비의 3년분 원금에 한정된다(대법원 2005다65821 판결). 다만, 관리주체가 관리비를 체납한 자에게 소멸시효를 중단하는 행위를 할 경우에 그 시효중단의 효력은 낙찰자(매수인)에게도 미친다. 민법 제169조가 "시효의 중단은 당사자 및 승계인 간에만 효력이 있다."고 규정하고 있기 때문이다(대법원 2014다81474 판결). 따라서 집합건물상가를 낙찰 받고자 할 경우에는 전 소유자 등의 공용부분 관리비체납액 및 관리주체의 시효중단 행위 여부를 확인할 필요가 있다.

유익비란 점유자가 물건의 개량 기타 그 효용의 적극적인 증진을 위하여 지출한 비용을 의미한다. 유익비 상환을 구하려면 그 지출로 인하여 그 물건의 가액의 증가가 현존하여야 하는데, 유익비상환청구권을 피담보채권으로 유치권을 주장할 수 있다. 다만, 유익비로 인정되는 예가 드물며, 계약서에 포기약정이 명시되어 있다면, 유치권이 성립하지 않는다(필요비도 동일). 즉 대법원 73다2010 판결에 의하면, "건물의 임차인이 임대차관계 종료 시에는 건물을 원상으로 복구하여 임대인에게 명도하기로 약정한 것은 건물에 지출한 각종 유익비 또는 필요비의 상환청구권을 미리 포기하기로 한 취지의 특약이라고 볼 수 있어 임차인은 유치권을 주장을 할 수 없다."라는 취지이다.

수급인의 공사대금채권은 유치권의 피담보채권으로 가장 흔하게 볼 수 있는데, 도급 형태에 따라 소유권이 수급인에게 귀속된다면, 유치권이 부정될 수 있다. 즉 대법원 91다14116 판결에 의하면 "유치권은 타물권인 점에 비추어 볼 때 수급인의 재료와 노력으로 건축되었고 독립한 건물에 해당되는 기성부분은 수급인의 소유라 할 것이므로 수급인은 공사대금을 지급받을 때까지 이에 대하여 유치권을 가질 수 없다."는 취지이다. 유치권자는 피담보채권 전부를 변제받을 때까지 유치물 전부에 대하여 권리를 행사할 수 있는바, 대법원 2005다16942 판결은 '다세대주택의 창호 등의 공사를 완성한 하수급인이 공사대금채권 잔액을 변제받기 위하여 위 다세대주택 중 한 세대를 점유하여 유치권을 행사하는 경우, 그 유치권은 위 한 세대에 대하여 시행한 공사대금만이 아니라 다세대주택 전체에 대하여 시행한 공사대금채권의 잔액 전부를 피담보채권으로 하여 성립한다.'는 취지이다. 즉 "민법 제321조는 '유치권자는 채권 전부의 변제를 받을 때까지 유치물 전부에 대하여 그 권리를 행사할 수 있다.'고 규정하고 있으므로, 유치물은 그 각 부분으로써 피담보채권의 전부를 담보하며, 이와 같은 유치권의 불가분성은 그 목적물이 분할 가능하거나 수개의 물건인 경우에도 적용"되기 때문이다.

물건과 원래의 채권 사이에 견련성이 있다면 손해배상청구권과 목적물 사이에도 견련성이 인정되고, 유치권이 성립될 수 있다. 그러나 임대인의 시설미비에 의한 손해배상채권, 위약금채권, 보증금반환청구권, 권리금 반환청구권, 부속물매수청구권 행사를 통한 부속물매수대금채권 등의 경우 유치권이 성립되지 않는다. 미등기건물의 양수인의 점유가 토지소유자에 대하여 불법인 경우에 토지소유자에 대한 불법점유에 해당하여 유치권이 성립하지 않는다. 이와 관련하여 대구고등법원 83나874(본소), 83나875(반소) 판결에 의하면, "건물임대차계약 시 위약금의 약정에 따라 취득한 건물임차인인 피고의 돈 4,000,000원의 위약금채권과 임대차계약 종료로 인한 피고의 위 건물명도의무는 동시이행관계에 있는 것도 아니고 또 위 건물에 관하여 생긴 채권이라 할 수도 없어 유치권도 인정되지 않는다."고 판시하였고, 대법원 93다62119 판결은 "임대인과 임차인 사이에 건물명도시 권리금을 반환하기로 하는 약정이 있었다 하더라도 그와 같은 권리금반환청구권은 건물에 관하여 생긴 채권이라 할 수 없으므로 그와 같은 채권을 가지고 건물에 대한 유치권을 행사할 수 없다."고 판시하였다.

유치권 주장은 법률상 항변에 해당하여 대체적으로 유치권자가 유치권 요건을 주장·입증하여야 하나, 유치권 배제특약이 있는 사실 및 불법점유 사실 등은 유치권을 부정하는 자 즉 유치권주장자의 상대방이 주장·입증책임을 부담한다. 이와 관련하여 대법원 66다600, 601 판결은 "어떠한 물건을 점유하는 자는 소유의 의사로 선의 평온 및 공연하게 점유한 것으로 추정될 뿐만 아니라 점유자가 점유물에 대하여 행사하는 권리는 적법하게 보유하는 것으로 추정되므로 점유물에 대한 유익비상환청구권을 기초로 하는 유치권의 주장을 배척하려면 적어도 그 점유가 불법행위로 인하여 개시되었거나 유익비 지출 당시 이를 점유할 권원이 없음을 알았거나 이를 알지 못함이 중대한 과실에 기인하였다고 인정할 만한 사유의 상대방 당사자의 주장·입증이 있어야 한다."고 판시하였다.

8. 제10강 체크포인트

상사유치권은 선행저당권자에게 상사유치권으로 대항할 수 없지만, 민사유치권은 저당권 설정 후에 유치권을 취득한 경우에도 경매절차의 매수인에게 유치권으로 대항할 수 있다. 민사유치권 및 상사유치권 모두 부동산에 대한 압류의 효력이 발생한 후에 점유를 이전받거나 피담보채권이 성립한 경우 경매절차의 매수인에게 유치권으로 대항 할 수 없다. 압류의 처분금지효에 반하기 때문이다. 그러나 가압류 또는 체납처분압류의 경우에는 곧바로 경매절차가 진행되는 것은 아니라는 점에서 가압류 또는 체납처분압류 이후에 유치권의 성립요건을 갖춘 유치권자도 유치권을 주장할 수 있다.

유치권에 의한 경매는 그 절차가 진행되던 중이라고 하더라도 강제경매 또는 담보권실행경매가 개시되면 강제경매 또는 담보권실행 경매절차로 넘어가고 유치권에 의한 경매절차는 정지되는데, 유치권에 의한 경매가 진행될 경우에 유치권자는 일반채권자로 배당받고 유치권이 소멸된다는 점에서 유치권에 의한 경매가 정지된 경우에도 유치권이 소멸되는지 문제되는데, 이렇게 유치권에 의한 경매가 정지되고 강제경매 또는 담보권실행경매가 진행된 경우라도 유치권은 낙찰자(매수인)가 인수한다. 민사집행법 제91조 제5항이 '매수인은 유치권자(留置權者)에게 그 유치권(留置權)으로 담보하는 채권을 변제할 책임이 있다.'라고 규정하고 있기 때문이다.

유치권의 성립을 부정하는 낙찰자(매수인)의 경우에 인도청구가 가능하다면 유치권 부존재확인 소송을 제기할 이익이 없다. 유치권에 성립 여부에 대한 다툼이 있어 유치권을 주장하는 자가 유치권확인소송을 제기한 경우라도 유치권의 피담보채권에 대한 시효중단사유가 되지는 않는다. 유치권의 행사는 유치물의 점유계속을 의미하는 것이고 유치권확인청구소송은 단지 유치권의 행사에 불과하기 때문이다. 따라서 유치권의 피담보채권이 시효로 소멸하면 유치부동산을 경매로 낙찰받은 낙찰자(매수인)은 소멸시효의 완성을 주장하여 유치권주장자에게 인도청구를 할 수 있다. 그러나 유치권주장자가 피담보채권에 대한 이행청구소송을 제기하여 승소 확정되어 시효가 10년으로 연장되었다면 피담보채권을 변제할 책임이 있는 낙찰자(매수인)는 그 연장된 10년의 시효기간을 부정할 수 없다.

부동산에 대한 근저당권자는 부동산에 대한 교환가치를 담보하기 위해 근저당권을 설정받은 자로서 유치권 주장자에게 부동산의 인도청구를 할 권한은 없고, 유치권주장자에게 유치권부존재확인의 소를 제기할 이익이 있다. 다만 담보목적물이 매각되어 근저당권이 소멸하였다면 근저당권자가 유치권부존재확인소송을 제기할 이익은 없다. 따라서 근저당권자가 경매신청 전에 유치권주장자를 확인하였다면 유치권주장자를 상대로 유치권부존재확인소송을 제기하여 승소 후에 임의경매를 신청하거나 경매신청 후에 유치권자가 확인된 경우라면 '매각기일 연기신청' 등을 통해 경매를 사실상 중단시킨 후에 유치권부존재확인소송을 제기하는 방법이 고려될 수 있다.

경매절차에서 유치권이 주장되지 아니하였으나 경매절차 후에 유치권주장자가 나타난 경우에 채무자가 자력이 없는 경우라면 근저당권자는 유치권의 존재를 알지 못한 낙찰자(매수인)로부터 담보책임을 추급당할 염려가 있기 때문에 유치권부존재확인소송을 제기할 이익이 있으나, 채무자가 아닌 소유자는 담보책임을 부담하지 않으므로 유치권부존재확인소송을 제기할 이익이 없다.

공사대금채권자가 유치권을 주장하면서 부동산을 점유하고 있는데, 부동산을 공매로 취득한 낙찰자(매수인)가 부동산의 점유를 침탈하면 점유를 빼앗긴 공사대금채권자는 '점유회수의 소'에 따른 '부동산인도청구'와 '유치권 확인소송'을 병합하여 제기할 수 있다. 다만 '원고의 점유상실이 피고의 점유침탈로 인한 것이라고 하더라도 유치권은 소멸한다는 것이 판례'의 취지이므로 특히 '유치권 확인소송'은 기각될 가능성이 높다. '점유회수의 소'에 있어서 '부동산인도청구'는 원고가 부동산을 점유하다가 피고에 의해 침탈당했음을 주장하고 증명하면 족하고 그 점유가 본권에 의한 점유임을 주장하고 증명할 필요가 없다. 점유침탈자 피고는 점유물에 대하여 본권이 있다는 주장으로 원고의 점유회수를 배척할 수 없다. 원고가 점유회수의 소에 대한 승소판결을 받아 이를 집행하는 등의 방법으로 점유를 회복하기 전에는 부동산에 대한 유치권이 존재한다고 볼 수 없다.

필요비상환청구권과 유익비상환청구권을 피담보채권으로 하여 유치권을 주장할 수 있으나, 건물임대차에 있어 원상회복약정이 있다면 유익비 또는 필요비 상환청구권 포기약정으로 해석되어 유치권을 주장하기 어렵다. 위약금채권, 권리금반환청구권 등으로 유치권을 주장할 수 없다. 유치권의 성립을 부정하는 자가 유치권 배제특약의 존재사실 그리고 불법점유사실 등을 주장하고 입증해야 한다.

제11강
부동산취득의 법률적 제한

제11강

부동산취득의 법률적 제한

1. 토지거래허가구역 내 토지의 취득

부동산거래신고 등에 관한 법률 제11조에 의하면, 토지거래허가구역에서 토지를 거래할 경우 토지거래허가를 득하여야 하나, 경매절차(동법 제14조 제2항 제2호)를 통하여 토지거래허가구역에서 토지를 매수할 경우에는 토지거래허가가 필요 없다. 참고로 토지거래허가제도는 과거에는 '국토의 계획 및 이용에 관한 법률'에 규정되어 있었다.

> 부동산거래신고 등에 관한 법률 제11조(허가구역 내 토지거래에 대한 허가)
> ① 허가구역에 있는 토지에 관한 소유권·지상권(소유권·지상권의 취득을 목적으로 하는 권리를 포함한다)을 이전하거나 설정(대가를 받고 이전하거나 설정하는 경우만 해당한다)하는 계약(예약을 포함한다. 이하 "토지거래계약"이라 한다)을 체결하려는 당사자는 공동으로 대통령령으로 정하는 바에 따라 시장·군수 또는 구청장의 허가를 받아야 한다. 허가받은 사항을 변경하려는 경우에도 또한 같다. ⑥ 제1항에 따른 허가를 받지 아니

하고 체결한 토지거래계약은 그 효력이 발생하지 아니한다.
부동산거래 신고 등에 관한 법률 제14조(국가 등의 토지거래계약에 관한 특례 등) ② 다음 각 호의 경우에는 제11조를 적용하지 아니한다.
1. 「공익사업을 위한 토지 등의 취득 및 보상에 관한 법률」에 따른 토지의 수용
2. 「민사집행법」에 따른 경매
3. 그 밖에 대통령령으로 정하는 경우

부동산거래신고법 제11조 제1항, 제6항 등의 규정에 의하면, 토지거래허가구역으로 지정된 지역의 토지를 거래할 때에는 시장, 군수 등의 허가를 받아야 하고, 허가를 받지 않은 계약의 무효를 선언하고 있다. 그럼에도 불구하고 대법원은 허가 전 계약의 유동적 무효를 인정하고 있다.

즉, 대법원 판결의 핵심은 허가대상 토지에 대한 허가 전 계약은 물권적 효력과 채권적 효력이 인정되지는 않지만, 허가를 받을 경우 그 계약은 소급하여 유효한 계약이 되며, 불허가 시 무효로 확정되므로, 허가를 받기까지는 유동적 무효라는 것이다[대법원(전합) 90다12243 판결].

위 대법원(전합) 90다12243 판결 이후에 각 구체적 사정을 고려한 추가적 판례들이 나오게 되었는데, 이를 종합하여 정리하면 ① 토지거래가 처음부터 확정적으로 무효가 되는 경우, ② 유동적이었던 토지거래계약이 후발적으로 확정무효가 되는 경우, ③ 유동적이었던 토지거래계약이 후발적으로 확정유효가 되는 경우로 구분할 수 있다.

① 토지거래가 처음부터 확정적으로 무효가 되는 경우를 정리해 보자. 대법원(전합) 90다12243 판결에 의하면, "허가를 받기 전의 거래계약이 처음부터 허가를 배제하거나 잠탈하는 내용의 계약일 경우에는 확정적으로 무효"라고 한다. 토지거래허가를 배제하기 위하여 매매계약일자를 소급작성하고 매매대금액도 낮춘 별도의 매매계약서를 허위로 작성한 것은 토지거래허가를 배제하거나 잠탈하려는 경우에 해당한다(대법원 92다44671 판결). 이처럼 토지거래가 확정적으로 무효가 되면, 계약체결 후에 허가구역 지정이 해제되더라도 유효로 전환될 여지가 없다

(대법원 2017다228618 판결).

그리고 토지거래계약이 처음부터 확정적 무효인 경우에 강행법규를 위반한 것으로 볼 수 있는데, 강행법규를 위반한 자 스스로가 무효를 주장하더라도 특단의 사정이 없는 한 이를 신의성실의 원칙에 위배되는 권리의 행사라고 볼 수 없다(대법원 93다44319, 93다44326 판결).

② 유동적이었던 토지거래계약이 후발적으로 확정무효가 되는 경우를 정리해 보자. 토지거래허가를 받지 않아 유동적 무효상태였던 계약은 관할관청의 불허가처분 또는 당사자 쌍방이 허가신청 협력의무의 이행거절 의사를 명백히 표시한 경우에 그때부터 확정적 무효가 된다.

토지거래계약이 유동적 무효의 상태에 있었는데, 토지에 대한 경매절차가 개시되어 제3자에게 소유권이 이전되었다면(참고로 부동산거래신고법 제14조 제2항 제2호에 의하면, 토지거래허가구역 내 토지를 경매로 취득하는 경우에는 토지거래허가를 받을 필요가 없음) 이행불능으로 유동적 무효의 토지거래는 확정무효가 된다(대법원 2012다89900 판결). 다만, 매수인이 토지거래허가신청절차청구권을 피보전권리로 하는 처분금지가처분을 마친 상태라면 경매로 제3자가 토지의 소유권을 취득하더라도 제3자에 대항할 수 있어 확정적 무효로 볼 수 없다(대법원 98다44376 판결).

③ 유동적이었던 토지거래계약이 후발적으로 확정유효가 되는 경우를 정리해 보자. 토지거래계약 후에 토지거래허가를 받은 경우와 허가구역 지정이 해제되거나 허가구역지정기간이 만료되었으나 허가구역으로 재지정되지 않은 경우에 그 토지거래계약이 확정적으로 유효가 된다(대법원(전합) 90다12243 판결, 대법원(전합) 98다40459 판결].

2. 농지의 취득

농지법에 의하여 농지(논, 밭, 과수원 용지 등)를 낙찰받은 자는 낙찰된 날로부터 매각결정기일까지 농지취득자격증명원을 법원에 제출하여야 한다(농지법 제8조 제1항).

> 농지법 제2조(정의) 이 법에서 사용하는 용어의 뜻은 다음과 같다.
>
> 1. "농지"란 다음 각 목의 어느 하나에 해당하는 토지를 말한다. 가. 전·답, 과수원, 그 밖에 법적 지목(地目)을 불문하고 실제로 농작물 경작지 또는 대통령령으로 정하는 다년생식물 재배지로 이용되는 토지. 다만, 「초지법」에 따라 조성된 초지 등 대통령령으로 정하는 토지는 제외한다. 나. 가목의 토지의 개량시설과 가목의 토지에 설치하는 농축산물 생산시설로서 대통령령으로 정하는 시설의 부지
>
> 농지법 제8조(농지취득자격증명의 발급) ① 농지를 취득하려는 자는 농지 소재지를 관할하는 시장(구를 두지 아니한 시의 시장을 말하며, 도농 복합 형태의 시는 농지 소재지가 동지역인 경우만을 말한다), 구청장(도농 복합 형태의 시의 구에서는 농지 소재지가 동지역인 경우만을 말한다), 읍장 또는 면장(이하 "시·구·읍·면의 장"이라 한다)에게서 농지취득자격증명을 발급받아야 한다. 다만, 다음 각 호의 어느 하나에 해당하면 농지취득자격증명을 발급받지 아니하고 농지를 취득할 수 있다.
>
> 1. 제6조 제2항 제1호·제4호·제6호·제8호 또는 제10호(같은 호 바목은 제외한다)에 따라 농지를 취득하는 경우
> 2. 농업법인의 합병으로 농지를 취득하는 경우
> 3. 공유 농지의 분할이나 그 밖에 대통령령으로 정하는 원인으로 농지를 취득하는 경우

대법원 2014두36518 판결에 의하면, "농지를 취득하려는 자가 농지에 관하여 소유권이전등기를 마쳤다고 하더라도 농지취득자격증명을 발급받지 못한 이상 그 소유권을 취득하지 못하고, 농지에 관한 경매절차에서 농지취득자격증명의 발급은 매각허가요건에 해당한다."는 취지이며, 대법원 2010다68060 판결은 "농지를 취득하려는 자가 농지에 대하여 소유권이전등기를 마쳤다 하더라도 농지취득자격증명을 발급받지 못한 이상 그 소유권을 취득하지 못하고, 이는 공매절차에 의한 매각의 경우에도 마찬가지라 할 것이므로, 공매부동산이 농지법이 정한 농지인 경우에는 매각결정과 대금납부가 이루어졌다고 하더라도 농지취득자격증명을 발급받지 못한 이상 소유권을 취득할 수 없고, 설령 매수인 앞으로 소유권이전등기가 경료되었다고 하더라도 달라지지 않으며, 다만 매각결정과 대금납부 후에 농지취득

자격증명을 추완할 수 있을 뿐이다."는 취지이고, 대법원 2007마258 결정에 의하면, "어떤 토지가 농지법 소정의 '농지'인지의 여부는 공부상의 지목 여하에 불구하고 당해 토지의 사실상의 현상에 따라 가려져야 할 것이고, 공부상 지목이 전인 토지의 경우 그 농지로서의 현상이 변경되었다고 하더라도 그 변경 상태가 일시적인 것에 불과하고 농지로서의 원상회복이 용이하게 이루어질 수 있다면 그 토지는 여전히 농지법에서 말하는 농지에 해당"하고, "이 사건 토지에 관한 농지취득자격증명을 제출하지 아니하였다는 이유로 경매법원이 매각불허가결정을 한 이후, 재항고인이 그 결정에 대하여 항고를 하고 그 항고가 기각되자 재항고를 하여, 재항고사건이 계속 중에 비로소 농지취득자격증명을 제출하였다고 하더라도, 재항고심은 법률심으로서 사후심이므로 그와 같은 사유는 재항고심의 고려사유가 될 수 없다."는 취지이다.

대법원 98마2604 결정은 '지목이 답으로 되어 있는 토지에 대하여 제3자 명의로 주택 부지로의 농지전용허가가 되었다는 점만으로는 이미 농지로서의 성질을 상실하고 사실상 대지화되었다고 보기 어렵고, 여름철에 야영장 등으로 이용되면서 사실상 잡종지로 활용될 뿐 농작물의 경작에 이용되지 않고 있다고 하여도, 그 토지에 별다른 견고한 구조물이 축조되어 있지 아니하고 터파기작업 등이 이루어져 현상이 크게 변동된 것도 아니어서 그 원상회복이 비교적 용이해 보이는 점 등에 비추어 그 현상 변경이 일시적인 것에 불과하다면 그 토지는 농지법상의 농지로서 그 취득에 소재지 관서의 농지취득자격증명이 필요'하다고 본 사례이다.

대법원 97다42991 판결은 "이 사건 토지는 지적공부상 지목이 답으로 되어 있기는 하나, 이 사건 낙찰허가결정 훨씬 전에 인근 토지보다 약 1~2m나 성토되어 그 지상에 콘테이너박스와 창고가 설치되는 등 이미 타용도로 전용되어 **상당 기간 동안 건축자재 하치장으로 사용**되어 왔기 때문에 **농지로서의 기능을 완전히 상실하였다**고 할 것이고, 여기에 **피고가 이 사건 낙찰허가결정 이전에 농지취득자격증명의 발급을 신청하였음에도 해당 관서에서 농지로 볼 수 없다는 이유로 신청 자체가 반려**된 점이나 **피고가 낙찰을 받은 직후에 적법한 절차를 거쳐 현황대로 농지전용허가가 이루어짐으로써 향후 원상회복명령이 발하여질 가능성이 소멸**된 점을 고려하여 보면, 이 사건 낙찰허가결정 당시 이 사건 토지는 이미 농지법 제2

조 소정의 농지에 해당한다고 볼 수 없으므로, 피고가 임의경매절차에서 최고가입찰자로서 이 사건 토지를 낙찰받음에 있어서 농지법 제8조 소정의 **농지취득자격증명을 발급받을 필요는 없다**."는 취지이다(토지소유권 말소등기 청구 사건).

대법원 2013다79887(본소), 2013다79894(반소) 판결은 "농지의 임대를 금지한 구 농지법 제23조의 규정은 강행규정이다. 따라서 구 농지법 제23조가 규정한 예외사유에 해당하지 아니함에도 이를 위반하여 농지를 임대하기로 한 임대차계약은 무효"이고 "농지임대차가 구 농지법에 위반되어 계약의 효력을 인정받을 수 없다고 하더라도, 임대 목적이 농지로 보전되기 어려운 용도에 제공하기 위한 것으로서 농지로서의 기능을 상실하게 하는 경우라거나 임대인이 자경할 의사가 전혀 없이 오로지 투기의 대상으로 취득한 농지를 투하자본 회수의 일환으로 임대하는 경우 등 사회통념으로 볼 때 헌법 제121조 제2항이 농지 임대의 정당한 목적으로 규정한 농업생산성의 제고 및 농지의 합리적 이용과 전혀 관련성이 없고 구 농지법의 이념에 정면으로 배치되어 반사회성이 현저하다고 볼 수 있는 특별한 사정이 있는 경우가 아니라면, 농지 임대인이 임대차기간 동안 임차인의 권원 없는 점용을 이유로 손해배상을 청구한 데 대하여 임차인이 불법원인급여의 법리를 이유로 반환을 거부할 수는 없다."는 취지이다. 따라서 농지를 낙찰 받은 후에 매수인이 농지임대차계약을 체결하면 무효이기는 하나, 그 임대차가 구 농지법 이념에 정면으로 배치되지 않는다면 매수인은 임차인을 향하여 임대기간 동안의 차임은 부당이득 등으로 반환청구를 할 수 있다.

정리하자면, 농지법에 의하여 농지(논, 밭, 과수원 용지 등)를 낙찰 받은 자는 낙찰된 날로부터 매각결정기일까지 농지취득자격증명원을 법원에 제출하여야 하고(농지법 제8조 제1항), 농지취득자격증명원을 제출하지 못하면 소유권을 취득할 수 없다는 것이고 농지취득자격증명원을 제출하여 농지를 낙찰받아 농지의 소유권을 취득한 후에 이를 제3자에게 임대해주면 그 임대는 원칙적으로 무효이지만, 특별한 사정이 없는 한 차임상당의 부당이득청구를 할 수 있어 임대료 상당액은 받을 수는 있다는 것이다. 다만 농지를 제3자에게 임대해 준 소유자는 농지법 제61조에 따라 2천만원 이하의 벌금에 처해질 수 있다.

농지법 제61조(벌칙) 다음 각 호의 어느 하나에 해당하는 자는 2천만원 이하의 벌금에 처한다.
2. 제23조 제1항을 위반하여 소유 농지를 임대하거나 무상사용하게 한 자
농지법 제23조(농지의 임대차 또는 사용대차) ① 다음 각 호의 어느 하나에 해당하는 경우 외에는 농지를 임대하거나 무상사용하게 할 수 없다.

3. 학교법인의 기본재산 취득

학교법인의 재산은 기본재산과 보통재산으로 구분되며, 기본재산을 매도·증여·교환·용도변경·담보제공 등을 하고자 할 때 또는 의무의 부담이나 권리를 포기하고자 할 때에는 관할청의 허가를 받아야 한다.

사립학교법 제28조(재산의 관리 및 보호) ① 학교법인이 그 기본재산에 대하여 매도·증여·교환·용도변경하거나 담보로 제공하려는 경우 또는 의무를 부담하거나 권리를 포기하려는 경우에는 관할청의 허가를 받아야 한다. 다만, 대통령령으로 정하는 경미한 사항은 관할청에 신고하여야 한다.
② 학교교육에 직접 사용되는 학교법인의 재산 중 대통령령으로 정하는 것은 매도하거나 담보로 제공할 수 없다.
③ 「초·중등교육법」 제10조 및 「고등교육법」 제11조에 따른 수업료와 그 밖의 납부금(입학금 또는 학교운영지원비를 말한다. 이하 같다)을 받을 권리와 제29조 제2항에 따라 별도 계좌로 관리되는 수입에 대한 예금채권은 압류할 수 없다.
④ 관할청은 제1항 단서에 따른 신고를 받은 경우 그 내용을 검토하여 이 법에 적합하면 신고를 수리하여야 한다.
⑤ 학교법인은 기본재산에 관한 소송절차가 개시된 때와 완결된 때에는 대통령령으로 정하는 바에 따라 그 사실을 관할청에 신고하여야 한다.

따라서 기본재산인 부동산에 대하여는 저당권 설정에 있어 관할관청의 허가를 얻었어야 하고, 저당권 설정이 유효·적법하여 임의경매가 되거나 또는 일반채

권자에 의하여 강제경매가 실행되더라도 낙찰자는 낙찰에 대하여 관할관청의 허가를 다시 받아야 한다. 또한 학교교육에 직접 사용되는 학교법인의 재산 즉, 교지·교사·체육장·실습 또는 연구시설 등은 이를 매도하거나 담보에 제공할 수 없다(사립학교법 제28조 제2항). 이러한 교지 등의 압류금지부동산이 경매신청되면 법원은 경매신청 각하결정을 한다. 학교경영자 개인 명의로 되어 있는 학교법인의 교지 등에 설정된 근저당권에 기하여 경매가 이루어지더라도 위 근저당권이 무효이므로 이에 대한 경락허가결정 또한 위법하다. 즉 대법원 99다70860 판결에 의하면 "사립학교법 제28조 제2항, 같은법 시행령 제12조는 학교교육에 직접 사용되는 학교법인의 재산 중 교지, 교사 등은 이를 매도하거나 담보에 제공할 수 없다고 규정하고 있고, 같은 법 제51조는 사립학교 경영자에게도 학교법인에 관한 같은 법 제28조 제2항을 준용한다고 규정하고 있으므로, 사립학교 경영자가 사립학교의 교지, 교사로 사용하기 위하여 출연·편입시킨 토지나 건물이 등기부상 학교경영자 개인 명의로 있는 경우에도 그 토지나 건물에 관하여 경료된 담보 목적의 가등기나 근저당권설정등기는 같은 법 제51조에 의하여 준용되는 같은 법 제28조 제2항, 같은법시행령 제12조에 위배되어 무효이다."는 취지이다.

유치원의 교지 및 교사 등도 사립학교법 제28조 제2항에 의하여 타인에게 매매 및 담보제공이 금지되어 있으므로 이에 해당하는 대지 및 건물에 대하여 경료된 근저당권설정등기는 무효이고, 이에 터잡아 진행된 경매절차에서 낙찰받아 경료한 소유권이전등기 또한 효력이 없다. 다만 유치원 교육에 직접 사용되는 교지 등 사립학교법 시행령 제12조에 정한 재산이라고 해도 유치원 설립자가 유치원 설립허가를 받기 전에 담보권을 설정한 경우에는 담보권 실행이 가능하고 낙찰자가 감독청의 처분허가를 얻지 않아도 된다. 즉 대법원 2004마97 결정에 의하면 "사립학교법상의 사립학교에 해당하는 유치원 설립자 겸 경영자 소유의 재산으로서, 유치원교육에 직접 사용되는 교지 등 사립학교법시행령 제12조 소정의 재산의 경우에는 관할관청의 처분허가 유무에 관계없이 처분할 수 없는 것이지만, 위에 해당하는 재산이라고 하더라도 유치원 설립자가 유치원 설립허가를 얻기 전에 담보권을 설정한 경우에는 담보권 성립 당시 담보제공자가 사립학교의 경영자라고 볼 수 없으므로 학교재산은 적법하게 설정된 피담보채무를 부담한 것이라 할 것이고, 적법하게 담보권이 성립한 이상 그 후에 담보제공자가 유치원 설립자의 지위를 얻었고, 그 재산이 유치원교육에 직접 사용하게 되었다고 하여 담보권자가 그 담보권을 실행하는 것이 금지된다거나 새삼스럽게 감독청의 처분허가를 필요로 한다고 볼 것은 아니다."는 취지이다.

대법원 97다10857 판결에 의하면 "매매 당사자들이 유치원 부지에 대하여 유치원을 다른 곳으로 이전하거나 폐원함으로써 매매 목적 토지상에 유치원이 존재하지 않을 것을 조건으로 하여 매매계약을 체결한 경우, 당해 유치원의 이전이나 폐원이 불가능하지 않다면 사립학교법 제28조 제2항의 규정에 불구하고 그 매매계약은 효력이 있다."는 취지이다.

대법원 93누22784 판결(수익용 기본재산처분 허가거부처분 취소)에 의하면, "구 사립학교법(1990. 4. 7. 법 제4226호로 개정되기 전의 것) 제28조 제1항, 제16조의 규정에 의하면, 학교법인이 기본재산을 양도함에 있어서는 이사회의 결의를 거쳐 감독청의 허가를 받도록 하고 있는바, 이사회의 결의나 감독청의 허가가 없이 양도된 경우에는 그것이 학교법인의 의사에 기한 것이든 강제경매절차에 기한 것이든 무효라고 할 것이다(대법원 93다42993 판결 참조). 또 강제경매절차에 있어서 최고가매수신고인은 경락기일에 경락허가를 받을 경매절차상의 권리가 있을 뿐, 직접 집행채권자나 채무자에 대하여 어떠한 권리를 가진다고 할 수는 없으므로 최고가매수신고인이 집행채무자인 학교법인을 대위하여 감독청에 대하여 기본재산의 처분에 관한 허가신청을 대위행사 할 수는 없다고 할 것이다. 따라서 학교법인의 수익용 기본재산에 관한 강제경매절차에서 있어서 경락인에 불과한 원고들이 감독청에 대하여 그 허가를 신청할 수는 없다고 한 원심의 판단은 정당하고, 거기에 소론 법리오해의 위법이 없으며, 이와 같이 원고들에게 허가신청권이 없다고 하는 이상, 그 허가신청기간이나 경락허가결정에 관한 법리의 오해가 있었다는 사유는 그 어느 것도 원심의 결론을 좌우할 사유가 될 수 없다."고 판시하였다.

대법원 93다42993 판결(소유권이전등기말소)에 의하면, "구 사립학교법(1990. 4. 7. 법 제4226호로 개정되기 전의 것) 제28조 제1항은 학교법인이 그 기본재산을 매도, 증여, 임대, 교환 또는 용도변경하거나 담보에 제공하고자 할 때 또는 의무의 부담이나 권리의 포기를 하고자 할 때에는 감독청의 허가를 받아야 한다고 규정하고 있으므로, 학교법인이 그 의사에 의하여 기본재산을 양도하는 경우 뿐만 아니라 강제경매절차에 의하여 양도되는 경우에도 감독청의 허가가 없다면 그 양도행위가 금지된다고 할 것이고, 따라서 학교법인의 기본재산이 감독청의 허가 없이 강제경매절차에 의하여 경락되어 이에 관하여 경락을 원인으로 하여 경락인 명의의 소유권이전등기가 경료되었다 하더라도 그 등기는 적법한 원인을 결여한 등기라고 할 것이다. 기록에 의하여 살펴보면, 원심이 이 사건 임야에 관한 강제경매절차에 있어 감독청의 허가 없이 경락이 허가되고 그 경락을 원인으로 하여 피고 장원덕, 박동만 명의의 소유권이전등기가 경료되었으므로 그 소유권이전등기는 원인무효의 등기이고 또한 이에 터잡아 경료된 나머지 피고들 명의의 소유권이전등기도 역시 원인무효의 등기로서 말소되어야 한다고 판단하였음은 정당하고, 거기에 소론과 같은 채증법칙 위배로 인한 사실오인, 학교법인의 기본재산처분에 있어서의 감독청의 허가에 관한 법리오해의 위법이 있다고 할 수 없다. 비록 원고가 이 사건 강제경매절차에서 감독청의 허가가 없음을 이유로 이의를 제기하거나 이 사건 경락허가결정에 대하여 항고를 제기하지 아니하였다고 하여 원인 없이 경료된 이 사건 각 등기의 말소를 구하는 것이 신의칙에 위배된다고 할 수도 없고, 또한 위 경락허가결정이 확정되었다 하더라도 이 사건 임야의 경락에 있어서 감독청의 허가가 없었음을 이유로 경매로 인한 소유권 취득의 효력을 다툴 수 없는 것은 아니므로, 원심이 신의칙 및 부동산강제경매에 관한 법리오해의 위법을 저질렀다는 소론주장도 이유 없다."고 판시하였다.

4. 사회복지법인의 기본재산 취득

사회복지법인은 사회복지사업법에 따라 사회복지사업 운영에 필요한 재산을 소유하여야 하는데, 그 재산은 기본재산과 보통재산으로 구분되며, 기본재산을 매도·증여·교환·임대·담보제공·용도변경 등을 하고자 할 때에는 시·도지사의 허가(구법: 주무관청인 보건복지부 장관의 허가)를 받아야 한다. 따라서 기본재산의 경우에는 먼저 담보제공 즉 저당권을 설정함에 있어서 허가가 있어야 하고, 저당권 설정이 유효·적법하여 임의경매가 되거나 또는 일반채권자에 의해 강제경매가 실행되었더라도 낙찰자는 낙찰에 대하여 다시 허가를 받아야 한다. 그렇지 않으면 낙찰자는 경매부동산의 소유권을 취득할 수 없다.

> 사회복지사업법 제23조(재산 등) ① 법인은 사회복지사업의 운영에 필요한 재산을 소유하여야 한다.
> ② 법인의 재산은 보건복지부령으로 정하는 바에 따라 기본재산과 보통재산으로 구분하며, 기본재산은 그 목록과 가액(價額)을 정관에 적어야 한다.
> ③ 법인은 기본재산에 관하여 다음 각 호의 어느 하나에 해당하는 경우에는 시·도지사의 허가를 받아야 한다. 다만, 보건복지부령으로 정하는 사항에 대하여는 그러하지 아니하다.
> 1. 매도·증여·교환·임대·담보제공 또는 용도변경을 하려는 경우
> 2. 보건복지부령으로 정하는 금액 이상을 1년 이상 장기차입(長期借入)하려는 경우
>
> ④ 제1항에 따른 재산과 그 회계에 관하여 필요한 사항은 보건복지부령으로 정한다.

대법원 2005마1193 결정(부동산임의경매)에 의하면, "사회복지사업법 제23조 제3항 제1호의 규정에 의하면 사회복지법인이 기본재산을 매도하기 위하여는 보건복지부장관의 허가를 받아야 하고, 이는 경매절차에 의한 매각의 경우에도 마찬가지라 할 것인바(대법원 77다1476 판결, 대법원 2002마4353 결정 등), 사회복지법인의 기본재산에 대하여 실시된 부동산경매절차에서 최고가매수신고인이 그 부동산 취득에 관하여 보건복지부장관의 허가를 얻지 못하였다면 민사집행법 제121조 제2호 소정의 '최고가매수신고인이 부동산을 매수할 자격이 없는 때'에 해당하므로 경매법원은 그에 대한 매각을 불허하여야 한다. 그리고 이는 사회복지법인이 보건복지부장관의 허가를 받아 토지 및 건물에 대하여 공동근저당권을 설정하였다가 건물을 철거하고 새 건물을 신축하여, 민법 제365조의 '저당지상 건물에 대한 일괄경매청구권'에 기하여 위 신축건물에 대한 경매가 진행된 경우라도 마찬가지라 할 것이므로, 위 신축건물의 매각에 관하여 별도로 보건복지부장관의 허가가

없다면 최고가매수신고인에 대한 매각은 허가될 수 없다고 보아야 할 것이다. 같은 취지에서 원심이, 이 사건 일괄경매 대상 부동산인 판시 건물(영유아보육시설)이 사회복지법인(명칭 생략)의 기본재산임에도 최고가매수신고인이 위와 같은 허가를 얻지 못하였으므로 그에 대한 매각허가는 불가능하다는 취지로 판단한 것은 정당하고, 거기에 재항고이유로 주장하는 바와 같은 사회복지사업법 제23조 제3항의 해석·적용에 관한 법령 위반의 위법이 없다."고 판시하였다.

대법원 2002마4353 결정(부동산인도명령)에 의하면, "사회복지법인의 기본재산의 매도, 담보제공 등에 관한 사회복지사업법 제23조 제3항의 규정은 강행규정으로서 사회복지법인이 이에 위반하여 주무관청의 허가를 받지 않고 그 기본재산을 매도하더라도 효력이 없으므로(대법원 77다1476 판결 참조), 법원의 부동산임의경매절차에서 사회복지법인의 기본재산인 부동산에 관한 낙찰이 있었고 낙찰대금이 완납되었다 하더라도 위 낙찰에 대하여 주무관청의 허가가 없었다면 그 부동산에 관한 소유권은 사회복지법인으로부터 낙찰인에게로 이전되지 아니한다고 할 것이다. 또 사회복지사업법 제2조 제1항 제6호, 제23조 제2항, 사회복지사업법시행규칙 제13조 제1항 제1호 (가)목에 의하면, 보육사업을 하는 사회복지법인이 영유아보육법 제8조, 영유아보육법시행규칙 제7조 [별표 2]에 의하여 설치한 영유아보육시설은 사회복지법인의 기본재산에 해당한다."는 취지이다.

대법원 77다1476 판결에 의하면, "이 사건의 경매절차가 담보권을 기초로 한 임의경매가 아니고, 채무명의에 의한 강제경매인 이상 위 담보제공허가는 이 사건 임야에 관한 피고에게로의 경락으로 인한 소유권이전을 위하여 사회복지사업법이 요구하는 보건사회부장관의 허가가 될 수 없다라는 취지로 판시하고 있다. 이러한 원심판시는 정당"하다는 취지이다.

5. 의료법인의 기본재산 취득

의료법인이 재산을 처분하거나 정관을 변경하려면 시·도지사의 허가를 받아야 한다. 의료법인의 재산은 담보제공에 있어서 허가를 받았다면 그 이후 근저당권에 기해 임의경매가 실행된 경우나 일반채권자가 재판을 통한 확정판결에 의하여 강제경매를 실행한 경우에 낙찰자는 낙찰에 대한 관할청의 허가를 다시 받을 필요가 없다.

의료법 제48조(설립 허가 등) ③ 의료법인이 재산을 처분하거나 정관을 변경하려면 시·도지사의 허가를 받아야 한다.

즉 대법원 93다2094 판결(소유권이전등기말소 등)에 의하면, "의료법 제41조 제3항은 의료법인이 그 재산을 처분하거나 정관을 변경하고자 할 때에는 보건사회부장관의 허가를 받아야 한다고 규정하고 있는바, 이는 의료법인이 그 재산을 부당하게 감소시키는 것을 방지함으로써 항상 그 경영에 필요한 재산을 갖추고 있도록 하여 의료법인의 건전한 발달을 도모하여 의료의 적정을 기하고 국민건강을 보호 증진케 하려는데 그 목적이 있다 할 것이므로 위 조항은 그 점에서 합리적인 근거가 있다 할 것이고, 따라서 이를 헌법상 평등의 원칙에 위배되는 것이라 할 수 없다. 그리고 위 규정에 의한 보건사회부장관의 허가는 강제경매의 경우에도 그 효력요건으로 보아야 할 것이므로 이에 배치되는 견해는 채택할 수 없다. 그런데 이 사건 강제경매 당시 위 부동산은 보건사회부장관의 허가를 받아 소외 주식회사 한일은행을 근저당권자로 한 근저당이 설정되었고, 그 경락대금은 모두 위 은행에 배당되어 그 근저당권이 소멸되었음은 기록상 명백한바, 그렇다면 이는 주식회사 한일은행의 근저당권실행에 의하여 임의경매가 실시된 것과 구별할 이유가 없다고 하겠고, 담보제공에 관한 보건사회부장관의 허가를 받았을 경우에 저당권의 실행으로 경락될 때에 다시 그 허가를 필요로 한다고 해석되지 아니하는 이치(대법원 65마1166 결정 참조)에서 이 사건과 같은 경락의 경우에도 별도의 허가를 필요로 하지 아니한다고 할 것이다."고 판시하였다.

대법원 2008다32501 판결(부당이득금반환)에 의하면, "구 의료법(2007. 4. 11. 법률 제8366호로 전문 개정되기 전의 것, 이하 같다) 제41조 제3항에 따르면 의료법인은 그 재산을 처분하고자 할 경우 시·도지사의 허가를 받도록 규정하고 있고, 위 규정은 의료법인이 그 재산을 부당하게 감소시키는 것을 방지함으로써 항상 그 경영에 필요한 재산을 갖추고 있도록 하여 의료법인의 건전한 발달을 도모하여 의료의 적정을 기하고 국민건강을 보호 증진케 하려는 구 의료법의 입법목적을 달성하기 위하여 둔 효력규정이라고 할 것이므로(대법원 93다2094 판결, 대법원 2006다80322, 80339 판결 등 참조) 의료법인이 허가받은 한도액을 초과하여 한 담보제공약정은 무효라고 하지 않을 수 없으나, 위 담보제공약정 중 일부가 위 법률 규정에 따른 허가를 받은 범위를 초과하는 것이어서 무효라는 이유로 허가받은 나머지 담보제공약정 부분까지도 무효가 된다고 본다면 이는 의료법인으로 하여금 이미 허가받은 범위의 담보제공에 따른 피담보채무까지 상환할 수밖에 없도록 하여 결국, 재산처분에 대한 허가제도를 통하여 거래당사자의 일방인 의료법인을 보호하고 건전한 발달을 도모하려는 구 의료법 제41조 제3항의 취지에 명백히 반하는 결과를 초래하므로, 이 사건 토지에 관한 위 근저당권설정약정 중 피담보채무가 20억 원을 초과하는 부분이 구 의료법 제41조 제3항에 위반되어 무효라고 하더라도 이미 허가받은 나머지 부분의 근저당권설정약정까지 무효가 된다고 할 수는 없다."고 한다.

6. 전통사찰 재산의 처분제한

대법원 2007다14858 판결(토지인도)에 의하면, "구 불교재산관리법(1987. 11. 28. 법률 제3974호 전통사찰보존법 부칙 제2조에 의하여 폐지된 것)하의 판례가 일정한 사찰재산의 처분에 관할청의 허가를 받도록 한 같은 법 제11조 제1항 제2호의 해석과 관련하여, 그에 위반한 처분행위가 무효임은 물론, 더 나아가 사찰의 목적을 이탈하거나 사찰의 존립을 위태롭게 하는 결과를 초래할 위험이 있는 정도의 재산처분에 관한 것이라면 관할청의 허가를 얻은 여부에 관계없이 이를 무효라고 본 것은, 같은 법의 규율대상이 되는 사찰재산에는 미술 고고학의 자료가 되는 문화재적 가치를 지니기도 하고 사찰의 존엄과 아울러 그 풍치의 보존을 위하여 보호·유지할 필요가 있는 것도 있으므로, 이와 같은 사찰재산을 보호·유지하게 함으로써 그 사찰 본래의 존립목적과 아울러 사회 문화향상에 기여하게 할 목적으로 이를 규제하고자 한 것인데(대법원 81다731, 732 판결, 대법원 85다카2536 판결 등), 구 불교재산관리법이 폐지되고 새로 제정된 전통사찰보존법 역시 같은 법 제6조에서 사찰재산의 처분에 관할청의 허가를 받도록 하고 이에 위반한 행위를 무효라고 규정하고 있어, 위 법률의 적용대상이 되는 사찰의 경우에는 사찰재산 처분의 효력에 관한 종전 판례의 법리가 그대로 적용된다고 볼 수 있을 것이지만, 한편 구 불교재산관리법이 사찰 소유이기만 하면 그 내용 여하를 막론하고 모든 부동산에 관하여 일정한 처분행위를 함에 있어 허가를 요하도록 한 것과 달리, 전통사찰보존법에서는 역사적 의의와 문화적 가치를 가진 사찰로서 같은 법 제2조 제1호, 제3조에서 정한 바에 따라 전통사찰로 지정·등록된 사찰의 경내지 안에 있는 사찰 소유의 부동산 등에 한정하여 일정한 처분행위에 관할청의 허가가 필요한 것으로 그 규제대상이 축소되었으므로(대법원 2002다45550 판결 등), 위 규정에 따라 전통사찰로 지정·등록되지 아니한 일반사찰의 경우에는 그 처분행위에 관할청의 허가가 없었다거나 그 처분대상 부동산이 사찰의 기본재산에 해당한다는 이유만으로 이를 당연무효로 볼 수는 없다 할 것이다. 원심이 같은 취지에서 전통사찰보존법에서 정한 전통사찰에 해당하지 아니하는 일반사찰에 불과한 원고 사찰의 경우, 그 소유의 이 사건 토지에 관하여 당시의 주지 소외 1이 농업협동조합중앙회 및 소외 2에게 설정하여 준 그 판시 각 근저당권설정등기에 기한 임의경매절차에서 이 사건 토지가 매각되어 원고의 소유권이 상실된 결과, 설령 그 때문에 사찰 목적의 수행이 불가능하게 되거나 사찰 자체의 존립이 위태롭게 된다고 하더라도 그러한 사정만으로 위 처분행위가 당연 무효가 되는 것은 아니라고 본 것은 앞서 본 법리에 부합하여 정당하다."고 판시하였다. 결국 전통사찰로 등록되지 않은 일반사찰의 경우에는 그 소유의 부동산에 근저당권을 허가 없이 설정하더라도 그 근저당권에 의한 경매가 무효가 되지는 않는다고 해석된다.

전통사찰의 보존 및 지원에 관한 법률 제9조(동산·부동산의 양도 등 허가) ① 전통사찰의 주지는 동산이나 부동산(해당 전통사찰의 전통사찰보존지에 있는 그 사찰 소유 또는 사찰이 속한 단체 소유의 부동산을 말한다. 이하 이 조에서 같다)을 양도하려면 사찰이 속한 단체 대표자의 승인서를 첨부(사찰이 속한 단체가 없는 경우에는 제외한다)하여 문화체육관광부장관의 허가를 받아야 한다.
② 전통사찰의 주지는 동산 또는 부동산을 대여하거나 담보로 제공하려면 사찰이 속한 단체 대표자의 승인서를 첨부(사찰이 속한 단체가 없는 경우에는 제외한다)하여 시·도지사의 허가를 받아야 한다. 허가받은 사항을 변경하려는 경우에도 같다.
③ 제1항 및 제2항에 따른 허가를 받지 아니하고 부동산을 양도 또는 대여하거나 담보로 제공한 경우에는 이를 무효로 한다.

전통사찰의 보존 및 지원에 관한 법률 제2조(정의) 이 법에서 사용하는 용어의 뜻은 다음과 같다.
1. "**전통사찰**"이란 불교 신앙의 대상으로서의 형상(形象)을 봉안(奉安)하고 승려가 수행(修行)하며 신도를 교화하기 위한 시설 및 공간으로서 **제4조에 따라 등록된 것**을 말한다.

7. 건축법상의 도로

건축법상의 도로는 보행 및 자동차 통행이 가능한 너비 4미터 이상의 도로로서, 국토의 계획 및 이용에 관한 법률·도로법·사도법 기타 관련법령에 의하여 신설 또는 변경에 관한 고시가 된 도로 또는 그 예정도로를 말한다.

건축법 제2조(정의) ① 이 법에서 사용하는 용어의 뜻은 다음과 같다.
11. "도로"란 보행과 자동차 통행이 가능한 너비 4미터 이상의 도로(지형적으로 자동차 통행이 불가능한 경우와 막다른 도로의 경우에는 대통령령으로 정하는 구조와 너비의 도로)로서 다음 각 목의 어느 하나에 해당하는 도로나 그 예정도로를 말한다. 가. 「국토의 계획 및 이용에 관한 법률」, 「도로법」, 「사도법」, 그 밖의 관계 법령에 따라 신설 또는 변경에 관한 고시가 된 도로 나. 건축허가 또는 신고 시에 특별시장·광역시장·특별자치시장·도지사·특별자치도지사(이하 "시·도지사"라 한다) 또는 시장·군수·구청장(자치구의 구청장을 말한다. 이하 같다)이 위치를 지정하여 공고한 도로

건축법에 의하여 도로지정이 되면 그와 같이 지정된 토지상에는 건축을 할 수 없고, 건축물이 이미 축조된 경우에는 철거대상이 될 수 있다.

> 건축법 제47조(건축선에 따른 건축제한) ① 건축물과 담장은 건축선의 수직면(垂直面)을 넘어서는 아니 된다. 다만, 지표(地表) 아래 부분은 그러하지 아니하다.
> ② 도로면으로부터 높이 4.5미터 이하에 있는 출입구, 창문, 그 밖에 이와 유사한 구조물은 열고 닫을 때 건축선의 수직면을 넘지 아니하는 구조로 하여야 한다.

따라서 건축을 위해 토지를 낙찰받았는데, 해당 토지가 건축법상 도로일 경우에는 건축이 불가능하다는 사실을 인지할 필요가 있다.

이와 관련하여 대법원 2017두74320 판결에 의하면 건축법상 도로는 아니지만 사실상 도로에 해당하고 중대한 공익이 인정되는 경우에 건축허가권자의 건축신고 수리거부가 가능하다는 취지이다. 따라서 지목이 '대'라고 하더라도 사실상 도로에 해당하고 중대공익이 인정된다면 건축허가신청이 반려될 가능성이 있다는 사실을 주의할 필요가 있다.

즉 위 대법원 2017두74320 판결에 의하면 "건축허가권자는 건축신고가 건축법, 국토의 계획 및 이용에 관한 법률 등 관계 법령에서 정하는 명시적인 제한에 배치되지 않는 경우에도 건축을 허용하지 않아야 할 중대한 공익상 필요가 있는 경우에는 건축신고의 수리를 거부할 수 있다."는 취지이다.

위 대법원 2017두74320 판결 사안을 정리하면 "갑이 '사실상의 도로'로서 인근 주민들의 통행로로 이용되고 있는 토지(지목: 대)를 매수한 다음 2층 규모의 주택을 신축하겠다는 내용의 건축신고서를 제출하였으나, 구청장이 '위 토지가 건축법상 도로에 해당하여 건축을 허용할 수 없다'는 사유로 건축신고수리 거부처분을 하자 갑이 처분에 대한 취소를 구하는 소송을 제기하였는데, 1심법원이 위 토지가 건축법상 도로에 해당하지 않는다는 이유로 갑의 청구를 인용하는 판결을 선고하자 구청장이 항소하여 '위 토지가 인근 주민들의 통행에 제공된 사실상의 도로인데, 주택을 건축하여 주민들의 통행을 막는 것은 사회공동체와 인근 주민들의 이익에 반하므로 갑의 주택 건축을 허용할 수 없다'는 주장을 추가한 사안에서, 당초 처분사유와 구청장이 원심에서 추가로 주장한 처분사유는 위 토지상의 사실상 도로의 법적 성질에 관한 평가를 다소 달리하는 것일 뿐, 모두 토지의 이용현황이 '도로'이므로 거기에 주택을 신축하는 것은 허용될 수 없다는 것이므로 기본적 사실관계의 동일성이 인정되고, 위 토지에 건물이 신축됨으로써 인근 주민들의 통행을 막지 않도록 하여야 할 중대한 공익상 필요가 인정되고 이러한 공익적 요청이 갑의 재산권 행사보다 훨씬 중요하므로, 구청장이 원심에서 추가한 처분사유는 정당하여 결과적으로 위 처분이 적법한 것으로 볼 여지가 있음에도 이와 달리 본 원심판단에 법리를 오해한 잘못이 있다고 한 사례"이다.

8. 제11강 체크포인트

부동산거래신고 등에 관한 법률 제11조에 의하면 토지거래허가구역에서 토지를 거래(유상거래)할 때에는 관청으로부터 토지거래허가를 받아야 하는데, 경매로 토지를 매수할 경우에는 토지거래허가를 받을 필요가 없다.

농지법에 의하면 농지(논, 밭, 과수원 용지 등)를 낙찰받은 자는 낙찰된 날로부터 매각결정기일까지 농지취득자격증명원(이하 '농취증')을 발급받아 법원에 제출해야 한다. 경매절차에 있어서 농취증은 매각허가요건에 해당하며, 농지에 대한 소유권이전등기절차까지 마친 경우라도 농취증을 발급받지 못하는 이상 농지의 소유권을 취득하지 못한다. 공매 농지에 대하여 낙찰자의 대금납부가 이루어졌다고 해도 농취증을 발급받지 못하는 이상 설령 소유권이전등기가 경료된 경우라도 그 농지에 대한 소유권을 취득할 수 없으나 매각결정과 대금납부 후 농취증 추완이 가능하다. 다만 농취증을 경매법원에 제출하지 못하여 매각불허가결정을 한 후에 재항고인이 그 결정에 항고하고 항고가 기각되자 재항고를 하여 재항고사건이 계속 중에 비로소 농취증을 제출하였더라도 재항고심은 법률심으로 사후심이므로 재항고심의 고려사유가 될 수 없다. 지적공부상 답으로 되어 있지만 낙찰허가결정 훨씬 전에 농지로서의 기능을 완전히 상실하였고, 낙찰허가결정 이전에 농취증 발급을 신청하였으나 해당 관서에서 농지로 볼 수 없다는 이유로 신청 자체가 반려되었으며 낙찰 직후에 적법절차를 거쳐 현황대로 농지전용이 이루어져 차후 원상회복명령 발령가능성이 소멸된 경우에는 농취증을 발급받을 필요가 없다. 다만 농지가 사실상 대지화되었다고 하더라도 그 원상회복이 비교적 용이해 보이고 그 현상 변경이 일시적인 것에 불과하다면 그 토지는 농지로서 농취증 발급이 필요하다.

학교법인재산의 기본재산을 매도·증여·교환·용도변경·담보제공 등을 할 경우에는 관할관청의 허가를 득하여야 한다. 따라서 기본재산인 부동산에 대한 저당권설정에 있어 관할관청의 허가를 얻었다고 해도 경매가 실행된 경우에 낙찰자는 관할관청의 허가를 다시 받아야 한다. 사회복지법인이 기본재산을 매도·증여·교환·임대·용도변경 등을 하고자 할 때 시·도지사의 허가를 받아야 하는바, 기본재산에 대한 저당권설정에 있어 허가를 받았더라도 경매가 실행되면 낙찰자는 낙찰에 대하여 다시 허가를 받아야 한다. 의료법인의 재산을 처분하거나 정관을 변경하려면 시·도지사의 허가를 받아야 하는데 의료법인 재산을 담보제공을 함에 있어 허가를 받았다면 낙찰자가 관할청의 허가를 다시 받을 필요는 없다. 전통사찰로 등록되지 않은 일반사찰의 경우에는 그 소유의 부동산에 근저당권을 허가 없이 설정하였더라도 그 근저당에 의한 경매가 무효가 되지는 않는다.

건축법에 의하여 도로지정이 되면 그와 같이 지정된 토지상에는 건축을 할 수 없고, 건축물이 이미 축조된 경우에는 철거대상이 될 수 있다. 따라서 건축을 위해 토지를 낙찰받았는데, 해당 토지가 건축법상 도로일 경우에는 건축이 불가능하다는 사실을 인지할 필요가 있다.

제12강

특수한 문제

제12강

특수한 문제

1. 무잉여의 문제

잉여주의란 매각대금으로 집행비용과 압류채권자의 채권에 우선하는 채권을 변제하고 남을 것이 있으면 매각하고 그에도 부족하면 그 부동산의 매각을 허용하지 아니하는 원칙을 말한다(민사집행법 제102조). 결국, 경매를 신청한 채권자에게 배당금이 일부라도 돌아간다면 무잉여를 이유로 한 경매취소는 없다. 강제경매는 물론이고 임의경매에서도 잉여주의가 인정된다(민사집행법 제268조, 제102조).

> 민사집행법 제102조(남을 가망이 없을 경우의 경매취소) ① 법원은 최저매각가격으로 압류채권자의 채권에 우선하는 부동산의 모든 부담과 절차비용을 변제하면 남을 것이 없겠다고 인정한 때에는 압류채권자에게 이를 통지하여야 한다.
> ② 압류채권자가 제1항의 통지를 받은 날부터 1주 이내에 제1항의 부담과 비용을 변제하고 남을 만한 가격을 정하여 그 가격에 맞는 매수신고가 없을 때에는 자기가 그 가격으로 매수하겠다고 신청하면서 충분한 보증을 제공

하지 아니하면, 법원은 경매절차를 취소하여야 한다.
③ 제2항의 취소 결정에 대하여는 즉시항고를 할 수 있다.
민사집행법 제268조(준용규정) 부동산을 목적으로 하는 담보권 실행을 위한 경매절차에는 제79조 내지 제162조의 규정을 준용한다.

무잉여 여부의 판단도 권리분석의 일종으로 해석된다. 무잉여라고 판단된다면 일정한 예외(민사집행법 제102조 제2항)를 제외하고 경매는 진행이 되지 않기 때문이다. 다만, 무잉여가 문제되는 사안은 대체로 여러 회 유찰이 된 경매물건이 주를 이루므로 무잉여 여부는 입찰자 본인이 제시할 가액을 기준으로 판단하면 될 것이다. 무잉여 여부의 판단은 입찰자 자신이 경매부동산의 낙찰을 받은 것을 전제로 하기 때문이다. 다만, 배당신청을 하지 않은 등기권리자가 많을 뿐만 아니라, 응찰예정자의 배당신청기록 열람의 한계가 있는 것이 현실인바, 무잉여 여부를 판단하는 것이 쉽지 않다고 한다. 이중경매개시결정이 있었던 경우는 경매개시결정을 받은 자들 중에서 가장 빠른 사람의 권리를 기준으로 무잉여 여부를 판단한다.

대법원 2012마379 결정에 의하면, "민사집행법 제102조의 규정에 의한 남을 가망이 없을 경우의 경매취소절차는 압류채권자에 의한 무익·무용한 집행을 방지하기 위한 것으로서, 여러 개의 부동산에 관하여 일괄매각의 결정을 한 경우에는 여러 개의 부동산 중 일부에 관하여 그 부동산만을 매각한다면 남을 가망이 없는 경우라도 전체로서 판단하여 배당을 받을 가능성이 있으면 남을 가망이 있다고 볼 수 있으므로, 집행법원으로서는 그 매각절차를 진행할 수 있다(대법원 2003마1867 결정). 그리고 강제경매개시 후 압류채권자에 우선하는 저당권자 등이 경매신청을 하여 이중경매개시결정이 되어 있는 경우에는 절차의 불필요한 지연을 막기 위해서라도 민사집행법 제102조가 규정한 최저경매가격과 비교하여야 할 우선채권의 범위를 정하는 기준이 되는 권리는 그 절차에서 **경매개시결정을 받은 채권자 중** 최우선순위 권리자의 권리로 봄이 옳다(대법원 2001마2094 결정)."라는 취지이다.

2. 공유지분매각의 문제

공유지분매각이란 채무자 또는 소유자가 경매목적 부동산에 대하여 갖고 있는 공유지분권을 목적으로 경매를 실행하는 것을 의미한다. 공유부동산의 경우에 공유부동산 그 자체를 일부 공유자가 다른 공유자의 동의 없이 처분할 수는 없지만(민법 제264조), 공유부동산의 지분은 그 지분권자 단독으로 다른 지분권자의 동의 없이 처분할 수 있다(민법 제263조). 따라서 경매에 있어서도 공유지분에 대한 매각이 허용된다.

민법 제263조(공유지분의 처분과 공유물의 사용, 수익) 공유자는 그 지분을 처분할 수 있고 공유물 전부를 지분의 비율로 사용, 수익할 수 있다. 민법 제264조(공유물의 처분, 변경) 공유자는 다른 공유자의 동의없이 공유물을 처분하거나 변경하지 못한다.

공유지분이 경매로 진행될 경우에 다른 공유자의 우선매수권이 인정된다(민사집행법 제140조).

민사집행법 제140조(공유자의 우선매수권) ① 공유자는 매각기일까지 제113조에 따른 보증을 제공하고 최고매수신고가격과 같은 가격으로 채무자의 지분을 우선매수하겠다는 신고를 할 수 있다. ② 제1항의 경우에 법원은 최고가매수신고가 있더라도 그 공유자에게 매각을 허가하여야 한다. ③ 여러 사람의 공유자가 우선매수하겠다는 신고를 하고 제2항의 절차를 마친 때에는 특별한 협의가 없으면 공유지분의 비율에 따라 채무자의 지분을 매수하게 한다. ④ 제1항의 규정에 따라 공유자가 우선매수신고를 한 경우에는 최고가매수신고인을 제114조의 차순위매수신고인으로 본다.

공유자는 집행관이 매각기일 종결을 선언하기 전까지 최저매각가격의 10% 또는 특별매각조건으로 정한 보증금을 제공하고 우선매수를 할 수 있고, 법원은 최고가매수신고인이 있더라도 그 공유자에게 매각을 허가하여야 한다(민사집행법 제140조 제2항). 공유지분권자 상호간에 분할에 대한 합의가 성립하지 아니하여 현금분할을 목적으로 경매가 진행되는 경우에는 그 지분권자들의 우선매수권은 인정되지 않는다(대법원 91마239 결정). 이 경우는 공유물분할판결에 따라 공유물 전체가 경매에 부쳐지는 것으로 지분경매가 진행됨을 전제한 공유자의 우선매수권은 인정되기 어렵기 때문이다.

공유자의 우선매수권은 인수 및 소멸이 문제되는 경우는 아니지만, 입찰 참여자가 최고가 매수인의 지위를 일시 취득하였다고 하여도, 공유자가 우선매수권을 행사하면, 최고가 매수신고인은 차순위자의 지위로 전락하는바, 입찰 참여자가 최고가 매수신고인으로 결정이 되었다고 하더라도 매각기일 종결 선언 전이라면 주의할 필요가 있다.

공유자의 우선매수신고는 대부분 매각기일개시 전에 신고되며, 동 사실 또한 매각법정 게시판에 공지되는바 법정에 들어서기 전에 우선매수 신고 여부를 확인할 필요가 있다. 공유자의 우선매수신고가 없어 공유지분을 낙찰 받더라도 입찰자는 공유지분의 가치를 판단할 필요가 있는데, 공유자가 우선매수권을 행사하지 않은 경매물건이라면 공유자에게 매도하는 것이 사실상 어려울 것이다. 이러한 경우라면 경매를 통한 현금분할을 고려하고 입찰에 참가하여야 낭패를 면할 수 있을 것이다. 공유물의 분할은 현물분할이 원칙이지만, 현물로 분할을 할 수 없거나 현물분할로 인하여 그 가액이 현저하게 감소될 염려가 있는 경우에는 경매를 통한 현금분할이 이루어지기 때문이다(민법 제269조 제1항, 제2항).

> 민법 제269조(분할의 방법) ① 분할의 방법에 관하여 협의가 성립되지 아니한 때에는 공유자는 법원에 그 분할을 청구할 수 있다.
> ② 현물로 분할할 수 없거나 분할로 인하여 현저히 그 가액이 감손될 염려가 있는 때에는 법원은 물건의 경매를 명할 수 있다.

참고로, 등기편의상 분필등기하지 않고 공유지분 등기를 한 구분소유적 공유의 경우에는 어떤 토지에 대하여 그 위치와 면적을 특정하여 여러 사람이 구분소유하기로 약정할 것이라는 요건이 필요한데, 일반적인 공유는 공유물분할청구소송을 통하여 공유관계를 해소하게 되지만, 구분소유적 공유로 판단되면, 공유물분할청구소송이 아니라, 상대방에 대하여 명의신탁관계를 해지하여 이를 해소하고 지분이전을 구하는 방식으로 소송을 수행해야 한다(대판 88다카10517 판결). 일반적인 명의신탁이 원칙적으로 허용되지 않는 것과 달리 부동산실권리자 명의 등기에 관한 법률 제2조 제1호의 나에 의하면 구분소유적 공유관계에 따른 상호명의신탁은 허용된다.

공유자의 우선매수청구권에 있어서 경매개시결정 기입등기 이후 공유지분을 취득한 자는 우선매수권을 행사할 수 없다. 또한 공유자가 미리 우선매수권을 행사하여 공유자 이외의 일반인 참여를 제한해서 매각가를 떨어뜨리는 행위를 우려하여 우선매수권행사를 제한(민사집행규칙 제76조 제2항, 민사집행법 제138조 제4항)하고 있다.

민사집행규칙 제76조(공유자의 우선매수권 행사절차 등) ① 법 제140조 제1항의 규정에 따른 우선매수의 신고는 집행관이 매각기일을 종결한다는 고지를 하기 전까지 할 수 있다.
② 공유자가 법 제140조 제1항의 규정에 따른 신고를 하였으나 다른 매수신고인이 없는 때에는 최저매각가격을 법 제140조 제1항의 최고가매수신고가격으로 본다.
③ 최고가매수신고인을 법 제140조 제4항의 규정에 따라 차순위매수신고인으로 보게 되는 경우 그 매수신고인은 집행관이 매각기일을 종결한다는 고지를 하기 전까지 차순위매수신고인의 지위를 포기할 수 있다.

민사집행법 제138조(재매각) ① 매수인이 대금지급기한 또는 제142조 제4항의 다시 정한 기한까지 그 의무를 완전히 이행하지 아니하였고, 차순위매수신고인이 없는 때에는 법원은 직권으로 부동산의 재매각을 명하여야 한다.
② 재매각절차에도 종전에 정한 최저매각가격, 그 밖의 매각조건을 적용한다.

> ③ 매수인이 재매각기일의 3일 이전까지 대금, 그 지급기한이 지난 뒤부터 지급일까지의 대금에 대한 대법원규칙이 정하는 이율에 따른 지연이자와 절차비용을 지급한 때에는 재매각절차를 취소하여야 한다. 이 경우 차순위 매수신고인이 매각허가결정을 받았던 때에는 위 금액을 먼저 지급한 매수인이 매매목적물의 권리를 취득한다.
> ④ 재매각절차에서는 전의 매수인은 매수신청을 할 수 없으며 매수신청의 보증을 돌려 줄 것을 요구하지 못한다.

즉, 실무는 공유자가 우선매수권을 행사했는데, 입찰에 참여하는 사람이 없으면, 공유자는 최저매각가에 매수해야 하며(민사집행규칙 제76조 제2항), 만일 공유자가 최저매각가에 매수하지 않으면 다음기일부터 우선매수권을 박탈한다(민사집행법 제138조 제4항). 일괄매각으로 진행하는 경매절차에서 일부에 대한 공유자의 경우 우선매수청구권 제한된다. 즉 대법원 2005마1078 결정에 의하면 "집행법원이 여러 개의 부동산을 일괄매각하기로 결정한 경우, 집행법원이 일괄매각결정을 유지하는 이상 매각대상 부동산 중 일부에 대한 공유자는 특별한 사정이 없는 한 매각대상 부동산 전체에 대하여 공유자의 우선매수권을 행사할 수 없다고 봄이 상당하다."는 취지이다.

3. 집합건물 분리처분 금지의 예외로 해석되는 토지별도 등기

토지에 대한 별도등기란 처분의 일체성이 적용되는 집합건물에 대하여 구분건물과 그 대지권의 목적인 토지에 대한 권리가 불일치할 때 기입하는 등기로 별도등기 취지의 기재는 집합건물 등기부 전유부분의 표제부 중 대지권의 표시란(전산등기부는 비고란)에 한다. 별도 등기의 구체적인 내용은 대지권의 목적인 토지등기부의 갑구 및 을구 사항란을 확인하면 알 수 있다. 따라서 입찰에 참여하고자 하는 자는 집합건물 전유부분 표제부 표시란(전산등기부는 '비고란')에 토지별도등기 취지의 기재가 있다면, 토지등기부의 갑구 및 을구를 반드시 확인하고 입찰여부를 결정해야 한다.

집합건물법 제20조는 구분소유자의 전유부분과 대지사용권의 분리처분금지를 선언하고 있다. 다만 앞서 확인한 바와 같이, 집합건물(구분건물)의 대지권 성립 전부터 토지등기부에 근저당권 등이 설정되어 있었을 경우에 집합건물등기사항증명서에 토지별도등기 있음으로 표시되고, 집합건물의 분리처분 금지가 인정되지 않는 결과가 발생할 수 있다.

제20조(전유부분과 대지사용권의 일체성) ① 구분소유자의 대지사용권은 그가 가지는 전유부분의 처분에 따른다. ② 구분소유자는 그가 가지는 전유부분과 분리하여 대지사용권을 처분할 수 없다. 다만, 규약으로써 달리 정한 경우에는 그러하지 아니하다. ③ 제2항 본문의 분리처분금지는 그 취지를 등기하지 아니하면 선의(善意)로 물권을 취득한 제3자에게 대항하지 못한다. ④ 제2항 단서의 경우에는 제3조 제3항을 준용한다.

예를 들어, 대지권 성립 전부터 토지등기부에 은행의 근저당권이 설정되었을 때, 그 은행이 위 근저당토지에 대한 경매를 실행할 경우, 분리처분금지조항인 집합건물법 제20조가 적용되기 어렵다. 구분소유자가 토지근저당권자에 대항하기 어렵다고 보이기 때문이다.

토지등기사항증명서의 근저당권자가 임의경매를 신청하여, 이를 낙찰받은 경우 대지권 없는 구분소유자에게 지료상당의 부당이득 청구가 가능하다는 취지의 판결이 존재하는데(대법원 2005다15048 판결), 위 사안은 근저당권을 인수한다는 특별매각조건하에 4층 401호를 피고가 대지권과 함께 경락받은 사안으로, 당시 경매개시결정, 경매공고, 경락허가결정에서도 토지의 공유지분이 아니라, 다세대 주택 401호의 대지권에 해당하는 공유지분임을 특정했다는 것이며, 이 사건 토지의 일부 공유지분에 대한 근저당권이 실행되어, 위 공유지분을 원고가 낙찰받은 것이었다.

집합건물 토지에 설정된 근저당권(토지별도등기)이 실행되어 (지분이 아닌 전체)대지의 낙찰자가 대지의 소유권을 취득할 경우에 법정지상권이 성립되지 않았다면 구분건물에 대한 철거청구도 이론상 가능해 보인다. 과거 토지별도등기가 있는 집합건물 매각 시, 인수가 원칙이었으나, 현재는 소멸이 원칙이고, 특별매각조건으로 인수한다는 조건이 붙어야 인수된다(대법원 2005다15048 판결). 즉 위 대법원 2005다15048 판결에 의하면, 민사집행법 제91조 제2항에 의하면 매각부동산 위의 모든 저당권은 경락으로 인하여 소멸한다고 규정되어 있으므로, 집합건물의 전유부분과 함께 그 대지사용권인 토지공유지분이 일체로서 경락되고 그 대금이 완납되면, 설사 대지권 성립 전부터 토지만에 관하여 별도등기로 설정되어 있던 근저당권이라 할지라도 경매과정에서 이를 존속시켜 경락인이 인수하게 한다는 취지의 특별매각조건이 정하여져 있지 않았던 이상 위 토지공유지분에 대한 범위에서는 매각부동산 위의 저당권에 해당하여 소멸한다는 취지이다.

토지별도 등기에 있어 배당과 관련된 대법원 2011다74932 판결에 의하면 "저당권이 설정된 1필의 토지가 전체 집합건물에 대한 대지권의 목적인 토지가 되었을 경우에는 종전의 저당목적물에 대한 담보적 효력은 그대로 유지된다고 보아야 하므로 저당권은 개개의 전유부분에 대한 각 대지권 위에 분화되어 존속하고, **각 대지권은 저당권의 공동담보가 된다**고 봄이 타당하다. 따라서 집합건물이 성립하기 전 집합건물의 대지에 관하여 저당권이 설정되었다가 집합건물이 성립한 후 **어느 하나의 전유부분 건물에 대하여 경매**가 이루어져 경매 대가를 먼저 배당하는 경우에는 저당권자는 매각대금 중 **대지권에 해당하는 경매 대가에 대하여 우선변제**받을 권리가 있고 그 경우 공동저당 중 이른바 이시배당에 관하여 규정하고 있는 민법 제368조 제2항의 법리에 따라 **저당권의 피담보채권액 전부를 변제**받을 수 있다고 보아야 한다."는 취지이다.

4. 집합건물에 있어 대지권 미등기 관련 쟁점

가. 구분소유권의 성립시점

대법원(전합) 2010다71578 판결(대지권지분 이전등기 등)에 의하면 "1동의 건물에 대하여 구분소유가 성립하기 위해서는 객관적·물리적인 측면에서 1동의 건물이 존재하고 구분된 건물부분이 구조상·이용상 독립성을 갖추어야 할 뿐 아니라 1동의 건물 중 물리적으로 구획된 건물부분을 각각 구분소유권의 객체로 하려는 구분행위가 있어야 한다(대법원 98다35020 판결). 여기서 구분행위는 건물의 물리적 형질에 변경을 가함이 없이 법률관념상 그 건물의 특정 부분을 구분하여 별개의 소유권의 객체로 하려는 일종의 법률행위로서, 그 시기나 방식에 특별한 제한이 있는 것은 아니고 처분권자의 구분의사가 객관적으로 외부에 표시되면 인정된다. 따라서 구분건물이 물리적으로 완성되기 전에도 건축허가신청이나 분양계약 등을 통하여 장래 신축되는 건물을 구분건물로 하겠다는 구분의사가 객관적으로 표시되면 구분행위의 존재를 인정할 수 있고, 이후 1동의 건물 및 그 구분행위에 상응하는 구분건물이 객관적·물리적으로 완성되면 아직 그 건물이 집합건축물대장에 등록되거나 구분건물로서 등기부에 등기되지 않았더라도 그 시점에서 구분소유가 성립한다."는 취지이다.

대법원 2013다70569 판결에 의하면 "1동의 건물에 대하여 구분소유가 성립하기 위해서는 객관적·물리적인 측면에서 1동의 건물이 존재하고, 구분된 건물부분이 구조상·이용상 독립성을 갖추어야 할 뿐 아니라, 1동의 건물 중 물리적으로 구획된 건물부분을 각각 구분소유권의 객체로 하려는 구분행위가 있어야 한다. 여기서 구분행위는 건물의 물리적 형질에 변경을 가함이 없이 법률관념상 건물의 특정 부분을 구분하여 별개의 소유권의 객체로 하려는 일종의 법률행위로서, 시기나 방식에 특별한 제한이 있는 것은 아니고 처분권자의 구분의사가 객관적으로 외부에 표시되면 인정된다. 따라서 집합건물이 아닌 일반건물로 등기된 기존의 건물이 구분건물로 변경등기되기 전이라도, 구분된 건물부분이 구조상·이용상 독립성을 갖추고 건물을 구분건물로 하겠다는 처분권자의 구분의사가 객관적으로 외부에 표시되는 구분행위가 있으면 구분소유권이 성립한다. 그리고 일반건물로 등기되었던 기존의 건물에 관하여 실제로 건축물대장의 전환등록절차를 거쳐 구분건물로 변경등기까지 마쳐진 경우라면 특별한 사정이 없는 한 전환등록 시점에는 구분행위가 있었던 것으로 봄이 타당하다."는 취지이다.

대법원 2013다59876 판결에 의하면 "신축건물의 보존등기를 건물 완성 전에 하였더라도 그 후 건물이 완성된 이상 등기를 무효라고 볼 수 없다. 이러한 법리는 1동 건물의 일부분이 구분소유권의 객체로서 적합한 구조상 독립성을 갖추지 못한 상태에서 구분소유권의 목적으로 등기되고 이에 기초하여 근저당권설정등기나 소유권이전등기 등이 순차로 마쳐진 다음 집합건물의 소유 및 관리에 관한 법률 제1조의2, '집합건물의 소유 및 관리에 관한 법률 제1조의2 제1항의 경계표지 및 건물번호표지에 관한 규정'에 따라 경계를 명확하게 식별할 수 있는 표지가 바닥에 견고하게 설치되고 구분점포별로 부여된 건물번호표지도 견고하게 부착되는 등으로 구분소유권의 객체가 된 경우에도 마찬가지이다."는 취지이다.

대법원 2009마1449 결정(부동산임의경매)에 의하면 "1동의 건물의 일부분이 구분소유권의 객체가 될 수 있으려면 그 부분이 이용상은 물론 구조상으로도 다른 부분과 구분되는 독립성이 있어야 하고, 그 이용 상황 내지 이용 형태에 따라 구조상의 독립성 판단의 엄격성에 차이가 있을 수 있으나, 구조상의 독립성은 주로 소유권의 목적이 되는 객체에 대한 물적 지배의 범위를 명확히 할 필요성 때문에 요구된다고 할 것이므로, 구조상의 구분에 의하여 구분소유권의 객체 범위를 확정할 수 없는 경우에는 구조상의 독립성이 있다고 할 수 없다. 그리고 구분소유권의 객체로서 적합한 물리적 요건을 갖추지 못한 건물의 일부는 그에 관한 구분소유권이 성립할 수 없는 것이어서, 건축물관리대장상 독립한 별개의 구분건물로 등재되고 등기부상에도 구분소유권의 목적으로 등기되어 있어 이러한 등기에 기초하여 경매절차가 진행되어 매각허가를 받고 매수대금을 납부하였다 하더라도, 그 등기는 그 자체로 무효이므로 매수인은 소유권을 취득할 수 없다."는 취지이다.

정리하자면, 원칙적인 구분소유권의 성립요건으로 ① 객관적·물리적 요건으로 1동의 건물이 존재하고 구분된 건물부분이 구조상·이용상 독립성이 필요하며,

② 추가적 요건으로 1동의 건물 중 물리적으로 구획된 건물부분을 각각 구분소유권의 객체로 하는 구분행위가 필요한데, 그 구분행위는 처분권자의 구분의사가 객관적으로 외부에 표시되면 인정되는데, 구분건물이 물리적으로 완성되기 전이라도 건축허가신청이나 분양계약 등을 통해 구분행위의 존재를 인정할 수 있다는 것이다. 즉 구분행위를 인정하기 위한 요건으로 집합건물대장의 등록 또는 집합건물등기사항증명서의 등기를 요구하지 않는다.

나. 집합건물법 제20조의 분리처분금지를 통한 전유부분 매수인의 대지사용권 취득

집합건물법 제20조에 따라 구분소유자의 대지사용권은 그가 가지는 전유부분의 처분에 따르게 된다.

> 제20조(전유부분과 대지사용권의 일체성) ① 구분소유자의 대지사용권은 그가 가지는 전유부분의 처분에 따른다.
> ② 구분소유자는 그가 가지는 전유부분과 분리하여 대지사용권을 처분할 수 없다. 다만, 규약으로써 달리 정한 경우에는 그러하지 아니하다.
> ③ 제2항 본문의 분리처분금지는 그 취지를 등기하지 아니하면 선의(善意)로 물권을 취득한 제3자에게 대항하지 못한다.
> ④ 제2항 단서의 경우에는 제3조 제3항을 준용한다.

즉, 대법원 2000다10741 판결(소유권이전등기)에 의하면 "아파트와 같은 대규모 집합건물의 경우, 대지의 분·합필 및 환지절차의 지연, 각 세대당 지분비율 결정의 지연 등으로 인하여 전유부분에 대한 소유권보존등기 및 이전등기만 경료되고, 대지지분에 대한 소유권이전등기는 상당기간 지체되는 경우가 종종 생기고 있는데, 집합건물의 건축자가 그 대지를 매수하고도 아직 소유권이전등기를 경료받지 아니하였다 하여도 매매계약의 이행으로 대지를 인도받아 그 지상에 집합건물을 건축하였다면 매매계약의 효력으로서 이를 점유·사용할 권리가 생기게 된 것이고, 이러한 경우 집합건물의 건축자로부터 전유부분과 대지지분을 함께 분양의 형식으로 매수하여 그 대금을 모두 지급함으로써 소유권 취득의 실질적 요건은 갖추었지만 전유부분에 대한 소유권이전등기만 경료받고 대지지분에 대하여는 위와 같은 사정으로 아직 소유권이전등기를 경료받지 못한 자 역시 매매계약의 효력으로서 전유부분의 소유를 위하여 건물의 대지를 점유·사용할 권리가 있는바, 이러한 점유·사용권은 단순한 점유권과는 차원을 달리하는 본권으로서 집합건물의 소유 및 관리에 관한 법률 제2조 제6호 소정의 구분소유자가 전유부분을 소유하기 위하여 건물의 대지에 대하여 가지는 권리인 대지사용권에 해당한다고 할 것이고, 수분양자로부터 전유부분과 대지지분을 다시 매수하거나 증여 등의 방법으로 양수받거나 전전 양수받은 자도 당초 건축자나 수분양자가 가졌던 이러한 대지사용권을 취득한다."는 취지이다.

> 집합건물법 제2조(정의) 이 법에서 사용하는 용어의 뜻은 다음과 같다. 6. "대지사용권"이란 구분소유자가 전유부분을 소유하기 위하여 건물의 대지에 대하여 가지는 권리를 말한다.

대법원 2012다103325 판결(지료청구 및 부당이득금반환)에 의하면 "동일인의 소유에 속하는 전유부분과 토지공유지분(이하 '대지지분') 중 전유부분만에 관하여 설정된 저당권의 효력은 규약이나 공정증서로써 달리 정하는 등의 특별한 사정이 없는 한 종물 내지 종된 권리인 대지지분에까지 미치므로, 전유부분에 관하여 설정된 저당권에 기한 경매절차에서 전유부분을 매수한 매수인은 대지지분에 대한 소유권을 함께 취득하고, 그 경매절차에서 대지에 관한 저당권을 존속시켜 매수인이 인수하게 한다는 특별매각조건이 정하여져 있지 않았던 이상 설사 대지사용권의 성립 이전에 대지에 관하여 설정된 저당권이라고 하더라도 대지지분의 범위에서는 민사집행법 제91조 제2항이 정한 '매각부동산 위의 저당권'에 해당하여 매각으로 소멸하는 것이며, 이러한 대지지분에 대한 소유권의 취득이나 대지에 설정된 저당권의 소멸은 전유부분에 관한 경매절차에서 대지지분에 대한 평가액이 반영되지 않았다거나 대지의 저당권자가 배당받지 못하였다고 하더라도 달리 볼 것은 아니다."는 취지이다.

대법원 2004다58611 판결에 의하면 "집합건물의 분양자가 수분양자에게 대지지분에 관한 소유권이전등기나 대지권변경등기는 지적정리 후 해 주기로 하고 우선 전유부분에 관하여만 소유권이전등기를 마쳐 주었는데, 그 후 대지지분에 관한 소유권이전등기나 대지권변경등기가 되지 아니한 상태에서 전유부분에 대한 경매절차가 진행되어 제3자가 전유부분을 경락받은 경우, 그 경락인은 집합건물의 소유 및 관리에 관한 법률 제2조 제6호의 대지사용권을 취득하고, 이는 수분양자가 분양자에게 그 분양대금을 완납한 경우는 물론 그 분양대금을 완납하지 못한 경우에도 마찬가지이다. 따라서 그러한 경우 경락인은 대지사용권 취득의 효과로서 분양자와 수분양자를 상대로 분양자로부터 수분양자를 거쳐 순차로 대지지분에 관한 소유권이전등기절차를 마쳐줄 것을 구하거나 분양자를 상대로 대지권변경등기절차를 마쳐줄 것을 구할 수 있고, 분양자는 이에 대하여 수분양자의 분양대금 미지급을 이유로 한 동시이행항변을 할 수 있을 뿐이다."라는 취지이다.

대법원 2001다22604 판결(부당이득금반환)에 의하면 "구분건물의 전유부분에 대한 소유권이전등기만 경료되고 대지지분에 대한 소유권이전등기가 경료되기 전에 전유부분만에 관하여 설정된 근저당권에 터잡아 임의경매절차가 개시되었고, 집행법원이 구분건물에 대한 입찰명령을 함에 있어 대지지분에 관한 감정평가액을 반영하지 않은 상태에서 경매절차를 진행하였다고 하더라도, 전유부분에 대한 대지사용권을 분리처분할 수 있도록 정한 규약이 존재한다는 등의 특별한 사정이 없는 한 낙찰인은 경매목적물인 전유부분을 낙찰받음에 따라 종물 내지 종된 권리인 대지지분도 함께 취득하였다 할 것이므로, 구분건물의 대지지분 등기가 경료된 후 집행법원의 촉탁에 의하여 낙찰인이 대지지분에 관하여 소유권이전등기를 경료받은 것을 두고 법률상 원인 없이 이득을 얻은 것이라고 할 수 없다."는 취지이다.

대법원 2009다26145 판결(소유권이전등기말소)에 의하면 "집합건물의 소유 및 관리에 관한 법률 제20조의 규정 내용과 입법 취지 등을 종합하여 볼 때, 경매절차에서 전유부분을 낙찰받은 사람은 대지사용권까지 취득하는 것이고, 규약이나 공정증서로 다르게 정하였다는 특별한 사정이 없는 한 대지사용권을 전유부분과 분리하여 처분할 수는 없으며, 이를 위반한 대지사용권의 처분은 법원의 강제경매 절차에 의한 것이라 하더라도 무효이다. 또한, 대지사용권은 구분소유자가 전유부분을 소유하기 위하여 건물의 대지에 대하여 가지는 권리로서(같은 법 제2조 제6호) 그 성립을 위해서는 집합건물의 존재와 구분소유자가 전유부분 소유를 위하여 당해 대지를 사용할 수 있는 권리를 보유하는 것 이외에 다른 특별한 요건이 필요치 않은 사정도 고려하면, '분리처분금지는 그 취지를 등기하지 아니하면 선의로 물권을 취득한 제3자에 대하여 대항하지 못한다'고 정한 같은 법 제20조 제3항의 '선의'의 제3자는, 원칙적으로 집합건물의 대지로 되어 있는 사정을 모른 채 대지사용권의 목적이 되는 토지를 취득한 제3자를 의미한다."는 취지이다.

대법원 2021. 1. 14. 선고 2017다291319 판결(배당이의)에 의하면 "집합건물에 있어서 구분소유자의 대지사용권은 전유부분과 분리처분이 가능하도록 규약으로 정하였다는 등의 특별한 사정이 없는 한 전유부분과 종속적 일체불가분성이 인정되므로(집합건물법 제20조 제1, 2항), 구분 건물의 전유부분에 대한 경매개시결정과 압류의 효력은 당연히 종물 내지 종된 권리인 대지사용권에까지 미치고, 그에 터 잡아 진행된 경매절차에서 전유부분을 매수한 자는 그 대지사용권도 함께 취득한다(대법원 94다12722 판결, 대법원 97마814 결정 등). 그리고 민사집행법 제91조 제2항에 의하면 매각부동산 위의 모든 저당권은 매각으로 인하여 소멸한다고 규정되어 있으므로, 위와 같은 이유로 전유부분과 함께 그 대지사용권인 토지공유지분이 일체로서 매각되고 그 대금이 완납되면, 설사 대지권 성립 전부터 토지만에 관하여 설정되어 있던 별도등기로서의 근저당권이라 할지라도 경매과정에서 이를 존속시켜 매수인이 인수하게 한다는 취지의 특별매각조건이 따로 정해지지 않았던 이상 위 **근저당권은 위 토지공유지분에 대한 범위**에서는 매각부동산 위의 저당권에 해당하여 매각으로 인하여 소멸하는 것이다(대법원 2005다15048 판결 등)."라는 취지이다.

그러나 구분소유자 아닌 자가 전유부분 소유와 무관하게 집합건물의 대지로 된 토지에 대하여 가지고 있는 권리가 집합건물법 제20조에서 정한 분리처분금지의 제한을 받지 않는다. 즉 대법원 2011다12149, 12156 판결(부당이득금·진정명의회복청구 등)에 의하면 "집합건물의 소유 및 관리에 관한 법률(이하 '집합건물법'이라 한다) 제20조에 의하여 분리처분이 금지되는 같은 법상 대지사용권은 구분소유자가 전유부분을 소유하기 위하여 건물의 대지에 대하여 가지는 권리이므로(집합건물법 제2조 제6호 참조), 구분소유자 아닌 자가 전유부분의 소유와 무관하게 집합건물의 대지로 된 토지에 대하여 가지고 있는 권리는 같은 법 제20조에 규정된 분리처분금지의 제한을 받지 아니한다."는 취지이다.

정리하자면, 집합건물 즉 구분건물의 전유부분에 대한 경매가 이루어진 경우에 집합건물법 제20조에 따른 분리처분금지원칙에 따라 전유부분을 낙찰받은 사람은 원칙적으로 대지사용권까지 취득하는 것이지만, 구분소유자가 아닌 자가 전유부분의 소유와 관련 없이 집합건물의 대지로 된 토지에 대하여 가지고 있는 권리는 집합건물법 제20조의 분리처분금지와 무관하기 때문에, 분리처분금지원칙의 제한을 받지 않는다는 것이다. 따라서 구분소유자가 아니면서 집합건물대지를 소유한 자는 구분소유자 등에게 지료상당 부당이득반환청구를 할 여지가 있다(뒤에서 자세하게 다룸).

다. 집합건물법상 분리처분금지 규정에 반하는 토지만에 대한 압류 및 가압류의 유효성

대법원 2004다742 판결은 "한국수자원공사로부터 토지를 분양받은 집합건물의 건축주가 토지상에 아파트 및 상가를 신축하다가 부도를 내자 건축주의 채권자들이 건축의 마무리 공사를 진행하고 신축건물에 관하여 건축주 명의의 소유권보존등기와 수분양자들 명의의 이전등기를 마친 경우, 건축주가 한국수자원공사에 대하여 가지는 토지에 관한 소유권이전등기청구권에 대한 압류 및 가압류는 필연적으로 전유부분과 토지의 분리처분이라는 결과를 낳게 되어 효력이 없다."는 취지였는데 위 판결의 이유를 확인하면 "부동산에 관한 권리이전청구권의 압류에 대하여는 그 부동산소재지의 지방법원은 채권자 또는 제3채무자의 신청에 의하여 보관인을 정하고 제3채무자에 대하여 그 부동산에 관한 채무자명의의 권리이전등기절차를 보관인에게 이행할 것을 명하여야 한다고 규정하고 있는바, 피고 보조참가인들의 위 가압류 및 압류는, 이 사건 토지에 관하여 유천건설 명의로 등기를 하게 하여 강제경매 또는 강제관리를 개시할 수 있도록 하는 절차로서 필연적으로 전유부분과 이 사건 토지의 분리처분이라는 결과를 낳게 되므로, 위 집합건물법의 규정내용과 입법 취지에 반하는 것으로 효력이 없다."는 취지이다.

라. 구분소유자 상호간에 부당이득반환청구 가능성

> 민법 제263조(공유지분의 처분과 공유물의 사용, 수익) 공유자는 그 지분을 처분할 수 있고 공유물 전부를 지분의 비율로 사용, 수익할 수 있다.
> 집합건물의 소유 및 관리에 관한 법률 제11조(공유자의 사용권) 각 공유자는 공용부분을 그 용도에 따라 사용할 수 있다.

서울북부지방법원 2011나5538 판결(방해배제 및 부당이득금)에 의하면 "집합건물에 있어서 전유부분의 소유권자들은 대지권등기를 마쳤든지 아니든지 간에 대지를 공유하는 것이 일반적이라고 할 것인바, 이 사건의 쟁점은 민법 제263조 후단이 집합건물이 들어 서 있는 대지의 공유관계에 그대로 적용되는지 여부이다. 민법 제263조 후단에 의하면, 민법상 공유자는 공유물 전부를 지분의 비율로 사용할 수 있으나, 집합건물의 소유 및 관리에 관한 법률(이하 '집합건물법'이라 한다)은 제11조에서, 공유자는 공용부분을 그 용도에 따라 사용할 수 있다고 규정하고 있다. 대지에 대한 공유관계는 공용부분에 대한 공유관계와 그 성격을 같이 하는 이상 집합건물법 제11조의 유추적용으로 인하여, **대지에 대한 공유지분을 가지고 있는 구분소유자** 역시 대지를 그 용도에 따라 사용할 수 있다고 보아야 할 것이다. 즉 집합건물의 대지사용관계에는 민법상 공유물사용관계의 규정이 적용되지 않는다. 결국 집합건물에서 구분소유자는 별도의 규약이 존재하는 등의 특별한 사정이 없는 한 그 대지에 대하여 가지는 공유지분의 비율과는 상관없이 대지 전부를 그 용도에 따라 적법하게 사용할 수 있다고 보아야 하고(대법원 93다601445 판결), 이러한 법리에 비추어 볼 때, 대지 사용에 관한 별도의 규약이 존재하는 등의 특별한 사정이 있다고 볼 증거가 없는 이 사건에서, 이 사건 다세대주택의 구분소유자인 피고들은 그 공유지분의 비율에 관계없이 이 사건 대지 전부를 용도에 따라 사용할 수 있다 할 것이다. 따라서 피고들이 이 사건 대지 중 원고 소유의 지분을 적법한 권원 없이 점유하고 있다거나 원고의 지분권을 침해하고 있다고 보기 어려우므로, **원고가 이 사건 대지 중 512분의 495 지분의 소유권자들이라고 하더라도** 이 사건 건물의 구분소유자들인 피고들에게 그 지분비율의 차이에 해당하는 만큼의 부당이득반환을 청구할 권리는 가지고 있지 않다고 보아야 할 것이다."는 취지이다.

> 집합건물의 소유 및 관리에 관한 법률 제12조(공유자의 지분권) ① 각 공유자의 지분은 그가 가지는 전유부분의 면적 비율에 따른다.
> ② 제1항의 경우 일부공용부분으로서 면적이 있는 것은 그 공용부분을 공용하는 구분소유자의 전유부분의 면적 비율에 따라 배분하여 그 면적을 각 구분소유자의 전유부분 면적에 포함한다.

정리하자면, 집합건물에 있어 각 구분건물 소유자는 원칙적으로 그가 가지는 전유부분의 면적에 따라 대지에 대한 지분을 보유하게 되는데, 면적인 넓은 전유부분 소유자가 면적이 좁은 전유부분 소유자에게 전유부분의 비율만큼만 대지를 사용할 권한이 있다면서 부당이득반환청구를 하게 되면 기각된다는 것이다. 민법 제263조에 따르면 공유자는 공유지분 비율만큼만 사용권이 있으므로 위와 같은 청구가 이론상 가능할 수 있지만, 민법의 특별법인 집합건물법(집합건물의 소유 및 관리에 관한 법률) 제11조는 '각 공유자는 공용부분을 그 용도에 따라 사용할 수 있다.'고 규정하여 용도에 따른 사용에 제한을 두지 않기 때문이다.

마. 대지지분 매수인의 전유부분 소유자에 대한 부당이득청구

대법원 2010다108210 판결(지료)은 "甲이 집합건물을 신축·분양하면서 수분양자인 乙 등에게 해당 전유부분과 함께 토지 중 일부 공유지분에 관한 지분소유권이전등기를 해 주고, 나머지 공유지분은 장차 건물 증축 등을 위해 남겨 두었는데, 나머지 공유지분에 관하여 설정된 근저당권에 기한 경매절차에서 丙 등이 소유권을 취득한 사안에서, 나머지 공유지분을 경매절차에서 취득하였음에도 대지에 관한 사용·수익을 전혀 하지 못하고 있는 丙 등은 토지를 배타적으로 점유·사용하고 있는 乙 등을 상대로 부당이득반환청구를 할 수 있고, 甲이 乙 등에게 집합건물의 용법에 따라 무상으로 사용할 수 있는 권한을 부여한 것으로 해석될 수 있더라도 그와 같은 약정이 丙 등에게 당연히 승계된다고 볼 수 없는데도, 이와 달리 본 원심판결에 법리오해의 위법이 있다고 한 사례"이다.

위 대법원 2010다108210 판결(지료) 이유를 확인하면 "1동의 건물의 구분소유자들이 당초 그 건물을 분양받을 당시의 대지 공유지분 비율대로 그 건물의 대지를 공유하고 있는 경우 그 구분소유자들은 특별한 사정이 없는 한 그 대지에 대한 공유지분의 비율에 관계없이 그 건물의 대지 전부를 용도에 따라 사용할 적법한 권원이 있으므로 그 구분소유자들 상호 간에는 대지 공유지분 비율의 차이를 이유로 부당이득반환을 구할 수 없으나(대법원 93다60144 판결, 대법원 2009다76522, 76539 판결 등), 건물의 구분소유자 아닌 자가 경매절차 등에서 그 대지의 공유지분만을 취득하게 되어 대지에 대한 공유지분은 있으나 대지를 전혀 사용·수익하지 못하고 있는 경우에는 다른 특별한 사정이 없는 한 대지 공유지분권에 기한 부당이득반환청구를 할 수 있다."면서 "공유물의 관리에 관한 사항은 공유자의 지분의 과반수로써 결정하고, 공유물의 사용·수익·관리에 관한 공유자 간의 특약은 그 특정승계인에 대하여도 승계된다고 할 것이나, 공유물에 관한 특약이 지분권자로서의 사용·수익권을 사실상 포기하는 등으로 공유지분권의 본질적 부분을 침해하는 경우에는 특정승계인이 그러한 사실을 알고도 공유지분권을 취득하였다는 등의 특별한 사정이 없는 한 특정승계인에게 당연히 승계된다고 볼 수 없다(대법원 2009다54294 판결)."라는 취지로 판시하였다.

참고할 판례인 대법원 2014다236809 판결에 의하면 "집합건물의 소유 및 관리에 관한 법률(이하 '집합건물법'이라고 한다)은 제20조에서, 구분소유자의 대지사용권은 그가 가지는 전유부분의 처분에 따르고(제1항), 구분소유자는 규약 또는 공정증서로써 달리 정하지 않는 한 그가 가지는 전유부분과 분리하여 대지사용권을 처분할 수 없다(제2항, 제4항)고 규정하고 있다. 집합건물의 건축자가 그 소유인 대지 위에 집합건물을 건축하고 전유부분에 관하여 건축자 명의로 소유권보존등기를 마친 경우, 건축자의 대지소유권은 집합건물법 제2조 제6호에서 정한 구분소유자가 전유부분을 소유하기 위하여 건물의 대지에 대하여 가지는 권리인 대지사용권에 해당한다. 따라서 전유부분에 대한 대지사용권을 분리처분할 수 있도록 정한 규약이 존재한다는 등의 특별한 사정이 인정되지 않는 한 전유부분과 분리하여 대지사용권을 처분할 수 없고, 이를 위반한 대지지분의 처분행위는 효력이 없다. 그러므로 구분소유권이 이미 성립한 집합건물이 증축되어 새로운 전유부분이 생긴 경우에는, 건축자의 대지소유권은 기존 전유부분을 소유하기 위한 대지사용권으로 이미 성립하여 기존 전유부분과 일체불가분성을 가지게 되었으므로 규약 또는 공정증서로써 달리 정하는 등의 특별한 사정이 없는 한 새로운 전유부분을 위한 대지사용권이 될 수 없다."는 취지이다.

이 판례 취지에 의하면 이미 성립된 구분소유자들이 새로이 증축된 구분소유자들에게 지료를 청구할 경우 승소할 수 있게 된다. 즉 위 대법원 2014다236809 판결의 이유를 확인하면 "501호, 502호, 901호, 1001호, 1002호와 같이 증축된 구분건물에 대하여 대지사용권을 부여하기 위해서는 위 103호 등 기존 구분건물의 대지지분 중 각 일부에 대한 분리처분이 필수적이라 할 것이므로, 반드시 규약 등으로 이를 정해 놓았어야 한다. 그리고 이는 위 증축 당시 다빈치디엔씨가 증축된 부분을 포함한 이 사건 건물의 각 구분건물 전체를 소유하고 있었다고 하더라도 달리 볼 것은 아니다. 그런데도 원심은 그 판시와 같은 이유만으로, 증축으로 인하여 생긴 새로운 전유부분을 위한 대지사용권이 성립하였다고 보아, 원고의 피고들에 대한 이 사건 차임 상당 부당이득 반환 청구를 배척하였다. 이러한 원심판결에는 소액사건심판법 제3조 제2호에서 정한 '대법원의 판례에 상반되는 판단'을 한 잘못이 있다."는 취지이다.

정리하자면, 구분소유자들 상호 간에는 대지 공유지분 비율의 차이를 이유로 부당이득반환을 구할 수 없지만, 건물의 구분소유자 아닌 자가 경매절차 등에서 그 대지의 공유지분만을 취득하게 되어 대지에 대한 공유지분은 있으나 대지를 전혀 사용·수익하지 못하고 있는 경우에는 다른 특별한 사정이 없는 한 대지 공유지분권에 기하여 구분소유자 등에게 부당이득반환청구를 할 수 있다는 취지이다.

5. 토지 소유자의 독점적·배타적 사용수익권행사의 제한과 부동산경매

대법원(전합)은 2016다264556 판결(시설물 철거 및 토지인도 청구의 소)을 통하여 기존 토지 소유자의 독점적·배타적 사용수익권 행사의 제한 법리를 그대로 유지하는 판결을 선고하였다. 즉 토지 소유자가 그 소유 토지를 도로, 수도시설의 매설 부지 등 일반 공중을 위한 용도로 제공한 경우, 여러 경위 및 사정을 종합고찰하고, 토지 소유자의 소유권과 공익 사이를 비교형량한 결과, 소유자가 그 토지의 독점적·배타적 사용 수익권을 포기한 것으로 볼 수 있을 경우, 타인(사인, 국가, 지자체 등)이 그 토지를 점유·사용하더라도, 특별한 사정이 없는 한 토지 소유자의 부당이득청구가 인정되지 않으며, 토지의 인도청구도 인정되지 않는다는 것이다. 다만, 소유권의 핵심적 권능인 사용 수익권능의 영구적 포기는 허용되지 않기 때문에 토지 소유자의 독점적 배타적 사용수익권이 제한되는 경우라도 일반 공중의 통행 등 이용을 방해하지 않는 범위 내에서 그 토지를 처분하거나, 사용 수익할 권능을 상실하지는 않는다는 것이다.

피상속인(사망자)의 사용수익권이 이 법리에 따라 제한된 경우, 특별한 사정이 없는 한 상속인의 사용수익권도 제한되며, 이 법리로 사용수익권이 제한된 토지를 경매·매매·대물변제 등으로 특정승계한 경우도, 특별한 사정이 없는 한 그 특정승계인의 사용수익권도 제한된다. 따라서 경매로 사용수익권이 제한된 토지를 낙찰받았다면, 그 낙찰자가 자신의 독점적·배타적 사용수익권의 행사를 허용할 특별한 사정을 입증해야 하는 문제가 발생하게 될 것으로 보인다. 다만, 토지소유자의 독점적·배타적 사용수익권 행사의 제한 법리도, 공익목적을 위해 그 토지를 제공할 당시 객관적인 토지이용상황이 유지되는 한도 내에서만 존속하므로, 사정변경이 현저하고, 토지제공 당시 이와 같은 변화를 예견할 수 없었고, 사정변경이 현저한 경우에도 계속 제한 시 공익과 사익의 중대한 불균형 등이 초래될 경우, 사정변경원칙에 따라 토지 소유자는 다시 사용수익 권능을 포함한 완전한 소유권에 기한 권리주장이 가능하다. 위 대법원 전원합의체 판결의 사실관계를 요약하면, 원고는 용인시 소재 토지를 상속을 원인으로 소유한 사람이고, 피고는 용인시이다. 원고는 피상속인 생전에 용인시가 상속토지에 매설한 우수관의 철거와 차임상당 부당이득을 피고에게 청구한 것인데, 1심은 원고승소를, 항소심은 원고패소를, 대법원은 토지소유자의 독점적·배타적 사용수익권 행사의 제한 법리에 따라 항소심이 옳다는 판결을 내렸다(원고패소 확정). 원고의 피상속인이 우수관 설치를 허용한 것이 주민회의를 거친 것이었으며, 피상속인에게도 이익이 되었던 점과 단독주택 철거 전 피상속인과 원고가 우수관 철거 및 부당이득을 요구한 사실도 없는 점, 우수관이 공공이익에 부합하는 점 등이 고려되었던 판결이다.

정리하자면, 토지를 낙찰받거나 토지와 그 지상건물을 낙찰받을 때에 낙찰받은 토지의 전 소유자가 그 토지의 독점적·배타적 사용 수익원을 포기한 것으로 해석되는 경우에 원칙적으로 낙찰자(매수인)도 권리가 제한된 그 토지의 소유권을 그대로 인수한다는 것이다. 일반적으로 내 소유의 토지에 건물을 지으면서 상하수도를 토지 일부 지하에 설치하고 그 토지가 일반 공중의 도로로 제공된 경우에 토지 소유자의 독점적·배타적 사용수익권 포기로 해석되는 경우가 많다(다만 토지소유자에게도 일부 이익이 되어야 함). 이러한 경우에는 위 권리가 제한된 토지사용자에 대한 지료상당 부당이득반환청구도 인정되지 않는다. 다만, 이러한 토지소유권 제한논의는 토지소유자의 '사익'과 인근 주민들의 '공익'을 고려한 것으로 토지의 제한이 사정변경으로 이웃주민 1인의 이익으로만 변경된 경우에는 위 토지소유권 제한논의가 배제될 수 있다. 실제 필자는 법원조정을 통해 공익(이웃주민 등) 대 사익(토지소유자의 권리)의 문제가 인근의 도시개발로 인하여 사익(이웃주민 1인 내지 1세대) 대 사익(토지소유자의 권리)으로 변동된 사정을 기초로 변론하여 지료상당 부당이득금을 받아낸 경험이 있다(인천지방법원 2021머16888 토지인도 사건/의뢰인이 조정을 신청한 사건에 중간에 필자가 소송대리인으로 선임되어 상대방의 통행권을 인정하되 기존 지료 상당액과 매월 일정액의 지료를 인정받은 사건).

6. 도로소유자의 관청에 대한 부당이득반환청구와 조세부과의 문제

대법원 2000다12020 판결(부당이득금 반환)에 의하면, "국가 또는 자치단체가 도로법 등에 의한 도로설정을 하여 도로관리청으로서 점유하거나 사실상 필요한 공사를 하여 도로로서의 형태를 갖춘 다음 사실상 지배주체로서 도로를 점유하게 된 경우, 당해 부동산의 기초가격에다 그 기대이율을 곱하는 이른바 적산법에 의한 방식으로 임료를 산정함에 있어 기대이율이란 임대할 부동산을 취득함에 있어 소요되는 비용에 대한 기대되는 이익의 비율을 뜻하는 것으로서 원칙적으로 개개 토지의 소재지, 종류, 품등 등에 따라 달라지는 것이 아니고, 국공채이율, 은행의 장기대출금리, 일반시중금리, 정상적인 부동산거래이윤율, 국유재산법과 지방재정법이 정하는 대부료율 등을 참작하여 결정되어지는 것이며, 따라서 위와 같은 방식에 의한 임료 산정시 이미 기초가격이 구체적인 개개의 부동산의 실제 이용상황이 참작되어 평가·결정된 이상 그 기대이율을 산정함에 있어서 다시 위 실제 이용상황을 참작할 필요는 없다."는 취지이다.

대법원 2010두9105 판결은 '국가 명의로 소유권보존등기가 경료되어 지방도로로 사용되어 오던 토지에 관하여 사정명의인 망 甲의 상속인 乙이 국가를 상대로 원인무효를 이유로 소유권보존등기 말소청구소송을 제기하여 승소·확정판결을 받은 후 다시 국가를 상대로 토지의 점유·사용으로 인한 부당이득반환 청구소송을 제기하여 승소·확정판결을 받아 부당이득금을 지급받자 과세관청이 위 토지에 대해 종합부동산세 부과처분을 한 사안'인데, 그 판결 이유를 확인하면 "이 사건 토지에 관하여 대한민국 명의로 원인무효인 소유권보존등기가 경료된 상태에서 대한민국이 위 토지를 사실상 사용·수익하여 왔더라도, 원고가 대한민국을 상대로 제기한 소유권보존등기 말소등기청구소송에서 원고가 진정한 소유자임이 밝혀져 승소 확정판결을 받은 이상, 원고는 그 과세기준일 당시 이 사건 토지에 대하여 소유자로서의 권능을 실제로 행사하였는지 여부와 관계없이 위 판결 확정 전의 과세기간에 대하여도 사용·수익·처분권능을 행사할 수 있는 지위에 있는 자로서 특별한 사정이 없는 한 사실상 소유자에 해당한다고 할 것이어서 이 사건 토지에 대한 토지분 재산세 납세의무자에 해당하므로 종합부동산세를 납부할 의무가 있다."는 취지로 판시하면서, "구 종합부동산세법 제6조 제1항, 구 지방세법 제186조 제4호, 구 지방세법 시행령(2010. 9. 20. 대통령령 제22395호로 전부 개정되기 전의 것) 제137조 제1항 제1호는 도로법상의 도로인 토지에 대하여는 재산세나 종합부동산세를 부과하지 아니하되, 당해 토지가 유료로 사용되는 경우에는 예외로 하도록 규정하고 있다. 이들 규정의 취지와 법문에서 유료의 개념에 아무런 제한을 가하지 아니한 점 등을 고려하면, 여기서 '유료로 사용되는 경우'라 함은 어떤 명목으로든 당해 토지의 사용에 대하여 대가가 지급되는 경우를 말하고, 그 사용이 대가적 의미를 갖는다면 사용기간의 장단이나 그 대가의 지급이 1회적인지 또는 정기적이거나 반복적인 것인지를 묻지 아니한다고 보아야 한다(대법원 92누15505 판결 등)."면서, "원심은, 대한민국이 원고에게 지급한 부당이득금은 이 사건 토지의 이용에 대한 대가로서의 성격을 가지므로 이 사건 토지는 유료로 사용되었다고 보아야 한다고 판단한 것이 정당"하다는 취지로 판시하였다.

따라서 지방세법 제109조 비과세 요건 등에 해당되어 세금이 부과되지 않았던 토지를 경매로 매수하여 국가 등을 상대로 부당이득반환청구를 하여 승소할 경우에 세금이 부과될 가능성을 고려할 필요가 있다.

> 지방세법 제109조(비과세) ② 국가, 지방자치단체 또는 지방자치단체조합이 1년 이상 공용 또는 공공용으로 사용(1년 이상 사용할 것이 계약서 등에 의하여 입증되는 경우를 포함한다)하는 재산에 대하여는 재산세를 부과하지 아니한다. 다만, 다음 각 호의 어느 하나에 해당하는 경우에는 재산세를 부과한다.
> <개정 2018. 12. 31.> 1. 유료로 사용하는 경우 2. 소유권의 유상이전을 약정한 경우로서 그 재산을 취득하기 전에 미리 사용하는 경우

7. 위법건축물과 부동산경매

건물을 낙찰받기 전에 건축물관리대장 등을 확인하여 위법건축물 여부를 확인하는 것이 좋다. 더 정확하게는 입찰 전에 관할 지방자치단체를 방문하여 위법건축물에 대한 시정명령 및 이행강제금 부과 내역 등도 확인하는 것이 필요할 것이다.

서울중앙지방법원 2003라132 결정(건축법위반이의)에 의하면, “항고인은, 이 사건 건축물을 서울지방법원 남부지원 (사건번호 생략)호 임의경매를 통하여 낙찰받았는데 당시 감정평가서와 입찰물건명세서 및 등기부등본, 건축물관리대장에 이 사건 건축물이 위법건축물이라는 표시가 기재되어 있지 않았을 뿐 아니라 관할관청에 문의한 결과 아무런 문제가 없다는 답변을 받고서 응찰하여 소유권을 취득하였고, 그 이후 건축행위를 한 적이 없으므로 항고인에게는 이행강제금 납부의무가 없고 항고인이 위법건축물이라는 점을 알지 못한 데 대하여 정당한 사유가 있으므로 원심결정은 위법하여 취소되어야 한다는 취지로 주장한다. 살피건대, 건축법상 시정명령과 이행강제금 부과는 위법한 건축물의 현 상태를 시정하기 위한 것으로서 시정명령 당시 건축물을 지배·관리하고 있는 소유자에 대하여 발하여 질 수 있으므로 이 사건 시정명령 당시 소유자인 항고인에 대한 시정명령 및 이행강제금 부과는 적법하다고 할 것이고, 또한, 경매는 기본적으로 경락인 또는 집행관과 소유자 사이의 매매로서 민법 제578조의 매도인의 담보책임 이외에 물건의 하자(법률적 하자를 포함한다)로 인한 민법 제580조의 하자담보책임은 인정되지 아니하므로 입찰참가자들은 경매목적물에 대하여 사전에 조사를 하는 등 자기의 책임으로 경매에 임하여야 하는 것이어서 경락 당시 이 사건 건축물에 불법증축 및 무단용도변경 부분이 포함된 사실을 몰랐다는 주장은 적법한 항고이유가 될 수 없고, 건축법위반사실을 알지 못한데 대하여 항고인에게 정당한 사유가 있다고 할 수도 없다.”고 판시하였다(위 판결의 상고심인 대법원 2004마953 결정은 위 판결(항소심)을 파기 환송하기는 하였으나 위 내용이 아닌 사유로 파기 환송함).

> 건축법 제79조(위반 건축물 등에 대한 조치 등) ① 허가권자는 이 법 또는 이 법에 따른 명령이나 처분에 위반되는 대지나 건축물에 대하여 이 법에 따른 허가 또는 승인을 취소하거나 그 건축물의 건축주·공사시공자·현장관리인·소유자·관리자 또는 점유자(이하 "건축주등"이라 한다)에게 공사의 중지를 명하거나 상당한 기간을 정하여 그 건축물의 해체·개축·증축·수선·용도변경·사용금지·사용제한, 그 밖에 필요한 조치를 명할 수 있다.
> <개정 2019. 4. 23., 2019. 4. 30.>
>
> 건축법 제80조(이행강제금) ① 허가권자는 제79조 제1항에 따라 시정명령을 받은 후 시정기간 내에 시정명령을 이행하지 아니한 건축주 등에 대하여는 그 시정명령의 이행에 필요한 상당한 이행기한을 정하여 그 기한까지 시정명령을 이행하지 아니하면 다음 각 호의 이행강제금을 부과한다. 다만, 연면적(공동주택의 경우에는 세대 면적을 기준으로 한다)이 60제곱미터 이하인 주거용 건축물과 제2호 중 주거용 건축물로서 대통령령으로 정하는 경우에는 다음 각 호의 어느 하나에 해당하는 금액의 2분의 1의 범위에서 해당 지방자치단체의 조례로 정하는 금액을 부과한다.

정리하자면, 건물을 낙찰받으려는 경우에 위법건축물인지 여부를 확인할 필요가 있다는 것이다. 아파트보다는 특히 다가구 주택 또는 다세대 주택이나 소형상가에서 이러한 문제가 발생할 가능성이 있다. 위법건축물의 경우에는 관할관청에서 철거명령 등을 내린 후에 그 명령에 따르지 않을 경우 그 명령에 응할 때까지 주기적으로 이행강제금을 부과하는 경우가 있다. 참고로 상가사건을 다루다 보면 임차인이 그 필요에 따라 임대인의 동의를 얻어 위법건축물을 설치한 후에 이행강제금을 부담하면서 영업을 하는 경우도 많다. 이러한 경우라면 상가의 소유자이자 임대인 입장에서는 그 이행강제금을 누가 부담할 것인지 등 관련문제를 특약으로 명시하는 것이 좋다.

8. 명의신탁과 부동산경매

대법원 2012다69197 판결에 의하면, "부동산경매절차에서 부동산을 매수하려는 사람이 매수대금을 자신이 부담하면서 타인의 명의로 매각허가결정을 받기로 함에 따라 그 타인이 경매절차에 참가하여 매각허가가 이루어진 경우에도 그 경매절차의 매수인은 어디까지나 그 명의인이므로 경매목적 부동산의 소유권은 매수대금을 실질적으로 부담한 사람이 누구인가와 상관없이 그 명의인이 취득한다 할 것이고, 이 경우 매수대금을 부담한 사람과 이름을 빌려 준 사람 사이에는 명의신탁관계가 성립한다(대법원 2008다62687 판결 등). 이러한 경우 매수대금을 부담한 명의신탁자와 명의를 빌려 준 명의수탁자 사이의 명의신탁약정은 '부동산 실권리자명의 등기에 관한 법률'(이하 '부동산실명법') 제4조 제1항에 의하여 무효이나(대법원 2006다73102 판결 등 참조), 경매절차에서의 소유자가 위와 같은 명의신탁약정 사실을 알고 있었거나 소유자와 명의신탁자가 동일인이라고 하더라도 그러한 사정만으로 그 명의인의 소유권취득이 부동산실명법 제4조 제2항에 따라 무효로 된다고 할 것은 아니다. 비록 경매가 사법상 매매의 성질을 보유하고 있기는 하나 다른 한편으로는 법원이 소유자의 의사와 관계없이 그 소유물을 처분하는 공법상 처분으로서의 성질을 아울러 가지고 있고, 소유자는 경매절차에서 매수인의 결정과정에 아무런 관여를 할 수 없는 점, 경매절차의 안정성 등을 고려할 때 경매부동산의 소유자를 위 제4조 제2항 단서의 '상대방 당사자'라고 볼 수는 없기 때문이다."는 취지이다.

경매로 부동산을 취득한 것이 아니라 일반매매에 있어서는 부동산매도인이 명의신탁사실을 모르는 선의자일 경우에만 계약명의신탁에 있어 수탁자가 부동산의 소유권을 취득하는 점과 다름에 유의하자(부동산실권리자명의 등기에 관한 법률 제4조 제2항 단서). 따라서, 자금을 지원하여 다른 사람 명의로 경매로 부동산을 취득하게 될 경우에 대부분의 사례에서 수탁자가 부동산의 소유권을 취득하게 된다는 사실을 알고 있어야 한다. 결국, 신탁계약을 통해 부동산을 경매로 취득할 경우 신탁자와 수탁자 사이에 관계가 틀어지면 신탁자는 수탁자에게 지급한 투자금과 약간의 이자 정도만 부당이득으로 반환 청구할 여지가 있으며, 부동산에 대한 권리를 행사하지 못하게 됨을 유의하자.

즉 대법원 2006다35117 판결(부당이득금반환)에 의하면, "부동산경매절차에서 부동산을 매수하려는 사람이 매수대금을 자신이 부담하면서 다른 사람의 명의로 매각허가결정을 받기로 그 다른 사람과 약정함에 따라 매각허가가 이루어진 경우 그 경매절차에서 매수인의 지위에 서게 되는 사람은 어디까지나 그 명의인이므로 경매목적 부동산의 소유권은 매수대금을 실질적으로 부담한 사람이 누구인가와 상관없이 그 명의인이 취득한다고 할 것이고, 이 경우 매수대금을 부담한 사람과 이름을 빌려 준 사람 사이에는 명의신탁관계가 성립한다(대법원 2002두5351 판결, 대법원 2005다664 판결 등). 앞서 본 바와 같이 부동산경매절차에서 소외 2가 매수자금을 자신이 부담하면서 피고 명의로 매각허가결정을 받기로 피고와 약정하였고, 그 약정에 따라 매각이 이루어졌다면, 소외 2와 피고 사이에는 이 사건 부동산에 대한 명의신탁관계가 성립되었다 할 것이고, 소외 2와 피고 사이의 위 명의신탁약정은 부동산 실권리자명의 등기에 관한 법률 제4조 제1항에 의하여 무효라 할 것이며, 따라서 소외 2는 피고에게 이 사건 부동산 자체나 그 처분대금의 반환을 청구할 수는 없다(제공한 매수대금을 부당이득으로 청구할 수 있을 뿐이다). 나아가 소외 2와 피고 사이에 소외 2의 지시에 따라 이 사건 부동산의 소유 명의를 이전하거나 그 처분대금을 반환하기로 한 약정이 있다고 하더라도 이는 결국 명의신탁약정이 유효함을 전제로 명의신탁 부동산 자체 또는 그 처분대금의 반환을 구하는 범주에 속하는 것에 해당하여 무효라 할 것이다."는 취지이다.

그뿐만이 아니다. 경매학원 등을 통하여 인연을 맺은 분들이 돈을 모아 그분들 중 소수 내지 1인 명의로 낙찰을 받아 지분투자 등으로 판단될 경우에는 필연적으로 명의신탁문제가 발생하게 된다. 명의신탁이 문제되면 부동산실명법(부동산실권리자명의 등기 등에 관한 법률)에 따라 민사문제(소유권 귀속, 부당이득반환 등의 문제), 과징금 문제, 이행강제금 문제, 형사문제 등이 발생할 수 있다는 점을 인식해야 한다(필자의 저서 「부동산분쟁의 쟁점」 제10장 '부동산명의신탁' 편 참고).

9. 낙찰자(매수인)의 관리비 인수범위

대법원 2004다3598, 3604 판결에 의하면, "집합건물의 소유 및 관리에 관한 법률(이하 '집합건물법') 제18조에서는 공유자가 공용부분에 관하여 다른 공유자에 대하여 가지는 채권은 그 특별승계인에 대하여도 행사할 수 있다고 규정하고 있는데, 이는 집합건물의 공용부분은 전체 공유자의 이익에 공여하는 것이어서 공동으로 유지·관리되어야 하고 그에 대한 적정한 유지·관리를 도모하기 위하여는 소요되는 경비에 대한 공유자 간의 채권은 이를 특히 보장할 필요가 있어 공유자의 특별승계인에게 그 승계의사의 유무에 관계없이 청구할 수 있도록 하기 위하여 특별규정을 둔 것이므로, 전(前) 구분소유자의 특별승계인에게 전 구분소유자의 체납관리비를 승계하도록 한 관리규약 중 공용부분 관리비에 관한 부분은 위와 같은 규정에 터 잡은 것으로 유효하다(대법원 2001다8677 전원합의체 판결). 그리고 부과된 관리비가 공용부분에 관한 관리비인지 여부는 개개의 관리비 항목의 성질 및 그 구체적 사용내역에 따라 판단되어야 할 것이나, 위와 같은 입법 취지에 비추어 볼 때 여기서 말하는 공용부분 관리비에는 집합건물의 공용부분 그 자체의 직접적인 유지·관리를 위하여 지출되는 비용뿐만 아니라, 전유부분을 포함한 집합건물 전체의 유지·관리를 위해 지출되는 비용 가운데에서도 입주자 전체의 공동의 이익을 위하여 집합건물을 통일적으로 유지·관리해야 할 필요가 있어 이를 일률적으로 지출하지 않으면 안 되는 성격의 비용은 그것이 입주자 각자의 개별적인 이익을 위하여 현실적·구체적으로 귀속되는 부분에 사용되는 비용으로 명확히 구분될 수 있는 것이 아니라면, 모두 이에 포함되는 것으로 봄이 상당하다. 한편, 관리비 납부를 연체할 경우 부과되는 연체료는 위약벌의 일종이고, 전(前) 구분소유자의 특별승계인이 체납된 공용부분 관리비를 승계한다고 하여 전 구분소유자가 관리비 납부를 연체함으로 인해 이미 발생하게 된 법률효과까지 그대로 승계하는 것은 아니라 할 것이어서, 공용부분 관리비에 대한 연체료는 특별승계인에게 승계되는 공용부분 관리비에 포함되지 않는다."는 취지이다.

대법원(전합) 2001다8677 판결에 의하면, "아파트의 관리규약에서 체납관리비 채권 전체에 대하여 입주자의 지위를 승계한 자에 대하여도 행사할 수 있도록 규정하고 있다 하더라도, '관리규약이 구분소유자 이외의 자의 권리를 해하지 못한다.'고 규정하고 있는 집합건물의소유및관리에관한법률(이하 '집합건물법'이라 한다) 제28조 제3항에 비추어 볼 때, 관리규약으로 전 입주자의 체납관리비를 양수인에게 승계시키도록 하는 것은 입주자 이외의 자들과 사이의 권리·의무에 관련된 사항으로서 입주자들의 자치규범인 관리규약 제정의 한계를 벗어나는 것이고, 개인의 기본권을 침해하는 사항은 법률로 특별히 정하지 않는 한 사적 자치의 원칙에 반한다는 점 등을 고려하면, 특별승계인이 그 관리규약을 명시적·묵시적으로 승인하지 않는 이상 그 효력이 없다고 할 것이며, 집합건물법 제42조 제1항 및 공동주택관리령 제9조 제4항의 각 규정은 공동주택의 입주자들이 공동주택의 관리·사용 등의 사항에 관하여 관리규약으로 정한 내용은 그것이 승계 이전에 제정된 것이라고 하더라도 승계인에 대하여 효력이 있다는 뜻으로서, 관리비와 관련하여서는 승계인도 입주자로서 관리규약에 따른 관리비를 납부하여야 한다는 의미일 뿐, 그 규정으로 인하여 승계인이 전 입주자의 체납관리비까지 승계하게 되는 것으로 해석할 수는 없다. 다만, 집합건물의 공용부분은 전체 공유자의 이익에 공여하는 것이어서 공동으로 유지·관리해야 하고 그에 대한 적정한 유지·관리를 도모하기 위하여는 소요되는 경비에 대한 공유자 간의 채권은 이를 특히 보장할 필요가 있어 공유자의 특별승계인에게 그 승계의사의 유무에 관계없이 청구할 수 있도록 집합건물법 제18조에서 특별규정을 두고 있는바, 위 관리규약 중 공용부분 관리비에 관한 부분은 위 규정에 터잡은 것으로서 유효하다고 할 것이므로, 아파트의 특별승계인은 전 입주자의 체납관리비 중 공용부분에 관하여는 이를 승계하여야 한다고 봄이 타당하다."는 취지이다.

대법원 2006다50420 판결에 의하면 "집합건물의 소유 및 관리에 관한 법률상의 특별승계인은 관리규약에 따라 집합건물의 공용부분에 대한 유지·관리에 소요되는 비용의 부담의무를 승계한다는 점에서 채무인수인으로서의 지위를 갖는데, 위 법률의 입법 취지와 채무인수의 법리에 비추어 보면 구분소유권이 순차로 양도된 경우 각 특별승계인들은 이전 구분소유권자들의 채무를 중첩적으로 인수한다고 봄이 상당하므로, 현재 구분소유권을 보유하고 있는 최종 특별승계인뿐만 아니라 그 이전의 구분소유자들도 구분소유권의 보유 여부와 상관없이 공용부분에 관한 종전 구분소유자들의 체납관리비채무를 부담한다."는 취지이다.

대법원 2014다81474 판결에 의하면 "민법 제169조는 시효중단의 효력이 당사자 및 그 승계인 간에 미친다고 규정하고 있다. 여기서 당사자라 함은 중단행위에 관여한 당사자를 가리키고 시효의 대상인 권리 또는 청구권의 당사자는 아니며, 승계인이라 함은 시효중단에 관여한 당사자로부터 중단의 효과를 받는 권리 또는 의무를 그 중단 효과 발생 이후에 승계한 자를 뜻하고 포괄승계인은 물론 특정승계인도 이에 포함된다(대법원 96다46484 판결 등). 원심판결 이유 및 기록에 의하면, 원심이 시효로 소멸하였다고 판단한 2010. 7. 4. 이전의 관리비채권에 대하여는 피고가 이 사건 건물의 구분소유권을 취득하기 이전에 원고가 전 구분소유자인 소외인을 상대로 관리비의 지급을 구하는 소를 제기하여 승소판결을 받았음을 알 수 있으므로, 앞서 본 법리에 비추어 보면, 피고는 소외인으로부터 시효중단의 효과를 받는 체납관리비 납부의무를 그 중단 효과발생 이후에 승계한 자에 해당하여 시효중단의 효력이 피고에게도 미친다."는 취지이다(필자가 소송을 수행한 사례임). 위 판결은 '집합건물의 관리를 위임받은 甲 주식회사가 구분소유자 乙을 상대로 관리비 지급을 구하는 소를 제기하여 승소판결을 받음으로써 乙의 체납관리비 납부의무의 소멸시효가 중단되었는데, 그 후 丙이 임의경매절차에서 위 구분소유권을 취득한 사안에서, 丙은 乙에게서 시효중단의 효과를 받는 체납관리비 납부의무를 중단 효과 발생 이후에 승계한 자에 해당하므로 시효중단의 효력이 丙에게도 미친다.'는 취지이다.

대법원 2005다65821 판결에 의하면 "민법 제163조 제1호에서 3년의 단기소멸시효에 걸리는 것으로 규정한 '1년 이내의 기간으로 정한 채권'이란 1년 이내의 정기로 지급되는 채권을 말하는 것으로서(대법원 96다25302 판결) 1개월 단위로 지급되는 집합건물의 관리비채권은 이에 해당한다고 할 것이다."라는 취지이다. 따라서 관리비채권은 3년의 시효에 걸린다.

집합건물의 소유 및 관리에 관한 법률 제18조(공용부분에 관하여 발생한 채권의 효력) 공유자가 공용부분에 관하여 다른 공유자에 대하여 가지는 채권은

> 그 특별승계인에 대하여도 행사할 수 있다.

앞서 확인한 판례 등을 고려하여 경매로 부동산을 매입하는 낙찰자(매수인)가 인수하게 될 관리비를 정리하면, 관리비가 3년의 시효에 걸리는 사정, 전소유자가 체납한 연체료는 인수하지 않는 사정, 전소유자가 체납한 관리비 중에서 공용부분의 관리비만 승계될 여지가 있는 사정 등을 고려할 때에 전소유자의 체납 관리비 중에서 3년간의 원금에 대한 공용부분 관리비를 인수하는 것이 원칙이지만, 관리주체가 전소유자에 대하여 소송을 하는 등 관리비채권에 대한 시효중단행위를 하였다면, 그 시효중단의 효력이 낙찰자(매수인)에게도 미치게 된다. 따라서 경매로 상가를 낙찰받으려면 기존 관리비 체납액이 얼마이고 그 체납액 중에서 공용부분 관리비는 얼마인지 그리고 관리주체가 체납자에게 소송 등을 통해 소멸시효 중단행위 등을 하였는지 검토한 후에 낙찰 여부를 고민해야 한다. 시효중단이 있었다면 낙찰자가 인수하게 되는 공용부분 관리비가 늘어나기 때문이다. 상가관리비 체납액이 적지 않은 경우가 많으니 주의할 필요가 있다.

10. 토지낙찰 시 수목까지 취득하는지의 문제

입목에 관한 법률(이하 '입목법') 제2조 제1항 제1호는 '입목'이란 '토지에 부착된 수목의 집단으로서 그 소유자가 이 법에 따라 소유권보존의 등기를 받은 것을 말한다.'고 규정하고 있다. 판례를 확인하면 '입목법'에 따른 '입목'이 아닌 등기가 되지 않은 수목에 대하여도 '입목'이라는 표현을 사용하고 있는 것이 확인되므로 판례의 의미를 잘 살펴야 한다.

> 입목에 관한 법률 제2조(정의) ① 이 법에서 사용하는 용어의 뜻은 다음과 같다.
> 1. "입목"이란 토지에 부착된 수목의 집단으로서 그 소유자가 이 법에 따라 소유권보존의 등기를 받은 것을 말한다.

대법원 2021. 8. 19. 선고, 2020다266375 판결에 의하면 "토지 위에 식재된 입목은 토지의 구성부분으로 토지의 일부일 뿐 독립한 물건으로 볼 수 없으므로 특별한 사정이 없는 한 토지에 부합하고, 토지의 소유자는 식재된 입목의 소유권을 취득한다(대법원 71다2313 판결, 대법원 2007다75853 판결). 토지 위에 식재된 입목을 그 토지와 독립하여 거래의 객체로 하기 위해서는 「입목에 관한 법률」에 따라 입목을 등기하거나 명인방법을 갖추어야 한다. 물권변동에 관한 성립요건주의를 채택하고 있는 민법에서 명인방법은 부동산의 등기 또는 동산의 인도와 같이 입목에 대하여 물권변동의 성립요건 또는 효력발생요건에 해당하므로 식재된 입목에 대하여 명인방법을 실시해야 그 토지와 독립하여 소유권을 취득한다(대법원 69다1346 판결, 대법원 95도2754 판결). 이는 토지와 분리하여 입목을 처분하는 경우뿐만 아니라, 입목의 소유권을 유보한 채 입목이 식재된 토지의 소유권을 이전하는 경우에도 마찬가지이다."는 취지이다.

대법원 89다카23022 판결에 의하면 "명인방법은 지상물이 독립된 물건이며 현재의 소유자가 누구라는 것이 명시되어야 하므로, 법원의 검증당시 재판장의 수령 10년 이상 된 수목을 흰 페인트칠로 표시하라는 명에 따라 측량감정인이 이 사건 포푸라의 표피에 흰 페인트칠을 하고 편의상 그 위에 일련번호를 붙인 경우에는 제3자에 대하여 이 사건 포푸라에 관한 소유권이 원고들에게 있음을 공시한 명인방법으로 볼 수 없다."는 취지인바, 명인방법은 지상물이 토지소유권으로부터 독립된 물건이고 현재의 소유자가 누구라는 것을 계속적으로 명시하여야 한다. 명인방법이 바래거나 훼손된 경우 다시 하여야 한다. 대법원 90다20220 판결에 의하면 "토지의 주위에 울타리를 치고 그 안에 수목을 정원수로 심어 가꾸어 온 사실만으로는 명인방법을 갖추었다고 보기 어렵다."는 취지이다.

입목에 관한 법률 제6조(법정지상권) ① 입목의 경매나 그 밖의 사유로 토지와 그 입목이 각각 다른 소유자에게 속하게 되는 경우에는 토지소유자는 입목소유자에 대하여 지상권을 설정한 것으로 본다.

② 제1항의 경우에 지료(地料)에 관하여는 당사자의 약정에 따른다.

입목에 관한 법률 제6조는 입목 소유자에게 법정지상권을 인정하고 있는바, 수목은 '입목에 관한 법률에 따라 등기된 입목'과 '명인방법을 갖춘 수목'이 아닌 한 토지에의 부합물로 평가된다. 대법원 98마1817 결정에 의하면 "경매의 대상이 된 토지 위에 생립하고 있는 채무자 소유의 미등기 수목은 토지의 구성 부분으로서 토지의 일부로 간주되어 특별한 사정이 없는 한 토지와 함께 경매되는 것이므로 그 수목의 가액을 포함하여 경매대상 토지를 평가하여 이를 최저경매가격으로 공고하여야 하고, 다만 입목에 관한 법률에 따라 등기된 입목이나 명인방법을 갖춘 수목의 경우에는 독립하여 거래의 객체가 되므로 토지 평가에 포함되지 아니한다."는 취지이다.

따라서 입목에 관한 법률에 따라 법정지상권이 성립하지 않는 수목의 경우에는 대체로 토지에 부합되어 토지의 낙찰자가 수목까지 소유권을 취득한다(입목에 관한 법률에 따라 입목에 법정지상권이 성립하면 토지 낙찰자는 이를 인수할 것).

> 민법 제256조(부동산에의 부합) 부동산의 소유자는 그 부동산에 부합한 물건의 소유권을 취득한다. 그러나 타인의 권원에 의하여 부속된 것은 그러하지 아니하다.

즉 타인의 토지상에 권원 없이 식재한 수목의 소유권이 토지소유자에게 귀속하고(낙찰자가 수목의 소유권까지 취득), 권원에 의하여 식재된 경우에는 그 소유권이 식재한 자에게 있다. 대법원 89다카21095 결정에 의하면 "토지의 사용대차권에 기하여 그 토지상에 식재된 수목을 이를 식재한 자에게 그 소유권이 있고 그 토지에 부합되지 않는다 할 것이므로 비록 그 수목이 식재된 후에 경매에 의하여 그 토지를 경락받았다고 하더라도 경락인은 그 경매에 의하여 그 수목까지 경락취득하는 것은 아니라고 할 것이다."는 취지이고, 대법원 97도3425 판결에 의하면 "타인의 토지상에 권원 없이 식재한 수목의 소유권은 토지소유자에게 귀속하고 권원에 의하여 식재한 경우에는 그 소유권이 식재한 자에게 있으므로, 권원 없이 식재한 감나무에서 감을 수확한 것은 절도죄에 해당한다."는 취지이다.

결국 타인이 임차권 등의 권원(지상권, 전세권, 임대차, 사용대차 등)에 의하여

심은 수목은 토지에 부합하지 않으므로 경매대상에서 제외된다는 사실을 기억하자.

그렇다면, 권원이 있는 수목의 소유자가 토지낙찰자에 대항할 수 있는지 문제될 것인데, 수목의 권원이 선순위 지상권처럼 토지낙찰자가 인수하는 권리라면 모르되, 채권에 불과한 임차권처럼 토지낙찰자에게 대항할 수 없는 권리라면 토지를 낙찰받은 토지소유자는 수목소유자를 향해 수목의 수거 및 토지인도, 지료상당 부당이득반환청구 등을 할 수 있을 것이다. 주의할 점은 권원이 있는 수목의 경우 토지낙찰자가 수목의 소유권을 취득할 수 없음에도 불구하고, 토지를 낙찰 받은 자가 수목을 임의로 제거하면 민사적으로는 수목의 소유자에게 손해배상 책임을 지거나, 형사적으로는 손괴죄 등으로 고소될 가능성이 있다는 것이다.

11. 부동산인도명령

가. 개관

매수인이 매각대금을 다 낸 때에는 채무자 등에 대하여 직접 자기에게 매각부동산을 인도할 것을 구할 수 있으나, 채무자 등이 인도하지 아니하는 때에는 집행법원에 대하여 집행관으로 하여금 매각부동산을 강제로 매수인에게 인도하게 하는 내용의 인도명령을 신청하여 그 명령에 따라 부동산을 인도받을 수 있나(민사집행법 제136조 제1항). 인도명령은 항고로만 불복을 신청할 수는 있는 재판(민사집행법 제56조 제1호)으로서 집행권원이 된다. 일반적으로 무단 점유자에 대한 소유자의 인도소송(명도소송)을 생각하게 되는데, 민사집행법에 '부동산인도명령' 제도가 존재함으로 인하여 경매에 있어서는 특별하게 낙찰자(매수인)의 부동산 점유확보가 수월하게 된 측면이 있다고 이해하면 될 것이다.

> 민사집행법 제136조(부동산의 인도명령 등) ① 법원은 매수인이 대금을 낸 뒤 6월 이내에 신청하면 채무자·소유자 또는 부동산 점유자에 대하여 부동산을 매수인에게 인도하도록 명할 수 있다. 다만, 점유자가 매수인에게 대항

할 수 있는 권원에 의하여 점유하고 있는 것으로 인정되는 경우에는 그러하지 아니하다.
② 법원은 매수인 또는 채권자가 신청하면 매각허가가 결정된 뒤 인도할 때까지 관리인에게 부동산을 관리하게 할 것을 명할 수 있다.
③ 제2항의 경우 부동산의 관리를 위하여 필요하면 법원은 매수인 또는 채권자의 신청에 따라 담보를 제공하게 하거나 제공하게 하지 아니하고 제1항의 규정에 준하는 명령을 할 수 있다.
④ 법원이 채무자 및 소유자 외의 점유자에 대하여 제1항 또는 제3항의 규정에 따른 인도명령을 하려면 그 점유자를 심문하여야 한다. 다만, 그 점유자가 매수인에게 대항할 수 있는 권원에 의하여 점유하고 있지 아니함이 명백한 때 또는 이미 그 점유자를 심문한 때에는 그러하지 아니하다.
⑤ 제1항 내지 제3항의 신청에 관한 결정에 대하여는 즉시항고를 할 수 있다.
⑥ 채무자·소유자 또는 점유자가 제1항과 제3항의 인도명령에 따르지 아니할 때에는 매수인 또는 채권자는 집행관에게 그 집행을 위임할 수 있다.

민사집행법 제56조(그 밖의 집행권원) 강제집행은 다음 가운데 어느 하나에 기초하여서도 실시할 수 있다.
1. 항고로만 불복할 수 있는 재판

나. 인도명령의 당사자

(1) 신청인

매각대금을 모두 낸 매수인과 그 상속인 등 일반승계인에 한하고 매수인의 특별승계인은 신청인 적격이 없다. 대법원 66마713 결정에 의하면 "본조에 규정된 경매부동산의 인도청구는 경락인에게 허용된 경매절차상의 권리에 속하는 것이므로 제3자가 경락인으로부터 경락부동산의 소유권을 취득하였다 하더라도 그 제3자가 승계를 이유로 위 법조에 규정된 인도청구를 할 수 없다."는 취지이다. 대법원 70마539 결정에 의하면 "경락대금을 완납한 경락인이 인도명령을 받을 수 있음은 경락인에게 부여된 집행법상의 권리로서 경락인이 목적 부동산을 제3자에게 양도하였다고 하여 당연히 그 집행법상의 권리가 소멸되는 것으로 볼 수 없다고 해석함이 상당할 것이므로 원결정에 소론 위법이 있음을 인정할 수 없다."는 취지이고, 서울고등법원 74나962 제8민사부 판결에 의하면 "부동산에 관한 소유권이 제3자에게 넘어간 뒤에 비로소 인도명령에 의한 집행을 하였다 하더라도 그 인도명령이 그 후 다른 채무명의 등에 의하여 다르게 변경되거나 실효되도록 공권적으로 확정되지 않은 이상 그 소유권이 제3자에게 이전되었다는 사유만으로는 실효되지 않는다."는 취지이다.

(2) 상대방

① 채무자(원칙적으로 직접점유·간접점유 불문), ② 채무자의 상속인 등의 일반승계인, ③ 소유자, ④ 부동산의 점유자(직접점유자 한정)이다(민사집행법 제136조 제1항 본문). 다만 점유자가 매수인에게 대항할 수 있는 권원에 의하여 점유하고 있는 경우는 제외된다(민사집행법 제136조 제1항 단서).

대법원 96다30786 판결에 의하면 "부동산의 인도명령의 상대방이 채무자인 경우에 그 인도명령의 집행력은 당해 채무자는 물론 채무자와 한 세대를 구성하며 독립된 생계를 영위하지 아니하는 가족과 같이 그 채무자와 동일시되는 자에게도 미친다."는 취지이고, 대법원 98마3897 판결에 의하면 "부동산인도명령이 경락인(낙찰자)에게 실체상의 권리 이상의 권리를 부여하는 것일 수는 없다는 점에서 채무자나 소유자라도 실체상의 점유권원을 가지는 경우에는 민사소송법 제647조 제1항 단서를 유추적용하여 경락인(낙찰자)의 인도명령신청을 거절할 수 있다고 할 것인바, 매도인은 그 매매의 효과로서 매수인에 대하여 그 매도부분에 관한 점유이전의무를 지므로 경락인이 대금납부 후 소유자, 채무자 기타 인도명령의 상대방이 될 수 있는 점유자에게 매매 등 소유권을 양도하는 행위를 한 경우에는 인도명령을 신청할 수 없다고 해석하여야 하고, 그럼에도 불구하고 부동산인도명령을 발하기 위해서는 그 매매계약이 해제되었다는 등 그 점유권원이 소멸된 사실이 인정되어야 할 것이며, 그 점유권원이 소멸되었다는 사실은 인도명령의 신청인이 입증하여야 한다."는 취지이다. 대법원 99마4307 판결은 '채무자가 동생 소유의 아파트에 관하여 근저당권을 설정하고 대출을 받으면서 채권자에게 자신은 임차인이 아니고 위 아파트에 관하여 일체의 권리를 주장하지 않겠다는 내용의 확인서를 작성하여 준 경우, 그 후 대항력을 갖춘 임차인임을 내세워 이를 낙찰받은 채권자의 인도명령을 다투는 것은 금반언 및 신의칙에 위배되어 허용되지 않는다고 본 사례'이다.

다. 인도명령의 신청

인도명령의 신청은 서면 또는 말로 할 수 있으며(민사소송법 제161조), 대금을 다 낸 뒤 6개월 이내에 신청을 해야 하며(민사집행법 제136조 제1항), 집행법원의 전속관할에 속한다.

대법원 97다11195 판결에 의하면 "주택임대차보호법 제3조, 제3조의2, 제4조의 규정에서 임차인에게 대항력과 우선변제권의 두 가지 권리를 인정하고 있는 취지가 보증금을 반환받을 수 있도록 보장하기 위한 데에 있는 점, 경매절차의 안정성, 경매 이해관계인들의 예측가능성 등을 아울러 고려하여 볼 때, 두 가지 권리를 겸유하고 있는 임차인이 우선변제권을 선택하여 임차주택에 대하여 진행되고 있는 경매절차에서 보증금에 대하여 배당요구를 하였다고 하더라도, 순위에 따른 배당이 실시될 경우 보증금 전액을 배당받을 수 없는 때에는 보증금 중 경매절차에서 배당받을 수 있는 금액을 공제한 잔액에 관하여 경락인에게 대항하여 이를 반환받을 때까지 임대차관계의 존속을 주장할 수 있고, 보증금 전액을 배당받을 수 있는 때에는 경락인에게 대항하여 보증금을 반환받을 때까지 임대차관계의 존속을 주장할 수는 없다고 하더라도 다른 특별한 사정이 없는 한 임차인이 경매절차에서 보증금 상당의 배당금을 지급받을 수 있는 때, 즉 임차인에 대한 배당표가 확정될 때까지는 경락인에 대하여 임차주택의 명도를 거절할 수 있는바, 경락인의 임차주택의 명도청구에 대하여 임차인이 동시이행의 항변을 한 경우 동시이행의 항변 속에는 임차인에 대한 배당표가 확정될 때까지 경락인의 명도청구에 응할 수 없다는 주장이 포함되어 있는 것으로 볼 수 있다."는 취지이다.

라. 인도명령의 재판과 집행

대법원 2012마388 결정에 의하면 신청인은 상대방의 점유 사실만 소명하면 족하고, 그 점유가 신청인에게 대항할 수 있는 권원에 의한 것임은 이를 주장하는 상대방이 소명하여야 한다는 취지이다(법원실무제요 민사집행(Ⅱ), 법원행정처 2014(440쪽)).

신청이 요건을 갖추어 정당하면 "피신청인은 신청인에게 별지 목록 기재 부동산을 인도하라."는 취지의 재판을 한다. 채무자나 소유자가 아닌 점유자는 심문하여야 한다(민사집행법 제136조 제4항 본문). 다만 그 점유자가 매수인에게 대항할 수 있는 권원에 의하여 점유하고 있지 아니함이 명백한 때 또는 이미 그 점유자를 심문한 때에는 심문하지 아니할 수 있다(같은 항 단서).

인도명령이 내려졌음에도 불구하고 상대방이 임의로 인도하지 않으면 신청인은 집행관에게 위임하여 민사집행법 제258조 제1항에 따라 인도집행을 하게 된다(민사집행법 제136조 제6항).

> 민사집행법 제258조(부동산 등의 인도청구의 집행) ① 채무자가 부동산이나 선박을 인도하여야 할 때에는 집행관은 채무자로부터 점유를 빼앗아 채권자에게 인도하여야 한다.

인도명령의 집행에는 집행문이 필요하다.

마. 불복방법

인도명령의 신청에 관한 결정에 대하여는 즉시항고할 수 있다(민사집행법 제136조 제5항). 즉시항고가 제기되더라도 집행정지의 효력은 없다(민사집행법 제15조 제6항 본문). 따라서 민사집행법 제15조 제6항 단서에 다른 집행정지명령을 받아 이를 집행관에게 제출하여 그 집행을 정지할 수 있다. 다만, 대법원 2017그42 결정에 의하면, "부동산경매절차에서 발령된 부동산인도명령의 집행을 저지하기 위한 강제집행정지의 재판은 민사집행법 제15조 제6항 외에는 달리 근거가 없다. 한편 위 민사집행법 제15조 제6항에 따른 강제집행정지의 재판은 법원이 직권으로 하는 것이고 당사자에게 신청권이 있는 것이 아니므로, 당사자의 강제집행정지신청은 단지 법원의 직권발동을 촉구하는 의미밖에 없다. 따라서 법원은 이 신청에 대하여는 재판을 할 필요가 없고, 설령 법원이 이 신청을 거부하는 재판을 하였다고 하여도 불복이 허용될 수 없으므로 그에 대한 불복은 부적법하다"는 취지이다. 인도명령에 기한 집행이 이미 마쳐진 경우라면 항고의 이익이 없게 된다. 대법원 2007마1613 결정(경락부동산인도명령)에 의하면 "집행방법에 관한 이의신청사건이나 그 기각결정에 대한 즉시항고사건이 계속 중에 있을 때 강제집행이 종료된 경우에도 그 불허가를 구하는 이의신청이나 즉시항고는 이의나 불복의 대상을 잃게 되므로 이의나 항고의 이익이 없어 부적법하게 되는바(대법원 87마1095 결정), 위와 같은 법리는 부동산인도명령에 대한 즉시항고의 경우에도 마찬가지로 적용된다고 할 것이다(대법원 2005마950 결정 참조)."는 취지이다.

바. 인도명령신청과 점유이전금지가처분신청

점유이전금지가처분은 그 집행을 통해 상대방을 항정(당사자 항정)하여 그 경락받은 부동산을 인도받기 위해 필요하다. 대법원 98다59118 판결에 의하면 "점유이전금지가처분은 그 목적물의 점유이전을 금지하는 것으로서, 그럼에도 불구하고 점유가 이전되었을 때에는 가처분채무자는 가처분채권자에 대한 관계에 있어서 여전히 그 점유자의 지위에 있다는 의미로서의 당사자항정의 효력이 인정될 뿐이므로, 가처분 이후에 매매나 임대차 등에 기하여 가처분채무자로부터 점유를 이전받은 제3자에 대하여 가처분채권자가 가처분 자체의 효력으로 직접 퇴거를 강제할 수는 없고, 가처분채권자로서는 본안판결의 집행단계에서 승계집행문을 부여받아서 그 제3자의 점유를 배제할 수 있을 뿐이다."는 취지이다.

인도소송(명도소송)을 제기하는 경우에 실무적으로는 인도소송과 점유이전금지가처분신청을 함께 진행하는 것이 일반적이다. 다만, 인도명령신청에 있어서는 인도명령결정 이후에는 보전의 필요성이 없다고 점유이전금지가처분 신청을 기각하는 사례가 적지 않으므로, 인도명령을 신청하기 전에 점유이전금지가처분을 신청하는 것도 하나의 방법이 될 수 있다. 즉 인도명령신청에 대한 인도명령 인용결정이 내려진 경우에는 인도명령을 집행권원으로 하여 바로 부동산에 대한 인도집행을 할 수 있고, 점유자가 바뀐 경우에도 승계집행문을 부여받아 인도집행을 할 수 있다면서 점유이전금지가처분신청이 보전의 필요성이 없어 기각한다는 것이다 (인도명령이 발하여진 뒤에 점유가 다른 사람에게 승계된 경우).

> 민사소송법 제218조(기판력의 주관적 범위) ① 확정판결은 당사자, 변론을 종결한 뒤의 승계인(변론 없이 한 판결의 경우에는 판결을 선고한 뒤의 승계인) 또는 그를 위하여 청구의 목적물을 소지한 사람에 대하여 효력이 미친다.
> 민사집행법 제25조(집행력의 주관적 범위) ① 판결이 그 판결에 표시된 당사자 외의 사람에게 효력이 미치는 때에는 그 사람에 대하여 집행하거나 그 사람을 위하여 집행할 수 있다. 다만, 민사소송법 제71조의 규정에 따른 참가인에 대하여는 그러하지 아니하다.
> ② 제1항의 집행을 위한 집행문(執行文)을 내어 주는데 대하여는 제31조 내지 제33조의 규정을 준용한다.
> 민사집행법 제31조(승계집행문) ① 집행문은 판결에 표시된 채권자의 승계인을 위하여 내어 주거나 판결에 표시된 채무자의 승계인에 대한 집행을 위하여 내어 줄 수 있다. 다만, 그 승계가 법원에 명백한 사실이거나, 증명서로 승계를 증명한 때에 한한다.
> ② 제1항의 승계가 법원에 명백한 사실인 때에는 이를 집행문에 적어야 한다.

점유이전금지가처분결정에 따른 집행만으로도 인도를 받을 여지가 있을 수 있다는 측면, 그리고 인도명령 발령 전에 점유자가 변경될 수도 있다는 측면 등을 고려하면 점유이전금지가처분결정에 따른 집행 후 인도명령을 신청하는 것도 고려대상이 될 수 있어 보인다. 참고로 인도명령은 특별한 사정이 없는 한 신청일로부터 3일 안에 하여야 한다(부동산경매사건의 진행기간 등에 관한 예규(재민 91−5)).

사. 인도명령신청과 인도소송의 관계

대법원 80다2821 판결에 의하면 "경매법에 의한 부동산 인도명령에 대하여 신청된 방법의 이의는 경매절차상의 형식적 하자를 사유로 하여야 할 것이고, 이에 대한 재판은 그 이의가 비록 실체법상의 이유에 기한 경우라도 단지 경매법에 의하여 당해 부동산의 인도명령을 청구할 수 있는가의 여부를 판단함에 그치고 실체법상의 법률관계를 확정하는 것은 아니므로 이의의 이유가 된 소유권에 기한 인도청구권의 존부는 이의재판에 의하여 확정되지 않는다 할 것이다."는 취지이다. 따라서 선행 인도명령신청에 대한 재판결과에 상관없이 인도소송을 제기할 수 있다. 인도명령신청에 따른 인도명령은 기판력이 없는 집행권원만을 부여하는 것이다(대법원 80다2821 판결 취지). 중복제소 여부와 관련해서는 부동산인도명령신청은 판결절차가 아니라 민사집행법상 강제집행절차에 해당하는 것으로 부동산인도명령신청이 제기되었다고 하여 중복제소에 해당하지는 않는다.

민사소송법 제259조(중복된 소제기의 금지) 법원에 계속되어 있는 사건에 대하여 당사자는 다시 소를 제기하지 못한다.

부동산에 관하여 인도청구를 인용한 판결이 확정된 이상 그 부동산에 관하여는 인도명령을 신청할 이익이 없다. 인도명령신청이 피신청인의 유치권 항변으로 기각되어 항고하는 동안 신청인이 별도의 건물인도청구소송을 제기한 경우에 본안소송으로 당사자 사이의 권리관계를 확정시키는 것이 타당하므로 신청인의 항고는 항고이익이 없다.

12. 제12강 체크포인트

무잉여란 경매신청채권자에게 돌아갈 배당금이 없다면 경매가 진행되지 않는다는 것인데, 이중경매신청이 있었다면 경매개시결정을 받은 자들 중에서 가장 빠른 사람의 권리를 기준으로 무잉여 여부를 판단한다.

공유지분매각이란 공유지분을 목적으로 경매를 진행하는 것으로 다른 공유자의 우선매수권이 인정된다. 공유자는 매각기일 종결선언 전까지 우선매수를 할 수 있다. 공유물분할소송에 따른 경매분할이 진행되는 경우는 공유지분이 아니라 공유물전체가 매각되므로 공유지분매각을 전제한 공유자의 우선매수권이 인정되지 않는다.

집합건물의 대지권 성립 전부터 토지등기사항증명서(토지등기부)에 은행의 근저당권이 설정되었고, 그 은행 채무을 변제하지 않은 경우에 집합건물등기사항증명서에 토지별도 등기가 표시된다. 이때 은행이 토지에 대한 근저당권을 실행하면 집합건물법상 분리처분금지조항이 적용되기 어렵다. 토지에 근저당권이 설정된 토지별도등기가 있는 어느 하나의 집합건물이 매각되는 경우에 특별매각조건으로 인수한다는 조건이 없다면 **토지공유지분에 대한 범위 내**에서 매각부동산 위의 저당권이 소멸한다. 저당권이 설정된 1필의 토지가 전체 집합건물에 대한 대지권의 목적인 토지가 되었을 때에 종전 저당목적물에 대한 담보적 효력은 그대로 유지되므로 저당권은 개개의 전유부분에 대한 각 대지권 위에 분화되어 존속하고 **각 대지권은 저당권의 공동담보**가 된다. 따라서 어느 하나의 집합건물이 경매되어 경매대가를 먼저 배당하는 경우에 저당권자는 매각대금 중에서 대지권에 해당하는 경매대가에서 우선변제를 받을 수 있는데, 공동저당의 이시배당 규정에 따라 저당권의 피담보채권 전부를 우선변제받을 수 있다.

집합건물 즉 구분소유가 성립되기 위한 요건은 객관적·물리적 요건으로 1동의 건물이 존재하고 구분된 건물부분이 구조상·이용상 독립성이 있을 것, 주관적 요건으로 1동의 건물 중 물리적으로 구획된 건물부분을 각각 구분소유권의 객체로 하는 구분행위가 있을 것이라 할 것인데, '구분행위'는 건축물대장이나 등기사항증명서가 아직 만들어지지 않았고 구분건물이 물리적으로 완성되기 전이라도 건축허가신청이나 분양계약 등을 통해 인정될 수 있다.

집합건물법 제20조에 따라 구분소유자의 대지사용권은 그가 가지는 전유부분의 처분에 따르게 된다. 즉 집합건물 건축자가 그 대지를 매수하고도 아직 소유권이전등기를 경료받지 못한 경우에 매매계약의 일환으로 대지를 인도받아 그 지상에 집합건물을 건축하였다면 매매계약의 효력으로 이를 점유하고 사용할 권리가 생긴 것이고, 분양대금을 모두 지급하고 전유부분에 대한 소유권이전등기만을 경료받고 아직 대지지분의 소유권이전등기를 받지 못한 경우라도 매매계약의 효력으로 전유부분 소유를 위해 대지를 점유하고 사용할 권리가 있는바, 이는 본권으로서 집합건물법상의 대지사용권에 해당한다. 수분양자가 분양대금을 완납하지 못한 경우에도 마찬가지인데, 전유부분을 경락받은 경우에 경락인은 대지사용권 취득의 효과로서 분양자와 수분양자를 상대로 분양자로부터 수분양자를 거쳐 순차로 대지지분에 관한 소유권이전등기절차를 마쳐줄 것을 구하거나 분양자를 상대로 대지권변경등기절차를 마쳐줄 것을 구할 수 있고 분양자는 수분양자의 분양대금 미지급을 이유로 동시이행항변을 할 수 있을 뿐이다. 집합건물법상 분리처분금지는 그 취지를 등기하지 아니하면 선의로 물권을 취득한 제3자에게 대항하지 못하는데, 위 선의의 제3자는 원칙적으로 집합건물의 대지로 되어 있는 사정을 모른 채 대지사용권의 목적이 되는 토지를 취득한 제3자를 의미한다. 집합건물법상 분리처분금지 규정에 반하는 토지만에 대한 압류 및 가압류는 무효다.

집합건물의 구분소유자들 상호 간에는 대지 공유지분 비율의 차이를 이유로 부당이득반환청구를 허용하지 않지만, 건물의 구분소유자가 아닌 자가 경매절차 등에서 그 대지의 공유지분만을 취득하여 대지를 전혀 사용·수익하지 못하고 있는 경우라면 대지 공유지분권에 기하여 구분소유자 등에게 부당이득반환청구를 할 수 있다.

낙찰받은 토지의 전소유자가 그 토지의 독점적·배타적 사용 수익권을 포기한 것으로 해석되면 낙찰자(매수인)도 권리가 제한된 그 토지의 소유권을 그대로 인수하되 차후 사정변경에 의하여 '공익'대 '사익'의 문제가 '사익' 대 '사익'으로 변경되면 토지소유권 제한이 풀릴 수 있다. 토지소유자의 독점적이고 배타적인 사용 수익권이 제한되면 그 토지소유자는 토지사용자에게 지료조차 청구할 수 없다.

지방세법상 비과세 요건 등에 따라 세금이 부과되지 않았던 토지(특히 '도로')를 경매로 매수하여 국가 등을 상대로 부당이득반환청구를 하여 승소한 경우에 세금이 부과될 가능성이 있다.

건물을 낙찰받으려는 경우에 위법건축물인지 여부를 확인할 필요가 있다. 위법건축물의 경우에는 관할관청에서 소유자 등에게 철거명령 등을 내린 후에 그 명령에 따르지 않을 경우 그 명령에 응할 때까지 주기적으로 이행강제금을 부과하는 경우가 있다.

자신의 돈을 투자하여 타인명의로 부동산을 경매로 매수하면 그 타인이 경매부동산의 소유자가 되고 돈을 투자한 사람은 신탁자, 명의자는 수탁자가 되어 명의신탁관계가 성립한다. 신탁자인 투자자는 투자원금 등만을 수탁자에게 부당이득으로 반환청구를 할 수 있을 뿐이고, 신탁자와 수탁자 사이에 신탁부동산의 소유명의를 신탁자에게 이전하기로 약정하거나 신탁부동산 처분대금을 수탁자가 신탁자에게 반환하기로 하는 약정은 모두 무효다.

상가를 경매로 매수할 때에 전소유자 등이 체납한 관리비 중에서 낙찰자(매수인)가 공용부분 3년간의 원금을 부담하게 되는데, 관리주체가 전소유자 등에게 시효중단 행위를 하였다면 그 시효중단의 효력이 낙찰자에게도 미치게 되어 관리비부담이 늘어나게 된다.

토지 위의 수목은 토지의 구성부분이므로 특별한 사정이 없는 한 토지소유자의 소유에 속한다. 다만 '입목에 관한 법률'에 따라 수목의 집단에 대하여 입목등기를 하였거나 명인방법을 갖춘 경우에는 그 토지와 독립하여 소유권취득의 객체가 될 수 있다. '입목에 관한 법률'에 따라 법정지상권이 성립하지 않는 수목의 경우는 대체로 토지에 부합되어 토지의 낙찰자가 수목까지 취득한다. 다만 수목이 타인의 권원(토지의 사용대차권 등)에 의하여 식재되었다면 수목까지 취득하지는 못한다. 다만, 이러한 경우에는 토지낙찰자는 수목소유자를 상대로 수목의 수거 및 토지의 인도, 지료상당 부당이득반환청구 등을 할 수 있다.

부동산을 무단점유한 경우, 부동산소유자는 무단점유자 등을 상대로 인도소송(명도소송)을 고려하게 되는데, 경매에 있어서는 민사집행법상 '부동산인도명령' 제도가 존재한다. 이로 인하여 낙찰자는 부동산에 대한 수월한 점유확보가 가능하다. 인도명령신청은 대금을 다 낸 뒤 6개월 이내에만 신청할 수 있고 위 기간이 지나면 인도소송을 해야 한다. 인도명령신청에 있어 인도명령결정 이후에는 보전의 필요성을 부정하여 점유이전금지가처분 신청을 기각하는 사례가 적지 않으므로, 인도명령신청에 앞서 점유이전금지가처분을 신청하는 것도 하나의 방법이 될 수 있다. 선행 인도명령신청에 대한 재판결과에 상관없이 인도소송을 제기할 수 있다.

제13강

배당요구 · 배당순위 · 배당사례

제13강

배당요구 · 배당순위 · 배당사례

1. 배당의 의미와 배당분석의 필요성

배당이란 매각대금을 집행비용 등을 공제한 후에 채권자들에게 각각의 순위에 따라 나누어 주는 것을 의미한다. 낙찰자(매수인)가 대금을 납부하였는데, 채권자의 경합이 없거나, 변제받을 채권자가 1인에 불과하거나, 매각대금이 채권자들의 요구액 보다 많다면 집행법원은 채권자들에게 채권액을 교부(변제)하면 되기 때문에 배당절차가 필요 없을 것이다. 그러나, 매각대금이 채권액 변제에 부족한 경우에는 집행법원이 민법과 상법 그 밖의 법률 등에 의한 우선순위에 따라 매각대금을 배당하게 된다. 다만 민사집행법 제145조 제1항은 "매각대금이 지급되면 법원은 배당절차를 밟아야 한다."고 규정하고 있다.

낙찰자(매수인) 입장에서는 그가 인수할 금액을 파악하기 위해서라도 배당분석의 필요성이 있다. 잉여주의에 의하여 경매신청채권자에게 배당할 돈이 없으면 경매가 취소되는바(민사집행법 제102조), 잉여주의에 따른 경매취소 여부를 파악하기 위해서라도 배당분석이 필요하다.

> 제102조(남을 가망이 없을 경우의 경매취소) ① 법원은 최저매각가격으로 압류채권자의 채권에 우선하는 부동산의 모든 부담과 절차비용을 변제하면 남을 것이 없겠다고 인정한 때에는 압류채권자에게 이를 통지하여야 한다.
> ② 압류채권자가 제1항의 통지를 받은 날부터 1주 이내에 제1항의 부담과 비용을 변제하고 남을 만한 가격을 정하여 그 가격에 맞는 매수신고가 없을 때에는 자기가 그 가격으로 매수하겠다고 신청하면서 충분한 보증을 제공하지 아니하면, 법원은 경매절차를 취소하여야 한다.
> ③ 제2항의 취소 결정에 대하여는 즉시항고를 할 수 있다.

2. 배당받을 채권자의 범위와 배당요구

배당요구란 다른 채권자에 의하여 개시된 집행절차에 참가하여 그 매각대금에서 변제를 받으려는 집행법상의 행위이다. 채권자는 권리신고를 통하여 경매절차상의 이해관계인이 되지만 배당요구는 별도로 해야 한다.

> 민사집행법 제90조(경매절차의 이해관계인) 경매절차의 이해관계인은 다음 각호의 사람으로한다.
> 1. 압류채권자와 집행력 있는 정본에 의하여 배당을 요구한 채권자
> 2. 채무자 및 소유자
> 3. 등기부에 기입된 부동산 위의 권리자
> 4. 부동산 위의 권리자로서 그 권리를 증명한 사람

다만 대법원 98다53547 판결에 의하면 "배당요구는 채권의 원인과 수액을 기재한 서면에 의하여 집행법원에 배당을 요구하는 취지가 표시되면 되므로, 채권자가 경매목적 부동산에 관하여 가압류결정을 받은 다음 채권의 수액을 기재한 서면에 그 가압류결정을 첨부하여 경매법원에 제출하였다면 채권의 원인과 수액을 기재하여 배당을 요구하는 취지가 표시된 것으로 보아야 하고, 그 서면의 제목이 권리신고라고 되어 있다 하여 달리 볼 것이 아니다."는 취지이다.

배당요구를 하지 않아도 당연히 배당이 되는 채권자는 ① 배당요구 종기까지 경매신청을 한 압류채권자(민사집행법 제148조 제1호), ② 첫 경매개시결정 등기 전에 등기된 가압류채권자(민사집행법 제148조 제3호), ③ 저당권·전세권, 그 밖의 우선변제청구권으로서 첫 경매개시결정등기 전에 등기되었고 매각으로 소멸하는 것을 가진 채권자(민사집행법 제148조 제4호), ④ 첫 경매개시결정의 기입등기 전에 체납처분절차에 의한 압류권자 등이다. ④와 관련해서는 경매개시결정등기 전에 체납처분에 의한 압류등기가 된 경우에 교부청구한 효력이 있고 교부청구는 배당요구와 같은 성질이 있기 때문이다(대법원 99다22311 판결 참조).

대법원 2005다33039 판결에 의하면 "임차권등기명령에 의하여 임차권등기를 한 임차인은 우선변제권을 가지며, 위 임차권등기는 임차인으로 하여금 기왕의 대항력이나 우선변제권을 유지하도록 해 주는 담보적 기능을 주목적으로 하고 있으므로, 위 임차권등기가 첫 경매개시결정등기 전에 등기된 경우, 배당받을 채권자의 범위에 관하여 규정하고 있는 민사집행법 제148조 제4호의 "저당권·전세권, 그 밖의 우선변제청구권으로서 첫 경매개시결정 등기 전에 등기되었고 매각으로 소멸하는 것을 가진 채권자"에 준하여, 그 임차인은 별도로 배당요구를 하지 않아도 당연히 배당받을 채권자에 속하는 것으로 보아야 한다."는 취지이다.

최선순위 용익권(배당요구를 한 최선순위 전세권은 제외)은 인수의 대상(민사집행법 제91조 제4항)이므로 배당요구에 불문하고 배당에 참가할 수 없다. 가등기담보권자는 담보권자이지만 등기의 기재만으로는 순수한 순위 보전의 가등기인지 담보가등기인지를 알 수 없으므로 채권신고를 하여야 배당을 받을 수 있고(가등기담보 등에 관한 법률 제16조), 최선순위 전세권을 배당요구에 의하여 소멸하므로(민사집행법 제91조 제4항 단서), 배당요구를 해야 배당에 참가할 수 있다.

대법원 2007다25278 판결에 의하면 "가등기담보 등에 관한 법률 제16조는 소유권의 이전에 관한 가등기가 되어 있는 부동산에 대한 경매 등의 개시결정이 있는 경우 법원은 가등기권리자에 대하여 그 가등기가 담보가등기인 때에는 그 내용 및 채권의 존부·원인 및 수액을, 담보가등기가 아닌 경우에는 그 내용을 법원에 신고할 것을 상당한 기간을 정하여 최고하여야 하고(제1항), 압류등기 전에 경료된 담보가등기권리가 매각에 의하여 소멸하는 때에는 제1항의 채권신고를 한 경우에 한하여 그 채권자는 매각대금의 배당 또는 변제금의 교부를 받을 수 있다고 규정하고 있으므로(제2항), 위 제2항에 해당하는 담보가등기권리자가 집행법원이 정한 기간 안에 채권신고를 하지 아니하면 매각대금의 배당을 받을 권리를 상실한다."는 취지이다.

대법원 2021. 2. 25. 선고 2016다232597 판결(배당이의)에 의하면 "채무자를 위하여 변제한 자는 변제와 동시에 채권자의 승낙을 얻어 채권자를 대위할 수 있다(민법 제480조 제1항). 제3자가 채무자를 위하여 채무를 변제함으로써 채무자에 대하여 구상권을 취득하는 경우, 그 구상권의 범위 내에서 종래 채권자가 가지고 있던 채권과 그 담보에 관한 권리는 동일성을 유지한 채 법률상 당연히 변제자에게 이전한다. 이때 대위할 범위에 관하여 종래 채권자가 배당요구 없이도 당연히 배당받을 수 있었던 경우에는 대위변제자는 따로 배당요구를 하지 않아도 배당을 받을 수 있다."는 취지이다.

> 민사집행법 제148조(배당받을 채권자의 범위) 제147조 제1항에 규정한 금액을 배당받을 채권자는 다음 각 호에 규정된 사람으로 한다.
> 1. 배당요구의 종기까지 경매신청을 한 압류채권자
> 2. 배당요구의 종기까지 배당요구를 한 채권자
> 3. 첫 경매개시결정등기 전에 등기된 가압류채권자
> 4. 저당권·전세권, 그 밖의 우선변제청구권으로서 첫 경매개시결정등기 전에 등기되었고 매각으로 소멸하는 것을 가진 채권자

배당요구를 하여야 배당에 참여할 수 있는 채권자는 ① 집행력이 있는 정본을 가진 채권자, ② 첫 경매개시결정이 등기된 뒤에 가압류를 한 채권자, ③ 주임법 및 상임법상의 우선변제권이 인정되는 임차보증금반환채권자, ④ 임금채권자, ⑤ 경매개시결정을 한 뒤에 저당권과 같은 제한물건 또는 등기된 임차권을 취득한 채권자, ⑥ 경매개시결정등기 전에 체납처분에 의한 압류등기를 하지 못한 조

세 기타 공과금채권자(교부청구 필요), ⑦ 가등기담보권자, ⑧ 최선순위 전세권자 등이다. 배당요구는 첫 매각기일 이전으로 집행법원이 정한 배당요구의 종기까지 할 수 있다. 배당요구가 필요한 채권자들은 대체로 경매법원에서 알기 어려운 채권자들이다.

> 민사집행법 제88조(배당요구) ① 집행력 있는 정본을 가진 채권자, 경매개시결정이 등기된 뒤에 가압류를 한 채권자, 민법·상법, 그 밖의 법률에 의하여 우선변제청구권이 있는 채권자는 배당요구를 할 수 있다.
> ② 배당요구에 따라 매수인이 인수하여야 할 부담이 바뀌는 경우 배당요구를 한 채권자는 배당요구의 종기가 지난 뒤에 이를 철회하지 못한다.

대법원 2013다27831 판결에 의하면 "주택임대차보호법상의 대항력과 우선변제권을 모두 가지고 있는 임차인이 보증금을 반환받기 위하여 보증금반환청구 소송의 확정판결 등 집행권원을 얻어 임차주택에 대하여 스스로 강제경매를 신청하였다면 특별한 사정이 없는 한 대항력과 우선변제권 중 우선변제권을 선택하여 행사한 것으로 보아야 하고, 이 경우 우선변제권을 인정받기 위하여 배당요구의 종기까지 별도로 배당요구를 하여야 하는 것은 아니다."는 취지이다.

대법원 2002다52312 판결에 의하면 "근로기준법에 의하여 우선변제청구권을 갖는 임금채권자라고 하더라도 임의경매절차에서 배당요구의 종기까지 배당요구를 하여야만 우선배당을 받을 수 있는 것이 원칙이나, 경매절차개시 전의 부동산 가압류권자는 배당요구를 하지 않았더라도 당연히 배당요구를 한 것과 동일하게 취급하여 설사 그가 별도로 채권계산서를 제출하지 아니하였다 하여도 배당에서 제외하여서는 아니되므로, 민사집행절차의 안정성을 보장하여야 하는 절차법적 요청과 근로자의 임금채권을 보호하여야 하는 실체법적 요청을 형량하여 보면 근로기준법상 우선변제권이 있는 임금채권자가 경매절차개시 전에 경매목적 부동산을 가압류한 경우에는 배당요구의 종기까지 우선권 있는 임금채권임을 소명하지 않았다고 하더라도 배당표가 확정되기 전까지 그 가압류의 청구채권이 우선변제권 있는 임금채권임을 소명하면 우선배당을 받을 수 있다."는 취지이다(가압류권자는 후순위자와 평등배당이 원칙이나, 그 예외에 해당하는 사례).

대법원 2000다21154 판결에 의하면 "부동산에 관한 경매개시결정 기입등기 이전에 체납처분에 의한 압류등기 또는 국세징수법 제24조 제2항에 의한 보전압류의 등기가 마쳐져 있는 경우에는 경매법원으로서도 조세채권의 존재와 그의 내용을 알 수 있으나, 경매개시결정 기입등기 이후에야 체납처분에 의한 압류등기가 마쳐진 경우에는 조세채권자인 국가가 경매법원에 대하여 배당요구를 하여 오지 않는 이상 경매법원으로서는 위와 같은 조세채권이 존재하는지의 여부조차 알지 못하므로, 경매개시결정 기입등기 이전에 체납처분에 의한 압류등기가 마쳐져 있는 경우와는 달리 그 개시결정 기입등기 후에 체납처분에 의한 압류등기가 마쳐지게 된 경우에는 조세채권자인 국가로서는 경매법원에 경락기일까지 배당요구로서 교부청구를 하여야만 배당을 받을 수 있다."는 취지이다.

배당신청권은 일반 채권이 변제기의 도래를 요구하는 것과 달리 변제기와 관련이 없다. 즉, 비록 인수대상인 권리라고 하더라도 배당신청으로 권리관계에서 벗어날 수도 있고, 말소기준보다 후순위권리는 변제기와 무관하게 순위에 따른 배당을 받는다. 부동산권리분석에 있어서는 배당요구를 해야 배당을 받게 되는 채권자 사안에서 인수대상인 권리가 배당신청을 하였는지 여부를 확인할 필요가 있다. 배당요구는 첫 매각기일 이전으로 집행법원이 정한 배당요구의 종기까지 할 수 있다(민사집행법 제84조 제1항, 제88조 제2항). 구 민사소송법은 매각허가결정시까지 배당요구를 할 수 있었으나 민사집행법은 빨리 경매절차를 안정시키기 위해 배당요구를 할 수 있는 종기를 앞당긴 것이다.

임금채권, 주택임대차보증금(소액보증금 포함) 반환청구권 등 우선변제권이 있는 채권자라 하더라도 배당요구종기까지 배당요구를 하지 않으면 매각대금으로부터 배당을 받을 수 없고, 그 뒤 배당을 받은 후순위자를 상대로 부당이득반환청구를 할 수도 없다.

대법원 2013다58057 판결에 의하면 "상가건물에 근저당권설정등기가 마쳐지기 전 최초로 임대차계약을 체결하여 사업자등록을 마치고 확정일자를 받아 계속 갱신해 온 임차인 甲 등이 위 건물에 관한 임의경매절차에서 '근저당권설정등기 후 다시 체결하여 확정일자를 받은 최후 임대차계약서'에 기한 배당요구를 하였다가 배당요구 종기 후에 최초 임대차계약서에 기한 확정일자를 주장한 사안에서, 최후 임대차계약서가 최초 임대차계약서와 비교하여 임대차기간뿐만 아니라 임대차계약의 당사자인 임대인 및 임대차보증금의 액수 등을 모두 달리하는 점 등에 비추어 甲 등의 배당요구는 최초 임대차계약에 의한 임대차보증금에 관하여 우선변제를 주장한 것으로 보기 어렵고, 배당요구의 종기 후 甲 등이 최초 임대차계약서에 기한 확정일자를 주장한 것을 이미 배당요구한 채권에 관한 주장을 단순히 보완한 것으로 볼 수도 없으며, 甲 등의 주장은 배당요구 종기 후 배당순위의 변동을 초래하여 매수인이 인수할 부담에 변동을 가져오는 것으로서 특별한 사정이 없는 한 허용될 수 없다."는 취지이다.

대법원 2001다70702 판결에 의하면 "배당요구채권자가 적법한 배당요구를 하지 아니하여 그를 배당에서 제외하는 것으로 배당표가 작성·확정되고 그 확정된 배당표에 따라 배당이 실시되었다면 그가 적법한 배당요구를 한 경우에 배당받을 수 있었던 금액 상당의 금원이 후순위채권자에게 배당되었다고 하여 이를 법률상 원인이 없는 것이라고 할 수 없다."는 취지이다.

> 민사집행법 제84조(배당요구의 종기결정 및 공고) ① 경매개시결정에 따른 압류의 효력이 생긴 때(그 경매개시결정전에 다른 경매개시결정이 있은 경우를 제외한다)에는 집행법원은 절차에 필요한 기간을 고려하여 배당요구를 할 수 있는 종기를 첫 매각기일 이전으로 정한다.
> ② 배당요구의 종기가 정하여진 때에는 법원은 경매개시결정을 한 취지 및 배당요구의 종기를 공고하고, 제91조 제4항 단서의 전세권자 및 법원에 알려진 제88조 제1항의 채권자에게 이를 고지하여야 한다.
> ③ 제1항의 배당요구의 종기결정 및 제2항의 공고는 경매개시결정에 따른 압류의 효력이 생긴 때부터 1주 이내에 하여야 한다.
>
> 민사집행법 제88조(배당요구) ① 집행력 있는 정본을 가진 채권자, 경매개시결정이 등기된 뒤에 가압류를 한 채권자, 민법·상법, 그 밖의 법률에 의하여 우선변제청구권이 있는 채권자는 배당요구를 할 수 있다.
> ② 배당요구에 따라 매수인이 인수하여야 할 부담이 바뀌는 경우 배당요구를 한 채권자는 배당요구의 종기가 지난 뒤에 이를 철회하지 못한다.

배당요구를 하게 되면, ① 배당받을 권리, ② 배당기일의 통지를 받은 권리(민사집행법 제146조), ③ 배당표에 대한 이의신청권(민사집행법 제151조) 등이 발생한다. 집행력 있는 정본으로 배당요구를 한 채권자는 경매절차에서 이해관계인이 되므로(민사집행법 제90조 제1호), 이해관계인으로서의 권리가 인정되고, 이러한 집행력 있는 정본에 의한 배당요구는 민법 제168조 제2호의 압류에 준하는 것으로 시효중단의 효력이 있다. 즉 대법원 2000다25484 판결에 의하면 "집행력 있는 채무명의 정본을 가진 채권자는 이에 기하여 강제경매를 신청할 수 있으며, 다른 채권자의 신청에 의하여 개시된 경매절차를 이용하여 배당요구를 신청하는 행위도 채무명의에 기하여 능동적으로 그 권리를 실현하려고 하는 점에서는 강제경매의 신청과 동일하다고 할 수 있으므로, 부동산경매절차에서 집행력 있는 채무명의 정본을 가진 채권자가 하는 배당요구는 민법 제168조 제2호의 압류에 준하는 것으로서 배당요구에 관련된 채권에 관하여 소멸시효를 중단하는 효력이 생긴다."는 취지이다.

배당요구는 채권자가 철회할 수 있다. 다만 배당요구에 따라 매수인이 인수하여야 할 부담이 바뀌는 경우 배당요구를 한 채권자는 배당요구의 종기가 지난 뒤에 이를 철회하지 못한다(민사집행법 제88조 제2항). 배당요구채권자가 배당요구의 종기가 지난 뒤에 철회서를 제출하면 집행법원은 이를 무시하고 배당을 하여야 한다. 매수인이 인수하여야 할 부담이 바뀌는 경우에는 ① 인수하여야 할 부담이 새로 생기는 경우와 ② 부담이 증가하는 경우 모두를 포함한다. ①의 경우는 최선순위 전세권자나 대항력과 확정일자가 최선순위인 주택(또는 상가건물)의 임차인이 배당요구하여 매수인이 위 권리를 인수할 필요가 없었는데 배당요구가 철회되어 그 권리자체를 인수하는 경우를 들 수 있고 ②의 경우는 최선순위 대항력 있는 주택(또는 상가건물) 임차인이 배당요구하였는데 확정일자를 받지 아니하여 배당절차에서 소액보증금만 배당받고 나머지 보증금은 매수인이 인수할 것으로 예상하였으나 임차인이 배당요구를 철회함으로써 소액보증금까지 추가로 인수하게 되는 경우를 들 수 있다.

3. 배당절차의 개관

가. 채권의 신고

법원사무관 등은 첫 경매개시결정등기 전에 등기된 가압류채권자 및 저당권·전세권, 국세의 체납처분에 의한 압류, 그 밖의 우선변제청구권으로서 첫 경매개시결정 전에 등기되었고 매각으로 소멸하는 것을 가진 채권자에 대하여 채권의 유무, 그 원인 및 액수(원금·이자·비용, 그 밖의 부대채권을 포함한다)를 배당요구의 종기까지 법원에 신고하도록 최고하여야 한다(민사집행법 제84조 제4항). 위 각 채권자가 신고를 하지 아니한 때에는 그 채권자의 채권액은 등기사항증명서 등 집행기록에 있는 서류와 증빙에 따라 계산한다(민사집행법 제84조 제5항 전문). 위 시기까지 신고하지 아니하면 집행기록에 따른 위 계산에 대하여 다시 채권액을 추가하지 못한다(민사집행법 제84조 제5항 후문). 그에 따라 배당받은 다른 채권자를 상대로 그 부분에 대한 부당이득반환청구를 할 수 없다. 다만 법원은 특별하게 필요하다고 인정하는 경우에는 배당요구의 종기를 연기할 수 있다(민사집행법 제84조 제6항).

경매신청채권자가 등록면허세 등을 절감하기 위하여 그 신청단계에서 경매신청서에 집행권원상의 채권 또는 피담보채권 중 일부에 한정하여 기재하였다가 그 후 채권계산서를 제출하면서 당초의 청구금액을 확장하여 기재하는 경우가 있는데, 이를 청구금액의 확장이라고 한다. 강제경매에 있어서 채권의 일부청구를 한 경우에 그 매각절차 개시를 한 후에는 청구금액의 확정은 허용되지 않고, 배당요구 종기까지 배당요구를 하면 나머지 채권을 배당받을 수 있다(대법원 83마393 결정). 담보권실행에 의한 경매에 있어서도 경매채권자가 피담보채권의 일부에 대하여만 담보권을 실행하겠다는 취지로 경매신청서에 피담보채권의 원금 중 일부만을 청구금액으로 하여 경매를 신청한 경우에 경매채권자의 청구금액은 그 기재된 채권액을 한도로 확정되고, 청구금액의 확장이 허용되지 않는 결과 후순위자가 배당을 받은 경우에 후순위자를 상대로 한 부당이득반환청구도 인정되지 않는다

(대법원 96다495 판결). 담보권실행을 위한 경매에 있어 나머지 채권을 배당받기 위해서는 배당요구 종기까지 이중압류를 해야 한다(대법원 96다39479 판결). 그리고 담보권 실행을 위한 경매를 신청하면서 경매신청서의 표지에는 대여금 원금만을 표시하고, 그 내용의 청구금액란에 원금과 연체손해금을 기재한 경우, 경매신청서에 기재한 채권액에는 대여금 원금뿐만 아니라 그 연체손해금도 포함된다(대법원 98다46938 판결).

대법원 2001다3054 판결에 의하면 "실체적 하자 있는 배당표에 기한 배당으로 인하여 배당 받을 권리를 침해당한 자는 원칙적으로 배당기일에 출석하여 이의를 하고 배당이의의 소를 제기하여 구제받을 수 있고, 가사 배당기일에 출석하여 이의를 하지 않음으로써 배당표가 확정되었다고 하더라도, 확정된 배당표에 의하여 배당을 실시하는 것은 실체법상의 권리를 확정하는 것이 아니기 때문에 부당이득금반환청구의 소를 제기할 수 있지만, 배당표가 정당하게 작성되어 배당표 자체에 실체적 하자가 없는 경우에는 그 확정된 배당표에 따른 배당액의 지급을 들어 법률상 원인이 없는 것이라고 할 수 없다. 담보권실행을 위한 경매절차에서 경매신청채권자는 특별한 사정이 없는 한 경매신청서에 기재한 청구금액을 채권계산서의 제출에 의하여 확장할 수 없지만(대법원 94다8952 판결 참조), 그 후 배당표가 작성될 때까지 청구금액을 감축한 채권계산서를 제출할 수 있으며, 이 경우 배당법원으로서는 채권계산서상의 감축된 채권액을 기준으로 하여 배당할 수밖에 없고, 그 채권액을 초과하여 배당할 수는 없는 만큼 그 계산서에 따른 배당표는 정당하게 작성된 것이라 할 것이다(대법원 99다24911 판결 참조)."는 취지이다.

대법원 2005다14595 판결에 의하면 "구 민사소송법(2002. 1. 26. 법률 제6626호로 전문 개정되기 전의 것)상 배당요구를 하여야만 배당절차에 참여할 수 있는 채권자가 경락기일까지 배당요구를 하지 아니한 채권액에 대하여 경락기일 이후에 추가 또는 확장하여 배당요구를 하였으나 그 부분을 배당에서 배제하는 것으로 배당표가 작성·확정되고 그 확정된 배당표에 따라 배당이 실시되었다면, 그가 적법한 배당요구를 한 경우에 배당받을 수 있었던 금액 상당의 금원이 후순위 채권자에게 배당되었다고 하여 이를 법률상 원인이 없는 것이라고 할 수 없다."는 취지이다.

나. 배당절차의 실시

매각대금이 지급되면 법원은 배당절차를 밟아야 한다(민사집행법 제145조 제1항). 채권자의 채권변제에 충분한 때에도 배당절차를 생략해서는 안 된다.

> 제145조(매각대금의 배당) ① 매각대금이 지급되면 법원은 배당절차를 밟아야 한다.
> ② 매각대금으로 배당에 참가한 모든 채권자를 만족하게 할 수 없는 때에는 법원은 민법·상법, 그 밖의 법률에 의한 우선순위에 따라 배당하여야 한다.

다. 배당받을 채권자의 범위(민사집행법 제148조)

앞서 자세하게 살펴보았다. 민사집행법 조문만 한번 더 확인해 보자.

> 제148조(배당받을 채권자의 범위) 제147조 제1항에 규정한 금액을 배당받을 채권자는 다음 각호에 규정된 사람으로 한다.
> 1. 배당요구의 종기까지 경매신청을 한 압류채권자
> 2. 배당요구의 종기까지 배당요구를 한 채권자
> 3. 첫 경매개시결정등기 전에 등기된 가압류채권자
> 4. 저당권·전세권, 그 밖의 우선변제청구권으로서 첫 경매개시결정등기 전에 등기되었고 매각으로 소멸하는 것을 가진 채권자

라. 배당기일의 지정

매수인이 매각대금을 지급하면 법원은 배당기일을 정하고 이해관계인과 배당을 요구한 채권자에게 이를 통지하여야 한다(민사집행법 제146조 본문). 다만 채무자가 외국에 있거나 있는 곳이 분명하지 아니한 때에는 통지하지 아니한다(민사집행법 제146조 단서).

> 민사집행법 제146조(배당기일) 매수인이 매각대금을 지급하면 법원은 배당에 관한 진술 및 배당을 실시할 기일을 정하고 이해관계인과 배당을 요구한 채권자에게 이를 통지하여야 한다. 다만, 채무자가 외국에 있거나 있는 곳이 분명하지 아니한 때에는 통지하지 아니한다.

마. 배당할 금액

민사집행법 제147조 제1항 제1호 내지 제5호, 민사집행규칙 제79조가 이를 규율한다.

(1) 대금(1호)

매각대금을 말한다. 매수신청의 보증으로 금전이 제공된 경우에 그 금전을 매각대금에 넣는다(민사집행법 제142조 제3항).

(2) 지연이자(2호)

재매각 명령이 있은 뒤 전의 매수인이 대금·지연이자와 절차비용을 지급하여 재매각이 취소된 경우에 매수인이 낸 지연이자(민사집행법 제138조 제3항) 및 매수신청의 보증으로 금전 외의 것이 제공된 경우에 보증을 현금화하여 충당하기까지의 지연이자(민사집행법 제142조 제4항)가 여기에 포함된다.

(3) 항고보증 또는 지연이자(3호, 4호)

① 채무자 및 소유자가 한 항고가 기각되거나 항고를 취하하여 돌려받지 못하는 항고의 보증(민사집행법 제130조 제6항, 제8항)과 ② 채무자 및 소유자 외의 사람이 한 항고가 기각되거나 항고를 취하하여 돌려받지 못하는 매각대금에 대한 지연이자 상당(다만, 보증으로 제공한 금전이나 유가증권을 현금화한 한도)의 금액(민사집행법 제130조 제7항)이 여기에 해당한다.

(4) 전 매수인의 매수신청의 보증(5호, 규칙 제79조)

① 대금지급을 하지 아니한 전의 매수인이 돌려받을 수 없는 매수신청의 보증(보증이 금전 외의 방법으로 제공되어 있는 때에는 보증을 현금화하여 그 대금에서 비용을 뺀 금액)(민사집행법 제138조 제4항)과 ② 차순위매수신고인에게 매각허가결정이 있는 때에 매수인이 돌려받지 못하는 매수신청의 보증(보증이 금전 외의 방법으로 제공되어 있는 때에는 보증을 현금화하여 그 대금에서 비용을 뺀 금액)(민사집행법 제137조 제2항)이 여기에 해당한다.

바. 배당표 원안의 작성과 비치

법원은 채권자와 채무자에게 보여 주기 위하여 배당기일의 3일 전에 배당표 원안을 작성하여 법원에 비치하여야 한다(민사집행법 제149조 제1항)

사. 배당의 순위

뒤에서 별도의 목차로 자세하게 설명한다.

아. 배당기일

(1) 배당표의 확정

배당표는 매각대금, 각 채권자의 채권의 원금, 이자, 비용, 배당의 순위와 배당의 비율을 적는다(민사집행법 제150조 제1항). 법원은 미리 작성한 배당표 원안을 배당기일에 출석한 이해관계인과 배당요구채권자에게 열람시켜 그들의 의견을 듣거나 심문한 다음, 이에 따라 배당표 원안을 추가, 정정할 것이 있으면 추가, 정정하여 배당표를 완성·확정한다(민사집행법 제149조 제2항). 출석한 이해관계인과 배당요구채권자의 합의가 있는 때에는 이에 따라 배당표를 작성한다(민사집행법 제150조 제2항). 배당표에 이의가 있으면 그 부분에 한하여 배당표는 확정되지 아니한다(민사집행법 제152조 제3항).

대법원 2015다70822 판결에 의하면 "부동산 경매절차에서 배당기일에 출석한 채권자는 자기의 이해에 관계되는 범위 안에서 다른 채권자를 상대로 그의 채권 또는 그 채권의 순위에 대하여 이의할 수 있고(민사집행법 제151조 제3항), 이 경우 이의한 채권자는 배당이의의 소를 제기하여야 한다(민사집행법 제154조 제1항). 배당표에 대한 이의가 있는 채권에 관하여 적법한 배당이의의 소가 제기된 때에는 그에 대한 배당액을 공탁하여야 하고(민사집행법 제160조 제1항 제5호), 이의된 부분에 대해서는 배당표가 확정되지 않는다(민사집행법 제152조 제3항). 위와 같이 배당액이 공탁된 뒤 배당이의의 소에서 이의된 채권에 관한 전부 또는 일부 승소의 판결이 확정되면 이의된 부분에 대한 배당표가 확정된다. 이때 공탁의 사유가 소멸하게 되므로, 그러한 승소 확정판결을 받은 채권자가 집행법원에 그 사실 등을 증명하여 배당금의 지급을 신청하면, 집행법원은 판결의 내용에 따라 종전의 배당표를 경정하고 공탁금에 관하여 다시 배당을 실시하여야 한다(민사집행법 제161조 제1항). 이 경우 집행법원의 법원사무관 등은 지급할 배당금액을 적은 지급위탁서를 공탁관에게 송부하고, 지급받을 자에게는 배당액 지급증을 교부하여야 한다(민사집행법 제159조 제2항, 제3항, 민사집행규칙 제82조 제1항, 공탁규칙 제43조 제1항). 이때 공탁관은 집행법원의 보조자로서 공탁금 출급사유 등을 심리함이 없이 집행법원의 공탁금 지급위탁서에 따라 채권자에게 공탁금을 출급하게 된다. 위와 같은 절차에 비추어 보면, 배당표가 확정되어야 비로소 채권자가 공탁된 배당금의 지급을 신청할 수 있으므로, 배당표 확정 이전에 채권자가 배당금을 수령하지 않았는데도 채권에 대해 변제의 효력이 발생한다고 볼 수는 없다. 한편 배당표가 일단 확정되면 채권자는 공탁금을 즉시 지급받아 수령할 수 있는 지위에 있는데, 배당표 확정 이후의 어느 시점(가령 배당액 지급증 교부 시 또는 공탁금 출급 시)을 기준으로 변제의 효력이 발생한다고 보게 되면, 채권자의 의사에 따라 채무의 소멸 시점이 늦추어질 수 있고, 그때까지 채무자는 지연손해금을 추가로 부담하게 되어 불합리하다. 따라서 채무자가 공탁금 출급을 곤란하게 하는 장애요인을 스스로 형성·유지하는 등의 특별한 사정이 없는 한 배당액에 대한 이의가 있었던 채권은 공탁된 배당액으로 충당되는 범위에서 배당표의 확정 시에 소멸한다고 보아야 한다. 다만 위와 같은 배당표의 확정 전에 어떤 경위로든 채권자가 공탁된 배당금을 지급받아 수령하고 그 후 같은 내용으로 배당표가 확정된 경우에는, 채권자가 현실적으로 채권의 만족을 얻은 시점인 공탁금 수령 시에 변제의 효력이 발생한다고 봄이 타당하다. 이러한 법리는 근저당권자의 피담보채권에 대하여 다른 채권자가 이의함으로써 해당 배당액이 공탁되었다가 배당이의 소송을 거쳐 배당표가 확정됨에 따라 공탁된 배당금이 지급되는 경우에도 마찬가지로 적용된다."는 취지이다.

(2) 배당표에 대한 이의

(가) 이의를 할 수 있는 자와 이의의 방법

채무자는 배당기일에 출석하여 이의할 수 있을 뿐만 아니라 배당표원안이 비치된 이후에는 배당기일이 끝날 때까지 서면으로 이의할 수 있다(민사집행법 제151조 제1항, 제2항). 반면에 채권자는 반드시 배당기일에 출석하여 이의를 진술해야 한다(민사집행법 제151조 제3항).

> 민사집행법 제151조(배당표에 대한 이의) ① 기일에 출석한 채무자는 채권자의 채권 또는 그 채권의 순위에 대하여 이의할 수 있다.
> ② 제1항의 규정에 불구하고 채무자는 제149조 제1항에 따라 법원에 배당표원안이 비치된 이후 배당기일이 끝날 때까지 채권자의 채권 또는 그 채권의 순위에 대하여 서면으로 이의할 수 있다.
> ③ 기일에 출석한 채권자는 자기의 이해에 관계되는 범위 안에서는 다른 채권자를 상대로 그의 채권 또는 그 채권의 순위에 대하여 이의할 수 있다.

민사소송법 제88조 제1항에 의하여 소송대리인이 될 수 있는 변호사나 회사의 지배인 등은 대리인으로서 배당이의 신청을 할 수 있지만, 배당금 수령만 위임받은 사람이나 단순한 사자의 경우는 이의를 진술할 수 없다(이들에 대해서는 배당표 원안을 제시할 필요도 없을 것이다).

> 민사소송법 제87조(소송대리인의 자격) 법률에 따라 재판상 행위를 할 수 있는 대리인 외에는 변호사가 아니면 소송대리인이 될 수 없다.
> 민사소송법 제88조(소송대리인의 자격의 예외) ① 단독판사가 심리·재판하는 사건 가운데 그 소송목적의 값이 일정한 금액 이하인 사건에서, 당사자와 밀접한 생활관계를 맺고 있고 일정한 범위안의 친족관계에 있는 사람 또는 당사자와 고용계약 등으로 그 사건에 관한 통상사무를 처리·보조하여 오는 등 일정한 관계에 있는 사람이 법원의 허가를 받은 때에는 제87조를 적용하지 아니한다.

이의는 배당표원안에 적힌 내용을 어떻게 경정할 것을 구하는 것인지를 구체적으로 명시해야 하고 이의의 상대방과 그 범위를 명시하지 않은 이의는 부적법하다. 이의의 상대방 및 범위의 당부문제는 배당이의소송에서 소의 적법 여부 및 원고청구의 당부에 대한 판단문제로 남는다. 따라서 이의의 이유까지 밝힐 필요는 없으며, 이유를 밝혔다고 하더라도 배당이의의 소 절차 등에서 그 이유에 구속되지 않는다.

이의의 범위를 특정해야 한다. 예를 들어 '채권자 갑의 배당액 전부', '채권자 갑의 배당액 중 1억원이 넘는 부분' 등처럼 어느 채권자의 배당액에 대하여 얼마만큼의 한도 내에 감축되어야 할 것인가 또는 배당표상의 배당액을 어떻게 변경해야 할 것인가를 명시한다.

집행법원은 이의의 적법 여부만을 심사하며 이의사유의 존부에 대한 심사는 할 수 없다. 적법한 이의가 있으면 채권자가 한 이의신청의 당부는 배당이의의 소에서 가려지게 되고, 채무자가 한 이의신청의 당부는 배당이의의 소, 청구이의의 소 또는 정기금판결변경의 소(민사소송법 제252조 제1항)에서 가려지게 된다.

> 민사소송법 제252조(정기금판결과 변경의 소) ① 정기금(定期金)의 지급을 명한 판결이 확정된 뒤에 그 액수산정의 기초가 된 사정이 현저하게 바뀜으로써 당사자 사이의 형평을 크게 침해할 특별한 사정이 생긴 때에는 그 판결의 당사자는 장차 지급할 정기금 액수를 바꾸어 달라는 소를 제기할 수 있다.

부적법한 이의에 대하여는 각하의 재판을 한다. 실무에서는 조서에 이의신청을 각하한다는 취지를 기재하고, 그대로 배당을 실시하여 배당표를 확정한 다음 출급절차를 실시한다.

대법원 79다1846 판결에 의하면 "배당표에 대한 이의신청은 구술에 의해서만 가능하고 서면에 의한 이의신청은 허용되는 것이 아니므로 채권자가 미리 이의신청서를 집행법원에 제출하였다고 하더라도 배당기일에 출석하지 아니하거나 출석한 경우에도 그 이의신청서를 진술하지 아니하였다면 이의신청을 하지 않은 것으로 되어 배당표에 대한 이의의 소를 제기할 수 없다."는 취지이다.

(나) 절차상의 이의

채무자와 각 채권자는 배당표의 작성과정이나 배당실시 절차에 위법이 있음을 이유로 이의를 할 수 있다. 법원은 이러한 이의가 정당하다고 인정하는 때에는 배당표의 기재를 고쳐 바로잡기나 배당기일을 연기하고 경우에 따라서는 배당표 작성절차를 다시 진행한다. 이의가 이유 없다고 판단되면 응답하지 아니한 채 배당절차를 속행한다. 이에 대하여는 집행에 관한 이의를 할 수 있다(민사집행법 제16조).

(다) 실체상의 이의

채무자는 채권자의 채권의 존부, 범위, 순위에 대하여 실체상의 사유가 있으면 이의할 수 있다(민사집행법 제151조 제1항). 채권자는 자기의 이해에 관계되는 범위 안에서는 다른 채권자의 채권의 존부, 범위, 순위에 대하여 이의를 할 수 있다(같은 조 제3항). 이의신청에 관하여 이해관계가 있는 다른 채권자가 출석하고 있으면 그 이의에 대한 인부를 진술하여야 한다(민사집행법 제152조 제1항). 관계인이 이의를 정당하다고 인정하거나 다른 방법으로 합의한 때에는 이에 따라 배당표를 경정하여 배당을 실시하여야 한다(같은 조 2항). 기일에 불출석한 채권자는 배당표의 실시에 동의한 것으로 본다(민사집행법 제153조 제1항). 다만 기일에 불출석한 채권자가 다른 채권자가 제기한 이의에 관계되는 때에는 그 채권자는 이의를 정당하다고 인정하지 아니한 것으로 본다(같은 조 제2항). 배당법원은 실체적

이의 사유의 존부에 관하여 심리, 판단할 수 없고 배당이의의 소의 수소법원이 심리 판단한다.

집행력 있는 집행권원의 정본을 가진 채권자의 채권에 대하여 채무자가 이의를 한 때에는 채무자는 청구이의의 소를 제기하고(민사집행법 제154조 제2항), 배당기일부터 1주 이내에 집행법원에 이를 증명하여야 하며, 배당절차를 정지시키기 위하여서는 위 기간 내에 집행의 일시정지를 명하는 취지의 잠정처분을 받아 제출하여야 한다(같은 조 제3항). 집행력 있는 집행권원의 정본을 가지지 아니한 채권자(가압류채권자를 제외한다)의 채권에 대하여 채무자가 이의를 한 때에는 그 이의를 한 당사자가 배당이의의 소를 제기하여 이의를 완결하여야 하고(같은 조 제1항), 그 소제기 사실을 집행법원에 증명하면 이의 부분의 배당액은 공탁된다. 다른 채권자에 대하여 이의한 채권자는 어느 경우에나 배당이의의 소를 제기하고 위와 같은 절차를 밟는다.

대법원 2012다45702 판결에 의하면 "집행력 있는 판결 정본을 가진 채권자에 대한 배당에 관하여 이의한 채무자는 배당이의의 소가 아닌 청구이의의 소를 제기하여야 하지만, 집행력 있는 판결 정본을 가진 채권자가 우선변제권을 주장하며 담보권에 기하여 배당요구를 한 경우에는 배당의 기초가 되는 것은 담보권이지 집행력 있는 판결 정본이 아니므로, 채무자가 담보권에 대한 배당에 관하여 우선변제권이 미치는 피담보채권의 존부 및 범위 등을 다투고자 하는 때에는 배당이의의 소로 다투면 되고, 집행력 있는 판결 정본의 집행력을 배제하기 위하여 필요한 청구이의의 소를 제기할 필요는 없다. 따라서 집행력 있는 판결 정본을 가진 채권자가 채권을 담보하기 위한 근저당권을 가지고 있어 경매법원이 근저당권의 채권최고액 범위 내에서 우선순위에 따라 배당을 실시하였다면, 그 배당에 관하여 이의한 채무자는 배당이의의 소로 다툴 수 있다."는 취지이다.

채권자나 채무자가 이의를 한 때에는 그 기일에 이의가 완결되지 아니하면 이의를 한 채권자나 채무자는 그 이의를 완결하기 위하여 배당이의의 소를 제기하고 배당기일로부터 1주 이내에 그 소제기 사실을 배당법원에 증명하여야 하며, 이 기간이 도과한 때에는 이의가 취하된 것으로 보고 배당이 실시된다(민사집행법 제154조 제3항). 그러나 이의한 채권자가 위 기간을 넘긴 경우에도 배당표에 따라 배당을 받은 다른 채권자에 대하여 훗날 소로서 부당이득반환청구를 할 수 있는 권리에는 영향이 없다(민사집행법 제155조).

> 민사집행법 제155조(이의한 사람 등의 우선권 주장) 이의한 채권자가 제154조 제3항의 기간을 지키지 아니한 경우에도 배당표에 따른 배당을 받은 채권자에 대하여 소로 우선권 및 그 밖의 권리를 행사하는 데 영향을 미치지 아니한다.
>
> 민사집행법 제154조(배당이의의 소 등) ③ 이의한 채권자나 채무자가 배당기일부터 1주 이내에 집행법원에 대하여 제1항의 소를 제기한 사실을 증명하는 서류를 제출하지 아니한 때 또는 제2항의 소를 제기한 사실을 증명하는 서류와 그 소에 관한 집행정지재판의 정본을 제출하지 아니한 때에는 이의가 취하된 것으로 본다.

또한 배당이의를 하지 아니한 채권자도 배당받아야 할 채권액의 범위에서는 배당을 받은 다른 채권자에 대하여 훗날 소로서 부당이득반환청구를 할 수 있다.

(3) 배당표에 대한 이의와 부당이득

뒤에서 별도의 목차('배당받지 못한 자의 부당이득반환청구' 편)로 자세하게 설명한다. 다만 관련내용을 간략하게 정리한다.

배당표의 확정 및 실시는 단지 강제집행절차의 종료를 의미하는 것일 뿐이고, 그것으로 인하여 실체적인 채권의 존부까지 확정되지 않으므로, 민사집행법 제88조 제1항 소정의 배당요구를 한 자 또는 배당요구를 하지 않아도 당연하게 배당에 참가할 수 있는 채권자가 배당기일에 출석하지 아니하였거나 출석하여 이의를 신청하지 않았다 하더라도 배당표에 실체적으로 부당한 것이 있다면 부당이득반환청구를 할 수 있다(대법원 2004다68427 판결 등).

배당요구를 하여야만 배당절차에 참여할 수 있는 채권자는 배당요구를 하지 아니한 경우에 판례는 부당이득의 성립을 부정하며(대법원 2001다70702 판결 등), 담보권실행을 위한 경매절차에서 경매신청채권자가 피담보채권의 일부만을 청구금액으로 기재한 경우에 판례는 부당이득의 성립을 부정하고 있다(대법원

2001다3054 판결 등).

자. 배당의 실시

(1) 배당을 실시하여야 할 경우

배당기일에 배당표에 대하여 이의가 없는 경우 또는 이의가 있더라도 이에 관계가 없는 부분에 대하여는 배당표가 확정되어 즉시 배당을 실시하여야 하고(민사집행법 제152조 제2항, 제3항), 배당기일에 이의가 완결된 경우에도 즉시 배당을 실시하여야 한다. 배당기일에 이의가 완결되지 아니한 부분은 배당을 유보하고 공탁한다. 이의신청인이 이의를 철회하거나 배당이의의 소제기 사실을 증명하지 아니한 때, 배당이의의 소가 취하된 때에는 배당표에 따라, 배당이의의 소에 대한 판결이 확정된 때에는 배당이의의 소의 판결 내용에 따라 집행법원이 배당을 실시한다.

(2) 집행정본 또는 채권증서의 교부, 영수증의 수령과 교부

채권자에게 채권액 전부를 배당하는 경우에는 채권자에게 배당액지급증을 교부함과 동시에 그 채권자가 소지하고 있는 집행력 있는 정본을 제출케 하고 그것이 없는 때에는 채권증서를 제출케 하여 위 집행력 있는 정본 또는 채권증서를 채무자에게 교부한다(민사집행법 제159조 제2항). 채권자에게 채권의 일부를 배당하는 경우에는 채권자가 제출한 집행력 있는 정본 또는 채권증서에 배당액을 적은 다음 채권자에게 돌려주고 배당액지급증을 교부하는 동시에 채권자로부터 영수증을 제출받아 이를 채무자에게 교부한다(같은 조 제3항).

(3) 배당액의 공탁

배당을 받아야 할 채권자의 채권에 대하여 배당이의의 소가 제기되면 그에 대한 배당액을 공탁해야 한다. 배당금액 공탁의 사유는 민사집행법 제160조가 규정한다.

> 민사집행법 제160조(배당금액의 공탁) ① 배당을 받아야 할 채권자의 채권에 대하여 다음 각호 가운데 어느 하나의 사유가 있으면 그에 대한 배당액을 공탁하여야 한다.
> 1. 채권에 정지조건 또는 불확정기한이 붙어 있는 때
> 2. 가압류채권자의 채권인 때
> 3. 제49조 제2호 및 제266조 제1항 제5호에 규정된 문서가 제출되어 있는 때
> 4. 저당권설정의 가등기가 마쳐져 있는 때
> 5. 제154조 제1항에 의한 배당이의의 소가 제기된 때
> 6. 민법 제340조 제2항 및 같은 법 제370조에 따른 배당금액의 공탁청구가 있는 때
>
> ② 채권자가 배당기일에 출석하지 아니한 때에는 그에 대한 배당액을 공탁하여야 한다.

(4) 공탁된 배당액의 처리

채권자가 전부를 받는 것으로 확정이 되면 배당법원은 배당액의 지급위탁서를 작성하여 공탁공무원에게 보내는 한편, 채권자에게는 배당액지급증(지급증명서)을 교부하고, 채권자는 배당액지급증을 공탁공무원에게 제출하여 공탁금을 받는다.

채권자가 전부 또는 일부를 받지 못하는 것으로 배당이의의 소의 판결이 확정되면 그 판결 주문에서 명한 바에 따라 배당을 실시하거나 다른 배당절차를 밟는다(민사집행법 제157조). 채무자가 배당이의의 소를 제기하여 승소한 경우에는 추가로 배당을 실시한다. 채권자가 전부 또는 일부는 받지 못한 것으로 확정된 그 밖의 경우(예를 들어 가압류가 취소되거나 근저당권의 피담보채무가 모두 없어진 때)에는 추가로 배당한다(민사집행법 제161조 제1항 내지 제3항). 추가배당절차에서는 종전의 배당기일 뒤에 생긴 사유로만 이의할 수 있다(민사집행법 제161조 제4항).

대법원 2003다32681 판결에 의하면 “가압류채권자에 대한 배당액이 공탁된 후 가압류집행이 취소되거나 가압류채권자가 본안소송에서 패소확정판결을 받는 등의 경우에는, 그 공탁금은 채무자에게 교부할 것이 아니라 다른 채권자들에게

추가로 배당하여야 하는 것으로 해석하여야 할 것이고, 이는 가압류채권자가 본안에서 승소확정판결을 받은 금액이 공탁된 배당액을 초과한다고 하여도 마찬가지라 할 것이다."는 취지이다.

(5) 배당기일 조서의 작성

> 민사집행법 제159조(배당실시절차·배당조서) ① 법원은 배당표에 따라 제2항 및 제3항에 규정된 절차에 의하여 배당을 실시하여야 한다.
> ② 채권 전부의 배당을 받을 채권자에게는 배당액지급증을 교부하는 동시에 그가 가진 집행력 있는 정본 또는 채권증서를 받아 채무자에게 교부하여야 한다.
> ③ 채권 일부의 배당을 받을 채권자에게는 집행력 있는 정본 또는 채권증서를 제출하게 한 뒤 배당액을 적어서 돌려주고 배당액지급증을 교부하는 동시에 영수증을 받아 채무자에게 교부하여야 한다.
> ④ 제1항 내지 제3항의 배당실시절차는 조서에 명확히 적어야 한다.

차. 배당이의 소송

뒤에서 별도의 목차로 자세하게 설명한다.

4. 배당순위

가. 배당순위의 결정 기준일

(1) 조세와 저당권·전세권 등의 기준일

(가) 기준일은 조세는 법정기일, 저당권·전세권 등은 설정등기일(국세기본법 제35조 제2항 제3호, 지방세기본법 제71조 제1항 제3호)

국세나 지방세의 법정기일은 각 조세의 종류마다 규정되어 있는데, 통상 세무관서나 구청 등에서는 조세의 **교부청구를 하면서** 법정기일을 함께 기재한다. 조세와 저당권·전세권의 피담보채권(확정일자 임차인의 보증금채권 동일) 사이의 우선순위는 조세의 법정기일과 설정등기일(확정일자 임차인 또는 등기된 임차인의 우선변제권 발생일 포함)의 선후를 따져 정한다. 다만 조세(국세, 지방세, 관세 및 그 가산금과 체납처분비)채권의 공익성이 공과금 기타 그 밖의 채권에 앞서는바, 조세는 다른 공과금 기타 채권에 우선한다. 따라서 조세보다 앞선 가압류가 있다고 해도 조세채권이 우선배당된다. 저당권보다 가압류가 우선하는 경우에 가압류가 우선하는 경우와 구별된다. 재화의 수입에 대한 부가가치세의 납세의무는 세관장에게 과세표준과 세액을 신고하는 때에 확정되므로, 그 신고한 세액에 대하여는 신고시가 법정기일이고, 과세표준과 세액을 신고하지 않거나 신고내용에 오류·탈루 등이 있어 과세표준과 세액을 정부가 결정 또는 경정결정을 하는 경우에는 그 결정하는 때에 납세의무가 확정되므로, 그 고지한 세액에 대해여는 납세고지서 발송일이 법정기일이 된다.

대법원 2005다10845 판결에 의하면 "국세기본법 제21조 제1항 제7호 단서, 제22조 제1항, 같은 법 시행령 제10조의2의 규정에 의하면, 재화의 수입에 대한 부가가치세의 납세의무는 세관장에게 과세표준과 세액을 신고하는 때에 확정되는 것이므로, 그 신고한 세액에 대하여는 국세기본법 제35조 제1항 제3호 (가)목의 규정에 따라 저당권 등의 피담보채권과의 우선순위를 결정하는 법정기일도 그때로 볼 것이다. 그러나 과세표준과 세액을 신고하지 않거나 신고 내용에 오류·탈루 등이 있어 과세표준과 세액을 정부가 결정 또는 경정결정을 하는 경우에는 그 결정하는 때에 납세의무가 확정되는 것이므로, 그 고지한 세액에 대하여는 국세기본법 제35조 제1항 제3호 (나)목의 규정에 따라 그 법정기일을 납세고지서의 발송일로 볼 것이다."는 취지이다.

(나) 저당권 등의 설정일과 조세의 법정기일이 같은 날인 경우 조세채권 우선

국세기본법 제35조 제1항 제3호(지방세기본법 제71조 제1항 제3호 동일)가 법정기일 '전'에 설정된 저당권 등을 조세우선권의 예외로서 인정하는 형식을 규정되어 있기 때문에 해석상 조세채권우선원칙으로 돌아가 조세채권이 우선한다(윤경·손흥수, 「부동산경매(2)」, 사법행정학회, 2017, 1853쪽).

(다) 납세담보물 매각의 경우 담보된 조세와 선행압류 조세의 순위는 담보된 조세우선

국세기본법 제36조, 지방세기본법 제73조는 국세와 국세 상호간, 국세와 지방세 상호간 및 지방세와 지방세 상호간에 '먼저 압류한 조세가 교부청구와 조세보다 우선한다'는 '압류에 의한 우선 원칙(압류선착주의)'을 선언하고 있다. 그리고 국세기본법 제37조는 "납세담보물을 매각하였을 때에는 제36조에도 불구하고 그 국세 및 강제징수비는 매각대금 중에서 다른 국세 및 강제징수비와 지방세에 우선하여 징수한다."고 규정하고 지방세기본법 제74조는 "납세담보가 되어 있는 재산을 매각하였을 때에는 제73조에도 불구하고 해당 지방자치단체에서 다른 지방자치단체의 징수금과 국세에 우선하여 징수한다."고 규정하여, '담보 있는 국세·지방세'와 '담보 없는 국세·지방세' 상호간에는 '담보 있는 국세·지방세'를 납세담보물의 매각대금 범위 내에서 우선하여 징수하도록 규정함과 아울러, 이러한 '담보 있는 조세의 우선 원칙'을 '압류에 의한 우선 원칙'보다 우선하여 적용하고 있다.

대법원 2013다204959 판결에 의하면 "국세기본법 제36조, 제37조, 지방세기본법 제101조, 제102조의 문언 내용과 체계, '담보 있는 조세의 우선 원칙'은 납세담보를 제공받고 징수유예, 체납처분에 의한 재산 압류나 압류재산 매각의 유예 등을 한 조세채권자로서는 징수 또는 체납처분 절차를 진행할 수 없을 뿐만 아니라 일정한 경우 이미 압류한 재산의 압류도 해제하여야 하는 사정 등을 감안하여, 납세담보물의 매각대금을 한도로 하여 '담보 있는 조세'를 다른 조세에 우선하여 징수하도록 함으로써 납세담보제도의 실효성을 확보하기 위한 것으로서, '압류에 의한 우선 원칙'의 예외에 해당하는 점, 국세기본법 제29조는 토지와 보험에 든 등기된 건물 등을 비롯하여 납세보증보험증권이나 납세보증서도 납세담보의 하나로 규정하고 있을 뿐 납세담보를 납세의무자 소유의 재산으로 제한하고 있지 아니한 점 등을 종합하여 보면, 납세담보물에 대하여 다른 조세에 기한 선행압류가 있더라도 매각대금은 납세담보물에 의하여 담보된 조세에 우선적으로 충당하여야 하고, 납세담보물이 납세의무자의 소유가 아닌 경우라고 하여 달리 볼 것은 아니다."는 취지이다.

(2) 당해세의 순위 기준일

당해세는 원칙적으로 ① 최우선 순위의 임금채권과 ② 소액임차인의 보증금을 제외하고는 어떠한 채권에 대하여도 우선한다. 당해세의 법정기일은 고려할 필요가 없다.

다만, 개정 국세기본법(2023. 4. 1. 시행)에 따를 경우 국세인 당해세(상속세·증여세·종합부동산세)의 법정기일이 주택임차인의 확정일자(전세권의 설정일)보다 늦은 경우 그 당해세 배당(배분) 예정액에 한하여 주택임대차보증금(전세금)에 먼저 배당(배분)할 수 있도록 하였다(35조 7항 신설). 개정 지방세기본법(2023. 5. 4. 시행)에서도 당해세인 재산세·지역자원시설세(소방분에 대한 지역자원시설세만 해당)·지방교육세(재산세에 부가되는 지방교육세만 해당)의 법정기일이 임차인의 확정일자(전세권 설정일)보다 늦은 경우 그 배당(배분) 예정액에 한하여 주택임차보증금(전세금)에 먼저 배당(배분)할 수 있도록 하였다(71조 6항 신설)(박영호·김선형, 「부동산경매(2)」, 사법행정학회, 2023년, 2023쪽, 2046쪽 참고).

(3) (근)저당권설정등기청구권을 보전하기 위하여 처분금지가처분등기를 한 경우 순위기산일

이러한 경우의 순위기산일은 '저당권설정등기일'이 아니라 '가처분기입등기일'이다. 앞서 '말소기준으로 기능하는 가처분'에서 확인한 내용이다. 즉 대법원 2015다202360 판결에 의하면 "저당권 등 소유권 외의 권리의 설정등기청구권을 보전하기 위한 처분금지가처분의 등기 후 피보전권리 실현을 위한 저당권 등의 설정등기를 하는 때에는 가처분등기 후에 등기된 권리의 취득이나 처분의 제한으로 가처분채권자의 저당권 등의 취득에 대항할 수 없다는 점을 표시하기 위하여 그 설정등기가 가처분에 기초한 것이라는 뜻도 함께 등기하게 되어 있고(부동산등기법 제95조 참조), 가처분의 피보전권리 실현을 위한 등기가 되면 가처분은 목적을 달성하여 효력을 잃고 가처분등기는 존치할 필요가 없는 것에 불과하게 된다. 따라서 저당권설정등기청구권을 보전하기 위한 처분금지가처분의 등기 후 피보전권리 실현을 위한 저당권설정등기가 되면, 그 후 가처분등기가 말소되더라도 여전히 가처분등기 후에 등기된 권리의 취득이나 처분의 제한으로 가처분채권자의 저당권 취득에 대항할 수 없다." 따라서, "원고 명의의 저당권설정등기는 이 사건 가처분의 피보전권리 실현을 위한 등기로서, 이 사건 가처분등기 후에 등기된 강제경매개시결정에 의한 압류의 효력으로 원고의 저당권 취득에 대항할 수 없고, 이는 그 후 이 사건 가처분등기가 말소되었더라도 마찬가지이므로, 이 사건 건물의 각 전유부분 매각대금에서 원고의 저당권의 피담보채권은 피고에게 전부된 소외인의 채권보다 우선 배당되어야 한다."는 취지이다.

나. 배당순위표

배당순위를 표로 정리하면 다음과 같다(윤경·손흥수, 「부동산경매(2)」, 사법행정학회, 2017, 1876쪽/손진홍, 「부동산권리분석과 배당」, 법률정보센타, 2009, 187쪽 참조).

<표>

순위	① 조세채권의 법정기일 전에 설정된 저당권·전세권이 있는 때	순위	② 조세채권의 법정기일 후에 설정된 저당권·전세권이 있는 때	순위	③ 매각재산에 저당권 등의 피담보채권이 없는 때
1	집행비용	1	집행비용	1	집행비용
2	저당물의 제3취득자가 지출한 필요비·유익비(민법 제367조)	2	저당물의 제3취득자가 지출한 필요비·유익비	2	저당물의 제3취득자가 지출한 필요비·유익비
3	소액임차보증금, 최종 3월분 임금·퇴직금, 재해보상금	3	소액임차보증금, 최종 3월분 임금·퇴직금, 재해보상금	3	소액임차보증금, 최종 3월분 임금·퇴직금, 재해보상금
				4	<u>기타 임금, 근로관계채권</u>
4	** 당해세(집행목적물에 부과된 국세, 지방세, 가산금)	4	당해세, <u>조세 기타 동순위의 징수금</u>	5	당해세, <u>조세 기타 동순위의 징수금</u>
		5	납부기한이 저당권·전세권 등기보다 빠른 국민건강보험료, 국민연금보험료		

5	(국세, 지방세의)법정기일 전에 설정등기된 저당권·전세권의 피담보채권, 확정일자·등기임차권의 임차보증금	6	(국세, 지방세의) 법정기일 후에 설정된 저당권·전세권의 피담보채권		
6	**기타 임금, 근로관계채권**	7	**기타 임금, 근로관계채권**		
7	**국세·지방세 및 체납처분비, 가산금 등의 징수금**				
8	산업재해보상보험료, 국민건강보험료, 국민연금보험료, 고용보험료 등의 공과금	8	산업재해보상보험료, 납부기한이 저당권·전세권등기보다 늦은 국민건강보험료, 국민연금보험료 등의 공과금	6	조세 다음 순위의 공과금
9	일반채권, 재산형, 과태료, 국유재산 사용료·대부료·변상금	9	일반채권, 재산형, 과태료, 국유재산 사용료·대부료·변상금	7	일반채권, 재산형, 과태료, 국유재산 사용료·대부료·변상금

* 앞서 확인한 바와 같이 당해세는 원칙적으로 ① 최우선 순위의 임금채권과 ② 소액임차인의 보증금을 제외하고는 어떠한 채권에 대하여도 우선한다. 당해세의 법정기일은 고려할 필요가 없다. 다만, 개정 국세기본법(2023. 4. 1. 시행)에 따를 경우 국세인 당해세(상속세·증여세·종합부동산세)의 법정기일이 주택임차인의 확정일자(전세권의 설정일)보다 늦은 경우 그 당해세 배당(배분) 예정액에 한하여 주택임대차보증금(전세금)에 먼저 배당(배분)할 수 있도록 하였다(35조 7항 신설). 개정 지방세기본법(2023. 5. 4. 시행)에서도 당해세인 재산세·지역자원시설세(소방분에 대한 지역자원시설세만 해당)·지방교육세(재산세에 부가되는 지방교육세만 해당)의 법정기일이 임차인의 확정일자(전세권 설정일)보다 늦은 경우 그 배당(배분) 예정액에 한하여 주택임차보증금(전세금)에 먼저 배당(배분)할 수 있도록 하였다(71조 6항 신설). 따라서 위 <표>의 "① 조세채권의 **법정기일 전**에 설정된 저당권·전세권이 있는 때"의 4순위 "** 당해세"부분은 위 내용이 고려되어야 한다(박영호·김선형, 「부동산경매(2)」, 사법행정학회, 2023년, 2023쪽, 2046쪽 참고).

(1) 압류재산에 조세채권의 법정기일 전에 설정된 저당권·전세권으로 담보되는 채권이 있는 경우

(가) 제1순위: 집행비용

대법원 2021. 10. 14. 선고 2016다201197 판결(배당이의)에 의하면 "강제집행에 필요한 비용은 채무자가 부담하고 그 집행에 의하여 우선적으로 변상을 받는나(민사집행법 제53조 제1항). 집행비용은 집행권원 없이도 배당재단으로부터 각 채권액에 우선하여 배당받을 수 있다. 여기서 집행비용이란 각 채권자가 지출한 비용의 전부가 포함되는 것이 아니라 배당재단으로부터 우선변제를 받을 집행비용만을 의미한다. 이러한 집행비용에 해당하려면 강제집행을 직접 목적으로 하여 지출된 비용으로서 강제집행의 준비 및 실시를 위하여 필요한 비용이어야 하고, 나아가 집행절차에서 모든 채권자를 위해 체당한 공익비용이어야 한다(대법원 2010다79565 판결 등). 채권자가 현실적으로 지출한 비용이어도 당해 집행과 무관하거나 필요가 없는 것은 집행비용에 해당하지 않는다(대법원 2004마1043 결정). 집행비용에 관한 민사집행법 제53조 제1항은 담보권 실행을 위한 경매절차에도 준용된다(민사집행법 제275조). 부동산을 목적으로 하는 담보권 실행을 위한 경매절차에서 그 경매신청 전에 부동산의 소유자가 사망하였으나 그 상속인이 상속등기를 마치지 않아 경매신청인이 경매절차의 진행을 위하여 부득이 상속인을 대위하여 상속등기를 마쳤다면 그 상속등기를 마치기 위해 지출한 비용은 담보권 실행을 위한 경매를 직접 목적으로 하여 지출된 비용으로서 그 경매절차의 준비 또는 실시를 위하여 필요한 비용이고, 나아가 그 경매절차에서 모든 채권자를 위해 체당한 공익비용이므로 집행비용에 해당한다고 봄이 타당하다."는 취지이다.

대법원 2010다79565 판결에 의하면 사해행위취소 소송에 의하여 사해행위의 목적이 된 재산이 채무자의 책임재산으로 원상회복되고 그에 대한 강제집행절차가 진행된 사안에서, 사해행위취소 소송을 위하여 지출한 소송비용, 사해행위취소를 원인으로 한 말소등기청구권 보전을 위한 부동산처분금지가처분 비용, 사해행위로 마쳐진 소유권이전등기의 말소등기 비용은 위 집행에 의하여 우선적으로 변상받을 수 있는 '강제집행에 필요한 비용'에 해당하지 않는다는 취지이다. 소송비용은 원칙적으로 따로 그 확정판결을 받아 이를 집행권원으로 상대방의 재산에 대하여 강제집행을 할 수 있는 반면, 강제집행에 필요한 비용은 별도의 집행권원 없이 본래의 강제집행에 의하여 우선적으로 변상받는 점에서 차이가 있고, 채권자취소소송에서는 수익자 또는 전득자에게만 피고적격이 있어 그들이 소송비용을 부담하는데, 강제집행에 필요한 비용은 채무자가 부담하여 그 각 부담주체가 다르기 때문이다.

(나) 제2순위: 저당물의 제3취득자가 그 부동산의 보존·개량을 위하여 지출한 필요비·유익비(민법 제367조)

> 민법 제367조(제삼취득자의 비용상환청구권) 저당물의 제삼취득자가 그 부동산의 보존, 개량을 위하여 필요비 또는 유익비를 지출한 때에는 제203조 제1항, 제2항의 규정에 의하여 저당물의 경매대가에서 우선상환을 받을 수 있다.
>
> 민법 제203조(점유자의 상환청구권) ① 점유자가 점유물을 반환할 때에는 회복자에 대하여 점유물을 보존하기 위하여 지출한 금액 기타 필요비의 상환을 청구할 수 있다. 그러나 점유자가 과실을 취득한 경우에는 통상의 필요비는 청구하지 못한다.
>
> ② 점유자가 점유물을 개량하기 위하여 지출한 금액 기타 유익비에 관하여는 그 가액의 증가가 현존한 경우에 한하여 회복자의 선택에 좇아 그 지출금액이나 증가액의 상환을 청구할 수 있다.
>
> ③ 전항의 경우에 법원은 회복자의 청구에 의하여 상당한 상환기간을 허여할 수 있다.

대법원 2004다36604 판결(배당이의)에 의하면 "민법 제367조가 저당물의 제3취득자가 그 부동산에 관한 필요비 또는 유익비를 지출한 때에는 저당물의 경매대가에서 우선상환을 받을 수 있다고 규정한 취지는 저당권설정자가 아닌 제3취득자가 저당물에 관한 필요비 또는 유익비를 지출하여 저당물의 가치가 유지·증가된 경우, 매각대금 중 그로 인한 부분은 일종의 공익비용과 같이 보아 제3취득자가 경매대가에서 우선상환을 받을 수 있도록 한 것이므로 저당물에 관한 지상권, 전세권을 취득한 자만이 아니고 소유권을 취득한 자도 민법 제367조 소정의 제3취득자에 해당한다."는 취지이다. 위 판결은 '건물의 증축비용을 투자한 대가로 건물에 대한 지분이전등기를 경료받았으나 저당권의 실행으로 그 권리를 상실한 자는 건물에 관한 제3취득자로서 필요비 또는 유익비를 지출한 것이 아니므로 저당물의 경매대가에서 우선상환을 받을 수 없다고 한 사례'인데, 위 판결의 이유를 확인하면 "이 사건 관광호텔 건물의 증축은 원고의 투자를 받은 동성관광개발에 의하여 이루어진 것이고, 원고는 그 투자에 대한 대가로 이 사건 관광호텔 건물에 관한 지분이전등기를 경료받았다가 저당권의 실행으로 인하여 그 권리를 상실하게 된 것에 불과한 이상, 원고가 이 사건 관광호텔 건물에 관한 제3취득자로서 필요비 또는 유익비를 지출한 것으로 볼 수 없으므로, 원심의 위와 같은 잘못은 판결 결과에는 영향을 미치지 아니한 것으로 보아야 할 것이다. 결국, 이에 관한 상고이유의 주장은 이유 없다."는 취지이다.

(다) 제3순위: 소액임차보증금채권(주임법 제8조 제1항, 상임법 제14조 제1항, 국세기본법 제35조 제1항 제4호, 지방세기본법 제71조 제1항 제4호), 최종 3개월분 임금·최종 3년간의 퇴직금·재해보상금채권(근로기준법 제38조 제2항, 근로자 퇴직급여보장법 제12조 제2항, 국세기본법 제35조 제1항 제5호, 지방세기본법 제71조 제1항 제5호).

최종 3월분의 임금, 최종 3년간의 퇴직금, 재해보상금은 주택임대차보호법 제8조에 의한 소액보증금채권, 상가건물임대차보호법 제14조 제1항의 소액보증금채권과는 다 같은 우선채권으로 동순위로 배당한다.

대법원 2001다66291 판결(배당이의)에 의하면 "주택임대차보호법 제8조에 규정된 소액보증금반환청구권은 임차목적 주택에 대하여 저당권에 의하여 담보된 채권, 조세 등에 우선하여 변제받을 수 있는 이른바 법정담보물권으로서, 주택임차인이 대지와 건물 모두로부터 배당을 받는 경우에는 마치 그 대지와 건물 전부에 대한 공동저당권자와 유사한 지위에 서게 되므로 대지와 건물이 동시에 매각되어 주택임차인에게 그 경매대가를 동시에 배당하는 때에는 민법 제368조 제1항을 유추적용하여 대지와 건물의 경매대가에 비례하여 그 채권의 분담을 정하여야 한다."는 취지이다.

대법원 2007다45562 판결에 의하면 "주택임대차보호법 제3조의2 제2항은 대항요건(주택인도와 주민등록전입신고)과 임대차계약증서상의 확정일자를 갖춘 주택임차인에게 부동산 담보권에 유사한 권리를 인정한다는 취지로서, 이에 따라 대항요건과 확정일자를 갖춘 임차인들 상호간에는 대항요건과 확정일자를 최종적으로 갖춘 순서대로 우선변제받을 순위를 정하게 되므로, 만일 대항요건과 확정일자를 갖춘 임차인들이 주택임대차보호법 제8조 제1항에 의하여 보증금 중 일정액의 보호를 받는 소액임차인의 지위를 겸하는 경우, 먼저 소액임차인으로서 보호받는 일정액을 우선 배당하고 난 후의 나머지 임차보증금채권액에 대하여는 대항요건과 확정일자를 갖춘 임차인으로서의 순위에 따라 배당을 하여야 하는 것이다."는 취지이다.

대법원 2001다83838 판결에 의하면 "근로기준법 제37조 제2항은 근로자의 최종 3월분의 임금 채권, 최종 3년간의 퇴직금 채권, 재해보상금 채권은 사용자의 총재산에 대하여 질권 또는 저당권에 의하여 담보된 채권, 조세, 공과금 및 다른 채권에 우선하여 변제되어야 한다고 규정하고 있는바, 위 규정상의 최종 3월분의 임금 채권이란 최종 3개월 사이에 지급사유가 발생한 임금 채권을 의미하는 것이 아니라, 최종 3개월간 근무한 부분의 임금 채권을 말한다."는 취지인바, 위 판결은 '구정, 추석, 연말의 3회에 걸쳐 각 기본급의 일정비율씩 상여금을 지급받고 그 상여금이 근로의 대가로 지급되는 임금의 성질을 갖는 경우, 근로기준법 소정의 우선변제권이 인정되는 상여금은 퇴직 전 최종 3개월 사이에 있는 연말과 구정의 각 상여금 전액이 아니라 퇴직 전 최종 3개월의 근로의 대가에 해당하는 부분이라고 한 사례'이다.

대법원 99마5143 판결에 의하면 "근로기준법 제37조 제2항에 의하면, 근로관계로 인한 채권 중 최종 3월분의 임금, 최종 3년간의 퇴직금, 재해보상금의 채권은 사용자의 총재산에 대하여 질권 또는 저당권에 의하여 담보된 채권, 조세·공과금 및 다른 채권에 우선하여 변제되어야 한다고 규정하고 있는바, 위와 같은 임금 등 채권의 최우선변제권은 근로자의 생활안정을 위한 사회정책적 고려에서 담보물권자 등의 희생 아래 인정되고 있는 점, 민법 제334조, 제360조 등에 의하면 공시방법이 있는 민법상의 담보물권의 경우에도 우선변제권이 있는 피담보채권에 포함되는 이자 등 부대채권 및 그 범위에 관하여 별도로 규정하고 있음에 반하여, 위 근로기준법의 규정에는 최우선변제권이 있는 채권으로 원본채권만을 열거하고 있는 점 등에 비추어 볼 때, 임금 등에 대한 지연손해금 채권에 대하여는 최우선변제권이 인정되지 않는다고 봄이 상당하다."는 취지이다.

대법원 2008다13623 판결에 의하면 "변제할 정당한 이익이 있는 자가 채무자를 위하여 근저당권의 피담보채무의 일부를 대위변제한 경우, 대위변제자는 변제한 가액의 범위 내에서 종래 채권자가 가지고 있던 채권 및 담보에 관한 권리를 법률상 당연히 취득하게 되지만 이때에도 채권자는 대위변제자에 대하여 우선변제권을 가진다. 이러한 법리는 근로복지공단이 최우선변제권이 있는 최종 3개월분의 임금과 최종 3년분의 퇴직금 중 일부를 체당금으로 지급하고 그에 해당하는 근로자의 임금 등 채권을 대위하여 행사하는 경우에도 그대로 적용되어 최우선변제권이 있는 근로자의 나머지 임금 등 채권이 공단이 대위하는 채권에 대하여 우선변제권을 갖는다고 보아야 한다."는 취지이다.

(라) 제4순위: 당해세. 즉, 집행의 목적물에 대하여 부과된 국세, 지방세와 가산금(국세기본법 제35조 제1항 제3호, 지방세기본법 제71조 제1항 제3호).

당해세는 매각부동산 자체에 대하여 부과된 조세와 가산금을 말한다. 예를 들어 경매에 부쳐진 부동산 그 자체에 부과된 재산세가 이에 해당하는데, 당해세는 그 법정기일 전에 설정된 저당권 등으로 담보된 채권보자 우선하며 이를 '당해세 우선의 원칙'이라고 한다.

국세 중에서는 상속세, 증여세(그 부동산 자체에 부과된 것), 종합부동산세 등이 당해세에 해당하고, 지방세 중에서는 재산세, 자동차세, 도시계획세, 공동시설세, 지방교육세(재산세와 자동차세분에 한함) 등이 당해세에 해당한다.

대법원 2000다47972 판결에 의하면 "국세기본법 제35조 제1항 제3호는 공시를 수반하는 담보물권과 관련하여 거래의 안전을 보장하려는 사법적(私法的) 요청과 조세채권의 실현을 확보하려는 공익적 요청을 적절하게 조화시키려는데 그 입법의 취지가 있으므로, 당해세가 담보물권에 의하여 담보되는 채권에 우선한다고 하더라도 이로써 담보물권의 본질적 내용까지 침해되어서는 아니 되고, 따라서 같은 법 제35조 제1항 제3호 단서에서 말하는 '그 재산에 대하여 부과된 국세'라 함은 담보물권을 취득하는 사람이 장래 그 재산에 대하여 부과될 것을 상당한 정도로 예측할 수 있는 것으로서 오로지 당해 재산을 소유하고 있는 것 자체에 담세력을 인정하여 부과되는 국세만을 의미하는 것으로 보아야 한다(대법원(전합) 96다23184 판결). 위와 같은 사실관계에 의하면, 이 사건 증여세는 이 사건 부동산 자체에 관하여 부과된 것이고, 이 사건 근저당권설정 당시 이미 등기부상 증여를 원인으로 하여 근저당설정자인 송상익 명의로 소유권이전등기가 마쳐져 있었으므로 근저당권자인 피고로서는 장래 이 사건 증여를 과세원인으로 하여 증여세가 부과될 것을 상당한 정도로 예측할 수 있다고 봄이 상당할 것이고, 따라서 이 사건 증여세는 국세기본법 제35조 제1항 제3호 단서에서 말하는 '그 재산에 대하여 부과된 국세', 즉 이른바 당해세에 해당한다고 할 것이다."는 취지이다.

(마) 제5순위: 국세 및 지방세의 법정기일 전에 설정등기된 저당권·전세권으로 담보되는 채권(국세기본법 제35조 제2항, 지방세기본법 제71조 제1항 제3호, 가등기담보 등에 관한 법률 제13조).

국세나 지방세의 법정기일은 각 조세의 종류마다 규정되어 있다(국세기본법 제35조 제2항 제3호, 지방세기본법 제71조 제1항 제3호). 확정일자 있는 임차보증금채권은 저당권으로 담보되는 채권과 같은 순위로 취급한다. 가등기담보 등에 관한 법률 제16조 제2항에 해당하는 담보가등기권리자가 집행법원이 정한 기간 안에 채권신고를 한 경우에도 저당권과 같이 취급한다.

제16조(강제경매 등에 관한 특칙) ① 법원은 소유권의 이전에 관한 가등기가 되어 있는 부동산에 대한 강제경매 등의 개시결정(開始決定)이 있는 경우에는 가등기권리자에게 다음 각 호의 구분에 따른 사항을 법원에 신고하도록 적당한 기간을 정하여 최고(催告)하여야 한다. 1. 해당 가등기가 담보가등기인 경우: 그 내용과 채권[이자나 그 밖의 부수채권(附隨債權)을 포함한

> 다]의 존부(存否)·원인 및 금액 2. 해당 가등기가 담보가등기가 아닌 경우: 해당 내용
> ② 압류등기 전에 이루어진 담보가등기권리가 매각에 의하여 소멸되면 제1항의 채권신고를 한 경우에만 그 채권자는 매각대금을 배당받거나 변제금을 받을 수 있다. 이 경우 그 담보가등기의 말소에 관하여는 매수인이 인수하지 아니한 부동산의 부담에 관한 기입을 말소하는 등기의 촉탁에 관한 「민사집행법」 제144조제1항 제2호를 준용한다.
> ③ 소유권의 이전에 관한 가등기권리자는 강제경매 등 절차의 이해관계인으로 본다.

대법원 2007다25278 판결에 의하면 "가등기담보 등에 관한 법률 제16조는 소유권의 이전에 관한 가등기가 되어 있는 부동산에 대한 경매 등의 개시결정이 있는 경우 법원은 가등기권리자에 대하여 그 가등기가 담보가등기인 때에는 그 내용 및 채권의 존부·원인 및 수액을, 담보가등기가 아닌 경우에는 그 내용을 법원에 신고할 것을 상당한 기간을 정하여 최고하여야 하고(제1항), 압류등기 전에 경료된 담보가등기권리가 매각에 의하여 소멸하는 때에는 제1항의 채권신고를 한 경우에 한하여 그 채권자는 매각대금의 배당 또는 변제금의 교부를 받을 수 있다고 규정하고 있으므로(제2항), 위 제2항에 해당하는 담보가등기권리자가 집행법원이 정한 기간 안에 채권신고를 하지 아니하면 매각대금의 배당을 받을 권리를 상실한다."는 취지이다.

(바) 제6순위: 근로기준법 제38조 제2항의 임금 등 및 근로자퇴직급여보장법 제12조 제2항의 퇴직금을 제외한 임금 등, 그 밖의 근로관계로 말미암은 채권(근로기준법 제38조 제1항, 근로자퇴직급여보장법 제12조 제1항)

위와 같은 '근로관계채권'은 저당권에 의하여 담보되는 채권보다는 후순위, 당해세를 포함한 조세·공과금 및 일반채권보다는 선순위이다(근로기준법 제38조 제1항 본문, 근로자퇴직급여보장법 제12조 제1항 본문, 국세기본법 제35조 제1항, 지방세기본법 제71조 제1항 제5호). 다만, 조세·공과금이 저당권에 우선하는 경

우에는 조세·공과금, 저당권에 의하여 담보되는 채권, 근로관계채권의 순서이다(근로기준법 제38조 제1항 단서, 근로자퇴직급여보장법 제12조 제1항 단서).

정리하자면, (1) 저당권과 조세 등 채권의 우열을 따져 저당권이 우선하는 경우에는 ① 저당권에 의하여 담보된 채권, ② 근로관계채권, ③ 조세 등 채권의 순위가 되고, (2) 조세 등 채권이 저당권에 우선하는 때에는 ① 조세 등 채권, ② 저당권에 의하여 담보된 채권, ③ 근로관계채권의 순위로 우선 변제된다. (3) 조세채권 중에서 당해세가 있는 경우에는 저당권에 우선하므로, 근로관계채권과 당해세 등 조세채권 및 저당권에 의하여 담보되는 채권을 동시에 배당할 때에는 ①－0 당해세 ① 저당권에 의하여 담보된 채권, ② 근로관계채권, ③ 조세 등 채권의 순위가 되고, (4) 조세 등 채권이 저당권에 우선하는 때에는 ①－0 당해세 ① 조세 등 채권, ② 저당권에 의하여 담보된 채권, ③ 근로관계채권의 순위가 된다. 배당에 참가한 채권 중에서 (5) 조세 등 채권이 없는 경우에는 근로관계채권은 항상 담보권에 의하여 담보된 채권의 후순위이고, (6) 담보권에 의하여 담보된 채권이 없는 경우에는 근로관계채권은 항상 당해세를 포함한 조세 등 채권에 우선한다.

(사) 제7순위: 국세, 지방세 등 지방자치단체의 징수금(국세기본법 제35조, 지방세기본법 제71조)

(아) 제8순위: 국세 및 지방세의 다음 순위로 징수하는 공과금 중 납부기한이 저당권, 전세권 설정등기 후인 국민건강보험료(국민건강보험법 제85조), 국민연금보험료(국민연금법 제98조), 고용보험료 및 산업재해보상보험료(산업재해보상보상법 제4조, 고용보험 및 산업재해보상보헙의 보험료징수 등에 관한 법률 제30조) 등

조세·가산금 및 체납처분비 이외의 채권이면서 국제징수법상의 체납처분의 예에 따라 징수할 수 있는 채권을 '공과금'이라고 부른다. 국민건강보험료, 국민연금보험료, 고용보험료 및 산업재해보상보험료 등이 이에 해당한다.

대법원 2004다44384 판결에 의하면 "국민연금법 제79조 제3항은 국민연금보

험료 기타 국민연금법에 의한 징수금의 징수에 관하여, 구 산업재해보상보험법(2003. 12. 31. 법률 제7049호로 개정되기 전의 것) 제74조 제1항은 산업재해보상보험료의 징수에 관하여, 각 보건복지부장관이나 노동부장관의 승인을 얻어 국세체납처분의 예에 의한다는 취지로 규정하고 있는바, 위 각 조항은 그 문언이나 법규정의 형식상 국세징수법 중 제3장에서 규정한 체납처분의 절차에 따라 국민연금보험료와 산업재해보상보험료를 강제징수할 수 있는 자력집행권이 있음을 규정한 것일 뿐이고, 나아가 위 각 조항에 의하여 국민연금보험료와 산업재해보상보험료 상호간에도 압류선착주의를 규정한 국세기본법 제36조가 준용된다고 보기는 어렵다."는 취지이므로 국민연금보험료와 산업재해보험료 상호간에 압류선착주의는 적용되지 않는다.

공과금채권은 그 납부기한 전에 설정된 저당권 등에 대하여는 우선하지 못하나, 그 납부기한 후에 설정된 저당권 등과 기타 일반채권에 우선한다. 다만, 위 보험료(공과금채권)가 납부기한 후에 설정된 저당권 등보다 우선한다고 하더라도 조세채권에 우선하는 것은 아니므로 위 보험료(공과금채권)의 납부기한 후에 설정된 저당권보다 후순위의 조세가 있을 경우에는 저당권보다 우선하는 보험료채권(공과금채권)과 저당권부채권 및 저당권보다 후순위의 조세채권 사이에 순환관계가 성립한다.

결국 국민건강보험법상의 의료보험료의 배당순위를 정리하면, ① '조세채권' 또는 '보험료 납부기한 이전에 설정된 저당권,' ② 의료보험료, ③ '일반채권' 또는 '보험료 납부기한 이후에 설정된 저당권'의 순서가 된다.

(2) 압류재산에 조세채권의 법정기일 후에 설정된 저당권·전세권으로 담보되는 채권이 있는 경우

(가) 제1순위, 제2순위, 제3순위는 앞서 확인한 것과 동일하다.

(나) 제4순위: 조세 그 밖에 이와 같은 순위의 징수금(당해세 포함)

국세, 지방세, 관계 및 그 가산금과 체납처분비는 다른 공과금 기타 채권에 우선하여 징수한다(국세기본법 제35조 제1항, 지방세기본법 제71조 제1항, 관세법 제3조 제2항).

(다) 제5순위: 조세 다음의 순위는 공과금 중 납부기한이 저당권·전세권의 설정등기보다 앞서는 의료보험료, 연금보험료

(라) 제6순위: 저당권·전세권으로 담보되는 채권

(마) 제7순위: 임금 그 밖의 근로관계로 말미암은 채권

제1순위인 '최종 3월분의 임금 등 채권'을 제외한 '근로관계채권'은 저당권 등에 의하여 담보된 채권에는 후순위, 조세 등 채권(당해세 포함)에는 선순위이다, 다만 담보권에 우선하는 조세 등에는 우선하지 못하므로(근로기준법 제38조 제1항), 담보권과 조세채권의 우열을 따져 담보권이 우선하는 경우에는 담보권에 의하여 담보된 채권, 근로관계채권, 조세 등 채권의 순위가 되고, 조세 등 채권이 담보권에 우선하는 때에는 조세 등 채권, 담보권에 의하여 담보된 채권, 근로관계채권의 순서로 우선 변제된다.

조세채권 중에서 당해세가 있는 경우에는 당해세는 항상 담보권 등에 우선하므로 ① 당해세 ② 저당권 등으로 담보된 채권 ③ 근로관계채권 ④ 기타의 조세 등 채권의 순위가 되거나, ① 당해세 ② 그 밖의 조세 등 채권 ③ 저당권 등에 의하여 담보된 채권 ④ 근로관계채권의 순위가 된다. 배당에 참가한 채권 중에서 조세 등 채권이 없는 경우에는 근로관계채권은 항상 담보권에 의하여 담보된 채권의 후순위이고, 담보권에 의하여 담보된 채권이 없는 경우에는 근로관계채권은 항상 당해세를 포함한 조세 등 채권에 우선한다.

(바) 제8순위: 조세 다음 순위의 공과금 중 산업재해보상보험료 그 밖의 징수금, 구 의료보험료, 구 연금보험료 및 납부기한이 저당권·전세권의 설정등기보다 뒤인 의료 보험료, 연금보험료

(사) 제9순위: 일반채권

(3) 압류재산에 저당권 등으로 담보되는 채권이 없는 경우

(가) 제1순위, 제2순위, 제3순위는 앞서 확인한 것과 동일하다.

(나) 제4순위: 임금 그 밖의 근로관계로 말미암은 채권
(다) 제5순위: 조세 그 밖에 이와 같은 순위의 징수금(당해세 포함)
(라) 제6순위: 조세 다음 순위의 공과금
(마) 제7순위: 일반채권

5. 구체적인 배당사례

가. 안분흡수배당 및 순환흡수배당(실무)

배당받을 채권자 사이에 배당순위가 고정되지 아니하고 채권자들 사이에 우열관계가 상대에 따라 변동이 있는 경우에 판례와 실무는 관계된 각 채권자의 채권을 비례하여 안분한 후(1단계), 각각 자신의 채권액 중 1단계에서 안분 받지 못한 금액에 달할 때까지 자신에게 열후하는 채권자의 안분 액을 흡수(2단계)하여 그 결과를 배당한다. 다만, 서로 상호순위가 모순되는 관계에 있는 경우에는 채권자들 사이의 관계에서 순환관계가 끝없이 되풀이 되는데, 이러한 경우에는 이른바 안분 후 순환흡수배당을 하게 된다. 순환은 1회만 이루어진다.

나. 사례 1(배당재단이 6,000만원)

일자	권리내용	권리자	1차 안분	배당 금액
1월 1일	가압류 2,000만원	갑	1,500만원	1,500만원
2월 1일	저당권 3,000만원	을	2,250만원	3,000만원
3월 1일	압류 3,000만원	병	2,250만원	1,500만원

가압류 후에 저당권을 취득한 자는 가압류의 처분금지효 때문에 가압류권자와 동순위로 배당을 받고(법원은 갑의 배당금 1,500만원을 공탁하게 되고 갑이 채

무자를 상대로 소송을 제기하여 승소판결을 받아 위 공탁금을 회수), 저당권자보다 후순위 권리자의 배당을 흡수한다. 배당재단이 6,000만원이라고 가정할 경우 안분 후 흡수배당을 하면 갑은 1,500만원, 을은 3,000만원, 병은 1,500만원을 배당받게 된다. 즉 안분배당하면 갑은 1,500만원(6,000×2,000/(2,000+3,000+ 3,000)), 을은 2,250만원(6,000×3,000/(2,000+3,000+3,000)), 병은 2,250만원(6,000×3,000/(2,000+3,000+3,000))을 배당하게 되나, 근저당권자 을은 후순위 권리자인 병으로부터 부족액 750만원(=3,000만원−2,250만원)을 흡수하게 되어 결과적으로 갑은 1,500만원, 을은 3,000만원, 병은 1,500만원을 배당받게 되는 것이다.

대법원 94마417 결정에 의하면 "부동산에 대하여 가압류등기가 먼저 되고 나서 근저당권설정등기가 마쳐진 경우에 그 근저당권등기는 가압류에 의한 처분금지의 효력 때문에 그 집행보전의 목적을 달성하는 데 필요한 범위 안에서 가압류채권자에 대한 관계에서만 상대적으로 무효라 할 것인바(대법원 86다카2570 판결), 이 경우 가압류채권자와 근저당권자 및 위 근저당권설정등기 후 강제경매신청을 한 압류채권자 사이의 배당관계에 있어서, 근저당권자는 선순위 가압류채권자에 대하여는 우선변제권을 주장할 수 없으므로 1차로 채권액에 따른 안분비례에 의하여 평등배당을 받은 다음, 후순위 경매신청압류채권자에 대하여는 우선변제권이 인정되므로 경매신청압류채권자가 받을 배당액으로부터 자기의 채권액을 만족시킬 때까지 이를 흡수하여 배당받을 수 있다 할 것이다(대법원 91다44407 판결)."라는 취지이다.

다만 가압류의 피보전권리에 우선변제권이 존재하는 주택임차인(인도, 전입신고, 확정일자 확보) 또는 임금채권자 등이 가압류를 한 경우라면 가압류가 우선 배당된다. 즉 대법원 2002다52312 판결에 의하면 "근로기준법에 의하여 우선변제청구권을 갖는 임금채권자라고 하더라도 임의경매절차에서 배당요구의 종기까지 배당요구를 하여야만 우선배당을 받을 수 있는 것이 원칙이나, 경매절차개시 전의 부동산 가압류권자는 배당요구를 하지 않았더라도 당연히 배당요구를 한 것과 동일하게 취급하여 설사 그가 별도로 채권계산서를 제출하지 아니하였다 하여도 배당에서 제외하여서는 아니 되므로, 민사집행절차의 안정성을 보장하여야 하는 절차법적 요청과 근로자의 임금채권을 보호하여야 하는 실체법적 요청을 형량하여 보면 근로기준법상 우선변제권이 있는 임금채권자가 경매절차개시 전에 경매목적 부동산을 가압류한 경우에는 배당요구의 종기까지 우선권 있는 임금채권임을 소명하지 않았다고 하더라도 배당표가 확정되기 전까지 그 가압류의 청구채권이 우선변제권 있는 임금채권임을 소명하면 우선배당을 받을 수 있다."는 취지이다.

다. 사례 2(배당재단이 6,000만원)

일자	권리내용	권리자	1차 안분	배당 금액
1월 5일	가압류 4,000만원	갑	1,500만원	1,500만원
2월 7일	저당권 4,000만원	을	1,500만원	4,000만원
3월 7일	가압류 4,000만원	병	1,500만원	250만원
4월 8일	근저당 4,000만원	정	1,500만원	250만원
11월 5일	갑의 강제경매신청			

1차로 안분하여 가압류권자 갑에게 1,500만원, 저당권자 을에게 1,500만원, 압류권자 병에게 1,500만원, 근저당권자 정에게 1,500만원을 배당한다. 최종적으로 가압류권자 갑에게는 1,500만원이 배당되고, 저당권자인 을이 자신의 채권에서 모자라는 2,500만원을 병과 정의 배당액 합계 3,000만원에서 흡수하되 동순위인 병과 정으로부터 1:1의 비율로 각 1,250원을 흡수하므로, 가압류권자 병과 근저당권자 정은 각 250만원씩 배당한다.

참고로 경매등기 후에 '담보권을 설정하고 이에 기하여 배당요구한 채권자', '가압류를 하고 배당요구를 한 채권자', '집행권원에 의하여 배당요구를 한 일반 채권자' 등이 혼재한 경우에 이들 상호간에 있어서 저당권자 등 담보권자는 '담보권취득 후에 (가)압류나 배당요구를 한 채권자'에 대하여는 우선권이 인정되나, '담보권취득 전에 (가)압류나 배당요구를 한 채권자'에 대한 관계에서는 동순위로 배당한다(윤경·손흥수, 「부동산경매(2)」, 사법행정학회, 2017(1881쪽)).

라. 사례 3(배당재단이 5,000만원)

일자	권리내용	권리자	1차 안분	배당 금액
7월 23일	가압류 4,000만원	갑	2,000만원	500만원
8월 7일	근저당권 2,000만원	을	1,000만원	2,000만원
9월16일 (법정기일)	당해세 아닌 세금 3,000만원	병	1,500만원	2,500만원
10월 18일	가압류 1,000만원	정	500만원	0원
11월 19일	을의 임의경매신청			

위에서 보는 것처럼, 1차 안분배당을 한 후에 근저당권자 을이 후순위자로부터 흡수한다. 을의 채권에 달하지 못하는 금액은 1,000만원이다. 을은 병과 정 중에서 후순위자인 정으로부터 500만원을 먼저 흡수한 후에, 모자라는 500만원을 추가로 병으로부터 흡수한다. 결국 을의 배당금액은 2,000만원이 된다. 조세권자인 병은 1차 안분된 금액 1,500만원이 조세채권 3,000만원에 미치지 못하는 1,500만원만을 흡수할 수 있는데, 후순위자 정으로부터는 흡수할 돈이 없어 흡수하지 못하고, 갑으로부터만 1,500만원을 흡수한다(선순위 가압류와 후순위 근저당권이 동순위인 것과 구별).

마. 사례 4(배당재단이 6,000만원)

일자	권리내용	권리자	말소기준 (인수/소멸)	1차 안분	배당 금액
10월 5일 (법정기일)	조세 2,000만원	갑 (교부 청구)	소멸	1,500만원	1,750만원
12월 3일	근저당권 5,000만원	을	말소기준	3,750만원	4,000만원
3월 2일	조세 1,000만원(압류)	병	소멸	750만원	250만원
4월 6일	을의 임의경매신청				

<계산 과정>

권리자	1차 안분	2차 계산	3차 계산	최종 배당금액
갑(교부청구)	1,500만원	1,500만원	1,250만원	1,750만원
을	3,750만원	4,500만원	4,500만원	4,000만원
병	750만원	0원	250만원	250만원

조세채권자 갑은 법정기일이 을보다 앞서기 때문에 을에 우선한다. 근저당권자 을은 그 설정일이 병의 법정기일보다 빠르므로 병에 우선한다. 병은 압류선착주의에 의해 법정기일은 늦지만 조세채권자 갑에 우선한다. 이런 경우에 안분 후에 순환흡수 배당을 하는데 순환은 1회로 한정된다. 순환흡수 배당을 할 때는 근저당권을 기준으로 하는 것이 간명하다. 근저당권자 을은 조세채권자 병보다 설정일이 앞서므로 병으로부터 안분액이 청구채권액에 부족한 1,250만원을 흡수할 수 있다. 그런데 병이 750만원 밖에 없으므로 이를 모두 흡수한다. 병은 0원으로 되고 을은 그 배당액이 4,500만원이 된다. 조세권자 병은 압류선착주의에 의하여 갑보다 우선하므로 갑으로부터 안분액이 청구채권액에 미치지 못하는 250만원을 흡수한다. 병은 이미 을에게 빼앗긴 돈을 다시 갑으로부터 빼앗을 수 있는 것이 아니며, 흡수할 수 있는 금액은 청구채권액과 안분액의 차액에 한정된다. 이렇게 하면 갑에게는 안분액 중에서 1,250만원이 남는다. 조세권자 갑은 법정기일이 근저당권자 을보다 앞서므로 자신의 안분액이 청구채권액에 미치지 못하는 500만원을 을의 압분액으로부터 흡수한다. 갑의 배당액은 안분액 중 남은 1,250만원과 흡수액 500만원을 합한 1,750만원이 되고, 을의 배당액은 안분액 중에서 남은 금액 3,250만원(3,750만원－갑의 흡수액 500만원)과 흡수액 750만원을 합한 4,000만원이 된다. 채권자들 사이의 순환흡수는 1회 순환에 한정된다(손진홍, 「부동산권리분석과 배당」, 법률정보센타, 2009(192쪽)).

6. 제13강 체크포인트

배당요구란 다른 채권자에 의하여 개시된 집행절차에 참가하여 그 매각대금에서 변제를 받으려는 집행법상의 행위로 권리신고를 통해 이해관계인이 되지만 배당요구는 별도로 해야 한다. 배당요구를 하지 않아도 당연히 배당이 되는 채권자도 있고, 배당요구를 해야만 배당이 이루어지는 채권자가 있다. 배당요구가 필요한 채권자들은 대체로 경매법원에서 알기 어려운 채권자들이다. 배당요구는 첫 매각기일 이전으로 집행법원이 정한 배당요구의 종기까지 할 수 있다. 배당요구를 해야 배당을 받을 수 있는 채권자가 배당요구를 하지 않으면 배당을 받을 수 없을 뿐만 아니라 그 뒤 배당을 받은 후순위자를 상대로 부당이득반환청구도 할 수 없다.

경매신청채권자가 등록면허세 등을 절감하기 위하여 신청단계에서 경매신청서에 집행권원상의 채권 또는 피담보채권 중 일부를 한정하여 기재하였다가 그 후 채권계산서 제출을 하면서 당초의 청구금액을 확정하여 기재하는 경우가 있다. 이를 '청구금액의 확장'이라고 하는데, 강제경매의 경우 청구금액의 확장은 인정되지 않고 채권의 일부청구를 한 경우에 배당요구 종기까지 배당요구를 하면 나머지 채권을 배당받을 수 있다. 담보권실행경매의 경우에 경매신청서에 피담보채권의 원금 중 일부만 청구금액으로 경매신청을 한 경우에 청구금액의 확장은 허용되지 않고 배당요구 종기까지 이중압류를 해야 나머지 채권에 대한 배당이 가능하다.

배당표에 이의가 있으면 그 부분에 한하여 배당표가 확정되지 않는다. 이의한 채권자가 적법한 배당이의의 소송을 제기한 경우에 그에 대한 배당액은 공탁된다. 채무자는 배당기일에 출석하여 이의할 수 있을 뿐만 아니라 배당표원안이 비치된 이후에는 배당기일이 끝날 때까지 서면으로 이의할 수 있다. 다만 채권자는 반드시 배당기일에 출석하여 이의를 해야 한다. 채권자나 채무자가 이의를 한 경우에 배당이의의 소를 제기하고 배당기일로부터 1주 이내에 그 소제기 사실을 배당법원에 증명해야 한다. 위 기간을 넘긴 채권자는 배당표에 따라 배당받은 다른 채권자에 대하여 차후 부당이득반환청구를 할 수 있다.

배당순위의 결정 기준일은 조세는 법정기일, 저당권·전세권 등은 설정등기일이 된다. 국세나 지방세의 법정기일은 교부청구를 하면서 기재하는 것이 일반적이다. 재화의 수입에 대한 부가가치세의 납세의무는 세관장에게 과세표준과 세액을 신고하는 때에 확정되는 것이므로 신고시가 법정기일이다. 그러나 과세표준과 세액을 신고하지 않거나 신고 내용에 오류 등이 있어 과세표준과 세액을 정부가 결정 또는 경정하는 경우 그 결정하는 때에 납세의무가 확정되므로 그 고지한 세액에 대하여는 납세고지서 발송일이 법정기일이다.

저당권 등의 설정일과 조세의 법정기일이 같은 날이면 조세채권이 우선하며, 납세담보물 매각의 경우에 담보된 조세와 선행압류 조세의 순위는 담보된 조세가 우선한다. 당해세는 최선순위 임금채권과 소액임차인의 보증금을 제외하고는 어떠한 채권에 대하여도 우선한다. 다만, 주택임차인의 확정일자(전세권의 설정일)보다 당해세의 법정기일이 늦은 경우는 예외이다. (근)저당권설정등기청구권을 보전하기 위하여 처분금지가처분을 한 경우에 순위기산일은 '저당권설정등기일'이 아니라 '가처분기입등기일'이다.

(1) 저당권과 조세 등 채권의 우열을 따져 저당권이 우선하는 경우에는 ① 저당권에 의하여 담보된 채권, ② 근로관계채권, ③ 조세 등 채권의 순위가 되고, (2) 조세 등 채권이 저당권에 우선하는 때에는 ① 조세 등 채권, ② 저당권에 의하여 담보된 채권, ③ 근로관계채권의 순위로 우선 변제된다. (3) 조세채권 중에서 당해세가 있는 경우에는 저당권에 우선하므로, 근로관계채권과 당해세 등 조세채권 및 저당권에 의하여 담보되는 채권을 동시에 배당할 때에는 ①-0 당해세 ① 저당권에 의하여 담보된 채권, ② 근로관계채권, ③ 조세 등 채권의 순위가 되고, (4) 조세 등 채권이 저당권에 우선하는 때에는 ①-0 당해세 ① 조세 등 채권, ② 저당권에 의하여 담보된 채권, ③ 근로관계채권의 순위가 된다. 배당에 참가한 채권 중에서 (5) 조세 등 채권이 없는 경우에는 근로관계채권은 항상 담보권에 의하여 담보된 채권의 후순위이고, (6) 담보권에 의하여 담보된 채권이 없는 경우에는 근로관계채권은 항상 당해세를 포함한 조세 등 채권에 우선한다.

제14강
배당이의의 소 · 채권자취소권 · 부당이득반환청구

제14강
배당이의의 소 · 채권자취소권 · 부당이득반환청구

1. 배당이의의 소

가. 의의

배당이의의 소는 배당표에 대한 이의를 진술한 자가 그 이의를 관철하기 위하여 배당표의 변경을 구하는 소이다. 배당이의의 소에 대하여는 이의 있는 채권자가 실체상 권리의 존재를 전제로 하여 배당법원이 작성한 배당표의 변경을 명하는 판결 또는 이를 취소하여 새로운 배당표의 작성을 명하는 판결을 구하는 소송법상의 형성소송이라고 보는 것이 일반적이다.

나. 당사자 적격

원고는 배당기일에 배당표의 기재에 대하여 이의를 진술한 채권자이다. 집행력 있는 집행정본이 없는 채권자에 대하여 채무자가 이의한 경우에 채무자도 배당이의의 소의 원고가 된다. 그러나 채무자가 집행력 있는 집행권원의 정본을 가진 채권자에 대하여 배당이의를 한 경우에는 배당이의 소를 제기할 수 없고 청구이의의 소를 제기해야 한다. 배당이의의 소의 피고는 그 배당이의의 상대방으로서 그에 동의하지 아니한 채권자이다.

> 민사집행법 제154조(배당이의의 소 등) ① 집행력 있는 집행권원의 정본을 가지지 아니한 채권자(가압류채권자를 제외한다)에 대하여 이의한 채무자와 다른 채권자에 대하여 이의한 채권자는 배당이의의 소를 제기하여야 한다.
> ② 집행력 있는 집행권원의 정본을 가진 채권자에 대하여 이의한 채무자는 청구이의의 소를 제기하여야 한다.
> ③ 이의한 채권자나 채무자가 배당기일부터 1주 이내에 집행법원에 대하여 제1항의 소를 제기한 사실을 증명하는 서류를 제출하지 아니한 때 또는 제2항의 소를 제기한 사실을 증명하는 서류와 그 소에 관한 집행정지재판의 정본을 제출하지 아니한 때에는 이의가 취하된 것으로 본다.

대법원 79다1846 판결에 의하면 "배당표에 대한 이의신청은 구술에 의해서만 가능하고 서면에 의한 이의신청은 허용되는 것이 아니므로 채권자가 미리 이의신청서를 집행법원에 제출하였다고 하더라도 배당기일에 출석하지 아니하거나 출석한 경우에도 그 이의신청서를 진술하지 아니하였다면 이의신청을 하지 않은 것으로 되어 배당표에 대한 이의의 소를 제기할 수 없다."는 취지이다. 집행력 있는 정본이 없는 채권자에 대하여 채무자가 배당이의를 한 경우에는 채무자도 배당이의의 소의 원고가 된다. 그러나 채무자가 집행력 있는 정본을 가진 채권자에 대하여 배당이의를 한 경우에는 배당이의의 소를 제기할 수 없고 청구이의의 소를 제기하여야 한다. 채무자는 배당기일에 출석하여 이의를 한 경우뿐만 아니라 배당기일에 불출석하였더라도 배당표원안이 비치된 이후에 배당기일이 끝날 때까지 서면으로 이의한 경우에는 원고적격이 인정된다(민사집행법 제151조 제1항, 제2항).

대법원 2020. 10. 15. 선고 2017다228441 판결(배당이의 및 청구이의 및 채무부존재확인)에 의하면 "배당절차에서 작성된 배당표에 대하여 채무자가 이의하는 경우, 집행력 있는 집행권원의 정본을 가지지 않은 채권자에 대하여 이의한 채무자는 배당이의의 소를 제기해야 하고(민사집행법 제154조 제1항), 집행력 있는 집행권원의 정본을 가진 채권자에 대하여 이의한 채무자는 집행권원의 집행력을 배제시켜야 하므로 청구이의의 소를 제기해야 한다(같은 조 제2항). 다만 확정되지 않은 가집행선고 있는 판결에 대해서는 청구이의의 소를 제기할 수 없고(같은 법 제44조 제1항), 이에 대해 상소를 제기하거나 집행정지결정을 받을 수 있는 채무자가 채권의 존재 여부나 범위를 다투기 위해 배당이의의 소를 제기할 수 있는 것도 아니다(대법원 2013다86403 판결 참조). 그러나 가집행선고는 그 선고 또는 본안판결을 바꾸는 판결의 선고로 바뀌는 한도에서 효력을 잃게 되므로(민사소송법 제215조), 만일 가집행선고 있는 제1심 판결이 항소심에서 전부 취소되어 가집행선고의 효력도 상실되었다면 더 이상 집행력 있는 집행권원의 정본을 가진 채권자가 아니다. 채무자가 가집행선고 있는 제1심 판결을 가진 채권자를 상대로 채권의 존부와 범위를 다투기 위해 제기한 배당이의의 소는 부적법하지만, 배당이의소송 도중 가집행선고 있는 제1심 판결이 항소심에서 전부 취소되었고 그대로 확정되기까지 하였다면 위와 같은 배당이의 소의 하자는 치유된다고 보아야 한다. 이러한 배당이의 소의 하자 치유 여부는 특별한 사정이 없는 한 사실심 변론종결일을 기준으로 판단해야 한다. 배당이의의 소에서 원고는 배당기일 후 사실심 변론종결일까지 발생한 사유도 이의 사유로 주장할 수 있다(대법원 2015다10523 판결 참조). 채권자가 받은 가집행선고 있는 제1심 판결이 항소심에서 전부 취소되어 그대로 확정되었다면 채권자는 배당받을 지위를 상실하므로, 위와 같은 제1심 판결의 취소는 배당이의의 소에서 배당이의 사유가 될 수 있다."는 취지이다.

다. 관할법원

배당을 실시한 집행법원이 속한 지방법원이 관할한다(민사집행법 제156조 제1항 본문). 이러한관할은 전속관할이다(민사집행법 제21조). 사물관할은 일반원칙에 따르되(민사집행법 제156조 제1항 단서), 여러 개의 이의소송이 단독판사와 합의부에 따로따로 계속되면 합의부가 함께 관할하며, 이 경우 당사자가 합의하면 단독판사가 계속 관할할 수 있다(민사집행법 제156조 제2항, 제3항).

> 민사집행법 제156조(배당이의의 소의 관할) ① 제154조 제1항의 배당이의의 소는 배당을 실시한 집행법원이 속한 지방법원의 관할로 한다. 다만, 소송물이 단독판사의 관할에 속하지 아니할 경우에는 지방법원의 합의부가 이를 관할한다.
> ② 여러 개의 배당이의의 소가 제기된 경우에 한 개의 소를 합의부가 관할하는 때에는 그 밖의 소도 함께 관할한다.
> ③ 이의한 사람과 상대방이 이의에 관하여 단독판사의 재판을 받을 것을 합의한 경우에는 제1항 단서와 제2항의 규정을 적용하지 아니한다.

대법원 2021. 2. 16.자 2019마6102 결정(배당이의)에 의하면 "배당이의의 소는 배당을 실시한 집행법원이 속한 지방법원의 관할에 전속한다(민사집행법 제21조, 제156조 제1항). 한편 파산관재인은 소, 부인의 청구 또는 항변의 방법으로 부인권을 행사할 수 있는데, 부인의 소와 부인의 청구사건은 파산계속법원의 관할에 전속한다(채무자 회생 및 파산에 관한 법률(이하 '채무자회생법') 제396조 제3항, 제1항). 민사집행법과 채무자회생법의 위 관할 규정의 문언과 취지, 배당이의의 소와 부인의 소의 본질과 관계, 당사자 간의 공평이나 편의, 예측가능성, 배당이의의 소와 부인의 소가 배당을 실시한 집행법원이 속한 지방법원이나 파산계속법원에서 진행될 때 기대가능한 재판의 적정, 신속, 판결의 실효성 등을 고려하면, 파산관재인이 부인권을 행사하면서 그 원상회복으로서 배당이의의 소를 제기한 경우에는 채무자회생법 제396조 제3항이 적용되지 않고, 민사집행법 제156조 제1항, 제21조에 따라 배당을 실시한 집행법원이 속한 지방법원에 전속관할이 있다고 보는 것이 타당하다."는 취지이다.

라. 소송절차

원고가 배당이의소송의 첫 변론기일에 출석하지 아니하면 소를 취하한 것으로 본다(민사집행법 제158조).

민사집행법 제158조(배당이의의 소의 취하간주) 이의한 사람이 배당이의의 소의 첫 변론기일에 출석하지 아니한 때에는 소를 취하한 것으로 본다.

대법원 2005다41856 판결에 의하면 "변론준비절차는 변론이 효율적이고 집중적으로 실시될 수 있도록 당사자의 주장과 증거를 정리하여 소송관계를 뚜렷이 하기 위하여 마련된 제도로서 당사자는 변론준비기일을 마친 뒤의 변론기일에서 변론준비기일의 결과를 진술하여야 하는 등 변론준비기일의 제도적 취지, 그 진행방법과 효과, 규정의 형식 등에 비추어 볼 때, 민사집행법 제158조에서 말하는 '첫 변론기일'에 '첫 변론준비기일'은 포함되지 않는다."는 취지이다. 배당절차의 신속한 종결을 위하여 민사소송법 제268조의 특칙을 둔 것이다.

민사소송법 제268조(양쪽 당사자가 출석하지 아니한 경우) ① 양쪽 당사자가 변론기일에 출석하지 아니하거나 출석하였다 하더라도 변론하지 아니한 때에는 재판장은 다시 변론기일을 정하여 양쪽 당사자에게 통지하여야 한다. ② 제1항의 새 변론기일 또는 그 뒤에 열린 변론기일에 양쪽 당사자가 출석하지 아니하거나 출석하였다 하더라도 변론하지 아니한 때에는 1월 이내에 기일지정신청을 하지 아니하면 소를 취하한 것으로 본다. ③ 제2항의 기일지정신청에 따라 정한 변론기일 또는 그 뒤의 변론기일에 양쪽 당사자가 출석하지 아니하거나 출석하였다 하더라도 변론하지 아니한 때에는 소를 취하한 것으로 본다. ④ 상소심의 소송절차에는 제1항 내지 제3항의 규정을 준용한다. 다만, 상소심에서는 상소를 취하한 것으로 본다.

원고는 청구취지로 배당기일에 진술한 이의의 범위 내에서 배당표를 자기에게 유리하게 바꾸어 줄 것을 청구하여야 한다. 대법원 99다70983 판결에 의하면 "배당이의소송의 청구취지는 그 소의 법률적 성질이나 당사자처분권주의의 원칙에 비추어 볼 때 배당기일에 신청한 이의의 범위 내에서 배당표에 기재된 채권자의 배당액 중 부인할 범위를 명확히 표시할 것이 요구된다."는 취지이다.

청구취지는 일반적으로 "00지방법원 2022타경0000 부동산강제경매 사건에 관하여 위 법원이 2022. 0. 0. 작성한 배당표 중 원고에 대한 배당액 000원을 000원으로, 피고에 대한 배당액 000원을 000원으로 각 경정한다."는 취지로 작성한다.

원고의 청구를 뒷받침하는 공격방법으로는 모든 법률상, 사실상의 사유를 주장할 수 있으며, 배당기일에서 주장한 이의사유에 구속되지도 않는다. 대법원 96다457 판결에 의하면 "배당이의를 신청함에 있어서는 그 사유를 진술할 필요가 없고, 설혹 그 사유를 진술하였다 하더라도 그 이의를 관철하기 위한 배당이의소송에 있어서 원고의 공격방법이 그가 배당기일에 이의한 사유에 구속되는 것은 아니다."는 취지이다. 일반적으로 피고의 채권부존재, 우선권의 부존재, 피고의 배당요구의 무효 등을 주장하며, 원고는 채권자대위권(민법 제404조)에 근거해서 채무자가 피고에 대하여 가지는 취소권, 해제권, 상계권 등을 행사할 수 있다. 피고는 방어방법으로 원고의 채권에 대한 실체상의 모든 흠을 주장할 수 있다. 원고의 배당요구의 무효도 주장할 수 있다. 대법원 2004다9398 판결에 의하면 "배당이의의 소에 있어서 피고는 원고의 청구를 배척할 수 있는 모든 주장을 방어방법으로 내세울 수 있다 할 것인바, 배당기일에 피고가 원고에 대하여 이의를 하지 아니하였다 하더라도 피고는 원고의 청구를 배척할 수 있는 사유로서 원고의 채권 자체의 존재를 부인할 수 있다."는 취지이다.

입증책임은 일반원칙에 따라 이의 사유를 주장하는 자가 부담한다. 대법원 2005다39617 판결에 의하면 "배당이의소송에 있어서의 배당이의사유에 관한 증명책임도 일반 민사소송에서의 증명책임 분배의 원칙에 따라야 하므로, 원고가 피고의 채권이 성립하지 아니하였음을 주장하는 경우에는 피고에게 채권의 발생원인사실을 입증할 책임이 있고, 원고가 그 채권이 통정허위표시로서 무효라거나 변제에 의하여 소멸되었음을 주장하는 경우에는 원고에게 그 장해 또는 소멸사유에 해당하는 사실을 증명할 책임이 있다."는 취지이다.

대법원 2021. 6. 24. 선고 2016다269698 판결(배당이의)에 의하면 "채권자는 자기의 이해에 관계되는 범위 안에서만 다른 채권자를 상대로 그의 채권 또는 그 채권의 순위에 대하여 이의할 수 있으므로(민사집행법 제151조 제3항), 채권자가 제기한 배당이의의 소에서 승소하기 위하여는 피고의 채권이 존재하지 아니함을 주장·증명하는 것만으로 충분하지 아니하고 원고 자신이 피고에게 배당된 금원을 배당받을 권리가 있다는 점까지 주장·증명하여야 한다(대법원 2014다53790 판결 등). 위와 같은 법리는 채무자가 체결한 근저당권설정계약에 관하여 채권자가 사해행위취소의 소를 제기함과 아울러 그 원상회복으로서 배당이의의 소를 제기하는 경우에도 마찬가지이다."는 취지이다.

채권자가 제기한 배당이의소송을 심리한 결과 청구의 전부 또는 일부가 정당한 경우에는 종국판결로 원고와 피고에게 얼마씩 배당할 것인가를 정한다. 이를 정하는 것이 적당하지 않은 경우에는 배당표를 다시 만들고 배당절차를 밟도록 명한다(민사집행법 제157조).

> 민사집행법 제157조(배당이의의 소의 판결) 배당이의의 소에 대한 판결에서는 배당액에 대한 다툼이 있는 부분에 관하여 배당을 받을 채권자와 그 액수를 정하여야 한다. 이를 정하는 것이 적당하지 아니하다고 인정한 때에는 판결에서 배당표를 다시 만들고 다른 배당절차를 밟도록 명하여야 한다.

마. 판결의 효력

채권자가 소를 제기한 경우에는 **원고와 피고 당사자 사이에서만 미치고**, 확정된 경우에는 이의가 있었던 배당액에 관한 실체적 배당수령권의 존부의 판단에 기판력이 생긴다.

대법원 2000다41844 판결에 의하면 "채권자가 제기하는 배당이의의 소는 대립하는 당사자인 채권자들 사이의 배당액을 둘러싼 분쟁을 해결하는 것이므로, 그 소송의 판결은 원·피고로 되어 있는 채권자들 사이에서 상대적으로 계쟁 배당부분의 귀속을 변경하는 것이어야 하고, 따라서 피고의 채권이 존재하지 않는 것으로 인정되는 경우 계쟁 배당부분 가운데 원고에게 귀속시키는 배당액을 계산함에 있어서 이의신청을 하지 아니한 다른 채권자의 채권을 참작할 필요가 없으며, 이는 이의신청을 하지 아니한 다른 채권자 가운데 원고보다 선순위의 채권자가 있다 하더라도 마찬가지이다."는 취지이다.

대법원 99다3501 판결에 의하면 "채권자가 제기한 배당이의의 소의 본안판결이 확정된 때에는 이의가 있었던 배당액에 관한 실체적 배당수령권의 존부의 판단에 기판력이 생긴다고 할 것이고, 위 배당이의의 소에서 패소의 본안판결을 받은 당사자가 그 판결이 확정된 후 상대방에 대하여 위 본안판결에 의하여 확정된 배당액이 부당이득이라는 이유로 그 반환을 구하는 소송을 제기한 경우에는, 전소인 배당이의의 소의 본안판결에서 판단된 배당수령권의 존부가 부당이득반환청구권의 성립 여부를 판단하는 데에 있어서 선결문제가 된다고 할 것이므로, 당사자는 그 배당수령권의 존부에 관하여 위 배당이의의 소의 본안판결의 판단과 다른 주장을 할 수 없고, 법원도 이와 다른 판단을 할 수 없다."는 취지이다.

대법원 2006다21538 판결에 의하면 "배당이의소송은 대립하는 당사자 사이의 배당액을 둘러싼 분쟁을 그들 사이에서 상대적으로 해결하는 것에 지나지 아니하여 그 판결의 효력은 오직 그 소송의 당사자에게만 미칠 뿐이므로, 어느 채권자가 배당이의소송에서의 승소확정판결에 기하여 경정된 배당표에 따라 배당을 받은 경우에 있어서도, 그 배당이 배당이의소송에서 패소확정판결을 받은 자가 아닌 다른 배당요구채권자가 배당받을 몫까지도 배당받은 결과로 된다면 그 다른 배당요구채권자는 위 법리에 따라 배당이의소송의 승소확정판결에 따라 배당받은 채권자를 상대로 부당이득반환청구를 할 수 있다고 할 것이다(대법원 2006다39546 판결)."은 취지이다.

채무자가 소를 제기한 경우에는 피고로 된 채권자가 채무자에 대한 집행으로부터 배제되기 때문에 그 결과로 배당이의소송의 승소판결이 확정된 뒤 배당표를 바꾸어 다른 채권자들(가사 그들이 배당이의를 하지 않았다고 하더라도)에게 다시 배당을 하게 된다.

2. 경매절차에서의 채권자 취소권

가. 문제점

채권자가 채무자와 수익자 사이의 사해저당권 설정계약의 취소를 구하고 원상회복으로 저당권설정등기의 말소를 청구하였는데, 그 부동산에 대한 경매절차가 진행되어 경락되고 대금까지 완납되면 경락인은 소유권을 취득하고(민사집행법 제135조, 제267조), 부동산에 마쳐져 있던 저당권설정등기는 말소된다(민사집행법 제144조 제1항 제2호, 제268조).

> 민사집행법 제135조(소유권의 취득시기) 매수인은 매각대금을 다 낸 때에 매각의 목적인 권리를 취득한다. 제267조(대금완납에 따른 부동산취득의 효과) 매수인의 부동산 취득은 담보권 소멸로 영향을 받지 아니한다.

사해저당권 설정계약이 채권자취소권의 행사에 의하여 취소되는 경우에도 낙찰대금을 완납한 낙찰자의 소유권취득에는 영향이 없고, 원상회복의 방법으로 낙찰자 명의의 소유권이전등기에 대한 말소를 청구할 수도 없다(대법원 2000다44348 판결). 사해저당권자인 수익자가 저당권자로서 배당을 받는 것은 민법 제406조 제1항의 취지에 반하므로 그 저당권설정등기로 해를 입게 되는 채권자는 저당권이 경매로 소멸하였음에도 불구하고 저당권설정계약의 취소를 구할 이익이 있다(대법원 97다8687 판결).

> 민법 제406조(채권자취소권) ① 채무자가 채권자를 해함을 알고 재산권을 목적으로 한 법률행위를 한 때에는 채권자는 그 취소 및 원상회복을 법원에 청구할 수 있다. 그러나 그 행위로 인하여 이익을 받은 자나 전득한 자가 그 행위 또는 전득 당시에 채권자를 해함을 알지 못한 경우에는 그러하지 아니하다.
> ② 전항의 소는 채권자가 취소원인을 안 날로부터 1년, 법률행위있은 날로부터 5년 내에 제기하여야 한다. 제407조(채권자취소의 효력) 전조의 규정에 의한 취소와 원상회복은 모든 채권자의 이익을 위하여 그 효력이 있다.

즉 저당권설정계약이 사해행위로 취소되는 경우에 경매로 저당권이 말소되더라도 저당권설정계약의 취소를 구할 이익은 있지만 사해행위 취소에 따른 원상회복으로서 원물반환은 불가능하므로 가액반환의 방법으로 원상회복을 명하게 된다.

이하에서는 구체적 가액반환의 방법을 살펴본다(조해섭, 「채권자취소권법」, 법문사, 2019년, 556쪽 이하/윤경·손흥수, 「부동산경매(2)」, 사법행정학회, 2017년, 1821쪽 이하 각 참고).

나. 경매단계별 원상회복방법

(1) 수익자가 배당금을 수령한 경우

근저당권설정계약을 사해행위로서 취소하는 경우 그 부동산에 대하여 경매절차가 진행되어 타인이 소유권을 취득하고 이미 배당이 종료되어 수익자가 배당금을 수령한 경우에는 수익자로 하여금 배당금을 반환하도록 명하는 원상회복방법에 의한다(대법원 2010다90708 판결). 따라서 채권자는 근저당권설정계약이 취소되었음을 들어 수익자에 대하여 직접 가액반환으로서 수익자가 수령한 배당금 상당액을 지급할 것을 청구할 수 있다. 다만, 취소채권자는 배당요구채권자로서 배당요구를 하였어야 수익자에 대하여 가액반환으로서 배당금 상당액의 지급을 청구할 수 있다.

즉 대법원 2011다60421 판결에 의하면 "수익자인 근저당권자에게 지급된 배당금은 사해행위로 설정된 근저당권이 없었더라면 배당절차에서 더 많이 배당받을 수 있었던 다른 배당요구권자들에게 반환되어야 하고, 배당요구를 하지 아니한 채권자 및 채무자 등은 다른 배당요구권자들의 배당요구채권을 모두 충족시키고도 남는 잉여금이 있다는 등의 특별한 사정이 없는 한, 수익자에 대하여 아무런 권리를 갖지 못하며, 이는 배당요구를 하지 아니한 채권자가 그 근저당권을 설정한 계약에 대하여 사해행위 취소의 소를 제기하여 승소한 자라 할지라도 마찬가지"라는 것인바, 배당요구를 하지 않은 채권자는 배당요구채권을 모두 충복시키고도 남은 잉여금이 있는 경우에 한하여 수익자에 대하여 가액반환을 청구할 여지가 있다.

(2) 배당표가 작성되었지만 수익자가 배당금을 수령하지 못한 경우

사해저당권자인 수익자가 배당에 참가하여 배당표는 확정되었으나 채권자의 배당금지급금지가처분으로 인하여 배당금을 현실적으로 지급받지 못한 경우에 채권자취소권행사에 따른 원상회복방법은 '수익자가 취득한 배당금지급청구권을 채무자에게 반환하는 방법'으로 이루어진다(대법원 97다8687 판결). 청구취지에는 '수익자는 채무자에게 별지 기재 배당금지급채권을 양도하는 의사표시를 하고, 대한민국에게 그 채권양도의 통지를 하라.'고 기재한다. 그리고 수익자에 대한 배당금채권에 대한 압류 등이 경합하여 제3채무자(대한민국)가 집행공탁을 한 경우에 사해행위 취소에 따른 원상회복의 방법은 수익자에게 바로 배당금의 지급을 명할 것이 아니라 수익자가 취득한 공탁금출급청구권(배당금출급청구권)을 채무자에게 반환하는 방법으로 해야 한다(대법원 2003다38245 판결).

취소채권자라 하더라도 배당금지급청구권(공탁금지급청구권)에 대한 채권압류 및 추심명령에 기하여 배당금을 우선 수령하는 것은 허용되지 않고, 취소채권자(단, 그 경매절차에서 배당받을 자격이 있는 채권자를 전제) 및 적법하게 배당요구를 하였던 다른 채권자들은 위 공탁금 등에 대한 추가배당절차를 통하여 채권의 만족을 얻어야 한다. 이러한 추가배당절차를 거치지 않고 취소채권자가 추심명령 등의 절차를 거쳐 배당금을 우선 수령하였다면 적법하게 배당요구하였던 다른 채권자들과의 관계에서 부당이득이 성립한다. 공탁금지급청구권에 관한 채권압류 및 추심명령은 추가배당절차에서 배당되고 남은 잉여금에 한하여 효력이 있을 뿐이다(대법원 2007다64310 판결).

참고로 추가배당이란 종전 배당표상 배당받은 것으로 기재된 채권자에 대한 배당액의 전부 또는 일부를 당해 채권자가 배당받지 못하는 것으로 확정된 경우에 그 채권자의 배당에 대하여 이의를 하였는지에 관계없이 배당에 참가한 모든 채권자를 대상으로 배당순위에 따라 추가로 배당하는 절차를 의미하고(민사집행법 제161조 제2항, 제2항), 재배당이란 채권자가 제기한 배당이의의 소의 결과에 따라 그 소의 원고와 피고 사이에서만 다시 배당하는 절차를 의미한다.

(3) 배당기일에 이의를 한 경우

채권자가 배당기일에 출석하여 사해저당권자인 수익자의 배당부분에 대하여 이의를 하였다면 그 채권자는 사해행위 취소의 소를 제기함과 아울러 **원상회복으로서 배당이의의 소**를 제기할 수 있다(대법원 2010다90708 판결).

> **[주문례 : 대구지법 김천지원 2007가단8651,2008가단2643(병합) 판결]**
>
> 1. 피고와 소외 1 사이에 별지 목록 기재 부동산에 관하여 2006. 8. 1. 체결된 근저당권설정계약을 취소한다.
> 2. 대구지방법원 김천지원 2007타경4805호 부동산강제경매사건에 관하여 같은 법원이 2008. 2. 22. 작성한 배당표 중 원고에 대한 배당액 14,211,148원을 60,992,063원으로 경정하고 피고에 대한 배당액 46,780,915원을 삭제한다.
> 3. 소송비용은 피고가 부담한다.

다만, 대법원 2000다9611 판결에 의하면 "허위의 근저당권에 대하여 배당이 이루어진 경우, 통정한 허위의 의사표시는 당사자 사이에서는 물론 제3자에 대하여도 무효이고 다만, 선의의 제3자에 대하여만 이를 대항하지 못한다고 할 것이므로, 배당채권자는 채권자취소의 소로써 통정허위표시를 취소하지 않았다 하더라도 그 무효를 주장하여 그에 기한 채권의 존부, 범위, 순위에 관한 배당이의의 소를 제기할 수 있다."는 취지이다.

배당이의의 소는 채권자가 배당기일에 출석하여 이의를 선행하여야 하고, 그로부터 1주일 이내에 소를 제기하고 이를 증명하는 서류를 제출해야 하며(민사집행법 제154조 제3항), 집행법원의 전속관할이며, 첫 변론기일에 출석하지 아니하면 소를 취하한 것(민사집행법 제158조)으로 보는 등 절차상 엄격한 제한이 있다. 사해행위의 취소는 법원에 소를 제기하는 방법으로 청구할 수 있을 뿐 소송상 공격방어방법으로 주장할 수 없다.

사해행위 취소에 의한 원상회복으로서 배당이의의 소를 제기할 경우에 사해행위 취소소송이 반드시 시간적으로 선행할 필요는 없지만 원칙적으로 사해행위 취소소송을 제기함이 없이 배당이의소송 절차만으로 원상회복의 목적을 달성하기는 어렵다.

채권자가 배당기일에 출석하여 수익자의 배당부분에 이의를 하면 그 채권자는 사해행위취소의 소와 병합하여 배당이의의 소를 제기할 수 있고, 이러한 경우에 법원은 배당이의의 소를 제기한 당해 채권자 이외의 다른 채권자의 존재를 고려할 필요 없이 그 채권자의 채권이 만족을 받지 못한 한도에서만 근저당권설정계약을 취소하고 그 한도에서만 수익자의 배당액을 삭제하여 당해 채권자의 배당액으로 경정해야 한다. 이때 배당이의소송을 통해서 자신이 배당받아야 할 금원보다 초과하여 배당받은 채권자는 그 초과부분을 적법하게 배당요구를 하였으나 배당이의소송에서 참여하지 못한 다른 채권자에게 부당이득으로서 반환할 의무가 있을 뿐 이를 사해행위를 한 채무자에게 반환할 의무는 없다(대법원 2010다90708 판결).

사해행위취소소송이 먼저 제기되어 있는 경우가 있을 수 있다. 대법원 2001다14108 판결에 의하면 "채권자가 민법 제406조 제1항에 따라 사해행위의 취소와 원상회복을 청구하는 경우 사해행위 취소 청구가 민법 제406조 제2항에 정하여진 기간 안에 제기되었다면 원상회복의 청구는 그 기간이 지난 뒤에도 할 수 있다."는 취지이다.

> 제406조(채권자취소권) ① 채무자가 채권자를 해함을 알고 재산권을 목적으로 한 법률행위를 한 때에는 채권자는 그 취소 및 원상회복을 법원에 청구할 수 있다. 그러나 그 행위로 인하여 이익을 받은 자나 전득한 자가 그 행위 또는 전득 당시에 채권자를 해함을 알지 못한 경우에는 그러하지 아니하다.
> ② 전항의 소는 채권자가 취소원인을 안 날로부터 1년, 법률행위있은 날로부터 5년 내에 제기하여야 한다.

채권자취소소송은 채권자가 취소원인을 안 날로부터 1년 내에 제기하여야 하므로(민법 제406조 제1항), 취소채권자가 배당이의소송을 제기하면서 비로소 채권자취소소송을 제기하는 경우보다는 배당기일 이전에 이미 채권자취소소송이 제기되어 진행 중인 경우가 많을 것이다. 채권자취소소송이 집행법원과 동일한 법원의 1심에서 진행 중이라면 취소채권자가 별도로 배당이의소송을 제기하여 두 소송을 병합하거나, 별도로 배당이의소송을 제기하지 아니하고 배당표를 경정하는 것으로 기존의 청구취지를 변경하는 것도 가능하다. 다만 이러한 경우에 원고는 배당기일로부터 1주일 이내에 배당이의의 소를 제기한 사실을 증명하는 서류를 제출하여야 하므로(민사집행법 제154조 제3항), 배당표의 경정을 구하는 것으로 청구취지를 변경한다는 내용의 청구취지변경신청서 접수증명원을 배당기일로부터 1주일 이내에 집행법원에 제출해야 할 것이다(민사소송법 제265조, 제262조 제2항).

기존의 채권자취소소송이 집행법원이 아닌 다른 법원 또는 상급심에서 계속 중인 경우에는 청구변경의 방법이 곤란하므로 취소채권자는 별도로 배당이의소송을 제기해야 하고 배당이의사건을 관할하는 법원은 채권자취소소송이 확정되기를 기다려 그 결과에 따라 재판을 해야 할 것이다. 이러한 경우에 채권자취소소송에서는 사해행위를 취소함에 그쳐야 하고 '배당금지급청구권의 양도 및 통지' 등의 원상회복을 명할 수는 없다. '배당금지급청구권의 양도 및 통지'는 적어도 배당표가 배당기일에 아무런 이의가 없어 형식적으로나마 수익자 앞으로 배당금지급청구권이 발생한 것을 전제하기 때문이다. 수익자의 배당금에 대하여 배당이의가 되어 있는 경우에는 배당금지급청구권이 발생하지 않는다. 마찬가지 이유에서 사해행위를 취소한다는 내용의 판결이 확정되었다고 하더라도 집행법원은 바로 추가배당을 할 수는 없고, 배당이의소송의 결과를 기다려 그에 따라야 한다(이우재, 배당의 제 문제, 진원사, 2012(190쪽, 191쪽)).

다. 배당금채권 양도방법과 배당이의소송과의 관계

사해저당권의 수익자가 실제로 배당금을 수령하기 전까지는 배당표의 확정과 무관하게 **원상회복에 관한 소송**으로서 배당금채권 양도방법에 의한 소송과 배당이의소송이 병행(별도 소제기)될 수 있다(조해섭, 채권자취소권법, 법문사, 2019년, 563쪽). 배당표는 법원이 미리 작성한 배당표원안을 배당기일에 출석한 이해관계인과 배당을 요구한 채권자에게 보여주고 그들을 심문하여 이의가 없으면 확정되고, 배당표에 이의가 있으면 그 이의 부분은 배당표가 확정되지 않는다(민사집행법 제149조, 제152조 제3항).

부동산경매절차에서 배당표가 확정되기 전이라도 특정의 근저당권자에게 장차 배당될 배당금에 관한 채권도 지급금지가처분의 대상이 될 수 있다(대법원 2008다7109 판결). 소송 실무적으로는 채권자의 신청에 의한 법원의 배당금지급금지가처분결정은 통상 배당표가 확정되기 전에 이루어지고 또 그래야만 실효성이 있다.

배당절차에서 채권자취소소송의 당사자 이외의 제3자의 채권자가 수익자를 상대로 배당에 관한 이의를 하여 배당표가 확정되지 않았는데, 취소채권자는 배당이의를 하지 않거나 그 소의 제기기간이 경과한 경우에는 취소채권자의 수익자에 대한 원상회복청구는 배당금채권 양도방법에 의할 수밖에 없다. 따라서 **원상회복에 관한 소송**으로서 배당금채권양도방법에 의한 소송과 배당이의소송을 병행(별도 소제기)될 수 있다.

채권자로서는 채권자취소소송이 계속되던 중에 배당표의 작성이 임박하였거나 이미 배당표가 작성되었는데 미처 배당금지급금지가처분결정을 받을 만한 여유가 없을 때에 배당기일에 출석하여 배당이의를 하고 배당이의 소를 제기함으로써 수익자에게 배당금이 지급되는 것을 막은 후에 배당표 확정 전이라도 채권자취소소송의 원상회복부분을 근저당권말소청구에서 배당금채권 양도 및 통지청구로 변경할 수 있다.

또한 채권자로서는 목적 부동산에 관하여 먼저 경매절차가 진행되어 배당표가 작성된 경우에는 배당기일에 출석하여 수익자에 대한 배당에 관하여 이의를 하고 이어 배당이의의 소를 제기한 다음에 그 이의사유로서 수익자에 대한 배당의 원인이 사해행위로 취소되어야 할 것임을 주장하는 방법으로 사해행위 취소 및 원상회복으로 배당금채권의 양도 등을 구하는 소를 제기할 수 있다.

한편 앞서 설명한 것처럼, 채권자는 기존의 채권자취소소송이 배당을 실시한 집행법원과 동일한 법원에서 진행 중이라면 배당기일에 출석하여 이의를 하되 **별도의 배당이의소송을 제기하지 않고**, 기존의 채권자취소소송의 원상회복 부분에 관한 청구취지를 배당표를 경정하는 것으로 변경하거나 이를 추가하는 것도 가능하다.

라. 소송실무상 주의할 점

채권자취소소송의 목적 부동산에 대하여 경매개시결정이 있은 경우 원고인 채권자는 그 절차의 진행정도에 관심을 가져야 한다. 사해저당권자인 수익자에게 배당될 가능성이 있다면 채권자 취소소송의 청구취지 중에서 기존 근저당권설정계약 취소부분은 유지하되 근저당권설정등기말소 청구부분은 배당금지급채권의 양도 및 그 통지의 청구로 변경을 준비해야 한다.

[근저당권설정계약 취소, 근저당권설정등기 말소 기재 례]

1. 별지 기재 부동산에 관하여,
   가. 피고 '병'과 '을' 사이에 2022. 4. 2. 체결된 근저당권설정계약을 취소한다.
   나. 피고 '병'은 '을'에게 서울중앙지방법원 2022. 5. 2. 접수 제11111호로 마친 근저당권설정등기의 말소등기절차를 이행하라.
2. 소송비용은 피고의 부담으로 한다.

[근저당권설정계약 취소, 배당금 출급채권 양도청구 기재 례]

1. 피고 '병'과 '을' 사이에 별지1. 기재 부동산에 관하여 2021. 6. 2. 체결된 근저당권설정계약을 취소한다.
2. 피고 '병'은 '을'에게 별지2. 기재 배당금 출금채권을 양도하고, 대한민국(서울중앙지방법원 세입세출외 현금출납공무원)에게 위 채권양도사실을 통지하라.
3. 소송비용은 피고의 부담으로 한다.

<별지2>

채권의 표시

피고 '병'이 소외 대한민국(소관: 서울중앙지방법원 세입세출외 현금출납공무원)에 대하여 가지고 있는 서울중앙지방법원 2022타경1111호 부동산임의경매 사건에 관하여 2022. 2. 1. 배당결과 근저당권자로서 받은 배당금 30,000,000원의 출급채권

채권자는 배당표가 작성되기 전이라도 수익자에게 배당될 가능성이 있는 경우에는 '사해행위 취소를 원인으로 하는 배당금의 추심 등 처분금지청구권'을 피보전권리로 하여 액수를 특정하지 않고도 수익자가 배당법원으로부터 장래 지급받을 배당금채권에 추심 등의 처분을 금지하는 신청을 할 수 있다. 다만, 배당기일 전까지 배당금지급금지가처분 결정을 받을 만한 시간적 여유가 없거나 소명자료 준비가 부족한 경우에는 배당기일에 출석하여 수익자에 대한 배당이의를 하고 배당이의의 소를 제기해야 한다. 그 후 작성된 배당표의 내용을 확인한 결과 수익자에게 배당된 금액이 있으면 기존의 근저당권설정등기 말소청구를 배당금채권의 양도 및 양도통지를 구하는 것으로 청구취지를 변경한다. 앞서 본 것처럼 수익자에게 배당된 금액이 있는 경우에 배당이의소송과 배당금채권 양도소송이 병행되는 경우가 있다. 이때 수소법원이 배당이의소송부분의 취하를 권유하는 경우에 채권자는 미리 수익자에 대한 배당금에 대하여 지급금지가처분결정을 받아 두어야 한다.

수소법원이 배당이의소송부분의 취하를 권유하는 이유는, 취소채권자가 배당이의소송방법으로 승소하여 수익자와의 상대적 관계에서만 배당표를 경정하여 배당을 받게 될 경우에 다른 배당요구채권자가 배당받을 몫까지도 배당받을 여지가 있고 이러한 경우에 그 다른 배당요구채권자에게 부당이득반환의무를 부담한다(대법원 2006다39546 판결). 그런데 배당금채권 양도방법에 의하게 되면 사해행위인 근저당권설정계약이 취소된 경우 공탁금(배당금채권 상당액)에 관하여 그 경매절차에서 배당요구하였던 다른 채권자들에게 추가배당함으로써 다른 채권자들 사이의 문제를 일거에 해결할 수 있고, 총채권자를 위한 원상회복이라는 채권자취

소의 제도적 취지에도 부합하기 때문이다.

마. 취소채권자와 수익자의 고유채권자 사이의 우열관계

(1) 문제점

수익자의 책임재산이 될 수 있는 목적물을 채무자의 책임재산으로 환원시킨다는 것 자체가 수익자의 고유채권자의 만족권보다 취소채권자의 만족권을 우선시킨다는 제도적 고려가 전제되어 있는 것이어서 채무자와 수익자 사이의 법률행위가 사해행위로 취소가 되면 일단 사해행위로 일탈된 재산은 채무자에게로 반환되는 것이 원칙이다. 다만, 민법 제406조 제1항 단서와 관련하여 그 재산이 반환되기 전에 수익자의 고유채권자가 압류·가압류를 한 경우에 취소채권자와 수익자의 고유채권자 사이의 우열은 구체적으로 어떻게 되는지 문제된다.

> 제406조(채권자취소권) ① 채무자가 채권자를 해함을 알고 재산권을 목적으로 한 법률행위를 한 때에는 채권자는 그 취소 및 원상회복을 법원에 청구할 수 있다. 그러나 그 행위로 인하여 이익을 받은 자나 전득한 자가 그 행위 또는 전득 당시에 채권자를 해함을 알지 못한 경우에는 그러하지 아니하다.
> ② 전항의 소는 채권자가 취소원인을 안 날로부터 1년, 법률행위있은 날로부터 5년 내에 제기하여야 한다.

(2) 해결방법

판례는 사해행위취소가 상대적 효력을 갖는 것이라는 이유로 사해행위취소 전에 수익자의 고유채권자로서 목적 부동산에 압류나 가압류를 한 제3자에 대하여 사해행위의 효력이 제한된다는 입장(선집행우선)이다. 이러한 판례에 입장에 의하면 수익자가 고유채권자를 내세워 먼저 가압류 등의 집행에 착수하게 함으로써 사해행위취소의 효력을 무색하게 하는 결과를 초래할 수 있고, 수익자의 무자력을 이용하여 사해행위취소판결을 무력화하는 방안으로 악용될 우려가 있다. 수익자가 무자력인 경우에는 그에 대한 가액배상판결이 별다른 의미가 없기 때문이다(윤경·손흥수, 「부동산경매(2)」, 사법행정학회, 2017(1841쪽)).

대법원 89다카35421 판결에 의하면 "사해행위의 목적 부동산에 수익자에 대한 채권자의 가압류등기가 경료된 후 채무자와 수익자 사이의 위 부동산에 관한 매매계약이 사해행위라는 이유로 취소되어 수익자 명의의 소유권이전등기가 말소되었다 하더라도 사해행위의 취소는 상대적 효력밖에 없어 특단의 사정이 없는 한 가압류의 효력이 당연히 소멸되는 것은 아니므로 채무자로부터 위 부동산을 진전하여 양도받은 자는 가압류의 부담이 있는 소유권을 취득하였다 할 것인바, 원심이 위 부동산에 관한 수익자 명의의 소유권이전등기가 원인무효라는 이유만으로 가압류채권자의 위 부동산에 대한 강제집행을 불허한 조치는 사해행위취소의 효력에 관한 법리를 오해한 위법이 있다."는 취지이고, 대법원 2004다49532 판결에 의하면 "근저당권이 설정되어 있는 채무자의 부동산을 매수한 수익자의 채권을 담보하기 위하여 수익자의 채권자들이 부동산에 대해 압류 등을 하여 부동산에 관한 근저당권에 의한 경매절차에서 배당받은 후 사해행위 취소채권자가 수익자를 상대로 사해행위취소소송을 제기하여 가액배상의 확정판결을 받은 경우, 수익자의 채권자들이 수익자와 새로운 법률관계를 맺은 것이 아니라 수익자의 채권자로서 이미 가지고 있던 채권확보를 위하여 부동산을 압류 또는 가압류한 자에 불과하더라도 목적 부동산의 매각대금에 대하여 사해행위 취소채권자에게 수익자의 채권자들에 우선하여 변제받을 수 있는 권리를 부여하여 사해행위취소판결의 실효성을 확보하여야 할 아무런 근거가 없으므로 수익자의 채권자들에게 사해행위취소판결의 효력이 미친다고는 볼 수 없다."는 취지이며, 대법원 2008다7109 판결에 의하면 "사해행위의 취소는 취소소송의 당사자 간에 상대적으로 취소의 효력이 있는 것으로 당사자 이외의 제3자는 다른 특별한 사정이 없는 이상 취소로 그 법률관계에 영향을 받지 않는다. 사해행위의 취소에 상대적 효력만을 인정하는 것은 사해행위 취소채권자와 수익자 그리고 제3자의 이익을 조정하기 위한 것으로 그 취소의 효력이 미치지 아니하는 제3자의 범위를 사해행위를 기초로 목적 부동산에 관하여 새롭게 법률행위를 한 그 목적 부동산의 전득자 등만으로 한정할 것은 아니므로, 수익자와 새로운 법률관계를 맺은 것이 아니라 수익자의 고유채권자로서 이미 가지고 있던 채권 확보를 위하여 수익자가 사해행위로 취득한 근저당권에 배당된 배당금을 가압류한 자에게 사해행위취소 판결의 효력이 미친다고 볼 수 없다."는 취지이다.

3. 배당받지 못한 자의 부당이득반환청구

가. 문제의 제기

배당을 받아야 할 채권자가 배당을 받지 못하고 배당을 받지 못할 자가 배당을 받은 경우에 배당을 받지 못한 채권자는 배당을 받지 못할 자이면서도 배당을 받은 자를 상대로 배당이의를 하고 배당이의이 소를 제기하여 구제받는다. 그러나 ① 적법한 배당요구를 하지 못하였거나 ② 배당기일에 적법하게 이의를 하지 못하였거나 ③ 이의는 하였으나 배당이의의 소제기 및 증명기간을 준수하지 못하여 배당이의의 소를 통해 구제받을 수 없게 된 경우에 배당을 받지 못한 채권자 배당을 받았던 자를 상대로 민사상 부당이득반환청구권을 행사할 수 있는지 문제된다.

나. 배당표기재 내용이 실체법상 권리관계와 불일치하면 부당이득청구 가능

배당요구를 하지 않아도 당연히 배당에 참여할 수 있는 채권자는 당연히 부당이득반환청구가 가능하며, 배당요구를 하여야만 배당을 받을 수 있는 채권자의 경우에는 배당요구를 한 경우에 한하여 부당이득반환청구가 가능하다. 배당받은 후순위채권자를 상대로 부당이득반환청구를 할 수 있는 채권자는 적어도 민사집행법 제148조의 배당받을 채권자의 범위에 해당해야 한다.

> 민사집행법 제148조(배당받을 채권자의 범위) 제147조 제1항에 규정한 금액을 배당받을 채권자는 다음 각호에 규정된 사람으로 한다.
> 1. 배당요구의 종기까지 경매신청을 한 압류채권자
> 2. 배당요구의 종기까지 배당요구를 한 채권자
> 3. 첫 경매개시결정등기 전에 등기된 가압류채권자
> 4. 저당권·전세권, 그 밖의 우선변제청구권으로서 첫 경매개시결정등기 전에 등기되었고 매각으로 소멸하는 것을 가진 채권자

대법원 2006다49130 판결에 의하면 "확정된 배당표에 의하여 배당을 실시하는 것은 실체법상의 권리를 확정하는 것이 아니므로, 배당을 받아야 할 채권자가 배당을 받지 못하고 배당을 받지 못할 자가 배당을 받은 경우에는 배당을 받지 못한 채권자로서는 배당에 관하여 이의를 한 여부에 관계없이 배당을 받지 못할 자이면서도 배당을 받았던 자를 상대로 부당이득반환청구권을 갖는다 할 것이고(대법원 86다카2949 판결, 대법원 99다53230 판결), 배당을 받지 못한 그 채권자가 일반채권자라고 하여 달리 볼 것은 아니다(대법원 99다26948 판결)."는 취지이다.

대법원(전합) 2014다206983 판결에 의하면 "대법원은 배당받을 권리 있는 채권자가 자신이 배당받을 몫을 받지 못하고 그로 인해 권리 없는 다른 채권자가 그 몫을 배당받은 경우에는 배당이의 여부 또는 배당표의 확정 여부와 관계없이 배당받을 수 있었던 채권자가 배당금을 수령한 다른 채권자를 상대로 부당이득반환 청구를 할 수 있다는 입장을 취해 왔다. 이러한 법리의 주된 **근거는 배당절차에 참가한 채권자**가 배당이의 등을 하지 않아 배당절차가 종료되었더라도 그의 몫을 배당받은 다른 채권자에게 그 이득을 보유할 정당한 권원이 없는 이상 잘못된 배당의 결과를 바로잡을 수 있도록 하는 것이 실체법 질서에 부합한다는 데에 있다. 나아가 위와 같은 부당이득반환 청구를 허용해야 할 현실적 필요성(배당이의의 소의 한계나 채권자취소소송의 가액반환에 따른 문제점 보완), 현행 민사집행법에 따른 배당절차의 제도상 또는 실무상 한계로 인한 문제, 민사집행법 제155조의 내용과 취지, 입법 연혁 등에 비추어 보더라도, 종래 대법원 판례는 법리적으로나 실무적으로 타당하므로 유지되어야 한다."는 취지이다. 따라서 부당이득반환청구를

위하여 적어도 적법한 배당이의가 있어야 하는 것은 아니다.

> 민사집행법 제155조(이의한 사람 등의 우선권 주장) 이의한 채권자가 제154조 제3항의 기간을 지키지 아니한 경우에도 배당표에 따른 배당을 받은 채권자에 대하여 소로 우선권 및 그 밖의 권리를 행사하는 데 영향을 미치지 아니한다.
>
> 민사집행법 제154조(배당이의의 소 등) ③ 이의한 채권자나 채무자가 배당기일부터 1주 이내에 집행법원에 대하여 제1항의 소를 제기한 사실을 증명하는 서류를 제출하지 아니한 때 또는 제2항의 소를 제기한 사실을 증명하는 서류와 그 소에 관한 집행정지재판의 정본을 제출하지 아니한 때에는 이의가 취하된 것으로 본다.

대법원 2006다21538 판결에 의하면 "배당이의소송은 대립하는 당사자 사이의 배당액을 둘러싼 분쟁을 그들 사이에서 상대적으로 해결하는 것에 지나지 아니하여 그 판결의 효력은 오직 그 소송의 당사자에게만 미칠 뿐이므로, 어느 채권자가 배당이의소송에서의 승소확정판결에 기하여 경정된 배당표에 따라 배당을 받은 경우에 있어서도, 그 배당이 배당이의소송에서 패소확정판결을 받은 자가 아닌 다른 배당요구채권자가 배당받을 몫까지도 배당받은 결과로 된다면 그 다른 배당요구채권자는 위 법리에 따라 배당이의소송의 승소확정판결에 따라 배당받은 채권자를 상대로 부당이득반환청구를 할 수 있다고 할 것이나(대법원 2006다39546 판결)."은 취지이다.

다. 배당표기재 내용이 실체법상 권리관계와 합치하면 부당이득청구 불가

배당표의 기재내용에 따라 배당을 받은 채권자에 대하여 경매절차를 해태함으로 인하여 실체법상의 권리에 따른 배당을 받지 못한 채권자가 경매절차를 해태하지 않았더라면 배당받을 수 있었던 배당액에 관하여 경매절차 밖에서 부당이득으로서 그 반환을 청구할 수 있는지 문제되고 있다.

배당요구를 해야만 배당절차에 참여할 수 있는 채권자가 배당요구를 하지 않은 경우에는 부당이득반환청구를 할 수 없다. 대법원 95다28304 판결에 의하면 "민사소송법 제728조에 의하여 준용되는 제605조 제1항에서 규정하는 배당요구 채권자는 경락기일까지 배당요구를 한 경우에 한하여 비로소 배당을 받을 수 있고, 적법한 배당요구를 하지 아니한 경우에는 임금채권과 같이 실체법상 우선변제청구권이 있는 채권자라 하더라도 그 경락대금으로부터 배당을 받을 수는 없을 것이므로, 이러한 배당요구 채권자가 적법한 배당요구를 하지 아니하여 그를 배당에서 제외하는 것으로 배당표가 작성·확정되고 그 확정된 배당표에 따라 배당이 실시되었다면, 집행목적물의 교환가치에 대하여서만 우선변제권을 가지고 있는 법정담보물권자의 경우와는 달리 그가 적법한 배당요구를 한 경우에 배당받을 수 있었던 금액 상당의 금원이 후순위 채권자에게 배당되었다 하여 이를 법률상 원인이 없는 것이라고 할 수 없다."는 취지이다.

대법원 2001다70702 판결에 의하면 "배당요구가 필요한 배당요구채권자는, 압류의 효력발생 전에 등기한 가압류채권자, 경락으로 인하여 소멸하는 저당권자 및 전세권자로서 압류의 효력발생 전에 등기한 자 등 당연히 배당을 받을 수 있는 채권자의 경우와는 달리, 경락기일까지 배당요구를 한 경우에 한하여 비로소 배당을 받을 수 있고, 적법한 배당요구를 하지 아니한 경우에는 비록 실체법상 우선변제청구권이 있다 하더라도 경락대금으로부터 배당을 받을 수는 없을 것이므로, 이러한 배당요구채권자가 적법한 배당요구를 하지 아니하여 그를 배당에서 제외하는 것으로 배당표가 작성·확정되고 그 확정된 배당표에 따라 배당이 실시되었다면 그가 적법한 배당요구를 한 경우에 배당받을 수 있었던 금액 상당의 금원이 후순위채권자에게 배당되었다고 하여 이를 법률상 원인이 없는 것이라고 할 수 없다(대법 98다12379 판결). 주택임대차보호법에 의하여 우선변제청구권이 인정되는 소액임차인의 소액보증금반환채권은 현행법상 위와 같은 배당요구가 필요한 배당요구채권에 해당하는 것이므로, 같은 취지의 원심 판단은 정당하고, 거기에 판례 위반의 위법이 없다."는 취지이다.

저당권자가 경매신청 시에 채권 중 일부만을 채권액으로 표시함으로써 나머지 채권액에 대한 배당을 받지 못한 경우에도 배당을 받은 다른 채권자를 상대로 부당이득을 구할 수 없다. 대법원 96다495 판결에 의하면 "담보권의 실행을 위한 경매에서 신청채권자가 경매를 신청함에 있어서 경매신청서에 피담보채권 중 일부만을 청구금액으로 기재하였을 경우에는 다른 특별한 사정이 없는 한 신청채권자가 당해 경매절차에서 배당을 받을 금액이 그 기재된 채권액을 한도로 확정되고, 신청채권자가 채권계산서를 제출하는 방법에 의하여 청구금액을 확장할 수 없다고 할 것이므로, 설사 신청채권자가 경매신청서에 기재하지 아니한 다른 피담보채권을 가지고 있었다고 하더라도 청구금액을 확장한 채권계산서를 제출하는 방법으로는 피담보채권액 중 경매신청 당시의 청구금액을 초과하는 금액에 관하여는 배당에 참가할 수 없으며, 배당법원으로서는 경매신청 당시의 청구금액만을 신청채권자에게 배당하면 족하다. 따라서 근저당권자가 경매신청서에 피담보채권 중 일부만을 청구금액으로 기재하여 담보권의 실행을 위한 경매를 신청한 후 청구금액을 확장한 채권계산서를 제출하였을 뿐 달리 경락기일까지 이중경매를 신청하는 등 필요한 조치를 취하지 아니한 채 그대로 경매절차를 진행시켜 경매신청서에 기재된 청구금액을 기초로 배당표가 작성·확정되고 그에 따라 배당이 실시되었다면, 신청채권자가 청구하지 아니한 부분의 해당 금원이 후순위채권자들에게 배당되었다 하여 이를 법률상 원인이 없는 것이라고 볼 수는 없다."는 취지이다.

라. 채권의 일부만 기재한 채권계산서를 제출한 경우는 부당이득반환청구 불가

대법원 99다24911 판결에 의하면 "담보권의 실행을 위한 경매절차에서 경매신청채권자에 우선하는 근저당권자가 경락기일 전에 피담보채권액에 관한 채권계산서를 제출하거나 그 후 배당표가 작성될 때까지 이를 보정함으로써 그에 따라 배당표가 확정되고, 그 확정된 배당표에 의하여 배당이 실시되었다면, 채권계산서를 전혀 제출하지 아니하여 등기부상 채권최고액을 기준으로 하여 배당하여야 할 경우와는 달리, 제출 또는 보정된 채권계산서상의 채권액을 기준으로 하여 배당할 수밖에 없고, 신고된 채권액을 초과하여 배당할 수는 없는 만큼, 배당할 금액에서 선순위 근저당권자가 미처 청구하지 못함으로 인하여 그에게 배당되지 아니한 피담보채권 중 일부에 해당하는 금액이 후순위 채권자 등에게 배당되었다 하더라도, 이를 법률상 원인이 없는 것이라고 볼 수는 없다."는 취지인 바, 이러한 법리는 '첫 경매개시결정 등기 전에 등기된 가압류채권자, 저당권자, 체납처분에 기한 압류등기권자'의 경우에도 모두 적용된다.

대법원 2005다14595 판결에 의하면 "구 민사소송법(2002. 1. 26. 법률 제6626호로 전문 개정되기 전의 것)상 배당요구를 하여야만 배당절차에 참여할 수 있는 채권자가 경락기일까지 배당요구를 하지 아니한 채권액에 대하여 경락기일 이후에 추가 또는 확장하여 배당요구를 하였으나 그 부분을 배당에서 배제하는 것으로 배당표가 작성·확정되고 그 확정된 배당표에 따라 배당이 실시되었다면, 그가 적법한 배당요구를 한 경우에 배당받을 수 있었던 금액 상당의 금원이 후순위 채권자에게 배당되었다고 하여 이를 법률상 원인이 없는 것이라고 할 수 없다."는 취지이다.

마. 부당이득반환청구의 범위는 본인의 손해액이 한도

서울서부지방법원 2014가단229767 판결에 의하면 "피고가 원고에게 반환할 부당이득의 범위에 관하여 보건대, 배당이의의 소는 배당에 관하여 서로 다른 이해관계에 기하여 대립하는 소송당사자가 된 채권자들 사이의 분쟁을 해결하는 것으로서, 소송당사자인 채권자들 사이에서만 그 판결이 효력이 미치고, 그들 사이에서만 상대적으로 분쟁의 대상이 된 배당부분의 귀속을 변경하므로, 피고인 채권자의 채권이 존재하지 아니하는 것으로 인정되는 경우 원고인 채권자의 배당액을 계산하는 데에 배당이의를 하지 아니한 다른 채권자의 채권을 참작할 필요가 없고, 이는 배당이의를 하지 아니한 다른 채권자가 원고보다 선순위의 채권자라 하더라도 마찬가지다(대법원 2000다41844 판결, 대법원 2006다49130 판결 등). 그러나 부당이득반환 채권의 경우 수익자가 얻은 수익이 채권자가 입은 손해를 초과하더라도 채권자는 그 손해의 한도 내에서만 이를 행사할 수 있고, 수익자를 상대로 그 초과 부분까지 반환을 구할 수는 없는 만큼, 원고가 배당을 받아야 할 채권자임에도 배당을 받지 못하였고, 피고가 배당을 받지 못할 자임에도 배당을 받았다는 이유로 그 상대방에게 부당이득의 반환을 구하는 경우에는 원고가 다른 채권자들과 관계에서 배당받을 수 있었던 금액을 원고의 배당액으로 계산하는 것이 타당하다."는 취지이다.

4. 제14강 체크포인트

배당이의의 소는 배당표에 대한 이의를 진술한 자가 그 이의를 관철하기 위해 배당표의 변경을 구하는 소이다. 배당기일에 배당표의 기재에 대하여 이의를 진술한 채권자와 집행력 있는 정본이 없는 채권자에 대하여 이의한 채무자가 원고가 된다. 집행력 있는 집행권원의 정본을 가진 채권자에 대하여 채무자가 배당이의를 한 경우에는 청구이의의 소를 제기해야 한다. 배당이의의 소에 있어 피고는 그 배당이의의 상대방으로서 그에 동의하지 않은 채권자이다. 적법한 배당이의가 이루어지면 그에 대한 배당금이 공탁되지만, 청구이의의 소를 제기하게 되면 잠정처분을 받아 집행을 정지해야 한다. 배당이의의 소는 배당을 실시한 집행법원이 속한 지방법원이 관할한다. 원고가 배당이의소송의 첫 변론기일에 출석하지 않으면 소취하 간주된다. 배당이의의 소는 원고와 피고로 되어 있는 채권자들 사이에서 상대적으로 계쟁 배당부분의 귀속을 변경하는 것으로 피고의 채권이 존재하지 아니하는 것으로 인정되는 경우 원고에게 귀속되는 배당액 계산에 있어 이의신청을 하지 않은 다른 채권자의 채권을 참작할 필요가 없으며, 이의신청을 하지 않은 채권자 가운데 원고보다 선순위 채권자가 있더라도 마찬가지이다. 따라서 배당이의의 소를 통한 배당이 배당이의소송에서 패소확정판결을 받은 자가 아닌 다른 배당요구권자가 배당받을 몫까지도 배당받은 결과가 된다면, 그 다른 배당요구채권자는 배당이의소송의 승소확정판결에 따라 배당받은 채권자를 상대로 부당이득반환청구를 할 수 있다.

저당권설정계약이 사해행위로 취소되는 경우에 경매로 저당권이 말소되더라도 저당권설정계약의 취소를 구할 이익은 있으나 사해행위 취소에 따른 원상회복으로서 원물반환은 불가능하므로 가액반환의 방법으로 원상회복을 명하게 된다.

사해저당의 수익자가 배당금을 수령한 경우에는 수익자로 하여금 배당금을 채권자에게 직접 반환토록 명하는 원상회복방법에 의한다. 이때 채권자는 배당요구채권자로서 배당요구를 하였어야 한다. 사해저당의 수익자가 배당에 참가하여 배당표는 확정되었지만 채권자의 배당금지급금지가처분에 따라 배당금이 현실적으로 지급되지 않은 경우에 채권자취소를 통한 원상회복의 방법은 '수익자가 취득한 배당금지급청구권을 채무자에게 반환'하는 방법에 의한다. 즉 수익자가 채무자에게 배당금지급채권을 양도하는 의사표시를 하고 대한민국에게 그 채권양도 통지를 하는 방법에 의한다. 그 경매절차에서 배당받을 자격이 있는 채권자가 취소채권자인 경우에 그 취소채권자 및 적법하게 배당요구를 하였던 다른 채권자들은 위 공탁금 등에 대한 추가배당절차에서 채권만족을 얻는다. 추가배당절차를 거치지 않고 취소채권자가 추심명령 등의 절차를 거쳐 배당금을 우선 수령하였다면 적법하게 배당요구하였던 다른 채권자들과의 관계에서 부당이득이 성립한다. 공탁금지급청구권에 대한 채권압류 및 추심명령은 추가배당절차에서 배당되고 남은 잉여금에 한하여 효력이 있다. 채권자가 배당기일에 출석하여 사해저당의 수익자의 배당부분에 이의를 하였다면 사해행위 취소의 소를 제기함과 아울러 원상회복으로서 배당이의의 소를 제기할 수 있다. 다만 사해저당권 설정 자체가 통정허위표시에 해당하여 무효인 경우라면 채권자취소소송을 통하여 통정허위표시를 취소하지 않더라도 그 무효를 주장할 수 있으므로 배당이의의 소를 제기할 수 있다. 채권자취소소송의 제척기간이 지난 경우에 실익이 있을 듯하다. 사해행위취소소송이 배당이의의 소송보다 먼저 제기된 경우가 있을 수 있다. 이때 사해행위취소소송이 제척기간 내에 제기되었다면 원상회복청구는 그 기간이 지난 뒤에도 청구할 수 있다. 사해저당의 수익자가 실제로 배당금을 수령하기 전까지는 배당표의 확정과 무관하게 원상회복에 관한 소송으로서 배당금채권 양도방법에 의한 소송과 배당이의소송이 별도로 병행하여 제기될 수 있다. 사해행위로 취소되면 일단 사해행위로 일탈된 재산이 채무자에게 반환되는데, 그 재산이 반환되기 전에 수익자의 고유채권자가 압류·가압류를 한 경우에 취소채권자보다 수익자의 고유채권자가 우선한다고 해석된다.

배당받은 후순위채권자를 상대로 부당이득반환청구를 할 수 있는 채권자는 적어도 민사집행법상 배당받을 채권자에 해당해야 한다. 배당요구를 하지 않아도 당연히 배당에 참여할 수 있는 채권자는 당연히 부당이득반환청구가 가능하며, 배당요구를 하여야만 배당을 받을 수 있는 채권자의 경우에는 배당요구를 한 경우에 한하여 부당이득반환청구가 가능하다. 배당요구 등을 통하여 배당절차에 참여한 채권자는 배당이의를 하였는지와 상관없이 배당을 받지 못할 자이면서도 배당을 받았던 자를 상대로 부당이득반환청구를 할 수 있다. 일반채권자도 마찬가지이다. 저당권자가 경매신청 시에 채권 중 일부만을 채권액으로 표시하여 일부 나머지 채권액에 대한 배당을 받지 못한 경우는 부당이득반환청구를 할 수 없다. 경매신청 채권자에 우선하는 근저당권자가 배당표 작성 전까지 채권계산서를 보정함으로써 그에 따라 배당이 이루어진 경우에도 부당이득반환청구를 할 수 없다. 부당이득반환청구권이 인정되는 경우라도 그 청구채권의 인정범위는 채권자의 손해한도 내로 제한되는바, 원고가 다른 채권자들과의 관계에서 배당받을 수 있었던 금액을 부당이득액으로 계산한다.

저자약력

이승주

사법시험 제46회 합격(2004년)/사법연수원 제36기 수료/변호사
1996년 경찰간부후보생 필기합격, 면접탈락
경기도 화성시 송산면 출생(1970년)
송산초등학교, 송산중학교, 수원 수성고등학교 각 졸업
동국대학교(농업경제학과 89학번, 육군병장 만기제대(91군번), 1996년 졸업, 경제학사)
동국대학교 동아리 선무부(태권도부) 부장(1990년)
한성대학교 부동산대학원(부동산투자금융전공, 2013년 2월 졸업, 부동산학 석사)
동국대학교 행정대학원 부동산 최고위 과정 수료(제18기)
글쓰기 관련 청년 변호사 대상 강연(2013. 9. 11. ㈜법률신문사 주최)
대한 변호사 협회에 '부동산관련법' 전문분야 등록(2010년), 부동산전문변호사
(전) 동국대학교 법과대학 외래 강사(민사집행법 담당/2014년, 2015년)
(전) 동국대학교 행정대학원 부동산학과 대우교수(부동산계약론 담당/2022년~2024년)
(현) 유튜브 채널 "부동산전문 이승주변호사의 민사법 교실" 운영
(현) 네이버 블로그 "부동산전문 이승주변호사의 상가 및 부동산분쟁 클리닉" 운영
(현) 건국대학교 부동산대학원 겸임교수(부동산권리분석론 담당/2018년 이후)

저서

나는 아내보다 권리분석이 좋다(다산북스, 2010년)
이승주변호사의 이야기 채권회수(다산북스, 2011년)
부동산분쟁의 쟁점(박영사, 2021년 초판, 2023년 제2판)

방송인터뷰 등

YTN 라디오 곽수종의 생생경제 인터뷰(2013. 7. 2. 소액사건 관련)
파이낸셜뉴스 인터뷰(2014. 2. 3. 임대차존속기간 20년 위헌 관련)
MBC 파워매거진 인터뷰(2014. 2 7. 아파트 할인분양관련)
KBS 똑똑한 소비자 리포트 인터뷰(2015. 3. 13. 부실인테리어 관련)
SBS 뉴스 인터뷰(2015. 5. 25. 지나친 위약벌 관련)
TBS(교통방송) '출동 수도권 현장' 인터뷰(2015. 10. 1. '잠자는 지하철 엘리베이터'편)
KBS 2TV '아침' 인터뷰(2016. 1. 7. 부동산 이중계약 사기 관련)
KBS 뉴스 '못참겠다' '전입신고날 근저당권 설정'편 인터뷰(2019. 1. 13. '디지털 뉴스'편)
KBS 뉴스 '못참겠다' '억대 권리금 날릴 위기'편 인터뷰(2019. 3. 17. '디지털 뉴스'편)
KBS 뉴스 '갭투자 파산 후폭풍'편 인터뷰(2019. 7. 13. 방송) 등
KBS 뉴스 9 '수원 전세사기 부부'편 인터뷰(2023. 10. 30. 방송)
연합뉴스 TV 뉴스프라임 '전세사기 무기한 엄정단속'편 대담(2023. 11. 1. 생방송)

제 2 판

부동산권리분석 및 배당 판례특강

초판발행 2022년 6월 25일
제2판발행 2025년 8월 20일

지은이 이승주
펴낸이 안종만 · 안상준

편 집 우석진
기획/마케팅 정연환
표지디자인 BEN STORY
제 작 고철민 · 김원표

펴낸곳 (주) 박영사
서울특별시 금천구 가산디지털2로 53, 210호(가산동, 한라시그마밸리)
등록 1959. 3. 11. 제300-1959-1호(倫)
전 화 02)733-6771
f a x 02)736-4818
e-mail pys@pybook.co.kr
homepage www.pybook.co.kr
ISBN 979-11-303-2478-4 93360

정 가 26,000원